U0552476

自由英国的奇异死亡

[英] 乔治·丹杰菲尔德 著 邹佳茹 林国荣 译

George Dangerfield

The Strange Death of Liberal England

华夏出版社
HUAXIA PUBLISHING HOUSE

The Strange Death of Liberal England 1st Edition/ by George Dangerfield/ ISBN:9781412842150

Copyright©2011 by Routledge. All rights reserved.

Authorised translation from the English language edition published by Routledge, a member of the Taylor & Francis Group. Copies of this book sold without a Taylor & Francis sticker on the cover are unauthorized and illegal.

本书原版由 Taylor & Francis 出版集团旗下, Routledge 出版公司出版，并经其授权翻译出版。版权所有，侵权必究。本书封面贴有 Taylor & Francis 公司防伪标签，无标签者不得销售。

版权所有　翻印必究

北京市版权局著作权合同登记号：图字 01-2016-3469 号

图书在版编目（CIP）数据

自由英国的奇异死亡/（英）乔治·丹杰菲尔德(George Dangerfield) 著；邹佳茹，林国荣译. -- 北京：华夏出版社有限公司，2024.1

书名原文：The Strange Death of Liberal England, 1st edition

ISBN 978-7-5080-7591-4

Ⅰ.①自… Ⅱ.①乔… ②邹… ③林… Ⅲ.①英国－历史 Ⅳ.①K561.0

中国版本图书馆 CIP 数据核字(2022)第 054751 号

自由英国的奇异死亡

作　　者	［英］乔治·丹杰菲尔德
译　　者	邹佳茹　林国荣
责任编辑	罗　庆
出版发行	华夏出版社有限公司
经　　销	新华书店
印　　装	三河市万龙印装有限公司
版　　次	2024 年 1 月北京第 1 版　2024 年 1 月北京第 1 次印刷
开　　本	880×1230　1/32 开
印　　张	13
字　　数	312 千字
定　　价	69.00 元

华夏出版社有限公司　地址：北京市东直门外香河园北里 4 号
邮编：100028　网址：www.hxph.com.cn
电话：(010) 64663331（转）

若发现本版图书有印装质量问题，请与我社营销中心联系调换。

目录

前言　　/001

第一篇　死于暗夜的爵爷们

第一章　彗星　　/003

第二章　自由党（1906—1910年）　　/007

第三章　爵爷们死于黑暗　　/030

第二篇　傲慢

第一章　"漂荡的灵魂……"　　/069

第二章　托利派造反　　/073

第三章　女性造反　　/135

第四章　工人运动　　/210

第三篇　危机

第一章　库拉富兵变　　/313

第二章　拉恩的枪　　　/327

第三章　潘克赫斯特人提供的线索　　　/338

第四章　三方联盟　　　/360

第五章　萨拉热窝　　　/371

第六章　从白金汉宫到贝契乐大道　　　/378

后记　　　/393

前言

致约翰·范·德鲁滕先生（John van Druten）

亲爱的约翰：

想必你还记得我们第一次聊起这本书的情形。当时我觉得从爱德华七世驾崩到世界大战的这个时段，可算是英国历史脉络当中一段相当大的脱漏。此次大战的经济原因，我们当然都知道一些，而且我们也确实意识到，1910年到1914年间的财阀体制的确是件可怕的事情，至于各国君王之间的嫉恨以及外交上的困顿，我们也都知之甚详。战前外交催生了至少一部伟大作品，那就是尼克尔森（Nicolson）先生为自己父亲写就的那部传记。但是，那些年间英格兰内部情况究竟是怎样的呢？

记得刚刚有了念头，要写这本书的时候，我心里想的是辛纳拉（Cynara）和索福克勒斯的混合品，迷狂的音乐、烈酒，以及即将来临的灾难，剧中人却浑然无知。

从作者的角度来看，这样一部戏剧自然算是称心如意，我也确实可以纵情想象一个国家是如何在自我陶醉当中，伴随着除草机的声音和拉格泰姆节奏，载歌载舞，走入战争，还伴有蜜蜂的嗡嗡声和开启香槟酒的声音。可惜，这些都不是真的。一旦真的涉入这个主题，人们即刻就会发现，这部人间大戏要比想象中诡异得多。

1910 年这个年份，并不仅仅是一个便利的出发点。这个年份实际上更是英格兰历史脉流的一座界标，这界标在熊熊烈火映衬之下，兀自伫立，构成其特殊背景和氛围。无论如何，正是在 1910 年，英格兰精神当中长期被压抑的东西一下子爆发了，如同烈焰一般升腾而起，夺人眼目，到了 1913 年结束的时候，"自由英格兰"便已经灰飞烟灭了。一个新英格兰看来就要从这灰烬当中崛起了。

只要民主仍然在这个世界存续，只要这个世界仍然有中产阶级存留，"自由"(Liberal) 这个词便不会丧失意义，这一点我当然明白；不过真要说起来，真正的战前自由主义，就如同 1910 年那样，仍然能够得到自由贸易信条、议会多数、十诫以及进步幻象之支持和拱卫的自由主义，则已经是一去不复返了。1913 年的时候，它被杀死了，或者说是自杀了。这倒也不见得不是一桩好事。

我自己当然有心专辟章节，将那个财阀世界的纯然社交性的场景呈现出来，看看那个世界的时尚、家具、风俗和品味等等。但这个工作目前仍然无从推进。这一幕当中的很多主要演员仍然在世，因此很难处理；而且大部分真正有分量的回忆录、文件、日记、信札之类的东西，都还没有公开发布。不过有一点我倒是可以肯定。战后十年间的诸般夸张行为，也许人们会觉得那是战争造成的，但实际上在战前就已经开始了。大战令一切都加速了，政治上的、经济上的，还有行为方面的，但大战并没有开启任何新东西。

希望您能尽情享受这本书，那样的话，我也就心满意足了。

您的挚友

A. D.

第一篇

死于暗夜的爵爷们

（1910年5月—1911年8月）

"问题是，我们是要在暗夜里自己杀死自己，还是在白昼里被敌人杀死。"

——谢尔本勋爵（Lord Selborne）1911年8月10日在上院的发言

第一章

彗 星

一

赫伯特·亨利·阿斯奎斯（Herbert Henry Asquith）先生正在海军游船"巫女"号上享受一段短暂且愉快的休闲时光，这艘游船要驶向地中海，当然，此行也会夹杂一些公务。游船在里斯本靠岸，阿斯奎斯要跟葡萄牙国王曼诺尔（Manoel）共进晚餐，此时的这座葡萄牙都城已经是危机四伏了，不过，接待工作还是相当令人满意。而后，"巫女"号便驶往直布罗陀海峡，中途，游船在加迪兹和附近岩礁之间的地方停留，清点船上很有价值的政治文件。就是在这个时候，消息传来，爱德华七世病重了。游船即刻返航，刚刚越过比斯开湾（Bay of Biscay）的时候，正是 1910 年 5 月 7 号凌晨 3 点，第二道消息传来："很遗憾地通知您，我敬爱的父王驾鹤西去了，他走得很安详，时间是今天（6 号）晚上 11 点 45 分。乔治。"

首相大人因悲伤而颤颤巍巍，他来到甲板，站在那里，望向天空。幽暗的晨光依然寂静清冷，哈雷彗星从中划过，这颗彗星需近百年才会造访欧洲天空一次，此番，它以惊人的速度造访欧洲，一下子将国王的死讯点燃。

此时的伦敦，夜色渐渐褪去，死去国王的王宫，那凄冷的宫门从黑暗中显露出来，还有仍然环立在侧的人群，那情形就如同一部宏大戏剧的幕布正在缓缓拉开，动人心魄的黎明之光也渐渐地将挤满哀悼者的场景呈现出来。但是在这里，在这如同鬼魅一般的天海交汇之处，却是阿斯奎斯先生独守舞台，他是这一幕场景当中唯一可见之人，就那么凝视着那如期而至的征兆。此等情形，充满占卜意味，若伏尔泰悲剧当中的某个人物跳出来叹一声"我是谁？"（où suis-je）或者"天啊！"（Juste Ciel），或许正中其意；但是阿斯奎斯先生无论是气质还是持重的性情，恐怕都无缘展现个中深长意味。

他只是在《英国议会五十年》（*Fifty Years of British Parliament*）里面用一句毫无光彩可言的话，记述了当时的情形，倒也不难想象他那张微染晨时幽光的脸庞，苍白且疲倦，脸庞之上有率直，有含蓄，二者长期斗争，并在那一刻归于沉寂。长长的白发有张扬的痕迹，嘴角也隐约地荡漾着想象的波纹，不免令人觉得有些不协调，就如同一份说教性质的学究论章偏要注入绚丽的想象一样。阿斯奎斯先生本质上就是那种枯燥平实之人。

战前英格兰的历史学家背负着一个巨大劣势。他所要书写的各色时代人物，脸庞之上都写满了事实，但那些事实都已经凝固成铁一般的冷硬面具，唯有时间才能将之融解。设若两个世纪之后，人们回望过去，阿斯奎斯先生差不多也已经成为传说中的人物，也会有自己的品味，有自己的感受，以及自己的思想；到了那个时候，历史学家们很可能会将阿斯奎斯视为极其沉静克制之人，并且正是这样一个人物，要去面对英格兰历史当中最不沉静也最不克制的年份。

以上就是这部政治悲喜剧的简短开场。观众知道剧中人并不知道的那些东西，此乃戏剧反讽的要素之一，既如此，这个开场无论如何都是极具反讽意味的。很遗憾，历史自有其律令，据此律令，这部人间大剧的其余部分将会在一定程度上失去高贵和平衡，将会变得狂躁、暴烈，且没有终局可言。说白了，历史本身乃令这部戏剧沦为纯粹的碎片，无人书写最后一幕。1914年8月，这部戏剧的大幕仓促落下，不过在此之前，阿斯奎斯先生以及他以沉静态势引领之下的自由党，就已经遭遇致命创伤；个中伤痛他却是无从言说，因为他正站在那潮湿的甲板上，思念已然故去的国王。爱德华七世，脾性暴躁，但跟座下的这位首相一直处得不错，坦率且融洽，即便是在发生分歧的时候。政治危机就在眼前了，新王会如何行动呢？在返回普利茅斯的路上，阿斯奎斯先生一直都在思量这件事情。

二

整整两个星期之后，故去的国王才得以进入温莎宫的圣乔治小教堂，同先王安葬在一起。不过，从伦敦到温莎的这趟最后旅程，从苏格兰高地暮春阳光下的叹息，到圣乔治教堂里面略显混乱嘈杂的咏礼仪式和唱诗班，桩桩件件莫不令人感受到这世间至深的悲伤和混乱。不过，外国王室成员、各国外交官以及西奥多·罗斯福（Theodore Roosevelt）先生也参加了这场伤感咏礼和唱诗仪式，这些都是坚强之人。哀伤浸染了整个仪式，令主持仪式的诺福克公爵（Duke of Norfolk）更显庄重、威严，甚至令那故去之人也荣光倍增。爱德华一直都是深受爱戴的。

斯人已去，那沉沉肉身沐浴在哀悼和荣光当中，但这生命之归于寂寥，焦虑和担忧无论如何都是个中原因之一。国王确实是因患病而死的，可能是普通的感冒，可能是肺炎，也可能是过度放纵，但无论如何，政治上的争论也定然占据并消耗了他的大脑，并将他对疾病的精神抵抗力归零。

葬礼结束之后，白金汉宫设宴，按照惯例用肉饼招待各方显贵。罗斯福和莫鲁瓦（Maurois）说这是噩梦般的宴会，宴会之上，各国王室人员显然忘记了此行的庄重目的，希腊国王暗自神伤，竟潸然泪下，人们纷纷议论保加利亚皇帝的不祥之事，这实在是一场不乏糟糕喜剧色彩的宴会。宴会结束之后，德国皇帝写信给自己的宰相贝特曼-霍尔维格（Bethmann-Hollweg），这位精力充沛且暗怀心事的观察者在信中陈词说："一片黯淡。这届政府遭人痛恨。据说，在国王谢世并入殓的那段日子，首相及其同僚走在大街上都会遭遇公开嘘声，还有'是你杀了国王'之类的话。"

这份函件虽显狂乱，但也并非完全空穴来风。内阁阁僚并未遭遇公开嘘声，也没有遭人痛恨，但也确实是有那么一场争论加速了爱德华的死亡，这届内阁是要为这场争论负责的。这场争论已然沉淀于史册当中，并伴随有浓重且毫不掩饰的喜剧色彩，诸如威廉·吉尔伯特爵士（Sir William Gilbert）这样头戴华彩冠冕的英格兰贵族，自然是会将之淡忘的，虽然淡忘这场争论并无公正可言。不过话又说回来，英格兰宪政也正是在这段看似琐碎的岁月里，遭遇了严重威胁，自由党人从中崛起，取得了一场伟大胜利，并因此志得意满。

然而，自由党人再也没能从这场胜利当中恢复过来。

第二章

自由党（1906—1910年）

一

1910年5月，阿斯奎斯在英格兰上岸，此时的英格兰正面临非常特殊的境况。此时的英格兰正要将一副素受敬重的负担从肩头卸去，就像卸去大麻袋一样。对于这样的负担，人们的态度一开始是恼怒，而后便变得颇为暴烈了。说白了，此时的英格兰正待摆脱自由主义。

自由主义，在其维多利亚时代的巅峰时期，倒也并不是多大的负担。那个时代的自由主义毕竟涵括了多种多样且颇具价值的元素，诸如黄金、股票、《圣经》、进步主义思潮以及温和适度的约束机制等等。这些，谁又能质疑呢？这样的自由主义自然是稳固、通达，且稍显神秘；将此等重担扛在肩头，自然就不能随意蹦跳雀跃了，但毕竟还是可以以尊贵和庄重的姿态行走于世界，时不时地还可以舞弄一下离经叛道的小碎步，这对英格兰人的健康可是十分必要的。

无论具体持守怎样的政治信念，1870和1880年代的英格兰人在骨子里都可算是自由主义者。那个时代的英格兰人相信自由，相信自由贸易，相信进步,也相信第七诫律。那个时代的自由主义也相信改革,也强烈支持和平。确切地说,那个时代的自由主义并不是不要战争,只是希望将战场放得远远的,可能的话,就以上帝的名义开战。事实上,那样的自由主义有着受人敬重且不乏激情的独特特质,据说,这特质也是这个民主独有的,并且就体现在格莱斯顿(Gladstone)先生的身上,以及查尔斯·狄更斯的小说里。

但无论如何,当时光推进到世纪转换之时,这自由主义的负担则已然是越发地招人恼恨了:它一路走来,发出咔嗒咔嗒的破碎声响,开始令人厌烦;那情形,就如同悲惨神迹降临尘世,将老屋里面的熟悉物件和其他残具变成破铜烂铁和一地碎片。若不如此,又能怎样呢?确实,仍然有一个大党在体现这自由主义,这自由主义仍然享有哲学和宗教的支持;并且仍然是可以理解的,仍然是理智的,也仍然是英格兰的。然而,这自由主义走到此时,已然太过迟缓了;并且也已经越过政治和经济,渗透人们的行为当中。此时的英格兰正瞩望着快速奔跑起来,无论跑向何方,由此令迟缓怠惰的血液再次激荡起来,对于这样一个英格兰,这自由主义显然已经成为不合时宜的负担了。

自由党的处境自然很是糟糕,它也必须跑起来。它毕竟是进步信念的子嗣,只是这所谓的进步于此时的自由党而言,不仅是场幻象,更是一场竞技幻象,此时,自由党的信念便是:即便往后飞奔,也比站着不动要好。到了1910年时,自由党已经到了无法动弹的境地;前面横亘着"资本"这道障碍,他们不敢攻击,后面则矗立着上院。

此时的上院,就其政治取向而言,可谓极端保守,不是一般的愚蠢,却拥有巨大权能,是自由党的坚定的敌人,而且也是他们骨子里的敌人。倘若事情出错,倘若激进支持者的态势变得太过强烈,倘若无力前进的局面变得太过明显,便总是能够归罪于上院。因此,悲惨命数便落在自由党身上,自

第二章　自由党（1906—1910年）

由党必须对这个宿敌展开打击，令其跪地屈服，自由党自身也将因此耗尽最后的能量，一命呜呼。

自由党和上院之间的这场战斗，引发了一场满是悖谬的危机，这场危机如同达摩克利斯之剑高高悬挂，加速了爱德华七世的死亡，危机尚未解除，新王登基，人们却对新王乔治知之甚少。

二

1903年，约瑟夫·张伯伦（Joseph Chamberlain）从南非返回，开始鼓动一场保护性关税运动。此前，张伯伦已然证明所谓的党派分歧是何等无足轻重，毕竟，他自己就能将单一神论者、激进派和保守派这三重身份融于一身。很遗憾，他在1903年发出的呼吁听起来更像是出自卡桑德拉之口，后者当然就是那个不受欢迎的女预言人。但情况就是这样。保守党正在失去民心，就如同被暗流卷带而走的游泳者一样。布尔战争拖延不决，令保守党威望折损，而且英格兰也已经发觉，担当一个帝国竟要流这么多的鲜血。尤其是这鲜血流得如此不值，对方却不过是一群唯利是图的荷兰农夫而已，这战事旷日持久，那些荷兰农夫更是毫无惧色。只要还能以狂热的情感潮流裹挟这个国家，帝国派的诉求就会有足够效能。有那么一段时间，帝国诉求甚至令自由党发生分裂，两派内斗不休，迟迟不愿取得谅解。但到了这个时候，世道变了，必须以现实态度做一些事情了，否则的话，帝国就会萎缩，就会堕落，变成某个自由党政治家口中"最为无用、最为糟糕的体制，是一个民族能够遭遇的最大羞辱之一"。

于是，张伯伦便决心以自己那标志性的力量，来证明帝国大业是非常划算的，是市场开创了帝国，市场也将养育帝国。张伯伦的计划是这样的：围绕英格兰筑起一道关税高墙，目的便是在墙体之上凿出孔洞，帝国货物可以从中穿行；毕竟，若要求殖民地出让利益，就必须有所回报，而那些殖民地可都在奉行贸易保护路线。这个倡议本身应该说是很聪明的；但是，在那个时候，仅仅草拟一份这样的帝国蓝图，就足以令骨子里的自由贸易派以及面上的保护主义者，对起草之人发起严厉谴责。毕竟，这样一份蓝图是有背后深意的，那样的深意在1903年是没人敢于面对的；确切地说，这样一份蓝图意味着英格兰将不再是这个世界的商业仲裁者，也意味着自由贸易帝国很快就会沦落成古时的尼尼微和推罗。

张伯伦必须告诉人们他的想法是何等切实，但是他的那些言辞也只有很少的人能有所领悟，在绝大多数人看来，那样的言辞就是异端，就是失败主义。自撤销《谷物法案》之后，自由贸易便是不列颠帝国的一个信条，无论是自由派还是保守派都对之奉若神明；美利坚和欧罗巴都对此一条款予以信从，因为他们也只能如此，做不了别的；并且这样的信条也深植其他国家的落后性当中。对19世纪的英格兰人来说，自由贸易是表征了理想与利益的结合，而且这样的结合恰恰也是英格兰特有的，说白了就是在纯净英格兰良知的同时，也塞满了英格兰人的腰包。时不时地会有保护主义的呼声响起，但也只是在贫瘠年代，而且那声音还是颤颤巍巍的。

张伯伦令自己的党遭遇一场惨败。1906年的选战就是围绕这个激荡着预言气息的、危险且令人反感的问题而铺展开来的，结果，自由党赢得一场压倒性胜利。

不过，自由党虽以压倒性多数回归西敏寺，其毁灭的命运却也已经是注定了的。这就如同一支军队，差不多在所有节点上都拥有良好防护，唯独那

第二章　自由党（1906—1910年）

么一个关键位置是个例外，而且这个位置还在侧翼。1906年的选战将五十三个工党成员送入议会，自由主义的死亡便也由此决定了；因为，此等情形之下，自由主义已然不再涵括左翼了。保守党自然是可以自我安慰一番，因为保守党毕竟代表了逻辑上的右派；而且他们既已下台，便也可以悠然自得地静待时机，看一看接下来会发生什么。不过话又说回来，他们虽有口舌之能，却无预见之力；他们和民众实际上都觉得这个工党军团很快就会丧失其威胁。甚至其中的二十九个公开的社会主义者，虽然受尽折辱且肆意孟浪，但看来也都已经准备好了追随自由党多数一起投票，准备好了穿上庄重长袍，参加皇家花园的各种聚会，并随着时间推移，在西敏寺的这个大舞台之上扮演一个小小的、没有任何战斗力的角色。

此时的保守党已然沦为满怀悲伤且吵吵闹闹的角色，一门心思地对着自由党这轮月亮徒劳地吠叫。是张伯伦将他们送入这荒寂的政治午夜，他们则在这样的午夜转而求助一个古老且忠诚的盟友，他们公开但也并非明智地宣称，有了这个盟友的襄助，无论他们在位与否，都能执这个国家之牛耳。这个盟友就是上院。

此时的上院差不多已经被人遗忘十二载之久了。

三

18世纪的土壤是十分丰腴的。历史上的那些斗争早已归于沉寂，不过，在这土壤的深层，昔日的斗争也催生了强劲的化学作用；这里埋葬了封建主义和专制主义的尸体，腐败程度各不一样；这里深埋了异端的灰烬，浸染了造反者的鲜血，还有无知和爱国主义化育而出的颇有营养的矿物残余。绝少有什么制度，无论政治的还是社会的，是不能在这样的土壤里获得滋养并变得脑满肠肥的；上院尤其如此。1700年的上院尚且只是上层贵族的一个小小聚会，嫉妒、顽固且任性；到了1801年，因为已经册封了大量贵族，这个建制已然可以代表富有的地产阶层了。乔治三世的收买和威廉·皮特的见识，可算是向着一个共同目标推进了。王权由此摆脱了一个顽固且肆意的敌人，宪政也第一次斩获了有着明确保守取向的元素。无论如何，这样一个上院是绝对不会再次表现出变革欲望了。1832年，这个上院同辉格党的《改革法案》作战；1884年，这个上院杀死了自由党的"自治议案"；在超过六十年的惊人进步历程当中，这个上院却是一动不动。偶尔，会有罗斯伯利（Rosebery）或者邓拉温（Dunraven）这样的人物在这高高在上的荒野当中发出改革呼声，但此类呼声最终也都石沉大海，无人听闻。1906年，当自由党结束十一年的在野时光、回归权位的时候，上院已然堕落成了一个保守派骨干小组性质的建制，当然，这个小集团还是相当强悍的。

正是由于拥有这些世袭身份的盟友，贝尔福（Balfour）先生及其同僚才打算去烦扰那反对他们的大多数。毕竟，这些爵爷几乎拥有无限的权力。当人们注意到20世纪早期这些高贵的政治家时，人们不得不认为，英国宪法中存在一些轻率的乐观主义成分。从理想层面来看，上院的爵爷们是要依从选区利益行事的。若下院有任何仓促或者愚蠢的议案呈送上来，爵爷们要做的就是将其否决，此一策略若导致内阁辞职并另行选举，那就等于是重新给了民众用选票表达意愿的机会。若这些爵爷们总是能够承续古时"贤人会议"（Witenagemot）的世袭智慧，那自然是好事。事实上，他们也一直都在夸示说，他们所体现的乃是人民之最终发言权的宪法权利。既然没有任何政党会受竞选纲领的约束，那么他们将在国民和各色糟糕立法之间，扮演缓冲器的角色，高贵，没有怨言。但是很奇怪，只是在自由党法案的问题上，国民才会得到重新掂量的机会；保守党法案总是能够在上院顺利且完好地通过的。

1884年和1894年，自由党采取行动，对上院权能实施重大限制，以此威胁这个世袭障碍，尽管没有人以应有的严肃态度对待此番威胁。下院若是受到足够的刺激，是完全有能力将这个贵族院活脱脱地变成人畜无害的一个笑话的，因为下院完全可以说服国王册封新贵，借此在上院创造一个听话的自由党党团，并且是一个足以压制保守党反对派的自由党党团。此事的概率确实很小而且听起来颇有些玩笑成分，1906年时，贝尔福及其领导的保守党少数派就曾拒绝考量此等小概率事件。正是此番拒绝，催生了英格兰历史上一场极为诡异的宪政喜剧，保守党少数派也深陷其中。

去招惹一个刚刚引领多数返回议会的政治对头，这显然不是明智之举，毕竟，既然获得多数，就意味着人民已经行使了发言权，说白了，若真要与之作对，是不能单逞口舌之能的。明智之策乃是等待。任何内阁，无论在下院是何等强大，都不可能抵抗民意的反对潮流，时间总会让民众失去幻想并变得厌烦，如此便会逐渐侵蚀民意。随后的情况也表明，这个自由党多数派的构造材料徒有光鲜外表，实际上并不经久耐用；1906年的那个建筑外表确实傲然光鲜，但很快就片片剥落，变得斑驳且污浊了。

四

然而，在保守党领袖和前首相阿瑟·詹姆斯·贝尔福眼中，政治不过是一场严肃的游戏而已。他的政治手腕颇有些高高在上的自负之感，那是极具教养的单身汉才会有的感觉，并且还充溢着极为雅致的讽刺意识，这样的意识则是他独有的。当初他进入议会，既是出于责任感，也是因为闲散无事，这其实就是老派英格兰政客的风格。说白了，他既不能打仗，也不能布道，还不擅长打官司，所以干脆入了政坛。在西敏寺，作为塞西尔（Cecil）家族的一员，至少是可以保证有人听他说话的。

在英格兰哲学落入最低谷的那个时段，他却在哲学界颇为耀眼；他像热爱高尔夫、网球以及各色聚餐那样热爱哲思。他还热衷音乐，从来不会早起，没人看他读过报纸。他在原则上怀疑一切，但绝对不会因此思虑过多而扰乱生活。他迷人、温和，在岁月砥砺之下，也变得无所畏惧。

年轻时候，大家都称呼他"漂亮姑娘"（Pretty Fanny）；在那段遥远日子里，他看起来也确实像极了一头消瘦的瞪羚。年龄渐长，他的脸相则越来越像是骷髅，迷人，甚至英俊；客厅里以及论辩场合，他带着这样一副面相现身，那骷髅的眼神仿佛要抽空一切，嘲讽一切，仿佛在永恒地告诉众人，"你们终有一死"。他从来都是那么温和且活泼，这也就给他平添了几分神秘，甚至魅力。

初入议会，无人对他有多大期望；不过，他逐渐学会了强韧且精致的论辩之能，逐渐精熟了议会技巧，并且也极佳地展现了除了激情和领导力而外的所有品质，不仅取悦了朋友，也经常迷惑了敌人。这的确是一个绅士般的存在，而且颇有头脑，正是这样一个人物，将引领散乱的保守党追随者，对自由党多数派发起一场错误攻击。

五

保守党的策略可以说是简单粗暴，有些孩子气。在下院，他们徒逞口舌

第二章　自由党（1906—1910 年）

之能，只是激怒对方，却指望听话的上院将真正的苦活累活担当起来。上院的爵爷们对奥古斯丁·毕雷尔（Augustine Birrell）的《教育议案》一通刀砍斧削，令其无望修补，以此开启战斗模式。那个时代的教育问题，实在是一座神秘迷宫，国教会及其各色教派对头就在这缠缠绕绕的迷宫里面相互追逐，围绕英格兰穷孩子应当接受何种宗教教育这个问题，争斗不休。毕雷尔议案既然是自由党议案，国教会自然不会有善待可言；国教会终究是传统的保守派营垒。不过，当上院的爵爷们杀死这份议案的时候，除了那些更为严格的不从国教者而外，便没人为着令人困惑且贫乏的尸体抛洒一滴泪水，尽管劳合·乔治（Lloyd George）先生搜寻《圣经》经文来装点自己的演说，即刻对世袭权能之罪孽实施声讨。

同一个会期，上院也否决了《重复投票议案》（Plural Voting Bill），该议案旨在纠正老式做法的错误，依据老式做法，一些财产所有者是可以在多个地方投票的。这样的做法显然是政党举措，自由党方面提起此番威胁，便已经满足了，并没有真打算清除此一错误。上院同时通过了《贸易争端法案》，院内只是略有微词而且很是含蓄，该议案背后有工党的支持，旨在平复工会的怒火，工会的愤怒是有理由的，此事若不认真对待，恐怕就太过危险了。

恰恰就是在该类议案开始显山露水的时候，西敏寺的两大政党经历了一场令人遗憾的大改组，成了一个身体两个脑袋的怪物，情况很是麻烦。两个政党都十分巧妙地装出一副心不在焉的态势，却都踏上了社会主义的蛮荒道路。此时，已然进入 20 世纪，劳工阶级部分地获得了政治权利，总体上却是心怀不满，此等情形之下，两党也没有别的选择可言。保守党自然是要回望迪斯累利一手塑造的精巧激进主义以及皮尔（Peel）和圣约翰（St. John）的那种更为老旧的父权体制，因此，保守党走上这条道路，倒是要比自由党

015

更心安理得一些。自由党则在骨子里仍然珍视科布登（Cobden）和布莱特（Bright）的教义，仍然相信国家干预是不可原谅的，并越发焦虑地看着此等教义同现实之间的深渊越拉越大。这深渊最终可是要吞噬他们的。同时，作为资本家阶层的左翼，他们也会尝试推进社会改革，尽管言行并不一致，嘴上高调，真正行动起来，却是亦步亦趋。

接着，上院又干掉了《许可证议案》（Licensing Bill），该议案的目的是削减酒馆的数量。在所有的新教国家，酒、宗教和政治都是纠缠在一起的。在英格兰，保守党和国教会（国教会神职无论在过去还是现在，都是绅士的职业）一直都坚持大众有饮酒的权利；自由党和非国教教会（诸如卫斯理派、卫理公会、单一神派以及其他一些严格、独立且秉持世俗社会取向的教派）则都秉持反对态度，甚至相信饮酒就是魔鬼。因此，酒馆对保守党而言，就是一座座政治堡垒组成的链条，虽然小但很强韧，酒吧里的穷人可是他们的忠实支持者；而且，这批追随者无论如何都是不会背叛的。

本来，在这项关涉饮酒问题的议案上，国民作为一个整体是会支持上院的，可惜，上院的爵爷们对待这个问题的方式，极其没有原则。他们没有以谦逊姿态，等待一天论辩议程的结束，而后再杀死议案，说白了，他们没有等待慢性毒药发挥作用的耐心，很显然是在佩克汉姆补选获胜这个消息的鼓舞之下，两百五十个爵爷在兰斯多恩勋爵宅地的会客室里面，举行公开聚会，就地票决杀死了该议案。这样的举动羞辱的可不仅仅是自由党以及禁酒派，也羞辱了这个国家所有头脑清明之人。但议案真正送入上院的时候，实际上已经死亡了，"是被伯克利广场的那把匕首杀死的"，已经没有论辩价值了。贝尔福先生对此类策略仍然是笑逐颜开，就仿佛他借由上院掌理整个国家一样，并且是为他在下院的那个可怜的少数派掌理这个国家。

第二章　自由党（1906—1910年）

六

1908年，亨利·坎贝尔-班纳曼爵士（Sir Henry Campbell-Bannerman）谢世，此事仿佛标志着真正自由主义的时代已经结束了。亨利爵士信仰和平、节约和改革，正是这几尊和善神灵主宰了维多利亚时代的大部分时光，以众多慷慨情感激励了崇拜者，并保护这些崇拜者不受粗粝现实的侵害，可谓志得意满。亨利爵士的政治信仰在那个时代确实高贵，但那个时代已经结束了。这信仰谴责布尔战争，但实在是有气无力；这信仰改革了陆海两军，令其更民主，也更有效；这信仰也提出了新英格兰蓝图，在这新蓝图里面，劳工可以扔掉无知、孤立和贫穷，但是改革归改革，穷人仍然贫穷。而今，这些巨大且混沌的祭坛中间，最后一位真正的敬拜者就这么躺着，已然死去，这是一个老迈且富有的长老会教徒，毕生的三大激情便是他的妻子、他的法兰西血统以及他收集的手杖。他完全可以像亨利·萨维尔爵士（Sir Henry Savile）那样，在临终之际喃喃自语说："我要走了，活在好时候，我却预见了坏时代。"确实，新世纪如同车轮一般匆匆碾过，已然没有他的位置了。至于他的继承者，"你跟其他人不一样，阿斯奎斯"，这个老人在临终之际托付说，"能认识你，我很高兴。愿上帝保佑你！"阿斯奎斯先生遂成为首相。

在很多人看来，自由党的全部未来就要托付于这个公正律师之手了；在英格兰，也确实很少有谁比这位律师更有才具了。不过，阿斯奎斯缺乏热情，但凡年轻时代经历律师生涯的人，通常都会是这样，这对阿斯奎斯来说完全不是什么好事情。毕竟，在这么一个时候，唯有充溢了灵感和激情的领袖方能将这个党维持在高处，而且那样的高处已然是飘摇不定，随时都有可能滑落。倘若真有所谓的"克制品性"，那么阿斯奎斯先生就是此等品性的完美典范。他聪敏但不取巧，他能够围绕别人的论题即兴发表华彩论说。他是温和的帝国主义者，秉持温和的进步主义思想，有着适度的幽默，而且他也是自由党内最为严谨之人，但也懂得适度推诿。若说他有什么过分之处的话，那就是他的个人标准，他的个人标准实在是太高了。

他的那种性格类型在牛津和剑桥的高等交谊厅（Senior Common Room）倒是很常见，确切地说，他差不多是完全缺乏想象和热情。缺乏这些品质倒也不至于让大学教师或者内阁阁僚没法过上轻松惬意的日子：书本和美食、交谈和谋划，这些通常都能抵补热情的匮乏。而且，在英格兰，也有不少好人是很欣赏阿斯奎斯这等人品的，因为阿斯奎斯的众多温和德性，人们自然也就不会计较他娶了那么一个颇有几分才气而且出身更高的夫人，这位夫人时不时地会教自己的丈夫适度地放松一点。

最重要的是，阿斯奎斯先生是"安全的"。跟他领导的政党一样，他也是温和右派。有了他，人们便能够确信，唐宁街10号那朴素、庄重的大门后面，不会深藏什么激进图谋。确实，一切如常。邻家并未失火……

七

在唐宁街11号，财政大臣的传统居所，大卫·劳合·乔治先生此时正忙着往那里搬家。此前贸易委员会主席的办公室，得给温斯顿·丘吉尔先生腾出来，这个善变的年轻人刚刚脱离保守派，投奔自由党，并且正牢骚满腹，抱怨劳合·乔治把好东西都据为己有，抱怨劳合·乔治策动了失业保险。

在阿斯奎斯内阁，乔治先生是个异类。这既是因为他身上那种肆意无度的幽默感，也是因为他在这个内阁代表了诸般危险且很可能有着潜在颠覆性的观念,至少看起来是这样的,这些观念都是自由主义在这场严肃的进步游戏当中不得不予以容忍的。乔治可算是十分强大的票仓猎人。他的整个生涯都呈现为戏剧模式,确切地说,那可是一部活色生香的情感剧:他将灵感和激情悉数投注其中,全副身心地沉浸其中,他以这样的方式扮演自己的角色,而且那样的激情和灵感常常都是发自肺腑;他的听众和观众也从来不吝于向他抛出鲜花或者鸡蛋,而无论是鲜花还是鸡蛋,他都十分享受。

倘若他的信念并不仅仅是情感式的,那么到这个时候,他想必已经是社会主义者了。初闯英格兰政坛之际,他尚且只是来自威尔士一个破败、饥饿选区的小小律师,满身义愤,他也显然是将一些陌生且危险的东西带入了英格兰政坛。与其说他是个自由主义者,倒不如说他是个激情澎湃的威尔士人。他希望穷人继承这片土地,尤其是富有的英格兰地产主占有的那些土地;对此,乔治内心是有着一种邪恶激情的,而且那还是一种准原始化的激情,这样的激情在议会同僚眼中,可绝对不会是什么好东西。

布尔战争让他第一次有了崭露头角的机会。他秉持反战立场,可谓倾尽全力,由此在众人眼中成了备受痛恨的亲布尔派,直到这场悲惨且血腥的闹剧尘埃落定。布尔战争结束之时,人们对他的看法突然转变,纷纷觉得他是富有远见的人物。

如此,乔治便成功了结了这么一场战斗。无论如何,这都是一场真正意义上的战斗,对于帝国以及一切的帝国屠杀行径,乔治都是秉持了深刻的不信任感的,正是内心深处的这种不信任感,砥砺他展开这场战斗。既然战斗以胜利收官,乔治的心绪便也发生了变化,他不再执着于一场一个人的威尔士革命,而是有了成为英国首相的念头。尽管在那个时刻,机会遥远且渺茫,但也令他目眩神迷。也就是从那一刻开始,乔治开始向政治上的自由主义靠拢,开始将自己置于政党前面,将政党置于原则前面。由此,他成了激进派的偶像。在那个时期,保守取向以及微弱的幽默感(应该说,这些是那个时期大多数政治人物的精神标配),但凡赋有此等品性的绅士们,则不免议论纷纷,认为在这场猎狐运动中,他很可能是个猪队友。这话没错。而且,他很可能还会站在老虎那边。

是命运而非阿斯奎斯先生将他推上财政大臣的宝座。在拟定1909年预算案的时候,乔治正面对一个巨大赤字,他必须为陆军、海军和老年补助金寻求新的财源。而这恰恰是他最需要的,因为他料定,此等财政困局正是他发起攻击的时刻。

他提起的预算案遂成为著名的"人民预算",因为这份预算案的目标乃是迎头痛击富人,尤其是地产主。"人民预算"对地产主素来视若珍宝的利益发起攻击,那就是土地,这份财产可是这个社会的"歌珊地"。劳合·乔治提议增收遗产税,这是针对未开发土地实施的增税计划,他宣称,未开发土地的当前价值乃是一场厚颜无耻的欺骗;他还提议对煤矿和其他矿产增税,同时在租约到期之时,征收复归税;作为对兰斯多恩家族"匕首党"(stiletto party)的报复,他还对酒类生意课征巨税;最后,为了吸引社会主义者,他还对年收入超过五千英镑的整个群体征收额外税赋。

据工党前领袖和自由党政客约翰·伯恩斯(John Burns)说,面对这样一份预算案,内阁的惊惧是可以理解的。阁僚们当然会认为,这样的预算案基本上是行不通的。一些阁僚因为出身归属于该预算案所攻击的富人群体,所有阁僚则都跟这个富人群体交情匪浅。不过话又说回来,"人民预算"的三大优势是不可忽视的。它会将进步氛围赋予整个自由党,此前的三年,毫无

第二章 自由党（1906—1910年）

进步氛围可言，现在可是太需要这个东西了；它也是对自由贸易的强力支持；它更是极具效力的陷阱，可以对上院实施猎捕。对上院实施压制和报复，这正是所有真正自由党人的内心热望。

问题到了这一步，便是要看一看上院的爵爷们究竟何等愚蠢了。依据宪政传统，上院可以否决预算案之外的所有东西；然而，恰恰就是这份预算案，是上院哭着喊着要予以否决的。此等情形之下，"人民预算"就成了猎人绑在树上的诱饵，目的是引诱老虎落入死亡陷阱；那孩子在树上大声呼救，上院则开始发出低吼了。

爵爷们在盘桓着、思量着，准备最后的致命一扑。要杀死这孩子吗？若将其杀死，内阁就肯定要辞职，阿斯奎斯先生定然要将自由贸易预算案交付选民论定，同时也要让选民考量如下问题：上院的否决权究竟是不是个好东西。倘若自由党再次当选，无论其手中的多数何等微弱，上院可就麻烦了，这样的麻烦将会是非常诡异的，因为其结果很可能是册封数百名自由派新贵，这些人对老爵爷们而言，可是一点都靠不住啊。

下院的贝尔福先生和上院的兰斯多恩侯爵都主张为预算案开绿灯。但此时的上院已然狂躁起来，保守党的绝大多数都是混沌之辈，他们根本就无心接纳贝尔福和兰斯多恩的建言。

八

这部宪政喜剧就此拉开序幕，劳合·乔治这份预算案堪称复杂奥妙，读起来就像是本·琼森、萧伯纳这类人物为自己的作品所作的引言。若还需要题头的话，威廉·吉尔伯特爵士的一首诗恐怕是再契合不过的了：

倘若上院的爵爷们克制

　　自己的立法之手

　　倘若高贵的政治家们不要总想着

　　干预他们并不明白的事情

　　那么大不列颠的光芒将会再次闪耀

　　就如同乔治王的荣耀时代

此等诗词，就如同越发哀婉的叠句，伴随了老爵爷们随后的全部愚蠢演出……

就这样，爵爷们凝聚心意，决定杀死这小小预算案，而劳合·乔治恰恰选择了这个时刻发起致命一击。1909年7月的一个晚上，他来到东区的莱姆豪斯，那里已经挤满了自己的支持者，他在这群东区人面前发表了自己整个职业生涯当中最具煽动性的演说之一。第二天早上，他的演说印发出来，令伦敦众多富家的早餐氛围陷入惊惧当中，众多乡绅捧读这份演说词，就如同听到了灭亡的丧钟。一时之间，英格兰富人议论纷纷，说这是革命！

此时的英格兰绝少见识过像战前的劳合·乔治这般厉害的煽动家。他的脸庞，在为数寥寥的安闲时刻，精巧且平静，就如同巴里（Barrie）的童话，若是激动起来，就一下子变成一部无与伦比的戏剧，甚至成了高级杂技。悲剧和悲伤、喜剧和魅力，轮番上演，时而恣意昂扬，时而冷寂低落，激情层层铺展开来，就如同疾风掠过水洼，令其展现出无数意象。若没有这表情和声音的魔力，劳合·乔治的演说也就不会有任何生命力。要明白这一点，不妨领略一下莱姆豪斯演说当中最为著名的那段陈词：

第二章　自由党（1906—1910年）

我要跟你们讲讲那天的经历,那天我下到一处煤矿。我们一行人下到矿井半英里深的地方。然后便在山体下面穿行,就这么走了大约四分之三英里,头顶尽是石头和页板岩。地球似乎在我们周围和头顶拉伸开来,似乎要把我们压在里面。我们看到矿井支撑物倾斜着、扭曲着、撕裂着,一直看到里面的纤维为了抵抗压力而被撕开。时不时地,这些支撑物会放弃抵抗,于是便是一场灾难,血溅当场,要么残废,要么死亡。一颗火星,往往就引爆整个矿井,顷刻之间,一片火海,令数百条生命的呼吸就此停息。我所访问的这座煤矿,旁边也是一座煤矿,就在几年前的一场灾难当中,火海就是用这样的方式吞噬了三百个生命。首相和我敲开那些大地产主的门,跟他们说:"看看这些日夜劳役、赌上性命挖掘矿坑的人,一些人已经老了,他们从那样的危险当中活了下来,但他们已经衰弱不堪,没法赚更多的钱了。您是否考虑给他们一些东西,让他们不用继续这等苦役了呢?"猜猜怎么着,他们直勾勾地瞪着我们,于是我们说:"只需半文钱,就是一个铜板而已。"他们说:"你们这些小偷!"接着,他们便放狗驱赶我们,实际上,每天早上,都能听到他们的狗在狂吠。

阿斯奎斯先生自然也在这个乞讨铜板的队伍里面,而且这队伍竟是如此遭那些人讨厌,此等讽刺场景出现在第二天的报纸上面。对此,阿斯奎斯先生内心会是怎样感想,我们就不得而知了;不过,劳合·乔治先生毫无疑问是迎来了一段华彩时光。他的听众在愤怒和笑声的交替节奏当中如痴如醉;就这样,他不浪费一时一刻,字字珠玑,攻击地产阶层,咒骂绅士阶层,约请穷苦之人,诉求不满之人;他呐喊,他哀求,他哄诱,他嘲讽。这的确是一场伟大的表演。

不过，此等激昂声音，却并非革命之音，尽管在保守派媒体的焦虑想象当中，这声音听着确实像是革命的声音。实际上，贵族和劳工有着同等理由不信任这声音。在一个没有贵族遭人仇视也没有穷人需要怜悯的世界，这样的声音自然是要彻底迷失的；说白了，这是中产阶级的集中呐喊，而且是在受到砥砺之后的呐喊。

这是自由主义的遗嘱式宣泄。它实际上想说的不过是：富人已经攫取太多，该回馈一些了。这其中既蕴涵了威尔士人的大想象，也涵摄了威尔士人的小莽撞，是在回望并诉求那个巨大的19世纪英格兰幻象。在这个幻象当中，财富和劳动根本不曾走到一起；在这个幻象当中，舒适且独立的布尔乔亚阶层赚得了体面生存；在这个幻象当中，可以对诸般社会疾病用药，但从未有过治愈的情况；在这个幻象当中，理想的人越发地像是那种诚实、宽和但严格的杂货商。此等幻象可一点都不低贱，这是永恒个人主义的幻象，这幻象虽已严重消退，但仍然足够强劲，足以像魅影一样，缠绕着劳合·乔治的此番演说，并将其革命语言消解为纯粹的增税语言和老年补助金语言。

不过，此次演说也确实发挥了效能。此前，老爵爷们确实对预算案态度暴烈，此次演说则给这暴烈态度火上浇油。劳合·乔治当然没有就此打住，他接着又连续发表演说，以近乎粗糙的机巧向老爵爷们发难，他的声音温软，却绵里藏针，如同落雪；于是，全国上下，一批贵族从历史给予他们的无闻乡野当中浮现出来，同他们的这个指控者公开交恶，那样的口舌之能，尽管跟劳合·乔治的指控同样粗粝无度，但很遗憾，其效能却是远不及劳合·乔治的。

第二章　自由党（1906—1910 年）

上院的论辩日越发迫近了，在这段时间里，劳合·乔治只有一个担心：这些爵爷们也许会突然清醒过来，给他的增税议案打开绿灯。不过还好，一切都在按照劳合·乔治的预期发展。平日里，上院大厅基本上都是空荡荡的；唯有遇到此等危机的时候，世袭爵爷们才会坐得满满当当。这些都是无能之辈，在满心乡绅欲念支配之下，只想着去做那错误的事情。就是这样一堆老好人，在默然当中听取了一场差不多是纯学理的论辩之后，没能控制那立法之手。三百票对七十五票，预算案遭否决，宪政先例自然也遭到侵夺，就这样，骰子掷出去了。

第二天早上，阿斯奎斯公开宣称，下院的权利遭到无理挑战，他别无选择，只能立即解散内阁。贝尔福先生竭力辩解说，这份预算案并不能算是财政案，不过是一份新的盗匪性质的财政政策而已，但此番辩解为时已晚，没能挽救局面。自由党内阁遂胜利辞职。

历时一个月的选战之后，选民给了懒洋洋的结果。自由党票仓大为削弱，保守党票仓大为提升，二者差不多形成平分秋色的格局；爱尔兰票仓和工党票仓由此成为执掌牛耳的力量。

此等惨淡的选战数据，令自由党不免觉得是搬起石头砸了自己的脚。倘若自由党要执掌大权，那便只能靠着爱尔兰方面的帮助。当年，帕内尔（Parnell）的梦想遭到背叛，如今，可算是梦想成真了。英格兰和爱尔兰的《合并法案》，其发端是何等微贱，其历史又是何等可叹，这一次总算是将其巨大的宪政缺陷展露出来了。议会控制权就这么落入一小撮人手中，这些人跟英格兰还是敌人，若要赢得这一小撮人的支持，代价是极为冷硬的，那就是爱尔兰自治。1910 年 1 月份的选举，实际上是令《合并法案》将自己杀死了。

《合并法案》不仅杀死了自己，也杀死了自由党：如此一来，阿斯奎斯及其内阁便只能跟爱尔兰同盟者牢牢绑在一起，没法分开了，但是在这些爱尔兰同盟者心里，阿斯奎斯及其内阁是根本没有用处可言的。爱尔兰自治实际上已经跟格莱斯顿一起进了坟墓；1910年时，爱尔兰自治已然沦为纯粹的理论议题，已经没有英格兰人关心这个问题了。但是这次，倘若已经活过这场改选的"人民预算"，要再次在下院获得通过，阿斯奎斯就必须得到爱尔兰党团的支持。而爱尔兰党团是强烈反对劳合·乔治的土地税和酒税的，如此一来，若要爱尔兰党团跟自由党携手通过该预算案并接着对上院发起攻击，那就必须先行达成如下的严格谅解：迎回爱尔兰自治问题。

此外，爱尔兰党团以及自由党激进派还有要求，那就是在通过预算案并将英格兰从这场财政乱局当中解救出来之前，要有明确举措去限制上院的否决权。阿斯奎斯追随者当中的温和多数派以及全部的议会反对党都呼吁先行考虑预算案问题。2月21日，已经极为焦虑且紧张的阿斯奎斯宣称，应当即刻将预算案提交上院；此时此刻，激进派很可能会在接下来一周发生哗变，看来被迫辞职也不是不可能的事情，于是，八天之后，阿斯奎斯告诉下院，他的计划"有所调整"。这一次，他只是提起令内阁可以熬过接下来几个星期的财政议案；若这些财政举措得以通过，他会在上院否决权问题上提起一些决议。此番"调整"的意思自然是所有人都明白的。面对爱尔兰党团和激进派党团的哗变威胁，他已然放弃了独立行动的一切可能性；确切地说，为了维持执政地位，他已经同爱尔兰党团达成了交易。此等情形，贝尔福先生不免要施以绅士一般的嘲笑，确实，英格兰宪政史就此采纳了一种新的可怕形态，究竟有何等可怕，或者说，究竟是何等的灾难性，时间会给出说明的。

第二章 自由党（1906—1910年）

九

然而，无论是自由党还是暴烈的爱尔兰同盟者，都不可能在上院讨到好处，除非那个人施以援手，但是这个人的生命已经快到终点了。内阁接下来的举措就是令一份旨在限制上院否决权的议案通过下院，并提交上院。上院自然不大可能令这样的议案获得通过，让自己落入死局，除非有人能威慑老爵爷们这么做。唯一一个拥有此等威慑力的人，就是国王爱德华七世。

面对这样的诡异局面，爱德华七世的焦虑和不安是可以理解的。倘若上院拒绝采取这个自我毁灭的行动，那他作为国王，就很可能得行使相应的特权，册封大批自由党新贵，这些新贵进入上院之后，自然会对内阁俯首帖耳。是否动用此一国王特权，则完全听凭国王自己的抉择了。不过倒也不一定真刀真枪地这么干，人们普遍认为，国王只需要承诺必要时候会这么干，那就足够了；有此威慑，上院的老爵爷们定然会选择屈服。与其被人毁灭，不如自行毁灭；确切地说，死得体面总比死得荒诞要好，若是上院涌入一大批自由党新贵，那可就死得太难堪了。因此，包括国王在内，所有人都认为，国王只需要承诺不挡阿斯奎斯的路就足够了。然而，爱德华七世却宣示说，他无法绝对承诺动用此一特权，除非再来一场选举；倘若选民没有改变心意，倘若自由党再次执政，即便其胜势跟目前一样微弱，那他也会给出绝对承诺。

这个国王跟上院是有着天然的情感纽带的，此番被当作工具来打击上院，自然令国王甚是反感，因此，国王转而给出了一个妥协方案。他的建议是：上院六百个贵族当中，只让一百个拥有投票权，不妨将这一百人在自由党和保守党之间实施均分。国王在向克鲁侯爵（Marquess of Crewe）和兰斯多恩侯爵提出此番建议时，是怀有希望的。当时两位侯爵分别是上院自由党领袖和保守党领袖。但是两个贵族都不能同意。他们的问题是，两党内部都有顽固势力，这些势力都是不可调解的，如此一来，又能拿什么办法来应付呢？面对此等情形，国王便也得以顺理成章地推脱责任了；因为他也只能按照内阁的提议行事了。"谢天谢地，"他告诉海军部第一大臣雷吉纳德·麦肯纳（Reginald McKenna）先生，"这就没我什么事了。"

十

如此，下院的气氛便变得十分干燥易燃了，劳合·乔治就是在这样的下院将反对派比作喜欢无事生非的企鹅，令人十分不悦，休·塞西尔（Hugh Cecil）勋爵也在这个下院将劳合·乔治比作故意在泥塘里面弄脏裤子的小孩子，这倒是十分贴切，伯纳尔·劳则将内阁说成是垂头丧气的落败狐狸。最终，阿斯奎斯就是在这样的下院提起了自己在上院否决权问题上的提案。提案涵括三项举措：借由立法取消上院对财政议案的否决权；借由立法限制上院对下院议案的否决权，确切地说，若议案连续三个会期在下院获得通过，就成为正式法案，无需上院表态；将议会会期限制在五年。

第一项提议于4月5日顺利通过；到了4月15日，这是一个星期四，另两项提议也都以大约一百票的多数通过下院。就在这个星期四，首相大人引介了自己提起的《议会议案》。该议案的引言有如下陈词："本议案旨在依托国民原则而非世袭原则，用一个第二院取代目前的上院，不过，此等替换并不会很快就实施……"（对爱尔兰党团、激进派以及所有秉持一院制梦想的人来说，这是一场显著胜利；但若有人愚蠢地把这件事情当真，则也应当明白，内阁此举实际上是无限期推迟了上院的改革，实际上，直到今天，都不曾有

第二章　自由党（1906—1910 年）

人真的打算这么干。）就在这个星期四的晚上，当时钟指向 11 点的休会时间之时，阿斯奎斯郑重警告上院不要否决上述提案，否则的话国王就会干预；于是，下院议长坐席右侧爆发出雷鸣般的欢呼，左侧则爆发出疯狂嘘声，议会遂进入休会。

几天之后，预算案在两院获得通过，上院的老爵爷们依然是那么地居高临下，其时，上院的老爵爷们勉强达到法定人数。4 月 29 日，国王批准了预算案，"国王感谢其优秀之臣民，接受其盛情善意，并依其所愿执行之"（Le Roi remercie ses bon sujets, accepte leur benevolence, et ainis le veult.）。以诺曼法语给出的此番简略批复，遂结束了这场战役的第一阶段。这份革命的、狂野的、破落的、基本上行不通的 1909 年预算案，就此盖棺论定；无人高兴，除了爱尔兰人而外。

十一

议会进入复活节休会。内阁及其成员纷纷离开，颇有轻松惬意之感。但是刚刚从比亚里茨返回的国王得了重感冒，情况甚是危险，眼前这场危机显然无助于缓解病情。5 月 7 日，晨星寥寥的早晨，报童唤醒了伦敦的大街小巷。他们喊叫着："国王驾崩啦，国王驾崩啦。"到了中午时分，英格兰便陷入一片黯淡当中。

第三章

爵爷们死于黑暗

一

"人民预算"获得通过，爱德华也驾崩了，同上院的战斗便也随之公开化了。此时开启的这场论战，若是今天回望起来，自然是颇显黯淡且怪异，但也足以表明，政治就如同镜面，即便已经磨损，也定然会对国家之命数有所映射。一时之间，参与这场斗争的各色人物在这映射区内来来往往，频繁穿梭，这些人因此也就有了较之他们自身更大的分量。渐渐地，这些人的影像开始摇摆，开始瓦解，直到最后，甚至可以肯定，他们已经被更为久远的人物取代了；毕竟，上院和下院的这场斗争虽然是在一年之后迎来此等卑微终局，但在此之前，上院和下院便已经经历了漫长的斗争，这中间可不乏英雄情节，至于现在这场小小争斗，则不过是这个漫长序列的终章而已。

劳合·乔治预算案最终催生的这场斗争，关涉两项非常简明的论题。这场斗争的全部意义也就在于此：其一，贵族必须是强大的；其二，贵族必须有责任担当。英格兰贵族，其原则要比其出身更为古老，他们曾为经济权力而战并赢得了这种权力,如今,则正在失去这经济权力;既如此,就应当剥夺其议会领导权,以此表明贵族已经失去了责任担当,这是政治的沉重职责。

将这场斗争简单地视为党争的一个阶段,并消解其宏大意涵,这当然不是什么难事。但这场斗争终究不是小事。这是两股宿命力量之间的斗争;其一是被称为自由主义的中产阶级哲学,其二便是土地财富,这财富体现在贵族身上,并在上院找到了活着的象征。上院否决权既已殒没,贵族的经济领袖权能便也全部随之而去,此等权能昔日里可是全然归属大地产主阶层的。

若阿斯奎斯的内阁提案以及《议会议案》真有什么指涉的话,那意思也很清楚:地产阶层的政治权力已经衰落了,英格兰贵族自然要跟随其政治权力,一同走上衰落之路。说白了,土地之政治权能已然太过苍老衰朽了,无法担当其职责了。

政治王国总是要有某种野蛮主义的施展空间的,这种野蛮主义倒也并非不健康,这种野蛮主义乃规定了一切丧失经济意义的制度的死亡命运;这就如同蛮族国王或者首领一旦无力继续领导属民战斗,一旦无力生育子嗣,便要遭到屠杀一样。但是,那些主动担当责任,执行此等古老命数的人,则必须是年轻、强健且勇敢之人。否则的话,同样的命数也将落在他们身上。

眼前的这个自由党能在上院败落的地方取得成功吗?这个自由党能统治这个国家吗?或者换个问法,这个自由党会不会太过孱弱和软弱,最终跟上院一样,也无力避免迅速且正当毁灭的命运呢?

二

爱德华的葬礼结束之后,阿斯奎斯便北上前往天空岛,在这座世外桃源的小岛上静下心神撰写备忘录，这份备忘录是要呈送新王的。这份文件没有保存下来，确实让人遗憾，里面定然清晰阐述了为王之道。可以肯定，里面也颇为含蓄地解析了前路之上的诸般危险，字里行间也不免会隐约地透露出漠然乃至傲慢之气，有所警告，有所威慑。首相大人对乔治王的看法，应该说跟众人没有太大差别。新王没有任何政治经验。新王曾当过船员，在异国他乡见识过不少的装煤站点，但世事沧桑，新王对之所知甚少。政坛普遍认为新王秉持托利原则，脾气暴躁；除此之外，此时的政坛对这个新王也就一无所知了。

　　臣民对这个新王则是毫无体认。他们对先王就没有拥戴可言。爱德华七世集中表征了布尔乔亚国王的诸般意象。此类国王外表流光溢彩，常常会有令人疑窦丛生的恶作剧行为，这一切都是一个工业化世界给古老神性打下的烙印。在这样一个国王身上，臣民见证的是某种莫可名状的东西，和善、好色，于是，人们便在这样一个国王身上找到了活生生的借口，为各自的小小罪恶开脱。众多危机和情爱曾砥砺他的祖先，祖先的鲜血仍然在涌动，这鲜血教会了他将职责和享受融合起来。他绝对不是暴君类型，也从未有过厉声厉色的情况；他只是不够检点，但也并不惹人憎恶。他的宽松之道，乃令世人实实在在地意识到，人性当中最惹人怜爱的那些小小罪错，也许不能见容于教会和教堂，但却是可以在王座之上找到庇护之所的！说实在的，英格兰人并不关切一个素受敬重的国王：且看一看查理一世，下院将其处死，再看一看亚瑟王，一份又一份的诗篇当中，丁尼生勋爵可从来没有对他有手软的时候。

　　乔治王恰恰是这种受尊重的类型。他素来敌视父亲，这在汉诺威王族倒也不是什么新鲜事，只不过他的这种敌视是蛰伏的，并且是道德上的，并非

第三章　爵爷们死于黑暗

政治上的。但凡在白金汉宫跟爱德华相处融洽之人，是绝对无法在马尔波罗宫找到容身之地的，这里可是威尔士亲王夫妇的宫廷，宫廷虽小，却很严格肃穆。这里全然是秩序和安静，家庭美德在这里得到悉心培育。如今，新王登基，这些也将从马尔波罗宫迁往白金汉宫，这自然会令光鲜热闹的伦敦颇为沮丧。

乔治继位一个月之后，一束希望之光开始照亮现实。一个名叫米利乌斯（Mylius）的绅士时不时地会在英格兰散布一份题为"解放者"的共和派传单。传单里面值得后人珍视的东西微乎其微，真要说起来，也就是两点：其一，是一个很古怪的信念，君王而非巨富才是20世纪暴政的象征；其二，该传单是在巴黎印发的，并且印发人是一个野心勃勃但难有诚实可言的印度人。此次，乔治既已登临王位，米利乌斯先生和他的这个印度朋友便在共和热情以及揭人隐私之自然欲望的促动之下，认为时机来临，可以将那个已经是不温不火的丑闻再度传布开来了，于是传单里面便有了如下揭露：现在的国王年轻时候曾娶过一个海军将领的女儿，现在的婚姻是重婚。这可算是一桩小小的罪恶"秘史"了，其揭露者和散布者自然是希望此事一经发酵，丑陋暴民即刻就会因此攻打王宫。但结果显然不如预期。米利乌斯先生作为唯一到案的涉事之人，被传唤到庭，接受诽谤指控；而且英格兰也已经安坐下来，满心愉悦地希望最后的结果证明，这位新王毕竟是个有点爱好的人。

然而，米利乌斯先生所选的国王的第一个妻子，国王只见过两次，而且都没怎么说过话，检察长鲁弗斯·艾萨克（Rufus Isaacs）爵士将证据撕得粉碎。米利乌斯也拒绝为自己申诉。国王此次乃以私人公民身份而非国王身份指控于他，因此，除非指控者本人到庭并作证，否则他是不愿也不能做出应有自辩的。此时的乔治王已然十分恼怒，遂希望亲自到庭，以此等并不寻常的方式自证清白。但最终米利乌斯先生还是在没有申辩的情况下获罪,遭受了几个月的牢狱之灾。

此番结局令整个国家都非常失望。一些刊物遂故作含蓄,言不由衷地对新王说了一番溢美之词,但这其中已然透露出这样的信息:新王可不会赶什么时髦。如此来看,这位国王想必是无趣之人了。1910年时,无趣可是人们无法原谅的罪过;至于新王的那种中正且忠诚的品性则全然被忽略了。

三

国王的美德或者恶行,政坛根本就不关心。政客们担心的是国王没有经验。自由派关心的是乔治王是否太过容易接受托利派的哄骗,毕竟,乔治的心腹当中可有不少托利派。托利派则惦记着,在新王归附内阁那十分可疑的精巧建言之前,应当容留一些喘息空间。无论如何,到了这个时候,事情就交由新王来定夺了。只有新王自己能决定是否册封新贵。

在阿斯奎斯提议之下,乔治请双方休战,试图借此让双方领袖坐下来,以和平方式化解分歧。一场宪政晤谈随之到来。晤谈地点选定在兰斯多恩家族宅地,1908年的"匕首"聚会就是在此地召集的。阿斯奎斯、劳合·乔治、奥古斯丁·毕雷尔以及克鲁勋爵代表内阁;贝尔福、奥斯汀·张伯伦(Austen Chamberlain)和兰斯多恩、考德尔(Cawdor)则代表保守党。对于此番晤谈,双方显然都不抱希望。

不过,此时的国王正在找寻自己的政治定位,而这个国家也刚刚从低落中恢复过来,因此,双方倒也都有十足的谈判意愿。谈判秘密进行,这令两党的后座议员颇为不满,当然也令遍布全国的政治票友颇感受伤;当然,看

第三章　爵爷们死于黑暗

一看兰斯多恩谈判桌上那些来回往复的谈判筹码（桌下交易自然是另一回事情了），倒也没什么上不得台面的。

谈判范围很广，但并无实质性议题，虽然围绕这些议题，双方倒也是纠缠不休。在财政问题上，两院应当是何种关系？何种机制才能化解两院的恒久分歧？该如何调配上院的规模和构成，令其在两党之间一碗水端平？贝尔福先生及其同僚愿意在财政问题上让步。上院不会再干预预算案。下院可以完全掌控财政议案。老爵爷们也愿意接受议长的保证：上院不会介入更多的立法事务。此等让步可谓巨大，但也是必然的，令双方都长出了一口气，这也是此番谈判取得的唯一明确结果。

保守党并非因为怯懦而对自己实施了人们早先所说的"贱卖"（cheapening）。他们将能够设想的各种筹码都吊在阿斯奎斯、劳合·乔治、毕雷尔和克鲁的鼻子前面摇晃一番，但这四位先生均无动于衷。说实在的，他们主动提出放弃世袭原则；他们愿意在跟"普通"立法相对而言的"宪政"问题上跟下院合二为一，共同商议。（但究竟什么是"宪政"立法呢？没人能搞清楚。"宪政"立法和"普通"立法之间并无任何明确分界，此乃英格兰宪政理论的一项公理。）但是有那么一个东西是他们不愿牺牲的，那就是上院在本质上的保守性格。这却也是真正重要的东西。

伯里克利谈及不成文法的时候曾说，不成文法"将令僭越者遭遇无可否认的羞辱"。1909年，上院以其合法权利为武装，否决了预算案，自然干下了僭越之事；谁又能保证，在兰斯多恩宅地当中实施密谋的八个好绅士，不会干下严重得多的僭越之事呢？要改革上院，就意味着要立定一部成文宪法以取代数个世纪以来都表现不错的不成文宪法，如此，便等于是召唤一个巨大鬼怪进入那狭窄且易腐烂的法典肉身。

四

这样一部宪法,如同幽灵一般缠绕着兰斯多恩府邸的这场谈判会,但这幽灵却无从道成肉身。这幽灵并无可见的躯体。"大宪章""信纲"(Apology)"王位继承法案""合并法案",这些都已经烙印在英格兰历史那如同肋条一般凸起的片片沙地之上,就如同一个看不见的旅行者留下的脚印,这旅行者乃是一个强大幽灵。若将这个幽灵肉身化,则这幽灵宪法就定然成为怪物,一身混合诸般面相,从诺曼法兰克人到早期爱德华王族,这怪物肆意彰显临时拼凑的印记,却又全然悖反逻辑地维持恒久状态,其存在乃依托如下原则:所有怨诉都有补救之法,但任何怨诉都不是永恒的,任何补救之法都不是万灵药方。

正是这个斑驳多变的幽灵,成就了英格兰历史之特质,在嘲讽着集结在兰斯多恩府邸的八个绅士,嘲讽着他们那毫无效能可言的劳作。

1910年7月,这场谈判仍然在混沌乐观当中维系着,至少首相大人是这么宣示的。克鲁勋爵提议前往自己的乡间宅地继续谈判,勋爵在那里备好了招待品。众人谢绝了此番邀约,继续工作到11月10号,并在这一天宣布谈判破裂。令谈判归于破裂的原因,还是爱尔兰自治问题,这是个老问题了,发作也不是一次两次了,如今,这个问题已经越发地有威胁了。此次谈判当然也试图解决这个问题,当然不是在谈判桌上,而是试图借助某种桌下政治。

1910年时,谁会在意爱尔兰自治问题呢?对自由党来说,那只不过是一个抽象问题,只是一个引人鼓噪的由头罢了,这个问题已经死去了。保守党历来反对爱尔兰自治,此乃出于传统信念:"进化"和人工的混合药方终将消解爱尔兰的自治念想。

但是自治问题已然上路了；此番限制上院否决权，不可避免地带动了这个问题。在围绕上院否决权展开的斗争中，爱尔兰党团已然令阿斯奎斯先生欠下了债务，阿斯奎斯当然是要以爱尔兰自治来偿还这债务的，否则的话，就无法得到爱尔兰党团的四十八票来推进预算案。说白了，一份爱尔兰自治议案将会入选阿斯奎斯内阁提起的第一批议案，并且将在连续三个会期都在下院获得通过，既如此，则无论上院是何种态度，该议案都将成为法案。

无论自由党还是保守党自然都觉得，让爱尔兰问题介入这场宪法斗争，是极其不合适的。此时的英格兰政治，总体上说仍然是绅士的职业，就像是一场有着良好防护的花剑比赛，说白了就是一场严肃游戏；如今，好斗的凯尔特人带着致命武器和决死一战的气息侵入这场游戏，也就破坏了这场游戏。面对此等决死斗志，议会基本上无力应对。昔日里，议员都是将怒火用于论辩，或者在公共讲坛上予以挥洒；他们绝少将怒火带入私人生活。在私生活当中，议员们都是绅士，会心平气和地走在一起，无分自由党和保守党。

此时的时光仍然称得上岁月静好，政治俱乐部的女主人们会经常看到贝尔福先生和阿斯奎斯先生手挽手走进客厅，那是何等惬意的场景啊！在某个下午的下院，贝尔福先生会精心选择一些讽刺之语抛给阿斯奎斯先生，阿斯奎斯先生会在晚餐之后，匆匆赶回议会，做出回应；但他们终究是很好的朋友。若是有音乐，就肯定能留住贝尔福先生；笑意会在他的骷髅脸上荡漾起来，他会向阿斯奎斯先生做出迷人的挥别手势，因为首相大人正要赶往当晚的议会，对他发起毁灭性的攻击。一切都是那么轻松快活，一派绅士氛围；现在，一批爱尔兰人闯了进来，显然要将这一切破坏殆尽，他们带来极为恶劣的品味，要为爱尔兰的自由殊死一战。

然而，若要躲开这笔爱尔兰债务，阿斯奎斯先生唯一的办法就是同保守党结盟；若与保守党结盟，他自然也能够限制上院否决权，但付出的代价则是推行"帝国优先"并推行强制军役体制。此等交易的可能性微乎其微，而且，除非是遇到严重的经济萧条，否则的话，同保守党结盟的可能性也是微乎其微，毕竟，在严重的经济萧条期，资本家无分右翼和左翼，天然地就会走在一起。至于1910年的经济，则仍然是可以自持的。在兰斯多恩宅地的那段休战谈判期，也确实讨论过这方面的想法，但是据劳合·乔治《回忆录》记述，这些想法最后都被阿克斯－道格拉斯（Akers-Douglas）先生做死了，保守党历来将道格拉斯先生奉为智慧之源。

对阿斯奎斯和贝尔福这样的政治老兵来说，自由党和保守党结盟实在是很遥远的事情，不过两党都有一批年轻人对此事抱持更为严肃的态度。保守党方面，一个名叫F. E. 史密斯（F. E. Smith）的年轻政客正在上升期，他公开支持"切实且诚实的停战"。史密斯先生跟自由党方面的一个年轻政客交情甚笃，彼此之间可以说是开诚布公，这个同样在冉冉升起的自由党政客就是温斯顿·丘吉尔（Winston Churchill）先生。史密斯甚至看得更远。10月份，他致信奥斯汀·张伯伦："在我看来，劳合·乔治肯定是完蛋了，除非他在所有大是大非的问题上逐渐靠拢我们。"用这样的话评说"人民预算案"的凶悍创制者，的确很是怪异；但这其中也透射出足够的精明。兰斯多恩宅邸的友善招待，可谓毕恭毕敬，已然大大软化了劳合·乔治，令这个自由党政客对年轻保守党的心性颇为心仪；那样的心性是有弹性的，是职业的，更是讲求速度的，这一点最重要。也许有那么一刻，第四党的古老幽灵已然非常邪恶地进入了兰斯多恩宅邸的清白窗户；掀翻那些德高望重的老派领袖，转而自行掌理这个国家，这样的想法对野心勃勃的年轻政客来说，想必是十分激励心

第三章　爵爷们死于黑暗

魄的事情。

不过,这一次,具体的筹码同样是太过倾向于保守党了。此外,两党潜在的年轻联盟派也难有互信可言,这倒是自然而然的事情。没有人是没有利益牵涉的;所有人都为自己。既如此,史密斯先生梦想的"宏大安排"便烟消云散了,就如同海市蜃楼一般——那也的确是海市蜃楼。不久,两党谈判宣告破裂,一无所获。

11月8日,阿斯奎斯承认"分歧显著,无法化解"。两天后,八个绅士在兰斯多恩宅邸最后一次晤谈。此次晤谈开启之前,贝尔福把阿斯奎斯拉到一边,很是悲观地低声说道,除了恼恨和退避之外,他看不到更好的前景了。贝尔福先生说对了。

11月11日,阿斯奎斯先生来到桑德林汉姆,最后的这段不祥时日,乔治就是在这里煎熬着。首相尽可能温婉地解释接下来很可能会发生的事情。实际上,前一天下午,内阁已经同意即刻解散。若如此,则又是一场大选,并由选民自行决定最终胜出的是下院还是上院。倘若自由党重新执政,那么国王可就得动用特权,一次性册封大约五百之众的新贵了。

首相只是申述了这个情况,而后便告辞了。乔治终究还是跟这场危机面对面地碰上了,这危机曾令父王的最后时日沦落到惨淡黑暗当中。新王就是在此等危机当中返回伦敦的。

11月16日下午3点左右,阿斯奎斯现身白金汉宫。随行的还有克鲁勋爵,有人评论说,这情形,"就仿佛需要一个见证人一样",虽然不确定首相具体要做什么,不过可以确定,不会是什么好事情。自由党两大党魁此次前来,当然是要国王在是否动用特权的问题上,做个决断,喜剧情节进展到此刻,这个决断看来已经在所难免了。

039

此时的乔治王,最不愿意见到的人恐怕就是这两个自由党党魁了。不过,"我从未见到国王的状态这么好,"阿斯奎斯先生也对当晚的事情留下了品评,"慷慨陈词,并不顽固"。此番品评难掩倨傲,而且从中也不难体味出,国王确实有所申述。两位党魁要求国王做的事情,的确够折辱国王的!因为错误的理由将贵族头衔给了错误的人,这样的事情可并不少见;但这头衔毕竟是奖赏,是荣誉。要得到这头衔,一个人就必须经历议会的辛劳,要不就出钱购买,再不济也可以成为文人名士,拿这个来换取;一个人是绝不可能平白无故地受封成为贵族的。就这么一下子将五百个籍籍无名且名不符实之人提升到贵族行列,仅仅为了政治考量,这不就等于是把上院变成一场低俗笑话了吗?而且这更是在拿国王的特权开玩笑啊。若任何君王尚且对自身之尊严存有一息之念,想必都会对此等阴暗且疯狂举措心有退避。此等情形之下,乔治王"慷慨陈词"当然是合情合理的事情。阿斯奎斯先生则始终温软含蓄,尽可能地软化这要求。说到底,这特权并不一定就真的会动用起来;将此等闹剧式的惩罚摆上台面,很可能就足以威慑那些老爵爷了。阿斯奎斯先生申述说,无论如何,他要的并不是绝对的保证,他要的只是一个"推定谅解"。确切地说,假如他解散内阁,另行大选,假如大选令自己重归权位,那么国王会同意册封新贵吗?

此时的国王尚且不习惯阿斯奎斯的表达方式,这表达方式如此简洁明了,却又如此闪烁其词,遂发出问询,先王是否也遭遇过这样的建言。"是的,陛下,"阿斯奎斯先生回答说,"而且我敢说,您的父亲是会同意的。"乔治遂表示同意,他告诉两位党魁:看来也没有别的选择了。阿斯奎斯和克鲁遂恳请王上对此事保密,而后便心满意足地告辞了。

乔治王虽然不悦,但也是信守诺言之人,他只是跟朋友们说,并不存在什么谅解（其时是在一个月之后的温莎，兰斯多恩勋爵向闷闷不乐的新王进言说，册封新贵之事"不可想象"），一场大选就是在这个时候开启了。选民一片漠然，政客们难以激励选民的热情。就在解散内阁前夕，上院收到了"议会议案"，该议案自然是依托了阿斯奎斯先生提起的内阁决议。其时，上院表态愿意接受这场大改革，唯一的条件就是维持上院的否决权。此情此景，阿斯奎斯先生不免在赫尔（Hull）发出一声叹息："唉，先生们，世道变化竟是如此之大！这古老且美妙的建筑，住在里面的人竟然觉得不安全了。"

五

直到12月大选的最后一刻，托利阵营一直都在竭力寻求别的出路。然而，他们越是劳作，就越像是约翰逊博士笔下的那个在临刑前两个星期开始写书的囚犯。"就靠它了，先生，"约翰逊博士写道，"一个人若是两个星期之后就要被处决，那这书是能令此人心神专注的，效果奇佳啊。"

倒也尚存一息希望。然而，北方工业地区仍然坚决反对关税改革，即便这改革以忠诚彩旗予以包裹和装点，并被贴上"帝国优先"的标签。在这个阴冷天气里，选民给出的答复可谓倦怠且充满讽刺。自由党272席，保守党272席，再一次，阿斯奎斯靠着爱尔兰-工党党团赐予的多数，才能压制上院。不过也正如同毕雷尔评论的那样，这一次，"确定性一下子出现了"。确切地说，这一次，什么都救不了上院的老爵爷们了。选民就是以这种慵懒态度，给了阿斯奎斯继续前进的许可，并且也要求阿斯奎斯承担后果。

1911年2月22日新议会开幕之时，阿斯奎斯先生对"推定谅解"之事只字未提。至于贝尔福和兰斯多恩，虽然相信爱尔兰-工党党团会联合施压，

041

迫使内阁"威胁国王",但也仍然相信乔治是会有说服的能力的。也许国王会激发内阁的良心——倘若内阁还有良心的话,二人就将希望寄托于此。

此时的上院,来自自由党的莫利(Morley)勋爵担任议长,他冷冷地评论说,无论是否接受改革(此时的改革议案仍然在艰难推进阶段),也无论是否接受重生,上院都将失去否决权。也就是在这个时候,"旧秩序"突然抬头了……

在推进预算案的这些日子里,劳合·乔治可谓志得意满,大批英格兰贵族都难逃他的口诛笔伐,他说他们都是"粗人"。此时,人们若要了解这个世袭政客群体,唯一的公共渠道便是德布雷特(Debrett)的《贵族》(Peerage)一书,书中详述了他们那种怪异的自我优越感,并且还平添一派很是阔绰且僵硬的自我满足感。他们居住在乡间地产之上,虽籍籍无名,但也颇为有用,这些地产散布在英格兰的各个地方。当地人自然跟他们很是熟识,他们是地方领主、长官或者郡长。他们时不时地会前往伦敦,通常是参加伊顿和哈罗的考试。可以在配图报刊上看到他们,用直勾勾的眼神盯着他们的现代敌人:照相师。眼神里面有蔑视,也有警觉,照相师则会捕捉他们在自家板球场或者园林里面的快活身影。

多年来,他们都在操持自家的乡间事务,倒是不麻烦这个国家,也不被这个国家麻烦。在保守党执政的那段漫长岁月里,他们便不曾去过上院;那红皮革的座位,势必让他们沦落迷失,显得可怜,而且在那段岁月里,托利议案自然都会顺利通过,无需他们支持。然而,当自由党以巨大多数并且还拖着强大的工党尾巴返回权位的时候,遍布英格兰各处的乡村宅邸便都有了微微震颤。于是,上院大厅的偏僻角落里面,便有那么一两副陌生且无言的面孔在黑暗中隐隐闪现了。"粗人"开始行动了。

1906 年之前，上院绝少发生分裂，正如一位主教大人在雅典娜神庙俱乐部说的那样，"若真的发生分裂，爵爷们就会大呼小叫，那情形就像是母鸡刚下了一个蛋"。然而，随着自由党内阁相继推出《教育议案》《许可证议案》《重复投票议案》，老爵爷们内部也开始发生分裂了。此时此刻，除了已然湮没无闻的乡村托利派这个庞大预备队而外，保守党还能召请何人作援手，来杀死自由党立法呢？劳合·乔治在莱姆豪斯演说以及后来的演说中着力讨伐的，正是这些土地贵族；劳合·乔治的听众大多是城镇人群，此番讨伐之下，这个听众群体便不免觉得这个乡村托利派其实就是野蛮人，他们此时从乡村要塞里面爬出来，目的只有一个，就是要杀死自由党的良心议案；他们吸矿工的血，吸教会的血，肆意劫掠铁路公司，就靠着这些活着；财政大臣先生乞讨之时，就是这些人肆无忌惮地放狗咬人之时。

"议会议案"的命运如今就掌控在这些人手中。他们当然不是劳合·乔治想象的那种土豪恶霸，但他们确实想维持他们摧毁议案的权利。人们认为他们已经过时了、没用了，很不幸，这种看法是真的，不过，他们一点都不在乎，并且也就是在 1911 年 5 月，他们表现出明显的反叛迹象。

在威洛比·德·布鲁克（Willoughby de Broke）勋爵的午宴上，反叛苗头初次显现。威洛比，一个年轻贵族，温和，充满活力，面相跟马很是相像，令人忍俊不禁，他的家族在博斯沃斯荒原战役之前，就已经开始养马、骑马。威洛比可不是劳合·乔治说的那种"粗人"。此前，他就曾多次来到上院，甚至还在上院发表了演说，谈了谈夏季乡村露营之时的用餐问题，颇得兰斯多恩勋爵欢心。他也曾强烈反对"人民预算"并投出了反对票，而且他坚信，对待英格兰各个阶层的民众，就应当像他对待猎场管家、马夫和内室仆人一样，确切地说，就是要和善但坚定。他颇有些文字天赋，头脑清晰，当然不至于是落后时代两百多年的人。

1911年5月,我们这个和善贵族的午宴餐桌之上,反叛潮流初次涌动起来,就如同头戴冠冕的贵族第一次抬起脑袋。很不巧,此次反叛运动的领袖不是旁人,正是老爵爷寇松(Curzon),劳合·乔治的预算案显然令他恼恨不已,遂使得这位前任印度总督回归政坛。寇松绝对是英格兰最耀眼的人物之一,他很享受贵族做派,尤其热衷于凸显他个人的地位。就眼前这件事情而言,寇松并不相信有人会建言国王册封新贵;他认为这样的事情不可思议,"痴人说梦"。所以,他轻描淡写地评论说:"就让他们去制造新贵吧。我们可是要在堑壕里面战斗到最后,誓死不从。"此番话很快就在他身上应验了。

此时的保守党分为两派。其一是所谓的"堑壕派"(Ditchers),他们坚信要同"议会议案"全面开战并战斗到底,因为他们觉得阿斯奎斯不过是在虚张声势,这位首相大人是绝对不敢建言国王册封新贵的。另一派则是"骑墙派"(Hedgers),这一派主要是保守党内更为持重也更有政治头脑的一批人,他们很清楚保守派走向没落的时刻已经到来,遂以消极态势,接受了这种权力逐渐被剥离的局面。"堑壕派"于5月23日率先发难。这天,"议会议案"送达上院,上院以一场华彩论辩予以迎候,"堑壕派"的一个成员威胁说要在委员会阶段对议案实施重大修订。

六

"帝国纪念日"这一天,F. E. 史密斯和温特顿(Winterton)勋爵在克拉里奇酒店举行化妆舞会。舞池里面,朱诺、色列斯、克里奥帕特拉以及路易十五时代的女公爵们纷纷出动,身穿粉红色薄纱芭蕾舞裙的姑娘们,以及一身天鹅绒礼服、佩戴镶嵌着珠宝的鼻烟壶的年轻政客们,也都游走其间。阿斯奎斯先生和贝尔福先生也置身其中,身着普通晚装。午夜时分,人群中闪出一条通道,是为一个贵族模样的人而准备的,此人身着庄重袍服,头戴冠冕,一派贵族装扮,冠冕之上印制了"499:只差一个"的字样;袍服之下的扮演者是沃尔多夫·阿斯特尔(Waldorf Astor)先生。此举显然是以巧妙方式暗示了国王册封新贵的特权,现场不免响起阵阵掌声。身着18世纪风格白色绸缎的 F. E. 史密斯先生、头戴猩红色斗篷面具的温斯顿·丘吉尔先生、戴着黑色假鼻子和黑色面纱的查尔斯·贝雷斯福特(Charles Beresford)勋爵,以及这场奢华舞会上的所有人,都在为之鼓掌。贝尔福和阿斯奎斯也不例外,两人自然觉得这是个很不错的玩笑。

也许是这样。也许此番玩笑恰可以用来度量当前实情,就如同现场一位颇为恼火的记者在 5 月 26 号的《泰晤士报》上评说的那样:"就这么假扮一个满身金属光片的贵族,出现在首相大人和反对党领袖面前,这实在是奇思妙想。"

七

时间进入 6 月,媒体对这个飘摆难测的问题的关注度开始下降。关注焦点已经集中于即将到来的加冕礼,届时,贵族都会按照往日的方式襄助这场加冕礼(这很可能也是最后一次了)。

英格兰的加冕礼基本上都是一样的,历次加冕礼都是一派旧日面貌,都是在承续往昔。每场彩排都要经历一两个小时的漫长时间,不过是在展示已然成为昨日之事的荣耀而已;而且,那样的仪式也是从罗马借取而来,并未真正本土化，不过是以庄重的哑剧仪式召请昔日亡灵罢了。1911年6月22日，乔治王的加冕礼并没有可以激励人心的新东西，只是萨克维尔-韦斯特（Sackville-West）小姐为之撰写了一篇不错的文章而已。只有寥寥几个轻松时刻，让那滞重的威严之感有所缓解。奥松维尔伯爵（Comte d'Haussonville），脸挂喜色，端坐在蓝色绒布罩起来的观礼座椅之上，等待开幕，贝尔福先生并未掩饰自己的糟糕表情，这倒是令奥松维尔伯爵很是羡慕，"他或许觉得等候的时间太长了，睡着了"。眼见德国王太子不合规矩的行为，议长大人显然在强压心中不悦。仪式刚一开始，莫利勋爵就已经疲惫不堪了，禁不住地思忖着，"干脆现在死掉算了"。一个男爵夫人不小心坐在一群公爵夫人里面，惊惧之下，赶紧退了出来。修道院大墙的外面，是另一种生活样态，那里的人戴着宽大帽子，身着"合理宽松"的束身衣、高领服饰，那里是20世纪。但是在大墙里面，则唯有过去活着。

　　前来观礼的各国王族都得到了盛情款待，这些王族都正在那条路上疾行，那条路将穿越巴尔干战争，并通往1914年；此次加冕礼之后，英格兰将再难见到他们了。在点缀着淡红色康乃馨的斯塔福德宅邸，在铺满了粉蓝雪球花的格罗斯维诺宅邸，来自欧洲、亚洲的王子公主们载歌载舞，彼此鞠躬，到了午夜时分，则是品茶言欢。这些奢华晚宴自然也充溢了讽刺意味，其中哪些是特里马乔的宴会，哪些又会是达摩克利斯的宴会，那可就难说了。

八

　　此时此刻，充溢着骑士风情的加冕礼仪式尚且在人们的记忆里鲜活着，"堑壕派"却已经武装起来，准备战斗了。在1911年的英格兰，为了捍卫贵族而展开的这最后战斗,倒也确实应当以兼具严厉和喜剧的方式装扮起来。很多"堑壕派"都严肃真诚,且心怀善意,他们在精神上仍然在回首瞩望英格兰昔日田园诗般的柔美时光。他们真诚地相信,由出身高贵之人引领这个国家,这个国家将会更好一些。他们认为,即便工业时代也能够找到贵族执掌舵盘,跟德文郡公爵或者索尔兹伯里侯爵这等强悍土地贵族的真正传承者相比,可曾有谁能更好地引领这个国家穿越在机器重压之下呻吟不止的维多利亚时代的后半段呢?

不过很不幸,真正笼罩了"堑壕派"这场最后突围战的精神,却是一种喜剧精神,而且这喜剧精神乃植根于这样一个事实:"堑壕派"当然对爱尔兰自治仇恨不已,对政治保守主义忧惧不已,但更可怕的是,他们对现实也本能地充满恐惧。在他们的内心,攻击上院就等于是在攻击古老且充满了德性的辟邪之物。世袭原则自有其魔力。大多数贵族,其源泉都在于晦暗难明的中世纪家族的诡异生存能力,或者溯源于 18 世纪的一桩肮脏交易,要不就是股票市场上的赌博能力或者借助政策之势顺风而上的能力——虽然这些他们都要么不能、要么不愿承认。对他们来说,上院就是"教养"的神秘象征。于是,此刻,他们便纷纷集结起来,前往守护这座堡垒,就如同野蛮人集结起来护卫偶像庙堂那样。

那些最为原始的偶像,即便很久很久以前就已经沦落到丛林或者荒漠,无人问津了,却也是人类灵魂之旅的路标:他们表征了人类在混沌和恐惧当中寻求连贯性的欲念。如此,这可敬的上院就不仅仅是在庞大地产财富拱卫之下存续下来的宪政遗迹;它同样表征了一种崇拜,个中意涵就是高贵的少数人应该担当起来的理想化的父权责任。此等意涵跟 20 世纪已然没有关联了,不过,竭力保存它的人倒也并非全然闲人或者高傲之人。在这些人眼中,这些正在逝去的价值，往好里说，都是极高的价值，即便在最坏的情况下，也都是很有人性的价值。他们显然没有意识到，生命的意义就在于变化，没有什么是可以静止不动的，今天的圣所，到了明天，也许就成了牲畜的居所。他们执着于往昔，难舍难分，所以，他们要为他们已经死去的事业战斗到底。

有那么一段时间，他们对他们的官方领袖还算满意。7月4日，兰斯多恩勋爵在委员会阶段提起"议会议案"修订案，据该修订案，所有牵涉到王权、继承问题、国教问题以及合并法案问题的议案，都应当提请全民公决，此举的目的很明显，就是要让诸如自治议案之类的问题，不再听凭下院多数的裁决。此外，"议会议案"于7月5日走出委员会的时候，已经完全不是此前下院呈送的那份议案了，已经彻底变样了。阿斯奎斯先生故作震惊。若如此，那又何必兴师动众，搞上一场大选呢？他在下院发问，上院修订之后的议案，也许不那么让人舒服，但毕竟是涵括了去年谈判之时提起但最终遭到否决的所有诉求啊。

这一次，内阁不能辞职了，这个国家已经承受不起连续三场大选了。此等情形之下，阿斯奎斯先生没有别的办法，只能摊牌了。

7月17日，阿斯奎斯先生面见乔治。7月18日，劳合·乔治先生就如同赫尔墨斯一样，适时出现在贝尔福的住所。他告诉贝尔福和兰斯多恩，就在昨天，国王表示将信守承诺，册封新贵，那承诺则是在1910年12月时做出的。我们这位赫尔墨斯的语气有些诡诈，有些惬意，但也不失严肃。闻听此言，贝尔福和兰斯多恩不免暗自恼火。劳合·乔治还跟贝尔福和兰斯多恩说，内阁决意推动"议会议案"通过上院，不接受修订，不过，内阁倒也无意走册封新贵这条路。上院仍然有几天时间认真掂量。阿斯奎斯先生计划在7月24日宣布国王的决定，届时，希望下院面对的不是上院给出的修订案。若下院最终还是要面对上院的修订案,那么下院就不会以通常的办法将其驳回,到那个时候,下院将以直截了当的方式,"整体"驳回修订案,并向上院摊牌:除非上院在没有任何修订的情况下通过"议会议案",否则的话,一批新贵就会席卷上院,如同一场大洪水。

"闻所未闻的事情啊,"兰斯多恩告诉御前秘书诺里斯(Knollys)勋爵,上院可从未受过此等奇耻大辱,而且谋划得如此精细。但无论如何,对他和贝尔福先生来说,这场游戏已经结束了,国王已经给出保证,继续战斗下去便没有意义了。7月20日,当"议会议案"在上院通过三读的时候,兰斯多恩也说出了这个意思,他告诉上院,可以坚持修订案,但前提是"我们仍然是自由身",口气当中难掩愤懑。

这显然是举了白旗。已然是七旬高龄的哈尔斯伯利伯爵(Earl of Halsbury)一下子跳了起来。兰斯多恩很清楚,随之而来的将是一轮轮的怒潮,既如此,他便也无法保证追随者的清醒和理智了。

九

当天夜晚,阿斯奎斯先生在下院自己的房间里面挥笔写下信笺。

尊敬的贝尔福先生、兰斯多恩侯爵:

于情于理,我都应当在宣布任何公共决议之前,让你们知道我们对当前政治状况的看法。

若"议会议案"就以现在这个样子返回下院,那我们就不得不提请下院在修订案问题上跟上院分道扬镳了。

若如此，一旦有必要，内阁将会提议陛下动用特权，以确保"议会议案"原封不动地获得通过，成为法案；陛下已经表态，必要时候，他将依循内阁建议行事，这是他的职责所在。

你们的朋友
阿斯奎斯

此前，在国王及其内阁将会何去何从的问题上，可谓云雾笼罩，传闻纷纷，此刻，在此番冰凉词句冲洗之下，可谓尘埃落定，最终的冷硬事实一下子裸露出来。第二天早上，保守党贵族于10点半的时候集结在格罗斯维诺尔宅邸里面，大约有两百人之众，都已经陷入极度震惊当中；11点半的时候，他们前往贝尔福先生的宅邸。当天下午，这群人最终在兰斯多恩宅邸炸了窝。在这个酷热的夏日午后，"骑墙派"和"堑壕派"，说白了就是"现实派"和"浪漫派"，都落入巨大的紧张和焦虑当中。兰斯多恩勋爵的策略很明确，应该说也是合理的：若下院原封不动地将"议会议案"返回上院，他将提议无条件投降。但是他在宣布此一决定的时候，太过温婉含蓄，而后还征询众人意见，这便犯下了错误。哈尔斯伯利伯爵高声喊叫说，那样的话，"恕不从命，我会战斗到底，即便只剩我一人"；萨默塞特公爵和威洛比·德·布鲁克勋爵当场表态，他们也将追随这个老贵族进入堑壕；另有一批贵族虽然没这么大声，但应该都是低声附议了的。

阿斯奎斯先生将在下个星期一正式宣布，在此之前，也没什么能做的了。这些天倒是可以小小休憩一下了，兰斯多恩勋爵也只能拿这个自我安慰了。气呼呼的老爵爷们三三两两结对来到闷热的伯克利广场。一名记者询问哈尔

第三章　爵爷们死于黑暗

斯伯利伯爵,接下来会发生什么。老爵爷直勾勾地瞪着记者,嘴里蹦出了一句话,"社会主义贱民控制内阁,内阁统治天下",而后便说不出话了……

哈尔斯伯利乃被公认为英格兰教养之典范。他出身于一个显贵家族的没落旁系,一路打拼,晋升议长坐席并获得伯爵爵位。他身躯矮小,大头阔口,实在是像极了坦尼尔(Tenniel)画笔之下刘易斯·卡罗尔名著中的公爵夫人,后者则像极了正统的英格兰乡绅。哈尔斯伯利也确实是正统的英格兰乡绅,他这样的人,常规行事风格就是尽职尽责,铁面无私,不过,若是古怪起来,恐怕全欧洲的乡绅加起来,都不能与之媲美。

此刻,在威洛比·德·布鲁克勋爵强力支持之下,他决意向兰斯多恩勋爵、贝尔福先生、自由党以及国王陛下开炮了。威洛比的任务就是将"粗人"集结起来。他在德布雷特《贵族》里面刊印的盾形纹章里面翻翻检检,找到了一批已经长久埋没乡野的名字,而且基本上已经无人知晓这些盾形纹章的主人究竟是谁了。他给这些人写信,请求这些人参与进来,投票反对"议会议案"原封不动地获得通过。此番举措颇见成效,7月23日,他宣布,已经找到一百多个支持者了。F. E. 史密斯先生也参与了这项工作,他此前提起的结盟计划已然落空,遂扮演了助手角色,在这个过程中,他却展现了一种严肃、漠然且夸张的幽默感。

F. E. 史密斯先生是兰开夏和牛津的产物。父母是中产阶级(父亲是伯肯黑德的一名律师),在牛津,他花的是并不属于他的钱,从中享受了无尽快乐。他在牛津的四年时光可谓辉煌,靠着奖学金和借贷,过得相当不错。在此期间,他靠着才智、相貌、运动能力、智识上的优越感以及兰开夏人的些许韧劲,克制了众人的偏见——只有少数人例外。而且他还做出了非常正确的判断:名声和财富,只要他想要,他就能得到。牛津生涯结束之后,他投身律师行当。他进入议会。进入议会之时，他尚且只是来自北方巡回区的年轻律师，籍籍无名，却凭借1906年的处女演说震惊下院，那是下院历史上最为出色的演说之一，若不是在牛津辩论社沾染了玩弄辞藻的不良习惯，此次演说定然能在英语雄辩史上斩获很高地位。他的朋友温斯顿·丘吉尔品评说，他算不上伟大的议会人物，但这是因为他从来没有把议会真的当回事。他才华卓绝，那样的心智堪称毁灭性的，但他的情感可远不及他的心智成熟稳定，这便令他变得凶残且冒失。

高高的个头，皮肤黝黑，体形纤细，略略地有些过分打扮；眼睛和头发都有光，前者是发乎自然，后者则是因为涂抹了太多的油。嘴总是撇着，透射出隐约可见的傲慢，声线甚是美妙。不经意间，他便养成了猎狐人的那种仪态，丝毫没有花费力气，时不时地会蹦出一两句优雅的希腊语。很多人喜爱他，多数人不信任他，一些人瞧不起他，他则差不多瞧不起所有人。在后来以伯肯黑德伯爵这个身份展开的生涯当中，他侍奉自己超过了侍奉上帝和国家，并且就这么赤裸在传记作家面前。面对这样一个人物，传记作家们当然不难发现这个传主身上的诸般劣性，不过，同样地，这个传主毫无疑问也是那个时代最迷人的人物。

此番助阵哈尔斯伯利和威洛比，他的动机是十分复杂的。他想象着自己是在扮演显赫角色；他素怀野心，要进入上院，因此，他希望上院维持权力，直到他也成为爵爷。他的朋友奥斯汀·张伯伦（及其快要离世的父亲约瑟夫·张伯伦）是坚定的"堑壕派"。他还渴望着报复贝尔福先生，因为贝尔福曾重重地折辱过他。先前的加冕礼上，他以枢密院成员的身份进入非党派观礼名单，却收到自己这位上司的条子，告诫他不得坐在反对党坐席的前排，尽管那里确实是枢密院成员的坐席。

第三章　爵爷们死于黑暗

竟然如此折辱自己的出色追随者，足以见出贝尔福跟年轻保守党人的交往是何等薄弱。他对史密斯的反感当然是有具体原因的，史密斯毕竟是一个政治暴发户，不过，更多的原因则在于双方的隔阂。新时代无疑处在极大的震荡当中，就如同地震一般，贝尔福先生整个的实用主义世界不免要在这样的震荡当中归于碎裂。此时此刻，贝尔福先生更是看着自己的政党陷入无可避免却极为不堪的分裂当中，不禁目瞪口呆。这倒不是说他憎恶傲慢或者顽固，他自己尽管外表随和，但内质里同样能干出倨傲或者顽固之事，只是他绝对不会将这两种品性当真。1910年之后，他的党便落入了屡战屡败的境地，很可能他不够强硬也是败因之一。到了这个时候，他唯一能做的就是输得体面一些。他确实是十足的悲观主义者，认为这世界的大多数人都没有头脑，都没有远见，但不管怎么说，跟一些悲观者以及大多数托利派老人一样，他也缺乏想象力。他无力让自己穿另一个人的鞋子，尤其是 F. E. 史密斯、奥斯汀·张伯伦、休·塞西尔以及其他反叛追随者的鞋子。在他看来，这些年轻的政治纨绔子弟，他们的鞋子显然是不合脚的。这段时间里，俱乐部、客厅、周末聚会之上，四处流传着"B. M. G."的议论之声，意思就是"贝尔福必须滚蛋"。此等议论令他恼火，但他隐忍不发；他知道，"堑壕派"的反叛目标，多多少少也是冲着自己的领袖权能的。实际上，7月23日，他便已经意识到，自己手里没有控制权了。

当天下午，阿斯奎斯先生偕夫人驱车穿过欢呼人群，前往议会。此时的首相大人是很有理由对这个世界感到满意的。显然，他将得到凯旋待遇，人们会安静且认真地听他演说，而他也将以华丽且铿锵之音，宣布国王已经顺从自由党的事业了。

首相夫妇来到女性旁听席，女士们都站在座椅之上，难掩兴奋之情。她们下方的议会大厅已经挤满了人，都在恭候首相到来；进入大厅之时，欢呼声浪席卷而来，首相夫人的心也随之狂跳起来。

当天的议程随即开启。书记官宣读了这一天的第一议题："议会议案：商议上院的修订案。"阿斯奎斯起身之时，本党坐席再次爆发出荷马式的欢呼声浪。他的演说稿就放在桌子上面那个镶铜盒子里面；一待欢呼声浪沉静下来，他便要宣读那演说稿了。大厅终于沉寂下来，阿斯奎斯开始演说。

然而，第一句话还没说完，贝尔福先生身后的议席当中便有人喊叫着"停！停！"，这喊声来自过道下方一处角落的席位，那是已经气得脸色惨白的休·塞西尔勋爵，接着便是反对党那众声一致的大合唱："叛徒！叛徒！"

贝尔福先生慵懒地蜷缩在反对党前排坐席之上，一脸的倦怠，却也露出些微的关切之色，那是一丝丝的反感和吃惊；此事跟他可没有半点关系，很明显，这是一小撮"堑壕派"预谋好了的。此时，反对派的躁动已经演变成粗粝且愤怒的喊叫。议长大人也是束手无策。记得1893年时，议会厅堂之上就出现过拳脚相向的情况，不过，自那之后，西敏寺的这座大厅里面就再没有上演过此等剧目了。

将近三刻钟的时间里，阿斯奎斯先生一直无法摆脱这狂躁声浪。偶尔，这声浪会略有消停，令首相大人有机会念上一句。不过，嘘声和笑骂又即刻将他淹没。休·塞西尔勋爵，一副典型的伊丽莎白时代的瘦削身材，因怪诞激情而颤抖不已，他随时都会起身尖叫："你玷污了你的职位！"

阿斯奎斯先生直到最后都维持了自己作为一个完美议会政客的声誉。一开始，他倒不是很在意此番鼓噪；不过，随着时间向前推进，而喧闹粗野的场面依然继续，首相大人的嘴便也越发地僵硬了，一贯沉静的脸庞也因为怒

第三章　爵爷们死于黑暗

火而微微泛红。此时的首相大人确实展现出侠勇之气，也确实因此为自己赢得荣誉，但没能赢得怜悯。上方的女士旁听席上，首相夫人写了便条递给正坐在下方的爱德华·格雷（Eward Grey）爵士，此处席位乃是内阁席位，甚是偏僻。"看在上帝的分上，"首相夫人写道，"保护他一下，不要让他再受那些阿猫阿狗的抓挠了。"爱德华爵士看过便条，便将其撕掉了，满脸难色。还是来自工党的威尔·克鲁克斯（Will Crooks）为了赢回体面而做出了最早的反击。他的座位离塞西尔很近，后者完全能听到他说话。"今天下午，"克鲁克斯高声说道，"很多人的所作所为，根本配不上高贵爵爷的身份，连一半都配不上。"

一个社会地位远不及自己的人，竟然如此教训自己，令塞西尔几乎崩溃。现场氛围一下子安静不少，爱德华·卡尔森（Edward Carson）爵士趁势提议休会。议长提醒说，辩论还没有开始呢，语气冰冷但不失礼节。F. E. 史密斯即刻跳了起来。那他精心调理的倨傲面具随之抛下，"F. E."也不是没有粗粝的一面；喧嚣之势也随之而起。爱尔兰党团也开始喊叫起来。约翰·雷德蒙（John Redmond），他们的领袖，此时的呼喊定然传入了周边人群的耳朵，"要是这些该死的英格兰人这么作贱自己，那我们也没有理由不行动起来了"。这话倒是没错。不过，爱尔兰党团内部也有那么一个飘摆不定的少数派，这个小集团以威廉·奥布莱恩（William O'Brien）为首领，此刻，奥布莱恩的举止样态已然有点像是一个精神错乱的小先知，发出诡异骇人的尖叫之音，"是哪个混蛋在喊'麦克纳利''麦克纳利'"。看来，这是爱尔兰人很是忌讳的名字，应该是19世纪早期一个告密者的名号。此事既起，现在的爱尔兰人也就对主要的争斗不管不顾了，纷纷把嗓门提到极限，开始内讧，即便是这样，他们的那点声音在大厅的喧嚣浪潮当中根本就不算回事。

此等情形，即便是阿斯奎斯先生也无法忍受了。"我也不想再这么作践自己啦"，一声叹息之后，首相大人将稿子扔回面前的盒子里面，兀自坐下。

此前的议会史上还不曾出现首相发言遭拒的情况。这显然是个新情况，也就是阿斯奎斯后来所谓的"新风格"的开端。贝尔福先生遂起身回应他实际上不曾听到的首相演说。大家倒是安静地听取了贝尔福的发言，然而，F. E. 史密斯接着便以复仇态势跳将起来，他的出现令自由党团合情合理地陷入愤怒当中，到了完全失去理智的地步。双方即刻开始叫嚷起来；怒火从眼睛里面喷薄而出，拳头在空中挥舞。一时之间，就仿佛所有人都准备离开座位，将现场变成战场。"F. E."虽然跳了起来，但也只能是连喊六次"议长大人"而已，而后便只能放弃发言企图，转而加入喧嚣浪潮。议长遂依据新立的第21号秩序法令，在没有任何论辩的情况下，实施休会，他说："秩序太糟糕了。"

有一件事情是可以肯定的。托利派此番叛乱，没有给自己带来任何好处，也没有给他们意欲推进的事业带来任何好处。倘若此时世袭体制的支柱乃是一个有学养的暴发户和一个心思高贵的小阿飞……

可惜，F. E. 史密斯和休·塞西尔勋爵却不是有忏悔之心的人，正是此二人引领了这场大戏，人们后来称之为"塞西尔戏剧"；至于其他人，则都愿意而且也确实向首相大人致歉了（首相大人则自然斩获了殉道者的奖励，并且发现这奖励的确配得上这历时一个小时的折磨）。史密斯和塞西尔遂成为更为坚决且强力的反对派。并且史密斯更是离开了前排议席后面的常规座位，转投过道下方的贵族阵营。

第三章　爵爷们死于黑暗

十

此时的"堑壕派",除了哈尔斯伯利和威洛比·德·布鲁克这两个爵爷而外,还包括了米尔纳勋爵(Lord Milner)、谢尔本勋爵(Lord Selborne)、索尔兹伯里家族(主要就是上院的索尔兹伯里侯爵和下院的罗伯特勋爵和休勋爵)、快要离世的约瑟夫·张伯伦及其儿子奥斯汀·张伯伦、爱德华·卡尔森爵士以及 F. E. 史密斯。这个明确的领导集团身后,则有一个贵族集团予以拱卫,这个集团乃是一个隐性存在,具体人数则是无从猜断。兰斯多恩和寇松(此时的寇松已然仓惶投奔"骑墙派",令"堑壕派"对其痛恨有加)此时都很清楚,这两百个贵族已然是无从指靠了,两人不希望在是否修订"议会议案"的问题上引发托利阵营分裂,说白了,就是说服上院放弃投票,但这两百个贵族不大可能支持两人的这个政策。克鲁勋爵,上院自由党领袖,此时控制着七十五票,这个集团自然是会全力支持"议会议案"原封不动地获得通过上院。如此,威洛比·德·布鲁克麾下的"粗人",只需要八十票就足以挫败议案,并就此迫使国王采取行动,一次性册封大批新贵,令上院规模以此等诡异且令人难以容忍的方式扩张起来。

此时的剧情已经是满满的托利派幽默感了,此等情形之下,内阁也只能被动等待,只能怀抱期望了。不过,兰斯多恩并没有放弃,他试图说服一批不是那么自私的老爵爷投票附议自由党党团,尽管这样的做法肯定违背了这些老爵爷自己的意愿,但若是放在古罗马,则定然会得到"敬畏"(religio)之美誉。"堑壕派"自然警觉起来,7月26号,他们在塞西尔酒店举行盛大集会,人称"不投降晚宴"(No Surrender Hotel)。此次集会的焦点自然是哈尔斯伯利伯爵的秃脑袋和络腮胡子,因为这位老爵爷同意担当此次集会的主持人。

于是，集会现场的一千八百人，不惧夏日的闷热，倾听了一系列对贝尔福先生的攻击，这些攻击之词还算讲究克制，这一系列的演说旨在提醒众人：我们这些人的事业才是真正的贵族事业。

贵族的事业正在殒没，这种感觉在所有与会者的心头一下子升腾起来。"昨晚的宴会，您家伯爵大人表现堪称完美"，第二天早上，卡尔森致信哈尔斯伯利小姐说。这情形，就仿佛"堑壕派"正在用脊背顶着一堵正要坍塌的封建大墙一样，恐怕也只有毛里斯·休莱特（Maurice Hewlett）这等炽烈中世纪主义者的语言，才能充分呈现当前困顿了。

只有华丽言辞和丰盛宴会，显然是不够的，保守党反叛者还需要更多的东西。7月27日，罗伯特·塞西尔勋爵从爱丁堡致信F. E. 史密斯，信中宣称保守党作为一个整体是不会采取战斗行动的。保守党也确实不可能这么干。实际上，保守党也只是满足于8月7号的谴责案，"内阁建议陛下做出保证，如有必要将册封足量新贵，以便让'议会议案'原封不动地获得通过，此举是对宪政自由的严重侵犯，人民将因此被剥夺在自治问题上再次发声的权利"。

即便贝尔福先生的精细论辩也无力护卫这脆弱的论证，使其免于瓦解。实际上，贝尔福的遣词越是精细，便越是陷入国王和议会之间那条错综复杂的纱幔当中，难以脱身，直到这纱幔最终被撕扯得一干二净。他只是蜻蜓点水地指涉说，新王刚刚继位，缺乏经验，被人利用了。看来，他确实是不想再蹚这浑水了。阿斯奎斯先生力图修复被反对派损毁的东西，但没有收效；贝尔福就此撤离，令国王陷入阵阵谣言制造的悲惨风潮当中，此时的乔治王已然对"塞西尔剧幕"有所警觉，遂觉得托利派本应当做点更好的事情。第二天，克鲁勋爵为此也算是竭尽全力了，他在上院宣示说，"面对这样的情况……陛下自然并非情愿,说白了,这种不情愿,也是合情合理的"。乔治虽心有不甘,但也只能如此了。至于阿斯奎斯,则认为话尽于此,已经足够了,否则,别人可能会认为他是在威慑国王。

但乔治无论如何是不会跟随哈尔斯伯利、史密斯以及二人麾下的嘈杂战队进入堑壕的。诺里斯勋爵,国王的贴身秘书,则为"骑墙派"展开公开游说,这不免令极端派怒火万丈,于是,便毫不犹豫地将国王说成是叛徒,至于国王究竟背叛了什么,则没人能说得清楚。

8月8号,下院驳回了兰斯多恩勋爵的修订案。8月9号,上院展开大论辩,并在所有仍然无法明确的问题上实施休会。此时,兰斯多恩勋爵的支持者已经增加到三百二十人;莫利勋爵指出,内阁的支持者此时已经有八十人之多了,而且大多数主教很可能也会为"议会议案"投出赞成票;至于"堑壕派",人们则议论纷纷,说他们的力量正在削弱。

到了这个时候,仍然有人认为,阿斯奎斯先生只是做了个威慑姿态而已,绝对不会真的提议国王一次性册封这么多的新贵。但是好奇的读者却也不难在J. A. 斯彭德(J. A. Spender)和西里尔·阿斯奎斯(Cyril Asquith)为首相大人撰写的传记里面看到一份长长的名单,那显然是阿斯奎斯先生当时拟定的册封名单,其中就包括了安东尼·霍普·霍金斯(Anthony Hope Hawkins)、吉尔伯特·默里(Gilbert Murray)和托马斯·哈代(Thomas Hardy)。当然不会有人跟这些人有过事先接触,而且是否有人愿意接受册封,也是很可疑的事情。不过话又说回来,既然首相大人设想过诸如哈代这样的人头戴贵族冠冕的情形,那也完全可以论定,首相大人是认真的。此外,据说后勤部此时也正考虑将西敏寺大厅作为上院的临时驻地,一旦五百名新贵进入上院,原来的会议厅自然就装不下这么多的人了。

8月9号晚上,"堑壕派"在索尔兹伯里勋爵宅邸集会,威洛比在集会之上宣布,仍有一百二十人将会追随他们。不过,这其中有六人病了,还有多人有可能会在最后时刻"滑脱"。很显然,威洛比此时的斗志并不昂扬。

十一

8月10号下午4点过半,天气酷热,上院的论辩进入最后阶段。即便凉荫里也达到了36度,气温创下七十年来的新高。几英里之外,因一场罢工运动造成的交通瘫痪,正从东区的酷热水雾当中蔓延开来,缓缓迫近伦敦的心脏地带。

没人知道上院会如何投票。此时已经退避沃林福德的阿斯奎斯同样心里没数,他的声音已经因为紧张和疲惫而沙哑了。乔治王当然也不知道,只能在白金汉宫焦急等待。国王三天前才从考斯回归白金汉宫,尚且满心都是考斯的愉快记忆,艳阳、清风和满是游艇的道路。乔治还记得西班牙国王的游艇是如何给"华纳"号灯船加油的,还记得现场众人是如何焦急等待德皇的"流星"号输掉国王杯的;但是现在,在伦敦的酷热当中,乔治则很可能要面对一个黯淡事实,那就是"堑壕派"获胜。

"堑壕派"会赢吗?有那么一段时间,上院确实是在"论辩",并且最终决议也确实无从料定,愤怒、无常以及各色辞令,令人陷入迷雾当中。这一天的下午,伦敦的聪明听众都拥挤在房间和走道里面,那里令人窒息,人们在等待一场终极决斗,其结果则很可能会在这个夏天催生大批新贵。

兰斯多恩勋爵率先发言,以此开启论辩,他语调疲软,没有斗志,就仿佛已经很清楚他所信任的朋友和同僚将会掉头反对自己。他说他相信这个国家会支持自己的这场行动,在这场行动中,"对方为此开出的条件实在是一场羞辱,因此,五百位绅士将不会按此条件取得上院的席位"。他说,为此可以采取两年否决期这样的紧急避险举措,这要比一个巨大的自由党多数派好很多,若真的因此催生了一个巨大的自由党多数派,那么当保守党重归权位的时候,这股势力将会是极难对付的。

哈尔斯伯利伯爵随即起身,小小身形因愤怒而抖动。你怎么能说是我们这些强硬派要为自由党新贵的诞生负责呢?你这话听起来就像是说一个劫匪跟我说"把你的手表给我,否则我就割断你的喉咙",我若拒绝,你却跟我说,"那只能怪你自己不要命了"。在支持者的欢呼声中,哈尔斯伯利伯爵高声宣称,整个议案都是错的、不道德的。

此时的上院已然展现出极不寻常的情形。昔日里的尊严、规矩以及那种昏昏欲睡的慵懒和低沉语调全然遁去;即便是人们都熟悉的老家伙们,也都因为愤怒和疑虑而面目狰狞,黯然无光。很长一段时间里,"堑壕派"看来是胜利在握了:他们嗓门更高,声势更大。此等情形,令坎特伯雷大主教禁不住宣示说,他也许要考虑为"议会议案"投出赞成票了,因为他实在忍受不了"此等尖酸刻薄,甚至可以说是'轻浮躁动',一些高贵爵爷竟至于谋划此等举措,必然让自己沦为自治领的笑柄"。坎伯顿(Camperdown)勋爵一想到会遭受加拿大人和澳大利亚人粗粝、阴险的嘲笑,便兀自惊恐起来,也宣布自己会支持内阁。然而,两人的此番宣示都没能见效。诺福克公爵,英格兰的头等贵族,毅然决然以自己的威望支持"堑壕派",以此作为对坎伯顿的回应。

然而此时,威洛比勋爵很不明智地宣称,所谓册封新贵,整个这个计划乃是"纯粹的虚张声势",莫利勋爵遂即起身发言。莫利勋爵的此番陈词,但凡有点头脑的人都知道那是最终陈词。已然极度焦虑且不满的莫利回应威洛比说："我要说的是，今晚投出的每一票，但凡反对鄙人动议者，都是在支持一次性且大规模册封新贵之举措。"

此番终极陈词有诙谐感，有爆炸性，倒也契合陈词本身提起的那种巨大威胁。威廉四世在谈到当年《议会改革议案》的时候，曾品评说，无论册封新贵与否，这议案都是要通过的。这是无可避免的，莫利勋爵落座的时候就是这么想的，这个晚上，要遭遇变革的可不仅仅是世袭准则，爱尔兰问题也会有所变化。此时的爱尔兰已经不再是绝望的祈请者了；倏忽之间，它已经骑到老爵爷们的头顶，已然成了邪恶且强大的斯芬克司了。

然而，"堑壕派"既不顾念切实的眼前，也不考量那命定的未来。他们只是越发地愤怒起来。莫利那满是皱纹的脸上一片迷茫，不祥预兆的阴影悄然爬上这脸庞，"堑壕派"施之以暴烈嘲讽。他们一门心思地要站着死，就仿佛唯有如此才能拱卫这封建大业一样。辩论就这么继续着，夏日午后的长长幽光从斑驳玻璃窗口渐渐褪去，灯光亮起，天气越发地闷热了。

寇松勋爵，"堑壕派"的叛徒，此时起身发言，最后一次呼吁老爵爷们清醒一些。他说，哈尔斯伯利派势必发觉，他们已经"给宪政、自己一派以及整个国家造成了无可修复的伤害"。哈尔斯伯利没等寇松落座，便喊叫着说，"妇孺之见""妇孺之见"。这尖叫很快便沉降下去。他接着便申述，是对是错，最终的决定就交给上帝和自己的良心了。罗斯伯利（Rosebery）勋爵接着起身发言，他自始至终都奉行了自封的政治隐士派角色。他说，他不会看着上院就这么堕落下去，他将投票支持内阁，从此再不踏入上院一步。

谢尔本勋爵的发言结束了这场论辩。"问题的根本就在于怎么个死法，是死于黑暗当中，被我们自己杀死，还是死于光亮之下，被敌人杀死……恰恰就是因为我们在良知里就相信，我们今天的所作所为乃是我们的职责所在，也是我们的智慧所在，所以我们才追随哈尔斯伯利伯爵来到这里。"

十二

此番陈词可谓严肃且痛切，令上院做好了分组投票的准备。廊道里的人群不免望向下方，开始躁动起来，人们隐约意识到，接下来的几分钟将会是创造历史的时段。议会大厅变得空寂起来，最后除了一排排的红皮座椅和深绿色地毯而外，便没什么可供人们注目的了。现场一些人后来确认说，当时的灯光都黯淡下来，能听到门厅方向传来鬼魅一般的嘈杂之音，那里面是鼓荡着不满的。

空寂局面持续了整整十分钟。而后，大厅一下子又满满当当的了。从主席台两侧排出两个细长队列，彼此平行，一直到队伍末端。主席台上方的廊道里面，兰斯多恩勋爵和寇松勋爵正屏息凝神向下张望，很是紧张焦虑。不过，他们最终还是知道了"骑墙派"赢得胜利，因为右侧的队伍显然要更长一些。书记员将票单递给内阁唱票员。"在修订案问题上，本院不再坚持，转而分开投票。赞成票，131；反对票，114。"显然，老爵爷们是决定死在黑暗里面了。

拥挤廊道响起长长叹息，很是微弱。此时的下院议员则纷纷穿过门厅，鱼贯而入，来到各自座位，爱尔兰党团和工党党团则纷纷起身欢呼。上院的一批老爵爷则是三五成群，虽迟迟不愿离开，但终于散去了。

议会广场，哈尔斯伯利小姐的车被包围了，人群纷纷向车内喊话，哈尔斯伯利小姐高声宣示说："这不是我们的错啊。"哈尔斯伯利小姐已然是"怒火中烧"。在亲王会客室遇到兰斯多恩的时候,她干脆拒绝握手。其他人也是一副无可原谅的姿态。1900俱乐部,托利派的小小堡垒,坐落在圣詹姆斯街,风格古怪,"堑壕派"领袖人物已经在这里集结,一片愤怒和震惊。稍稍冷静之后,一行人便赶赴卡尔顿俱乐部,一大批人已经在那里等候了。有人狂热地议论着复仇,还说,要是晚上看到任何投票给内阁的托利派贵族,就直接高喊"叛徒!犹大!"。"就是那些主教和骗子把我们害成这样。"乔治·温汉姆(George Wynham)喊叫着说。他倒也没有说错。只需查勘一下票单便不难发现,差不多一打的保守派贵族变节投敌,至于主教,除了沃切斯特主教和班戈尔主教而外,则全部都把票投给内阁。票单之上还出现了一批此前根本没有听闻的名字,当晚之前,恐怕都没有人跟他们握过手。至于"骗子",则应该说是"现实主义者"的代称而已。

显然,直到最后一刻才见出分晓。诺福克公爵拥有八个追随者,还有九个"堑壕派",在一番认真掂量之后,选择了放弃。这其中,至少有一人纯粹是因为害怕自己的名字出现在任何决议之上而选择放弃的。还有一个公爵大人,其名字不曾泄露过,他倒是愿意支持威洛比,并且实际上也在当晚的最后决斗中现身了。但是此人禀性犹疑不决,威洛比遂很审慎地将他隐藏起来,没有让他佩戴公爵冠冕。但此番举措并未见效。最后时刻,这位老爵爷一下子陷入犹疑当中,谎称有事,仓惶逃离大厅,就这么遁入夜色之中,连公爵冠冕都没戴上。

胜负确实就在毫厘之间。倘若所有的"堑壕派"都能坚守阵地,倘若没有"骗子",那结果无疑就是将"议会议案"拦截下来;说白了,也确实应当感谢主教和"骗子",因为他们令所有人就此挣脱了那么一个极度荒诞甚至可以说是没有体面可言的局面。《环球报》(*Globe*)评论说,从此以后,但凡诚

第三章　爵爷们死于黑暗

实之人都应当拒绝跟这些人握手,他们的朋友也应当与之割袍断义,他们的俱乐部也应当将之驱逐。《观察者》(*Observer*)也同样尖刻地评论说:"只要还有叛徒没被清除,我们的阵营就不会有尘埃落定之日。"

"议会议案"如今成了法案,现在在这段强劲发育进程当中依然没有成文化,反而在历史沙地之上深深烙下了更大的一个脚印。此等烙印显然是充满意味的。它意味着贵族体制的死亡,意味着贝尔福先生的退隐;最重要的是,它意味着帕内尔(Parnell)为之斗争、为之受难的一切,而今都取得了胜利。当罗斯伯利勋爵偕同四名主教和十个并没有太大分量的爵爷在绝少启用的《上院抗议书》(*House of Lords Protest Book*)上签字的时候,即便粗心的读者也不难见出,那不过是十五个贵族的一声叹息而已,他们在哀叹那显然并非公正的否决权遭到剪除。不过,这其中也蕴涵了更具预言意味的东西,就如同秘法文字一样,非普通人所能洞察。该法案在随后的三年间引发了毫无尊严可言的吵闹、械斗、叛乱,乃至内战威胁;除此之外,还有更可怕的东西隐藏在混沌当中,比如复活节期间的街垒路障以及乱局造成的经常性血污。

不过,就当前情形而言,却是一片太平。国王的贴身秘书诺里斯勋爵说,陛下"很满意,上帝保佑我们不会遇到更多的危机了"。然而,天意,就如同人们担心的那样,往往不会是如此宽悯;它会让清风照拂刚剪了毛的羊羔,而非已经垂死的老羊。

一切都在消亡!伦敦街头,最后的交通马车消逝不见了。飞机,如此扎眼的东西,一头栽到地上,还在抖动,却仍然令迷狂、惊诧的人群欢呼不已。乡村道路,漫布盲角和陡坡,那是对正在大肆入侵的汽车的最后报复。人们议论纷纷,说伦敦出现了一批年轻人,其狂放、粗粝,即便在萨基(Saki)的小说里也难见识,还有各种夜间俱乐部以及黑人舞蹈。人们盯着高更

065

（Gauguin）的画作，满脸惊恐，听着斯特拉文斯基（Stravinsky）的狂放音乐，心有愉悦，但也泛起戒惧。旧秩序、旧日的朴素世界，正在迅速消亡；《议会法案》只不过是其讣告而已，而且也不能算来得太早……

倘若尘世的街谈巷议能传达给死者，那么想必人们一定想知道，格莱斯顿先生那精雅且华彩的灵魂将如何看待自由党的这场大胜；德文郡公爵那缓慢持重的良知此时应该已经在跟永恒赐福接洽了吧，这位公爵大人又将如何看待尘世传来的这个消息呢？在他们的时代，上院可曾斗胆否决过预算案呢？即便上院这么干了，格莱斯顿先生是否就会靠着八十个爱尔兰爱国者可疑但不可或缺的支持，寻求报复呢？真要说起来，这场胜利难道不是一个已然孱弱且失去领袖的军团发起的最后冲锋吗？

第二篇

傲慢

(1911年—1913年)

第一章

"漂荡的灵魂……"

一

《议会法案》的影响并无英雄色彩可言。一批绅士注定了要在随后三年的内政舞台扮演领导角色,但是他们的传记作家们对待这段时期却是颇有些漠然。确切地说,传记作家们对待这三年,实际上就是蜻蜓点水,一带而过;人类历史之上那场最为可怖的战争,才是他们重拾叙事线团的节点。这批英格兰政治家就置身这个更为华彩的舞台当中,指挥战争,在战争中挣扎并死去。英语传记很是精明地停顿在1910年,而后又在1914年重新开启。然而,这三年的故事是值得讲述的,无论如何,它足以让人们见识到一套民主体制是如何从内省走向紧张和焦虑重压之下的崩溃的。很遗憾,要讲述这个故事,就得放弃传记作家的那种随自己心意选择材料的特权;说白了,我们必须抛开叙事艺术以及叙事形式上的一切考量,给次要素材也留出空间。

在讲述这个故事之前,有必要说明一点:当代独裁者一天的生活,就足以展现众多毫无意义的狂妄、错乱的暴虐以及随心所欲的肆意无常,其数量恐怕不是本书篇幅所能容纳的。不过，我们这个故事要讲述的是事件，而非人物；确切地说，这个故事讲述的不是什么大事件，而是小事件，正是这些小事件，如同盲目但操劳不断的白蚁一般，以聚沙成塔之势缓缓侵蚀着英格兰议会的大厦，直到最后，若非一场世界大战赐予的恩典，这大厦定然难逃坍塌命运。它结构尚在，而且作为拼凑品，倒也不难看，昔日的一个居民仍然颇为惬意地居住于此，这个居民就是在1910年到1914年间缓慢地死在这里的。人们称之为"自由党"的这个完全无可名状的肌体，虽然有着超拔的道德论调，浑身浸润着慷慨之气，但也患上严重的消化不良症，恰恰就是在这些年间，走向死亡。追究其死因，自然少不了对头保守党放下的毒药，但也是因为人们对所谓的"改革"已然不再抱持幻想了。第一次世界大战则正式结束了这具历史躯体最后的微弱喘息。

二

定义"自由党"，乃是没有可能的事情，就如同不能仅仅说歌剧团"胖夫人"很瘦，就能让"胖夫人"真的变瘦一样。此时的自由党实际上已然是无可理喻的杂合体了，辉格党贵族、工业家、不从国教派、改革派、工会主义者、三教九流的江湖骗子，当然还有劳合·乔治先生，都拥挤在这具历史躯体里面。日常现实正以毁灭态势冲击这具躯体，但一时之间，这躯体却也能够靠着一种神秘共契屏蔽这矛盾和冲击，这共契之要旨就在于"自由放任"之教义以及对英格兰之妥协美德的深沉信仰。此时的自由党，其领导权之斑驳混杂，丝毫不逊色于原则上的斑驳混杂。阿斯奎斯内阁可绝对不是什么民主集团，尽管自由党的激进派抱有此番期许。劳合·乔治、莫利勋爵、约翰·伯恩斯（John Burns）、罢工运动前领袖、罗尔波恩（Loreburn）勋爵以及阿斯奎斯本人，在那样的时代潮流当中，这些人都是可以崛起于草莽的；劳合·乔治和伯恩斯的身上或许残存了些许无私情感，那是他们所属阶级的情感。但其他人则都出身统治阶级。对这些人来说，民主体制，无论采取何种形式，不过是维持他们手中权力的工具罢了，他们相信，这权力本来就属于他们。其中一些人还是贵族，他们自然认为他们今天的地位乃源自他们继承的封号，如此，阿斯奎斯内阁便也保留了辉格党贵族派的残余，当年，正是这股势力支持了格莱斯顿先生，但也捆缚了格莱斯顿先生。后来，有人询问罗尔波恩勋爵对这些人的看法，勋爵回答说："老兄啊，他们可都是骗子，都是窃贼。"显然，这届内阁可一点都不融洽。

还有就是端坐在内阁议席之上的那些人，正是他们在战前最后几年，如此深重地激怒了他们的对头；他们差不多以一切随风的犬儒态势同爱尔兰党团结盟，并以轻松姿态宽容了淡化的社会主义，劳合·乔治只不过是在里面略略添加了几滴自己的辛辣语词而已。劳合·乔治先生是不是考虑以这些势力作为自己的政治支撑呢？很有可能，但仅仅这些显然是不够的。

此时，一个引人戒惧的陌生幽灵，会如同影子轻轻掠过水面一样，时不时地掠过这些原本特征分明的脸庞。这幽灵侵入阿斯奎斯先生的脸庞，令其尊贵面相黯然不见；悄然爬上劳合·乔治先生的眼角；指尖轻抚，毁掉了温斯顿·丘吉尔先生的高贵前额；至于麦肯纳先生（McKenna）脸上那刀砍斧削一般的线条，也在这幽灵照拂之下，化作小比例的温柔裁纸刀。这幽灵既危险且捉摸不定，那是"漂荡的灵魂"、古怪之灵，只会在英格兰人变得孱弱不堪的时候，才会侵袭而来。

看着那个时代的昏黄照片，这幽灵会带着迷人笑意扑面而来。但是，反对党的老爵爷们,已然是怒火中烧,在他们眼中,这在论辩沸水之上盘旋的幽灵,可就没那么迷人了。危机如潮,骂声涌动,下院的空气已然僵滞,尖刻讽刺如同水中浓浓盐分凝结成层层波纹,闪着光亮,这幽灵便在其中翩翩起舞,空灵,不可捉摸,亦无需负责。

第二章

托利派造反

一

上院既已无力实施阻击,自治便成为铁板钉钉之事。阿斯奎斯先生在寻求爱尔兰党团支持预算案和"议会议案"之时,已经做出了承诺。没人知道双方谈判之时究竟敲定了怎样一笔交易,那可能是白纸黑字的保证,也可能只是君子协议而已。阿斯奎斯先生和时任爱尔兰党团领袖的约翰·雷德蒙最终还是将这个秘密带进了坟墓。

很可能只是君子协议而已,毕竟,雷德蒙一直都对自由党保持了相当深彻的信仰。他继任帕内尔之时,奥谢(O'Shea)离婚案的悲剧记忆仍然没有消散,仍然在刺激着英格兰新教的敏感鼻孔。这丑闻倒不曾伤害到雷德蒙,同样,帕内尔胸中一直鼓荡着的火焰,对雷德蒙自然不会有触动。他喜欢议会;那里的尊贵仪式、运作机制以及种种手腕和阴谋,对他来说,有着十足的意味,若仅仅是一个爱尔兰党团领袖,对此是不会有充分体味的。人们也常常对他多有议论,说他在西敏寺待得太久了,都忘记爱尔兰是啥样了。看起来,他是一只鹰;不过,他不是那种一旦掠过,其威严影子就能让下方矮篱笆一片肃然寂静的鹰,而是一只已然被驯服且疲软不堪的鹰。驯服他的并不仅仅是议会;他看似浸染了一派山野气息,那是一种近乎罗马人的肃杀之气,在这形象下面,却跳动着一颗乡绅的心。接下来的几年时光里,但凡需要他证明自己的这个形象,需要他以严厉且无可平复的态度反对自由党的妥协,需要他坚持让自己的付出得到全额回报,他的这颗心都会出卖他的本质,让他意识到他是在威克洛郡拥有一小块上好地产的乡绅,也让他突然之间克制住自己。于是,他会思量,他会后撤,他会妥协;然后,这本来要让他证明自己形象的机会,便悄然滑脱而去了。他本人就是一个活生生的矛盾体;落入这样一个矛盾体而非帕内尔的手中,这也确实只能说是自由党的命。若是帕内尔这等人物,很可能直接就让自由党下台了;但这个矛盾体则只能是让自由党越来越深地进入爱尔兰政治的沼泽、迷雾和风暴当中,并最终迷失在那里。

　　阿斯奎斯和雷德蒙若要达成协议,只需满足一个条件,这便可以是很轻松简单的事情,这条件就是:一个统一的、民族主义者的爱尔兰。令爱尔兰脱离同英格兰的联合,格莱斯顿自然不会尝试如此重大的举措,至少在1911年他不会。1911年的爱尔兰所受的尊重是令人吃惊的,昔日的爱尔兰画面,诸如那里的瘦削、暴躁的农民,滋养了饥饿和背叛的肮脏小屋,糟糕的宗教,还有就是拒绝体认安立甘宗教义问答的谦恭之美,并永恒地渴念着对英格兰背后来上一刀,此等旧日画面,实在是因为压迫者的错误心念而生。但在1911年的时候,这幅画面已然从英格兰心灵当中消散而去了。

　　1903年时,《温汉姆土地法案》(Wyndham Land Act),英爱关系史上最具建设意义的立法文件,已然开始逐渐地让土地回归爱尔兰农民手中。昔日的外来地产主习惯了将最好的土地据为己有,将佃农成群地赶入地租都交不起的贫瘠土地,英格兰霸权就是在这批地产主的拱卫之下确立起来的。但到了这个时候，此等恶习已然开始消解，并终将在时间进程中归于消亡。倘若爱尔兰归于统一，那么无论是自由党还是保守党都将轻松说服自己，在极大程度上将自治之自由赋予爱尔兰。然而，爱尔兰并不统一。

北部的阿尔斯特，乃新教徒的地界，这些新教徒要么是严厉的低地苏格兰长老派的后人，要么就是英格兰拓殖者的后人。爱尔兰的怡人气候和芬芳沃土，曾驯服了诺曼人和丹麦人，韦克斯福德也曾融化了比利时人，蒂珀雷里的温婉魅力，更是软化过克伦威尔麾下的铁甲士兵，这样一个爱尔兰甚至也开始触碰阿尔斯特地区最为严厉的外来元素。大批凯尔特原住民从几场臭名昭著的"大清洗"当中存活下来，数量令人吃惊，他们维持了原有的天主教信仰，将阿尔斯特南部几个郡填得满满的，甚至偶尔还会让自己并无魅力可言的血统跟北方人群的冷酷血统融合起来。说白了，那里的浓雾、雨水以及历时漫长的晨昏幽光自有其魔咒。其结果并不是软化了阿尔斯特地区的新教徒，而是令其自成一体。阿尔斯特新教徒不像任何人，他们只是自己。

他们是奥兰治的人。当年的博因河战役（Battle of the Boyne），奥兰治的威廉（William of Orange）将陷入迷途并遭到抛弃的詹姆斯二世的军队屠杀殆尽，每年的周年庆典之上，这些新教徒都用指关节硬生生地敲打着鼓面，高喊着"改朝换代""我们将再次为你战斗"。这奥兰治派的鼓声虽然单调，却敲击着阿尔斯特的心声，敲击着对一切天主教徒的蔑视，那里面的凶悍节律述说着"新教霸权"。正是这霸权，曾将天主教望族赶入地窖以求生存，这霸权曾在爱尔兰南方大地之上肆意迫害，肆意吸血。如今，这霸权仍然得以存续，虽然没有了建制教会的形态，但很不幸，他们的教会仍然没有失去财产，腐烂跪垫和肮脏抹布的味道依然充斥着那里的古老教堂和教会。"新教霸权"本质上是地产主和神职阶层的一桩有利联合，却总是对北方的奥兰治派展露

075

笑颜；奥兰治派是这霸权的组成部分，因为这霸权曾给过他们特权，也是因为奥兰治派曾从这霸权身上学到了东西。他们完全不会把天主教邻居放在眼里，完全不觉得这些邻居是他们的同胞。一首歌谣很具有代表性，"王权走在大道上，天主教徒踩在脚底下"。他们给天主教徒取名"短发鬼"（Croppies）。温菲尔德-斯特拉福德（Wingfield-Stratford）更是借用奥兰治派的一份经典嘲讽，这嘲讽之词是为了纪念博因河战役的胜利者威廉三世而发的："且将所有这些短发鬼纠集起来，一顿暴打，然后塞进阿斯隆的大炮，且让我拿着火炬站在旁边，将大炮点燃，将他们炸成碎片，让残肢断体如同雨点一般落在布拉斯塔提瓮山上……"一句话，阿尔斯特的奥兰治派确实勤勉节俭，但也确实不招人喜爱。

他们也不喜爱英格兰。他们完全是自成一派；他们只爱他们自己，只忠诚他们依照自己的形象塑造的那个严肃阴郁的上帝。对他们来说，英格兰只不过是个工具而已，其价值就是令爱尔兰的天主教议会党团无从控制阿尔斯特事务。一旦这样的控制成为不可能之事，阿尔斯特人就会摇身一变，成为顽固的铁杆儿激进派，只要英格兰方面有一点点的干预迹象，他们就会燃起怒火并走向反叛。

历史的狡计却是令阿尔斯特地区走出了一批最具分量的爱尔兰爱国者，这样的狡计怕是只有南方爱尔兰人能够体认，这里的爱尔兰人仍然将阿尔斯特视为战斗之地，视为"爱尔兰的右臂"。说实在的，恰恰就是这片无可索解的地方，它孕育的子嗣既能够攀升云端，进入纯然无私的爱国之境，也能够一头扎入顽固偏见的无底深渊，横亘在爱尔兰和爱尔兰自治之间的，就是这片无可索解的地方。

阿尔斯特之支持同英格兰联合，部分出于宗教理由，部分出于经济考量。

他们当然害怕天主教的不宽容，害怕神职专治体制，在此之外，他们更有这样一种不祥预感：在爱尔兰议会党团拱卫之下，天主教徒将会占尽优势，一旦优势在手，那他们就会无所顾忌，肆意妄为了。贝尔法斯特的商人和实业家们相信，爱尔兰议会党团将会毁灭他们，税赋、恶政以及以工业为代价来助推农业的立法举措，这些都将成为压迫者的手段。他们申述说，无论如何，爱尔兰天主教徒已然在数代人之久的时间里完全失去了管理经验。南方爱尔兰人对工业了解多少呢？面对这个问题，明眼人不难一下子就看出，英格兰已然首先令爱尔兰天主教人群因为饥饿和放逐，而变得完全"不适合"工业了，而后，英格兰更是令爱尔兰天主教徒根本无从接触工业。当格拉顿（Grattan）的议会最终达成了那腐败的英爱联合之时，一个工业化爱尔兰的全部希望便也就此终结了，当其他民族纷纷进入19世纪的时候，爱尔兰却滞留在18世纪。在阿斯奎斯和雷德蒙达成交易的时候，南方爱尔兰无论在精神上还是经济上，都仍然徘徊在18世纪。

英格兰保守派当然不会对阿尔斯特有任何善意可言。阿尔斯特的"忠诚"乃是指向阿尔斯特自身；人们当然不会忘记，全国教育委员会（Board of National Education）诞生之时，"枪械俱乐部"一夜之间就在阿尔斯特遍地开花了，《教会法案》通过之时，阿尔斯特便威胁着"要一脚将王冠踢入博因河"。1911年，阿尔斯特人自然也在谈论不列颠公民权、王权、帝国以及宪政等等，但对他们来说，这一切不过是"新教霸权"的代名词而已。确实，阿尔斯特一点都不可爱，保守党也不爱它；然而，当务之急是要找到一个武器，去代替上院的否决权，于是，保守党的眼睛便开始瞩望……阿尔斯特的顽固偏见。有了这样的顽固偏见，保守党就能击破自由党。

保守党就此提起的说辞是何等可爱啊！自由党不是宣称热爱自由嘛，那就不妨来看看，他们承诺的爱尔兰自治却是牺牲了阿尔斯特少数派；他们承诺的这个东西，除非靠着强制和压迫北方新教徒，否则便绝无可能达成。他们实际上已经深陷两难，无可解脱，只需适度施加政治压力，他们就会顺理成章地干下自我阉割的事情，实在是滑天下之大稽。既然失去了上院的否决权，保守党便也不再倚重西敏寺了，转而以一种无所谓的放纵态势，敲打起奥兰治派的战鼓。

二

托利党在吸纳一批心有怀疑或者不满的自由党人的过程中，获得了"联合党"（Unionist Party）这个别称。所谓"联合党"，最早其实是指那些在爱尔兰自治问题上同格莱斯顿水火难容的人，确切地说就是保守党加上约瑟夫·张伯伦及其先前的自由党追随者。后来，这一派则相信要依靠武力方能解决布尔问题，再后来，他们便成为军事帝国主义的倡导者。而今，爱尔兰自治问题再度浮现，他们的名字本身便足以说明问题了：他们誓要竭尽一切可能的手段，阻击爱尔兰自治。他们从约瑟夫·张伯伦那里承续了诸多并不像关税改革案那般清明合理的东西；说白了，他们承续了一种战斗品味，而且仅仅是为了战斗而战斗。

在格莱斯顿时期，自治确实是需要予以阻击的东西，毕竟，那个时候，帝国主义尚未沾染布尔战争的血污。对1890年代的帝国派来说，所谓自治，全然是要在荣耀帝国的心脏砍上一刀。但是，1911年的帝国派，他们的心思可就没有这么浪漫了；给爱尔兰一个议会，顶多也就是一个受人尊崇的郡议事会之类的建制，不会对帝国有任何害处，这一点，他们是心知肚明的；而

第二章　托利派造反

且他们也毫不怀疑，一个得不到任何支持的阿尔斯特，是完全有可能赞同帝国的，无需费太大力气。"联合派"这个语词，因此也就十分完满地契合了此时的保守党心绪，就如同拳套和拳头一样。这跟爱尔兰本身其实没太大干系；帝国派此时真正关心的是，要将自由党打入无可挽回的政治泥潭。

此时的"联合派"更斩获了一个新领袖。1911年11月，贝尔福卸去党魁之职，他给自己伦敦城选区的解释自然是习惯性的：太累啦。继任者是安德鲁·伯纳尔·劳（Andrew Bonar Law）。伯纳尔·劳是妥协的产物，此前的两个竞争者沃尔特·朗（Walter Long）和奥斯汀·张伯伦实在是难分伯仲，令保守党无从论定；不过，跟很多因妥协而生的人物一样，劳倒是非常契合"联合派"意欲推行的这种特别强悍的政策路线。

他这人，"不涂油"（without unction），沃尔特·雷利（Walter Raleigh）爵士在信中是这么品评伯纳尔·劳的，而且雷利爵士还颇让人费解地补充说，他也喜欢"不涂油"的人。若此番品评发自内心，则可以说雷利爵士对安德鲁·伯纳尔·劳可不仅仅是喜爱那么简单了，英格兰绝少有此等感受的人。伯纳尔·劳其人有一副粗嗓子，强烈的自我意识常常令人不悦，不过在这外表下面，隐藏的却是温和、谦逊。他是苏格兰裔的加拿大人，长老派，父亲曾在阿尔斯特拥有一座宅院。他面色凝重，额头布满褶皱；论辩之时，总是说错话，这个习惯让人遗憾。他绝对诚实，没有一丁点的政治想象力，在这一点上，他确实是十足的托利派；一旦遭遇辩术更为精细之人的攻击，他通常就会摆出一副恼怒、粗粝的架势，以此寻求逃避。

这样一个人物，其真正危险的地方就在于：他在精神上太过切近阿尔斯特的顽固偏见，因此，有这样一个人物坐镇，就能为反对党议席之上那些同僚的犬儒手腕，提供绝佳的屏障。

三

此时的阿尔斯特，自1910年1月份的大选之后，便一直思量着自治的前景。最早的活动迹象就是人们重燃对"奥兰治忠诚协会"（Loyal Orange Institution）的兴致和关切。该协会创立之初的宗旨乃是"维系1688年辉格党革命之原则"，后来便沦落到无闻境地，这当然是可以理解的。只是每年的7月12日会展示一次力量，这一天，会员会举行游行活动，他们高举旗帜，伴着鼓声，咒骂教皇。不过，该协会在各处都设立了单立的分支机构，每个郡都会将各自境内的分队联结起来，由此成立以郡为单位的总会，这就为组织化的联合运动提供了有效框架。各色人物都集结在这套建制体系里面，可谓三教九流，鱼龙混杂，有乡绅、新教牧师、商人、职业人士、农民，还有新教工匠。1910年1月，当阿斯奎斯先生显然要跟雷德蒙领导的爱尔兰民族主义集团结盟的时候，阿尔斯特的新教势力便也同联合派差不多一体化了。

威廉·摩尔（William Moore）先生，北阿马的议会议员，在他的引领之下，创立了阿尔斯特联合议事会（Ulster Unionist Council），目的是将各地的所有联合协会组织统合起来，借此同西敏寺的议会代表形成常态化沟通。该议事会的前任领导沃尔特·朗于1910年1月获选伦敦选区席位，议事会遂于1910年2月21日改选爱德华·卡尔森为议事会领导人。

爱德华爵士时年五十六岁，是一位声望卓著的律师，南方爱尔兰人。禀性多疑之人，不免都大声质疑，他为何放着收入丰厚的律师行当不做，径直投身奥兰治政治的狭隘泥潭。说真的，他不是那种热衷无意义操劳之人，所以他才选择了法律而非政治。于是人们纷纷怀疑，他就这么放弃都柏林大学的教席不要，转而投身阿尔斯特阵营，是因为爱慕虚名吗？如此疑问，实际上也足以表明人们对眼前这场即将到来的危机的性质，是完全缺乏体认的。

爱德华爵士可不是虚妄之人。他确实狂热，在英爱联合问题上尤其狂热。他信仰英爱联合，这倒不仅仅是因为他相信一套有效的宪政机制，也是因为他的宗教情怀。他的宗教情怀令他觉得英爱联合就如同父母的婚姻一样，若这婚姻不成立，则他就成了私生子。他痛恨自治，这当然不会仅仅因为他是南方爱尔兰人，他终究是新教徒，他是可以在英格兰律师行赚取丰厚收入的，更是因为他那样的宗教情感令他痛恨道德上的恶。爱德华爵士确实极为仇视自治，此等仇视之下，他甚至都懒得去探究一下自治究竟是怎么一回事。对于这样的罪恶，爱德华都不愿去探究一下，那么他将会对此等罪恶采取怎样的行动，想必很多人未必能体认得到，若要有所体认，倒不妨回想一下当年那桩著名且肮脏的诉案，那桩令奥斯卡·王尔德（Oscar Wilde）成为被告并令"Q. C."成为原告的诉案，那原告恰恰就是卡尔森式的人物。整整两天时间里，这个卡尔森式的人物一直耐心忍受着王尔德那闪耀着柏拉图光彩的讥诮讽刺，却一直谨守自己的任务，直到那么一个看来败局已定的时刻，突然出手，完成了绝地逆袭，将王尔德从一个光彩四溢的哲学家一下子打成一个肥胖油腻的寻常绅士，一个对酒馆侍童有特殊癖好的普通绅士。爱德华爵士的道德热忱一旦被唤醒，他就会战斗；无论胜算几何，他都会战斗，特别是在渺茫胜算令他的战斗几近荒诞的情况下。而且，一旦同自治问题开战，他就会带上英格兰议会和英格兰军团，倘若他能以某种淡然、犹疑乃至充满同情的姿态俘获议会或者军队，那他就完全有可能赢得这场战斗。

很多政客都不相信爱德华能胜任阿尔斯特集团之领袖职位所要求的劳作强度。他消化不好，很容易紧张、失眠，而且时常会变得阴郁沮丧。他的脸相已然破落不堪，一双黑色眼睛兀自悬挂在厚重嘴唇和突出下巴之上，这样一副面相已然是垂垂老矣。但这些政客显然忘记了道德热忱能对爱德华产生何等激励，而且他们也完全不知道，一旦身陷这道德热忱当中，爱德华会有何等作为。一想到这样一个人物来引领一个议会党团，这些政客便不免满腹狐疑。毕竟，爱德华那样的性情，通常是可以在法庭攻城拔寨，在讲坛之上也颇受欢迎，在异见派的舞台上自然也是游刃有余；但那样的性情，是绝无可能在议会的大墙之内有所施展的，只要这议会还是民主体制的游戏场。爱德华爵士乃是那种坚如磐石之人，而且还是一块凯尔特磐石。他不会游戏；最重要的是，他不会拿原则做游戏。然而，爱德华禀性当中的悖论之一，便是他能够用原则来对抗原则，以宪政之名来推翻宪政，以王权之荣誉的名义，令王权信誉扫地。这倒不是因为他有什么机巧之能，也不是因为他的诸般才具存在诡异的内在矛盾，相反，这恰恰是因为他全然缺乏机巧之能。据说，上院论辩的决胜之日，一个年轻贵族在门口遇到他，遂问他："您是怎么赌的？""赌！"爱德华冰冷地回答说，"宪政正在炉子里遭受炙烤，难道你们想的就是赌吗？"只是不知道当时他是否想过，倘若宪政真的如他所说在炉子里遭受炙烤，难道不正是他和他的强硬派朋友将宪政投入炉火的吗？很遗憾，他很可能不曾这么想过。只有胸怀和见解更为开阔的人才会有这样的想法。不管怎么说，在格莱斯顿和迪斯累利的时代，正是这些更为开阔的人物，将一种深沉的游戏氛围赋予历次的议会大战。如果说议会在战前几年间完全改变了性情，已经全然消解了昔日里用来屏蔽冷硬现实并据此自我防护的体面规矩，并因此陷入自我毁灭的境地（若全然直面冷硬现实，任何议会建制都不可能存活下来），那么很显然，这是因为托利党的暴烈和自由党的软弱。托利党的暴烈态势则在很大程度上归功于爱德华·卡尔森爵士的力道，无论如何，他可不仅仅是一个头脑清醒的狂热分子，没有任何的宽悯之情，他更是一个爱尔兰人。而且，当他以忠诚派的名义，在托利党反对派的议席之上宣讲反叛的时候，他才更是一个彻头彻尾的爱尔兰人。既有卡尔森和伯纳尔·劳这等人物联手，托利党还有什么干不成的事情呢？

直到1911年9月，爱德华才跟自己的阿尔斯特追随者有了实质接触，此前，他主要是忙着襄助哈尔斯伯利伯爵在那个国王特权问题上展开搏杀行动。而今，上院投票瓦解了自己的否决权，"自治议案"也注定了要在1914年的某天成为法案，爱德华爵士自然也就觉察到，阿尔斯特才是自己的用武之地。9月23日，贝尔法斯特湾上方克雷加文区詹姆斯·克雷格（James Craig）上尉庄园的草坪之上，爱德华同大批充满好奇的阿尔斯特人会面了。大多数人此前从未见过他。他们当然想看一看，他们究竟将自己交给了怎样一个人物。答案毫无疑问是肯定的。眼前的这个爱德华爵士不会玩弄辞藻，比喻都不怎么用，形象宽和，姿态严谨；不过，他语调里面有一种很是古怪的颤音，那样的语调在博因河以北地区是绝少听到的，他就是用这样的语调，将听众想听的东西告诉听众。

他眼睛遥望港湾之外安特里姆的蓝色海岸，宣示了跟自由党正相反的观点，阿尔斯特要比任何时候都更为强硬地反对自治。"我们将挫败这场有史以来针对一个自由民族的最为恶毒的阴谋……我们不会犯错；我们将抱着决死之心走上战场……我们的要求非常简单。我们并不寻求任何特权，但是我们也绝对不会让他人获取凌驾我们之上的特权。我们并不寻求任何特殊权利，但是我们绝对要求内阁对联合王国的各个组成部分一视同仁。我们不会寻求任何超出别人的东西，但我们也不会自甘屈辱，要得比任何人少。作为不列颠帝国的公民，这些都是我们无可让渡的权利，倘若有人试图拿走我们的这个权利，那就只能让上天帮助他们了。"

这个小小的新教徒少数派实际上是否在主张一种特权，据此横亘在爱尔兰其他地方以及爱尔兰其他地方所欲求的自由之间；这个少数派在主张自己不受帝国议会多数派决议之束缚的时候，实际上是否也在主张一种极为特殊的权利。此类问题，爱德华爵士及其听众连想都不想。爱德华在演说中宣示："我们必须准备好……这些可都是只争朝夕的事情，倘若某个早上，自治议案获得通过，那么我们将即刻自行其事，建立我们自己的阿尔斯特新教政府。"

这话是什么意思呢？只是虚张声势吗？只是为了唤起英格兰方面的公众同情吗？只是为了祭出内战的严重前景，以此迫使软弱的自由党内阁屈服吗？自由党方面确实是这么想的，托利党方面则肯定希望是这样。不管怎么说，这备受痛恨的《议会法案》，若是从其付诸实施的初始阶段，就证明它势必会以血腥收场，那将轻而易举地将这个法案变成一场闹剧。"请相信我，"卡尔森在波特鲁什宣称，"任何内阁若想着对忠诚的阿尔斯特新教徒开枪，都要思量很久很久，毕竟，这群人可是忠于国家、忠于陛下的。"

无论如何，有一件事情他们确实是做起来了。奥兰治派的五个领袖人物已然组建了一个委员会，并且已经在着力起草"阿尔斯特临时政府章程"了。这五个领袖人物分别是议会议员詹姆斯·克雷格上尉、议会议员沙尔曼·克劳福德（Sharman Crawford）上校、托马斯·辛克莱尔（Thomas Sinclair）神父、R. H. 华莱士（R. H. Wallace）上校，以及爱德华·斯科拉特（Edward Sclater）先生。

四

9月23日，克雷加文出现了长长的游行队伍，另一桩事实从这队伍当中浮现出来。队伍当中一个小小集团引起了所有人的关注。队伍当中其他人都

第二章　托利派造反

颇为散漫凌乱地以四人一排的态势向前行进的时候，这个小集团却始终是昂首挺胸、整齐划一，以严整态势出现在世人面前。询问之下，人们发现这批非同寻常的人物都来自替隆郡，他们已经在那里自发实施军事操练了。在他们带动之下，奥兰治派的其他群体也纷纷在公园、游乐场以及运动场等地方操练起来，一派雨后春笋的势头，有时候就以粗粝木棍代替火枪进行操练，那样的粗笨态势，一眼就能看出那是一个缺乏服从本能的族群。这样的场景当然算不上激动人心，不过，R. H. 华莱士上校倒是敏锐地从中觉察出了他所谓的"分量"。上校本人是个律师，曾参加过布尔战争，并且仍然保有军事欲望。上校征询了詹姆斯·坎贝尔（James Campell，后来的爱尔兰大法官）的意见，后者向他保证，只需两个太平绅士便可以授权在自己的辖区实施军事操练，当然，是需要遵从一些条件的。1912 年 1 月，上校便以贝尔法斯特新教总会的名义，向贝尔法斯特当局提出了申请，上校本人正是总会的会长，各个分会自然都在总会的控制之下。在这件事情上，各个分会"纷纷保证，作为国王陛下的忠诚臣民，他们需要这样的授权，同时也保证，他们只会将这样的授权用来维护联合王国的既有宪制，并保护他们自己的权利……"。此番多少带有反叛色彩的诉请，显然是对议会变革宪制的合宪权利置若罔闻，但贝尔法斯特当局则是欣然悦纳了此番诉请。不久，各个奥兰治分会、联合派俱乐部以及一众有心"出力"的非组织化公民群体，便逐渐组成了阿尔斯特志愿军。这支军力以地区军事人员为指挥官，配备了大量的仿制木枪，在阿尔斯特的潮湿道路上以及田野里展开演练，此等场景倒是令英格兰激进派媒体大为振奋，这些媒体总算是找到了绝佳的幽默素材。一些悲观人士已经开始意识到，目前情形之下，唯一有牵制作用的就是"强制"法案（Coercion Act），该法案禁止向爱尔兰输入武器，但是该法案已经不再执行了；如此一来，实际上就没有什么可以阻止这些木枪变成更为致命的武器了。此等装备，在时间和托利党的共同襄助之下，正在向着真正的武器转变。

此时的阿尔斯特方面，正有消息四处传布，说刚刚离开内政部并转投更为舒服一些的海军部的温斯顿·丘吉尔，计划前来贝尔法斯特为自治议案展开游说。更糟的是，雷德蒙先生和狄龙（Dillon）先生这两个民族主义党的成员，将陪同丘吉尔此行。这些都是阿尔斯特自由党协会安排的，协会主席皮里埃（Pirrie）勋爵则是公认的最不受贝尔法斯特待见的人物。《泰晤士报》的记者于1912年1月18日评论说，皮里埃"在自由党执掌大权的时候抛弃了联合主义，并且不久就受封成为贵族；这里面的前因后果，我无从论定，不过，阿尔斯特联合派自然是心里有数"。这还不够，丘吉尔还计划在阿尔斯特市政厅发表演说，这就"颇有些莽撞且不够虔敬了，毕竟，这可是联合主义的圣殿，且丘吉尔的父亲为这圣殿也是出了力的，而今，这个当儿子的却要来亵渎一番"（《星期六评论》，1912年1月27日）。

丘吉尔确实是莽撞人，即便他的心腹之交也不否认这一点；实际上，他也确实将莽撞变成一种精巧艺术，于是，他从来都对人类事务当中的凡俗拖沓之事嗤之以鼻，并且从来是靠着这种姿态，完成他在政治世界的壮举的。不过，却不能说他不虔敬；而且，即便说他不虔敬，他也不可能是针对他那光彩万丈且不乏悲情色彩的父亲的。确实，在格莱斯顿为着自治法案而斗争的那段日子里，兰道夫·丘吉尔（Randolph Churchill）勋爵在阿尔斯特市政厅的启用典礼之上，以这样的著名口号满足了听众的胃口，"阿尔斯特会战斗，阿尔斯特是对的"。然而，温斯顿·丘吉尔在为父亲立传的时候，却在父亲于1886年2月写给菲茨吉本（Fitzgibbon）勋爵的信中发现了这样一段话："不久前，我已看出，若G. O. M.（格莱斯顿的绰号——译者注）推进自治议案，那

第二章　托利派造反

就肯定会打奥兰治牌。但愿这就是决胜王牌,但愿不用再找别的牌了。"说白了,兰道夫·丘吉尔在1886年玩的那场游戏,恰恰跟托利党在1912年玩的这场犬儒游戏是一模一样的;也正是因此,当联合派媒体纵情指控温斯顿·丘吉尔的阿尔斯特市政厅之行乃是"在父亲的坟头跳舞"的时候,这样的指控显然是犯下了幼稚错误,因为他们竟然以为真的有那么一个坟头可供丘吉尔去跳舞。兰道夫勋爵的政治身体显然不是埋葬在奥兰治派的土地上。而且真要说起来,倘若这个执拗政客能品鉴儿子在1912年的此番行为,则很可能是赞许超过遗憾,毕竟,血缘是浓于政治的。

丘吉尔此番前往贝尔法斯特,背后的动机倒也不能说简单。英格兰人就是这样,热衷于追逐舞台的灯光,丘吉尔自然也不例外。但是丘吉尔在追逐这灯光之时,却是带着鬼火一般的肆意无常。先是让自己进入这弥足珍贵的舞台灯光照射范围之内,而后便尽可能长时间地让这灯光聚焦在自己身上,丘吉尔的全部行为都在于此,很幸运,他也确实在其中享受了十足的份额。于是,英格兰政治舞台便会时不时地、突如其来地闪现一道光亮,令人目眩神迷,并且人们总能看到丘吉尔先生兀自伫立这闪光之下,一副幽默、高傲且滑稽的姿态。这倒也并非完全是他的错。丘吉尔本身确实聪敏且干练,这一点是没有疑问的,倘若他能享有劳合·乔治那般低微出身的优势,他至少能够跟劳合·乔治一样地频繁入驻报刊头条。可惜,他那极为激进的姿态终不免毁于这样一个事实:他出身马尔波罗家族(Marlborough),他完全没有能力让自己认同公众,无论如何,他内心里对公众总是有一种温和的轻蔑之感的。他天性张扬,举止高傲,心性躁动,骨子里是托利信仰,他这样的人竟然在自由党担当要职,实在是诡异,绝少有人能像他那样不受信任,也绝少有人能像他那样如此诡异地享受这种不受信任的境遇。也正是因此,无论何时他现身媒体,他那样的风格就总是难免令人生出些许无从亲近之感,并且也从来都会招惹人们的极大怒火。

上述特质之外,丘吉尔更有强烈的战斗欲望。他的祖先,第一位马尔波罗公爵,其鲜血时不时地会在丘吉尔的血管里面涌动、沸腾,如同穿越草地的小小骏马,总是会引发令人极为惊惧的、非同寻常的后果。不妨举个例子,1910年12月,他还是内政大臣的时候,伦敦警察局的三个探员在调查珠宝店失窃案的时候,遭来复枪射杀。于是,便有一队特警对白教堂实施彻查,要追捕一个名叫"画家彼得"的人,当局相信此人要为这桩暴行负责。"画家彼得",也就是来自里加的彼得·斯特劳姆(Peter Straume),据说此人是一个著名的无政府主义者,新闻媒体如约而至,兴致盎然。结果是在古尔德大街莫罗采夫(Moroutzeff)的家中发现了一支步枪、六百个弹夹、一百五十颗毛瑟枪子弹,以及众多"危险"化学品,由此激发了一系列的封面故事,纷纷讲述伦敦东区存在极为神秘的无政府主义者军火库。警察遂加大追查力度。最终在1911年1月3日晚上,他们在斯特普尼的西德尼大街的100号完成收网。那是一个寒冷夜晚,飘着小雪。身陷围捕的西德尼大街100号,寂然无声。警察将石块扔向窗户,进行试探,对方开火进行回应。警察仓皇躲避,一人胸部受到轻伤。

破晓时分,整个这片区域已经布满了警力,七百五十人还多,苏格兰卫队也派出十九人前来增援,他们携带一挺马克西姆机枪从伦敦塔一路赶来,在附近啤酒厂找到掩护之后,便用机枪保持火力压制。无政府主义者的这个受困的谋杀巢穴里面究竟有多少人,无人知晓,有关此处巢穴的故事传遍伦敦大街小巷,联合王国的所有报刊均不惜版面,予以报道。中午时分,丘吉尔抵达现场。

第二章　托利派造反

一个尽职尽责的内政大臣,亲自前来勘察已然成为战场的西德尼大街,这本无可厚非。不过,但凡内政大臣做这样的事情,都会尽可能地低调。丘吉尔先生却不一样。他从白厅驱车而来,跨出车门之时,头戴丝帽,身着毛边外套,还是阿斯特拉罕圆领,威风尽显。那丝帽和阿斯特拉罕圆领就这样跟随他穿门入户,四处逡巡,巡视各处角落,暴露在根本不长眼的子弹面前。他时不时地还会跟士兵和警员亲切交谈一番。

巢穴里面无政府主义分子的数量,在丘吉尔先生的想象当中陡然增长,这位内政大臣遂同意即刻从圣约翰伍德的皇家骑兵炮站调来两门野战炮,并且他本人还提议,从查塔姆调来皇家工兵,随时待命,以备万不得已,就用坑道战术剪灭困兽。然而,野战炮尚在赶来途中且工兵尚未接到通知的时候,几缕烟从100号的破窗户里面袅袅飘出。消防队抵达,但被告知要跟此处巢穴保持距离,因为大火顷刻之间就会彻底吞噬此处巢穴。警队准备推进,但被丘吉尔挥手拦下;我们这位内政大臣只带了一名调查员和一个手持双管猎枪的卫兵,便大踏步走向前门。调查员踹门而入。没有抵抗,也无人开枪。无政府主义者都已经死亡……统共只有两个人。至于"画家彼得",根本就没有此人的踪迹。

对内阁来说还算幸运,丘吉尔先生可不止西德尼大街这一面。他确实喜欢战斗,喜欢表演,但他也是自由党历史之上不可多得的管理人才。一旦机会合适,这人就能够将身上的这两个方面融合起来,迸发出极为惊人的效能。他甚至可以将身上那糟糕的一面,也就是喜欢出风头的一面,压制起来,他的这种强烈的表演欲望令他的众多公共行迹不免都染上了糟糕的滑稽色彩。1911年10月,他获得了海军部第一大臣的职位。当时他正在拜望身在苏格兰的阿斯奎斯,二人走在福斯河大桥的暮色当中,首相大人就是在这个时候提出了自己的建议。其时,正有两艘军舰在渐渐浓重的暗色当中闪现出巨大身形,悄然跃入二人的视线。那情形就仿佛大自然打开了神秘盒子,两个华贵玩具顺势落入内政大臣手中。"我很爽快地接受了,"丘吉尔后来在《世界危机》(The World Crisis)中写道。此后,丘吉尔便造访了英伦诸岛以及地中海的所有码头、船埠以及海军基地;但凡有战略分量的海军据点以及所有的海军建制,他都极为熟悉。"在我身后的墙上,装了一个开放的壁柜,壁柜门里面铺展了一张巨大的北海地图。参谋人员每天都要用旗子在那地图上面将帝国家底的位置标注出来。这个做法从未中断过一天,直到战争爆发……"舰队、分遣舰队和小舰队、火炮、鱼雷以及人称"血腥王后"的钢铁战舰,所有这些都是他乐于把玩、修饰并完善的;掌理这些精细且血腥的玩具,触动了他的想象王国当中的某片神秘沃土,他就如同一个独自玩耍的孩子那样,迷失在这部戏剧当中。不过,他也竭力将整个海军维持在一种高效状态,尽管这些可完全不是一个普通的海军第一大臣能干成的事情。所有这一切都出现在一个自由党政府时期,这确实是有些讽刺意味;但这也足以说明丘吉尔的性格,正所谓,在其位,就要谋其政。

他必然是耗费了一些力气,才砥砺出强劲心念,毅然决定前往贝尔法斯特的。然而,战斗的风声已然在空中传播开来,报刊头条也都躁动起来,而且这世界从来都不缺乏等待着被激怒的庸人。丘吉尔自然是无法抗拒如此凑巧的机缘。贝尔法斯特的奥兰治派已经是怒火万丈了,此等愤怒的后果很可能是相当可悲的(已经有两千个天主教劳工被逐出了码头,而且情形相当暴力),人们都在担心丘吉尔先生此行很可能会遭受身体伤害。没人会觉得丘吉尔是懦夫,丘吉尔当然是淡然对待此等前景。但是奥兰治派的领袖人物可

第二章　托利派造反

不会这么淡然，一旦出现乱象，自然就会在这场游戏的早期阶段就对英格兰舆情产生毁灭性的冲击，对此，奥兰治派的领袖们自然是心知肚明。然而，1月17日，阿尔斯特联合议事会宣称，议事会"注意到温斯顿·丘吉尔先生是在刻意挑衅，相当震惊"，因此决定阻止丘吉尔先生在阿尔斯特市政厅举行自治集会。这话的意思很清楚，倘若丘吉尔先生坚持在市政厅发表演说，那他就必须为可能引发的后果承担责任。丘吉尔没有坚持，他已然赢了这一手。全部的自由党媒体对阿尔斯特方面此番无理干涉言论自由的举动，已然满腔怒火。

不过，丘吉尔还是得找个演说场地。剧院？据说已经有人跟剧院经理有过接触，若经理答应，就会给经理骑士封号，但经理也没办法让丘吉尔使用自家场地。就这么先后考量了多个场地，但都放弃了。最终，内阁不得不从苏格兰租用了一顶大帐篷，并将集会安排在凯尔特人足球队的运动场，此处跟阿尔斯特市政厅保持了一个安全距离。此外还配置了五个加强步兵营和两个加强骑兵连；联合议事会仍然担心一些莽撞追随者会袭击士兵，遂发出呼吁，"鉴于阿尔斯特市政厅问题上的这场胜利……请不要对凯尔特人足球场的集会有任何干预行径"，议事会将这份呼吁传单张贴在贝尔法斯特的大街小巷。

2月8日，丘吉尔在拉恩登陆，大批联合派人士已经在此等候了，他们向着丘吉尔高唱《上帝保佑国王》；尽管越海而来的这一路之上，丘吉尔并没有思量太多的爱国问题，顶多也就是略略思忖了一下如何应对德皇刚刚挑起的"豪华舰队"的威胁。在米德兰海军基地，丘吉尔又遭遇了一批敌对人群。他在此地的中央大酒店就餐之时，奥兰治派在附近实施集结，仅仅是因为对面阿尔斯特俱乐部阳台之上爱德华·卡尔森爵士和伦敦德里勋爵的压制态度，

091

才没有爆发暴力事件。皇家大道是丘吉尔驱车前往足球场的必经道路，大道两旁的人群将用来恶搞丘吉尔和雷德蒙的巨大肖像挑在杆子上面，以此来迎候丘吉尔；人群还威胁着要掀翻丘吉尔夫妇乘坐的汽车，跟丘吉尔夫妇同乘的联合派人士麦克尼尔（McNeill）先生倒是颇为巧妙地描述说，人群的这个举动是"被操纵"的。

向前行进了一点，汽车来到法尔斯路，情况陡然改变。这一次，是卡尔森和伦敦德里的肖像被挑在杆子上面，一批纯粹的民族主义者纷纷涌向汽车，跟丘吉尔先生握手……

足球场演说结束之后，凯尔特人足球场的大帐篷便也空无人烟了，沉入渐渐浓重的黑暗当中。此时的皇家大道和约克街，大批联合派仍然在游荡，在等待机会再次向丘吉尔发难。丘吉尔的离开可没有驾临之时那么光彩。尽管很不情愿，他还是被迫借由一条肮脏巷子，秘密且仓皇地赶往米德兰终点站，而后便乘坐专列赶奔拉恩。中央大酒店附近的人群知道他已经逃离的时候，自然是为时已晚。

这一天，发表了演说，也遭遇了诸般威胁，当然也采取了诸般防范措施，这样的一天也确实过得憋屈。这可以说是自由党最后一次以郑重态势来到阿尔斯特，此次阿尔斯特之行倒也不是没有收获。首先，此行足以表明，奥兰治派的阿尔斯特是绝对不会给任何敌人自由放言的机会的。其次，也足以表明，阿尔斯特并非铁板一块，并非完全是奥兰治派的天下。当天可是有大批民族主义者涌入贝尔法斯特，而且他们肯定是越过边界而来的。倘若阿尔斯特地区尚且有这么一批积极活跃的天主教少数派，那么前面的麻烦就更大了。不过，这麻烦究竟会到什么程度，则要等待1914年才见分晓。

第二章　托利派造反

五

托利党的恶毒意图于 1 月 26 日第一次真正显露出来，此时距离丘吉尔这场肃剧加喜剧的贝尔法斯特之行还有两个星期左右的时间。历史确实善待了托利党，以一场世界大战掩盖了托利党的阿尔斯特阴谋，今天，人们差不多已然完全忘却了这场大阴谋；心理学也对托利党颇多眷顾，因为这门学问倒也会颇有几分道理地申述说，1912 年到 1914 年间的英格兰，已然陷入近乎癫狂的危险状态，此等情形之下，即便是最为暴虐的行径都是情有可原的。然而，托利党在这段时期确实是一门心思地要制造一场叛乱，而且这其中最令人糟心的事情就在于：这样一场叛乱竟然是以"忠诚"之名实施的。

都柏林的巴克洛步道之上，几个爱尔兰人遭到仓促屠杀，这是这场叛乱最血腥的地方，并且这场叛乱也是以此收官。既如此，这场叛乱可以说并没有多大的分量。但是，这么一场叛乱竟然以如此特别的方式推展开来，却也不免成了英国宪政史上恶行十足的大事件之一，而且肯定也是英国自由主义史上最为致命的大事件。原因很简单，都柏林步道上的血污，虽然只是星星点点，却也实实在在地给自由党在 19 世纪的伟大斗争画上了"句号"……

直至世界大战开启之际，托利派的哲学大体可以总结如下：在好事上保守，在坏事上激进。此一哲学，据通常的判断，只有一个缺憾：好与坏之评断，全在托利党之手。此等评断机制时不时地也会催生很不错的结果；但就其本质而言，这其中自然是包含了致命且独断的元素，纯然为了决断而决断，这显然会催生难以尽数的狂热分子、暴君、殉道者、小先知等等，这一点是天下人都明白的道理，而且，在这个星球的漫长苦难史上，大部分曾经为害人间的可悲造物，也都是因此而生。1912 年时，托利派显然是做出了决断的，这决断便是：一个自由党多数控制的议会，就是坏事情。

1912年之后的两年间，托利党的一切计划和行动，其目标并不在于阻击爱尔兰自治，而在于剪灭议会本身。自由主义虽然看起来健康，实际上已经沦落到垂死状态，既如此，托利派便有意识地将毁灭自由主义奉为一己之目标。既然战前英格兰的整个氛围就是无常、阴郁且暴烈的，托利派便也在心底生出无意识的欲念，他们要毁灭这套他们曾誓言予以保护的制度。就这样，一个全然合宪的政党，却决意要摧毁宪制；而且，他们非常接近成功了。

1912年1月26日，托利派开始采取行动，上万人集结于阿尔伯特大厅，聆听伯纳尔·劳的演说。伯纳尔·劳谈到了此时贝尔法斯特方面的奥兰治派怒潮，他说："今晚，我是在极度悲惨的情境之下来到这里的，也许不出几天，贝尔法斯特和阿尔斯特就会有大事发生。"这话显然是指丘吉尔的贝尔法斯特之行。接着，他便舒展开来，开始展望未来。"在此，我要郑重且诚实地告诉诸位，我们将跟随事态发展。代价很可能是巨大的，苦难也很可能是可怕的。"此等说辞，在这样一个反对党刚刚沦丧的时刻发布出来，听起来确实像是一番泄愤之词。但真是这样吗？两位演说人的慨然陈词当中，就真的没有传递新的、邪恶的话外之音吗？此时的伯纳尔·劳，内心所见的目标当然只是挑起内战威胁，以此迫使自由党缴械投降，这一点是可以肯定的。他内心的武器也仅仅是言词而已；说白了，此时的他显然没有意识到，很多时候，恰恰就是纯粹宣讲叛乱的人，要为叛乱的实际发生负责。至于此时的爱德华爵士，谁又能猜得透他那毫无妥协可言的暗黑大脑里面，究竟在盘算着什么呢？

此时的内阁宣布，直到4月11日时才会正式提起"自治议案"；而且，此时的所有人都还不确定议案的具体条款。就是在这样的情形之下，阿尔斯特联合派决定在贝尔法斯特郊区巴尔摩拉皇家农业协会的展览场搞一次示威

第二章　托利派造反

运动。伯纳尔·劳正是在此次示威期间，第二次投身叛乱浪潮。7号晚上，复活节晚祷的教堂钟声尚未停歇，伯纳尔·劳便率领一支七十个联合派议员组成的队伍，从伦敦出发。在这支队伍尚未越过爱尔兰海峡的午夜水面之时，伦敦《晨报》（*Morning Post*）便已经在运作鲁德亚德·吉卜林（Rudyard Kipling）的一份诗篇，以便作为第二天的头条了。

"北方将会传来怎样的讯息？"吉卜林厉声问询，语气当中难掩怒意，

"一部法律，一片土地，一个王座。
倘若英格兰驱使我们前进，
那我们将不会落后。"

谁又能说，伯纳尔·劳先生此番来到阿尔斯特海滩，不是因为伦敦的战鼓之声的催迫呢？

此番前来，伯纳尔·劳所受欢迎之热烈，丝毫不逊色于吉卜林的诗篇。沿途所有站点都挤满了热忱且坚定的拥趸，人们纷纷向他挥手，向他致意，爱尔兰长老派信众就是以这种淡然甚至沉闷的方式来表达澎湃内心的。伯纳尔·劳则以标志性的假意鲁钝品评说："倘若你们就是这么对待朋友的，那我很高兴，我不是你们的敌人。"

此时的贝尔法斯特，街道已经是水泄不通，一行人等甚至都走不动了。改革俱乐部曾经是贝尔法斯特自由主义总部，伯纳尔·劳就在这里向联合派领导层发表演说。他在演说中告诉众人，内阁的做法"已然令阿尔斯特忠

095

诚派有足够的理据诉诸最为极端的措施，以此抵制自治议案"。此时的伯纳尔·劳毫无退避可言。"且容我代表联合党，"他慨然陈词，"在这里向诸位传递这样一个信息：尽管你们将承受这场战役的主要压力，但你们不会缺乏'海峡对面'的帮助。"当天下午，在前往斯图尔特山的路上，一行人等在康布尔略事停留，其间："他自问，内阁如此对待阿尔斯特新教徒，苏格兰激进派又会期盼怎样的待遇呢？"他是这样回答自己的："我太了解苏格兰了，我相信他们不会屈服于这样的命数，我相信他们将会掀起第二场弗洛登（Flodden）战役或者第二场班诺克本（Bannockburn）战役。"（R. McNeill, *Ulster's Stand for Union*, p. 82）从拉恩一路走来，全是一派肃穆庄重的凯旋态势，此等态势的效果，就如同烈酒，显然让他如醉如痴了。而且真要说起来，如醉如痴这个词语，是完全不足以形容他此时的心境的。应该说，他"中毒"了。

第二天，一行人来到巴尔摩拉，大批人群已经在那里集结，爱德华·卡尔森爵士宣称那是世界历史之上最大规模集会之一。那样的集会，"怎么形容都不夸张"，《泰晤士报》近乎痴狂地评论说。伯纳尔·劳在这么一场堪称历史规模的集会之上，发布了煽动性宣讲，他以一种学究派头砥砺阿尔斯特人极其恶劣的战斗本能，此等煽动，可跟沃尔特·朗争相斗艳。沃尔特·朗咆哮着说："倘若他们将伦敦德里勋爵和爱德华·卡尔森先生送入船埠，那他们可是要找到足够大的地方，必须容得下所有的联合派。"此等情形之下，伯纳尔·劳和爱德华·卡尔森不禁望向彼此，二人的手紧紧扣在一起，并将此等感染态势维持足够长的时间，令现场众人不免自觉进入佳境，人人都成了大战前夜的军中将领。接着，在所有人都脱帽致敬的时候，爱德华爵士松开了劳先生，大踏步来到演讲台的前面。"请高举你们的手，"他喊叫着，"跟我说,'绝不屈从自治议案'。"展览场的正中央是一座信号塔,立有九十英尺高的一个旗杆,就在众人随同伦敦德里侯爵、新教牧首以及长老派首领跟随爱德华齐声高呼"绝不屈从"的时候,联合王国的旗帜却从那旗杆之上兀自落下。这面大旗长四十八英尺,宽二十五英尺。那是历史之上最大号的联合王国国旗。对此,爱国主义看来也是无济于事了。

六

两天后,议会在复活节休会之后重新开启。此时的议会已经隐约意识到,一场内战威胁正在降临,而且是议会自己的反对派酝酿并策动的。巴尔摩拉的"忠诚"演说已然说明了一切,而且其情绪也是躁动且充满火药味的。阿斯奎斯先生提请离开一会,以便引入"自治议案",为此,他援引了伯纳尔·劳不久前演说中的一段陈词——"这届内阁已然将下院变成了市场,一切都可以在那里买卖。就为了在权位上多待几个月,这届内阁竟然出卖了宪政……"于此,便催生了双方如下一番唇枪舌剑。

首相大人:"我们这位尊贵绅士是否愿意再说一遍这话呢,可以在这里,也可以在大厅里面……"

伯纳尔·劳先生:"没问题。"

首相大人:"这话的意思很明确,显然是说,我和我的内阁出卖了我们的信念。"

伯纳尔·劳先生:"你们根本就没有信念。"

首相大人:"您这么说,实在是新风格啊。"

"新风格",确实是新风格,此等风格跟贝尔福先生的大师级讽刺艺术已然是判若云泥,这是何等荒诞、何等危险的事情啊!

四天后,"自治议案"进入一读。在那段日子里,大英帝国之结构建制已然升华到极高的精神层面,即便是任何的大块组成部分从其实体层面剥离而去,也绝少造成痛苦。此等情形之下,自治议案虽然引发了帝国派巨大的内心震荡,但也终究是小事一桩。此时的帝国建制乃依托了旧日的格莱斯顿程式,确切地说,纯粹爱尔兰的事务且交给爱尔兰议会处理,西敏寺的帝国议会则负责所有涉及王权、战争与和平、条约和外交、关税以及其他方面的事务。爱尔兰皇家警队则在帝国议会宰制之下运行,任期六年。爱尔兰议会不得确立任何宗教并为之提供资金,不得剥夺任何教徒的民事权利。爱尔兰议会虽不得开征新税,但联合财政部也只能在十个百分点的范围之内对帝国议会制定的收入税、遗产税以及关税税率实施变动。一套精细的财政安排让英格兰每年不得不额外支出两百万英镑左右;并且也规定了帝国议会可以并且只可以安置四十二名爱尔兰议员。"这份自治议案并不激进。"阿斯奎斯的传记作者 J. A. 斯彭德(J. A. Spender)评论说。确实不激进。如果说真有哪个民族可以被单单一份法案永久地包裹在襁褓之中,那么毫无疑问,阿斯奎斯先生的这份"自治议案"就令爱尔兰落入了此等境地。议案当中的议会建制全然是一种扭曲和嘲讽,这还不够,这议案也将让爱尔兰不得不四处寻找可资征税的新人群,这样的前景着实可憎。不过,该议案并没有涉及将阿尔斯特排除在外的可能性,这就是该议案唯一令人满意的地方了。

内阁集结起来,阁僚们对整件事情是抱持了惊惧和隐忍的态度的,但他们全然隐藏了这种态度,随即进驻议会内阁议席,听取这份重大议案。此前一个月里,围绕议案展开了怎样的私下交涉,我们也只能是揣度一二了;只有那么一次,在半遮半掩的舞台之上,我们在转瞬之间隐约瞥见了那阴惨惨

的交涉场景。2月6日的一份报告中有如下陈词,首相、阁僚以及乔治决定对雷德蒙提起如下警告:

"倘若不得不对阿尔斯特各郡采取特别措施,那么内阁有权采取行动,若如此,内阁自然会体认事情的必然性,为此,内阁可以随后修订议案,也可以依据《议会法案》之规定,叫停议案。"

要么妥协,要么投降。此时的《议会法案》尚且不足六个月的年龄,既如此,无论做何抉择,都将是沉重的,都将是不乏英雄主义意味的,这其中,实际上唯有妥协是行得通的,然而,爱尔兰问题已然不是妥协能够解决的了。必要时候,新教阿尔斯特也许会同意跟爱尔兰其他地方实施切割,但是天主教阿尔斯特会是什么态度呢?南方忠诚派又会是什么态度呢?最重要的是,民族主义者会是什么态度呢?毕竟,他们已经说过,他们就要一个完整国家,否则就什么都不要啊。阿斯奎斯及其阁僚越是思虑,便越是意识到,此番警告之下,雷德蒙实际上也别无选择了,他将只能同内阁为敌了。一想到此等鱼死网破的结局,内阁便颤抖不已,于是他们撤销了先前的决定,并转而决定保持沉默。

此等极富机谋的沉默自然令局面飘摇无常。自由党难道不是因为内心的疑虑,才去辜负雷德蒙先生吗?至于雷德蒙先生,难道不也是因为内心的疑虑,才会对如此可悲的议案恭维备至吗?一个将领,设若认定盟友正打算背弃自己,那很自然地就会竭尽所能地留住盟友。"我想说的是,整体上看,这是份伟大的议案……确实伟大,我们欢迎这样的议案,这也是我想替在座各位同僚说的话,在此,请容许我更恭敬一些,我个人是要感谢上帝的,因为我活着看到了这一天。"雷德蒙的整个发言,可谓激情澎湃,但这可不是他的一贯作风。联合派的嘲讽和聒噪之声数次打断他的发言;自由党领导层则报以中规中矩的掌声,以此表明他们的态度,他们确实是打算强制阿尔斯特屈服的。

5月9日迎来了二读,在丘吉尔推动之下,以一百零一票的内阁多数和一个英格兰党团压倒性的三十九票多数,令议案通过二读。7月11日上午,议案进入委员会阶段,阿尔斯特议会党团以及一批阿尔斯特贵族颇为焦虑地集结在斯塔福德宅邸。当天下午,阿加尔-罗巴特斯(Agar-Robartes),来自康沃尔的自由党议员,前往议会提起修订案,旨在将安特里姆、道恩、德里和阿马从爱尔兰议会管辖权当中摘出来。问题是,阿尔斯特联合派会支持还是反对这样的修订案?这显然是内阁设下的陷阱,乍一看,这陷阱还相当巧妙。若阿尔斯特人支持修订案,则很可能会因为同意分疆裂土而成为爱尔兰的罪人,千夫所指,并且肯定会被指控出卖了南方的新教盟友。若反对修订案,则肯定会激起英格兰的舆论怒潮,英格兰人会谴责他们试图通过战斗方式来获取本来通过立法渠道就可以得到的东西。为了让这陷阱更为完满,该修订案遂交由一个内阁派中人物予以提起,毕竟,内阁自身势必会表示反对的。这个动议人乃是一个公认的严格福音派人士,由此就能够大而化之地安抚自由党圈中颇为广泛的反天主教情感;毕竟,"自治议案"最可能引发震荡的条款之一,就在于它为那些效忠教皇的人提供了一定程度的自由。

爱德华·卡尔森先生倒不觉得这其中有诈,在斯塔福德宅邸,他轻松说服了满腹狐疑的众人支持阿加尔-罗巴特斯先生。他解释说,该修订案不会对抗原议案,也不会摧毁原议案。论辩之时,他们只需要把如下情况说清楚就行了:将阿尔斯特排除在外的"自治议案"就是一场闹剧,他们正是因此才决定支持修订案的。

当天下午,阿加尔-罗巴特斯用这样的话总括了自己的想法,"奥兰治苦

第二章 托利派造反

啤不会跟爱尔兰威士忌搀在一起",由此开启了一场历时三天的大论辩。在这个过程中,论辩态势也是越发地激烈了。其间,伯纳尔·劳的发言可算是独一无二的了,其中充斥了反叛的暗示和邀约,无不给人以风声鹤唳之感,他说,倘若内阁对阿尔斯特实施武力强制,"那么下达此等指令的阁僚也不会轻省,阿尔斯特忠诚派也许会在贝尔法斯特遭到射杀,但这些阁僚更有可能在伦敦被处以私刑"。

论辩进入第三天的时候,爱德华爵士向愤怒的自由党证明了他完全可以轻而易举地避开这个小小陷阱。确实,他说,他和他的支持者接受了修订案,但是,"我们并不认为这是一份妥协案。妥协是不可能的"。恰恰相反,他们之所以接受修订案,乃是因为修订案否决了原议案的精神,毕竟,原议案乃是针对整个爱尔兰而发的。奥都斯丁·毕雷尔此时起身以爱尔兰首席大臣的身份发言,他说,若是没了阿尔斯特,"自治议案"就等于"被截肢"了。爱德华赞同此论。不过,爱德华得出了不同的结论。毕雷尔的结论是:"所以,你们就必须强制阿尔斯特接受自治议案。若如此,我的结论就是:你们压根儿就不应该接纳自治议案。"此番论辩,爱德华爵士的演出堪称华彩,相形之下,内阁则显得十分愚蠢,不过,有一点终究是难以隐藏的:阿尔斯特领导人及其支持者看来是不会尝试任何建设性提议的。

劳合·乔治遂竭尽所能,力图将自由党从此等颓势当中拯救出来。他指出,如今的情况,新教阿尔斯特已然抛弃了南方的忠诚派盟友;将这么一片并不牢靠的小小楔子打下之后,劳合·乔治便接着品评说,爱德华爵士的发言完全没有明确指向。"四郡的新教徒可曾说过……他们绝对不会加入爱尔兰议会以便保护爱尔兰其他地方的新教徒?那么阿尔斯特方面又是什么要求呢?肯定不会是求得保护,也肯定不会是自治本身,相反,他们要的是否决权，以此来否决爱尔兰其他地方的自治。这样的要求是完全不能容忍的。"

修订案就此落败，不过，在挫败修订案的时候，内阁多数也下降到了六十九票。

至此，无论是靠着怎样的私下运作，令言辞带来的恐怖归于消解，这都不重要了，因为所有的联合派都已经接受了将阿尔斯特排除在外的原则。F. E. 史密斯更是在 7 月 12 日，将此一原则告诉了贝尔法斯特的奥兰治派，其时，他的姿态是那么爽快且无可指摘！他说，阿尔斯特已经公开接受了分而治之的原则，以此来替代整体联合。他就此暗示说，倘若联合派无法守住整个爱尔兰，那至少可以守住阿尔斯特；任何自治议案，若不提起将阿尔斯特排除在外的条款，都将是行不通的。看起来，还有什么比这个更合理的调调呢？

今天的我们，回首这段往事，不免会自问：倘若自由党不抛弃雷德蒙先生，那还有什么事情能比这个更行不通呢？

不过，史密斯此番陈词本身的分量，却比不上此番陈词给他自己带来的影响。这是他第一次获得允许在此类问题上代表本党发言，因此，他自然是决意十足地表现一番。当天，正是博因河战役两百二十二周年纪念日，用《泰晤士报》的说法，这一天，爱尔兰迎来了"最为湿软的早晨"。天空下着大雨。不过到了早上 9 点的时候，城市街道就已经满是喧嚣的新教人群了，旗帜飘摆，令城市空气变得躁动且可怕，从审美角度来看，这其中最让人惊惧的，莫过于威廉三世端坐在马背上的形象。奥兰治派的高层官员都乘坐汽车或者马车前往现场，"因为地面太泥泞了"；普通民众则是集结成招摇队伍，一路泥泞，跋涉而来，每个分会都用各自的头饰、肩带和旗帜。来到集会场地之后，各个分会便将自己的旗帜插在泥地之上，而后便四散各处，忙着敲鼓，忙着恐吓天主教徒；史密斯先生抵达的时候，便发现他的听众差不多只剩奥兰治派的显要人物和一众旗帜，还有孤零零的几个已经浑身湿透的乡民，他们已经疲惫不堪，除了漠然倾听而外，便完全没有更活跃的表现了。史密斯可是一派刺耳的英格兰口音，并且作为主要演说人，他自然是有义务用合法性外衣将他的反叛辞令包裹起来。于是，史密斯便只能在这诸多不利情况之下，勉力支撑着；小小的一撮听众基本搞不懂他在说什么，即便听明白了一点点，这一点点也是他们极为憎恶的。一切的一切，天气、空荡荡的现场、听众的冷漠，令史密斯先生落入极度沮丧当中。不过，史密斯身上也是有着这样一个特质：他通常会以理性且合法的方式做事情，不过，若是理性和合法性被证明了是无效的，那他就会展现出高超的杂耍绝技，一下子跳到相反的极端。这就是为什么他当初会支持哈尔斯伯利伯爵。此时，他发现阿尔斯特已然不关心任何规矩了，便决定不再犯同样的错误。他也确实从不重复同样的错误。

七

7月27号，联合派在布伦汉姆宫举行了一场魔鬼集会，这里可是温斯顿·丘吉尔家族的祖先马尔波罗公爵的老家。范布勒（Vanbrugh）的天才和园艺大师布朗（Capability Brown）的巧夺天工之作，都在这里存续着，那巨大的殿堂、宽阔的草坪，还有玫瑰园和小教堂，宁静且肃杀，典型的18世纪风韵。此地，仿佛隔绝了时间的喧嚣和混浊，那庄重、理性和秩序的精神，那飒爽傲然之气，都浸润在牛津郡小山的冷峻美感当中。就是在这充溢着鲜活回忆的地方，伯纳尔·劳先生第三次闯入了反叛浪潮。

内阁的政策，他说，乃是"腐败议会交易"的组成部分，内阁无权"用这样的手段做下此等变革"。他告诉现场的一万五千听众,情况既已如此,联合党和公众必然会跟阿尔斯特联合派并肩战斗,不惧路途遥远,即便是天涯海角,也将陪伴左右。没有比这更为清晰的暴力邀约了。此时已经被自由党媒体称为"国王"的卡尔森,紧接伯纳尔之后,发表了战斗演说。"我们应当尽速挑战内阁,"他总结说,"要是他们有胆量,就让他们来干预我们吧,我们完全可以气定神闲地等待结果。"此番呼号,令 F. E. 史密斯先生极度振奋,他起身高呼:"倘若他们拿暴力威胁阿尔斯特加入一个爱尔兰议会,那我也将告诉爱德华·卡尔森先生,'那就呼吁英格兰的年轻人都起来抗争吧'!"此番陈词,在布伦汉姆宫各处回荡,那回声震荡着这片庄园的每一道墙壁和每一处窗户,里面充斥着疯狂气息。此时的伯纳尔·劳、史密斯和爱德华·卡尔森已然进入恣意境地。此时的自由党则显然是需要本党已经故去的政治巨人的帮助了;现在的这批领导人太过软弱,也太过漠然,根本无力抵御这样的攻击。阿斯奎斯后来在《英国议会五十年》里面是这么评说这场布伦汉姆集会的,"二十年前,我曾说贝尔福先生的演说是'一个学院派无政府主义者的有限度的煽动之举',布伦汉姆宫的这些言辞和行动,则已经不再是有限度的了"。阿斯奎斯说对了。布伦汉姆集会之后不久,阿斯奎斯便评论说,伯纳尔·劳的布伦汉姆演说标志着"议会制内阁体制的绝对终结"。他同样说对了。当年晚秋时节,他再次评论说:"初夏时节,布伦汉姆宫的那场喧嚣,可谓肆无忌惮,经过阿尔斯特阵营的发酵和扩充,依然为未来的无政府主义提供了完满的语法。"阿斯奎斯当然也说对了。竟然会有此等表演,这确实是托利党的不幸;但是自由党则更是不幸,因为阿斯奎斯先生此番评论虽然透彻且决绝,但我们这位首相大人却辜负了自己的此番言辞。

"愚蠢季节"就此到来。议会进入夏季休憩时段,无事可做的议员们纷纷

第二章　托利派造反

以笔为武器，围绕布伦汉姆演说，肆意抒发胸中块垒，以报刊专栏为阵地，斗得不可开交。丘吉尔先生自然也是执笔在手，以一个苏格兰选区为对象，拟就两份公开信，对阿尔斯特及其联合派支持者来了一场口诛笔伐。此时的丘吉尔先生在经历了宦海浮沉之后，已然得到淬炼，最起码已经成为那个时代英格兰公认的最优秀的散文作家之一。这两份公开信可以说是以强劲力道击中了联合派的软肋，所以才令《泰晤士报》将这两份作品说成是"臃肿说教，诡辩、羞辱和威胁的杂合"。不过，若丘吉尔指望此举能削弱公众对联合派的支持，那他可就错了。唯有乔纳森·斯威夫特这等人物的笔锋，才会产生此等能量，而且还需要在其笔锋最为锐利的时候。联合派虽然疯狂，但也并非没有章法。在那段日子里，英格兰的神经已经拉得太紧太紧了，唯有暴力才能最大限度地诉求公众，别的一切言辞和行动都只能屈居其次。时代风潮已然逆自由党而动了。在南曼彻斯特，在克鲁，在北曼彻斯特，乃至在格莱斯顿的老家中洛锡安郡，补选情况也已经或者开始对自由党不利了。就这样，这场托利派反叛浪潮一路席卷了克雷加文、巴尔摩拉和布伦海姆，自由党根本拿不出什么可以与之对抗的，除了那些极其雅致的报刊辞令而外，而那样的辞令也只能是抒发胸中愤懑而已。

此时，卡尔森又酝酿了另一场大动作。一些阿尔斯特联合派担心一场又一场的集会、一次又一次的演说，不免会令民众热情渐渐冷却下来，最终四散回家，却没有办法确保"相互责任"意识，最终令队伍沦落到离散局面。正如猎犬是需要"血的味道"的，阿尔斯特人需要一份"约法"。卡尔森对此表示赞同，不过他也宣称，空口无凭的保证无济于事。必须给民众一些他们势必会尊崇的东西，足以令他们保持战斗队列，直到阿尔斯特宪法使他们振奋。不妨说得形象一些，必须突如其来地给民众贯注士气，就如同沉闷天气之中，一阵风突如其来地令风帆鼓荡起来一样。

8月17日，相关媒体宣布，9月28日将在阿尔斯特成为"阿尔斯特日"。这一天，奥兰治忠诚派将向"约法"立下庄重誓言，虽然这"约法"的具体条款尚未最终确定。此一强劲保证于阿尔斯特的健康而言，乃是重中之重，但具体内容尚且需要付诸文字。有那么一天，克雷格上尉端坐在伦敦的宪法俱乐部，对着眼前的一张纸皱起了眉头。他在思量。就在这么一个有趣时刻，贝尔法斯特联合派俱乐部的秘书 B. W. D. 蒙哥马利（B. W. D. Montgomery）先生突然出现，他问克雷格在干什么。克雷格回答说："在起草一份誓言文稿给家乡人民。"蒙哥马利一下子来了灵感。他说，还有比那古老的"苏格兰约法"更合适的文句吗？那古老约法不仅是精美文献，更饱含了严厉的、充斥了战斗意味的新教精神，简直完美契合今天的奥兰治派。于是，他们在俱乐部图书室找到了他们想要的东西。不过，当他们将那文件呈送五人议事会的时候，众人不免发觉，那约法的语言虽然精美，但也太绕了。于是，便请托马斯·辛克莱尔神父对文稿实施了再加工。而后，便将草稿送达各个新教教会，长老会大主教即刻提出异见：这样的约法可是要让签字人永受束缚的，他不认为让基督徒承受此等誓言拘束是正确的做法。于是，"值此危难之际"便增补到文稿当中，以此告慰长老会主教的良知——倘若可以将此称为良知的话。

阿尔斯特的此番新动向，对英格兰自然是深有触动。自由党媒体纷纷宣示说，卡尔森不过是在"虚张声势"；然而，除非有人有足够勇气说这是"虚张声势"，否则就不能说这是"虚张声势"。这届内阁，其勇气从来就是如同鬼火，缥缈不定，到了这个时候，则已然荡然无存了。而且，这个情况从8月31日丘吉尔给雷德蒙的信中一看即知。"反对派也就是阿尔斯特的那三四

第二章　托利派造反

个郡，"我们这位海军第一大臣写道，"那是自治议案唯一的拦路虎。您和您的支持者应当设法绕过这道障碍。以你们通常的政治预见力，你们当然没问题，可以做得到。联合派……"丘吉尔接着写道："如今已经是赌上了全部力量，要从根本上打击自治议案。且清除这个障碍，如此一来，在我看来，就是一片坦途了。"

清除障碍！此时的丘吉尔先生正沉浸在对战列舰的瞩望当中，此时提起此等建言，足以表明他以及整个的自由党内阁，对爱尔兰情势的了解是何其之少。要不就只能说，他们太过了解雷德蒙先生了。难道说，内阁真的靠着某种黑暗中的直觉，认为雷德蒙先生关心自治胜过关心爱尔兰？难道说，他们竟至于认为，已经玩了太长时间英格兰政治游戏的雷德蒙先生，在这样的时候却还能说服自己相信，一纸议会法案就能给爱尔兰自由提供神圣保证？无论实情如何，此时的雷德蒙已然颇为艰难地意识到，自己脱离现实了。他很清楚，他是没有能力"清除"阿尔斯特那几个郡的障碍的。在他的背后，无需他的同意，也非他所能掌控，一个新的爱尔兰已然成长起来。那是一个文学复兴的爱尔兰，一个拥有艾比剧院、盖尔民族同盟的爱尔兰，一个迎来了新芬党初生的爱尔兰，甚至拉金（Larkin）工会组织也已经在这个爱尔兰崛起了。这个新爱尔兰的精神虽仍显驳杂，但也已然凝聚起来，并且也已然对西敏寺的情况不太在意了，此等情形之下，阿尔斯特的那几个郡之于这个新爱尔兰，便有了本质分量了。说白了，这个民族必须是一件"无缝织物"，一个完整国度，贯通南北。

"我不相信，"丘吉尔在信中继续申述说，"托利党真的会反对自治议案，除了阿尔斯特问题而外，他们只是恨内阁，他们强烈希望将内阁扳倒。*阿尔斯特的抵抗让他们看到了一种超议会的力量，对于这个力量，他们当然是要*

107

物尽其用，毫不犹豫。"以斜体标识的这句话，倒是大大有助于彰显丘吉尔先生那敏锐的政治感受力。然而，他提供的救治药方却是如此地漫不经心，如此地缺乏感受——"我一直在深思此事，我的大致看法其实就是今年早些时候跟您说起的那些，说白了，就是要做些事情，力争在新教和奥兰治派各郡加入爱尔兰议会之前，有个几年的缓冲期。我觉得是时候提起这个方案了；而且应当由爱尔兰方面的领导人而非内阁提起，那样的话，效果会好很多。冬季休会期定然是至关重要的。需要着重防范的是一个大权在握的政党的漫不经心，和一个顽固且决绝的奥兰治派的狂热主义，二者若是结合起来，那可就麻烦了。以上都是我的个人看法，并未跟别人有过商讨，在此也仅供您个人参考。"

不难想见，雷德蒙先生展读这样的信笺会是怎样的心情，除了惊惧和懊恼，还会有什么呢？除了表明丘吉尔先生已然示弱而外，此等信笺还能说明什么呢？他的贝尔法斯特之行、他对父亲的尊重、他的已然被埋葬的托利主义，还有他跟 F. E. 史密斯的交情，这些都可能是各种情由所在，又或许是因为他的那种变幻无常和奇思异想之能吧，这些都不是雷德蒙先生能够揣测的了。但无论如何，丘吉尔和劳合·乔治一直就是自治议案的两个最为强劲的支持者。整个内阁里面，此二人在这个问题上应当是最坚定的，也是最具热忱的，这可算是雷德蒙先生的幸运了，但这都是以前了。而今之情形，只是一阵轻风拂过，"如有若无"，便可能会令丘吉尔先生改弦易辙。不奉国教者群体此时已经心生不安，他们或许已经在爱尔兰问题上跟罗马走得太近了，被后者绑缚了，自己越发关切的是劳动保险问题和土地问题，这些考量也许会让劳合·乔治也改弦易辙的。展读丘吉尔先生信中此番看似中正的思量，雷德蒙自然是能感受到，他的自由党同盟者正在偷偷脱离战场，虽然缓慢，但那态势也是一看即知的。

还好,这是一封私信,爱德华·卡尔森爵士自然无缘得见。不过,对他来说,事情进展得相当不错。9月19日,他精心挑选了一批听众,有记者,也有他在阿尔斯特议会党团的追随者,他向这批听众高声宣读了"约法"。为了传达此番启示,他特意选择了通向克雷加文网球场的甬道作为舞台。他站在高高的石阶之上,那处石阶至今仍然铭刻着纪念此次事件的文字。"阿尔斯特同盟及约法,"他抑扬顿挫地宣示说,"良知告诉我们,自治对爱尔兰之实际福祉是灾难性的,它将会摧毁我们的公民自由和宗教自由,将会摧毁我们的公民权,也将威胁帝国之统一。值此之故,我们,阿尔斯特人,乔治陛下之忠诚臣民,在此立下约法,谨奉我们的父辈在危难之时曾予以信从的上帝,在这危难之际,誓言遵行'约法',团结一致,彼此扶助。为我们自己,也为我们的子孙后代,捍卫我们所珍视的联合王国之下的平等公民权,并竭尽所能,挫败眼前这场意图建立爱尔兰自治议会的阴谋。若有人强行建立这样的议会,我们将郑重相互立誓,拒绝承认该议会之权威。我们相信,上帝将捍卫我们迄今一直信从的'权利'。我们每个人都将以个人身份,在此'约法'之上签下名字。天佑吾王。"

实际上,9月18日,为了激发人们对于这样一份皇皇"约法"的签名热情,一场运动就已经在恩尼斯基伦(Enniskillen)开启了,爱德华·卡尔森爵士在克雷加文网球场甬道的那番启示,则是第二天的事情了。9月18号这天,两队自耕农以武装队列出现,骑着战马,配备刺枪,在恩尼斯基伦站台迎候爱德华,并将爱德华护送至波尔托拉门,那里已经集结了四万之众的联合派俱乐部成员,都是来自周边乡村地区。这个庞大人群以军事队列排布开来,从爱德华眼前缓缓走过,仿佛在接受检阅。此时的波尔托拉门酒店"开始挤满"各色教会人士、地产主以及小姐夫人。在这贵族聚集之所的外面,则四处都是蓄着胡子的新教徒农夫,都尽可能打扮成极其年长的样子,那情形,就如同"从来都效忠于对威廉王的回忆"一样。(George Peel, *The Reign of Sir Edward Carson*, p. 66。这句品评,引自 1912 年 9 月 19 日的《泰晤士报》)休·塞西尔勋爵首先在集会上发言,他在演说中倡言"将各个教派都融入更大的共同体生活当中",那情形就仿佛要强制下面人头涌动的听众化解宗教分歧一样。然而,化解宗教分歧完全不是奥兰治派此时关心的事情。塞西尔勋爵乃是英格兰国教右翼礼法派的热忱领袖人物,他自然知道自己此番陈词的意思,但他的听众可是一点都不买账,根本无意跟进他的此番罗马派论说。从此,便再也没人邀请他在阿尔斯特演说了。爱德华爵士在轮到自己发言之时,将事态纠正过来,他高声宣示,恩尼斯基伦乃是"前哨阵地之一,就在危险区域边缘,并且就在敌军中间"。这样的话,无论地产主、教会人士、夫人小姐,还是蓄满胡子的新教农夫,都是颇为受用的。

接下来的九天里,里斯伯恩(Lisburn)、德里(Derry)、科尔雷恩(Coleraine)、巴利米纳(Ballymena)、德罗莫尔(Dromore)、波尔塔道恩(Portadown)、克鲁姆林(Crumlin)、纽顿沃兹(Newtownwards)以及巴里洛尼(Ballyroney)等地纷纷展开游行攻势。马丁·罗斯(Martin Ross),一本相当有趣的书《一名爱尔兰受薪治安官的经历》(*Experiences of an Irish R. M.*)的作者,就在当日科尔雷恩游行的旁观者之中。其时,她内心也燃起了忠诚派的热情,从南方一路赶到现场。爱德华爵士的所有行止都散发出狂放的喜剧氛围,这氛围攫住了我们这位愉悦女士的心绪。她看着人群从科尔雷恩的大街小巷倾巢而出,涌向班恩河畔的一座绿色山丘。那里已经为演说人搭好了凉亭,面朝着山丘,强劲的东风令旗帜纷纷飘扬起来,吹皱了后面班恩河的蓝色水面。已然迷醉的马丁·罗斯安坐在凉亭里面，下面的听众一下子变得寂然无声，对罗斯来说，这俨然一幅可爱的神启场景，远处人群的脸庞已然在渐渐浓重的幽光当中变得模糊了。倾听奥兰治派的演说，令罗斯越发迷醉。轮到 F. E. 史密斯发言的时候，我们这位女士的热情便一发不可收了。"看到啦，"她记述说，"那张脸，那么年轻，那么韵味悠远，又是如此凝重严肃，就如同都柏林的马术表演……"

波尔塔道恩，一座素来保守、肃穆的城镇，卡尔森在这里收获了近乎军人般的荣宠。他的护卫队伍都配备了仿制步枪，联合王国的国旗也在迎候他，两尊火炮的出现更加提振了这盛大场面，虽然这火炮都是木制的，但都涂上了钢铁的灰色，此外，还配置了救护车辆和一批护士。见到此等奇特景象，F. E. 史密斯不禁欢呼："我们已经赢了这场战役啊！"（"是的！"史密斯夫人却给自己的姐妹写信说，"我们都明白这样的假火炮实在是荒诞。也只有波尔塔道恩能做出这样的事情。我们对此可是一无所知啊。我们都说：'那些激进分子会如何嘲笑我们啊！'"）

9月27日，阿尔斯特市政厅也来了一场集会，可谓意气昂扬，此次集会志在鼓动奥兰治派提升心志，面对爱德华爵士所说的"生命中最重大的事情"。而这恰恰就是爱德华爵士对"约法"的描述。R. 麦克尼尔先生则更是令人触动。他以"圣约"（Sacramentum）来称呼此番盟约。

"圣约"，这个词倒也确实贴合眼前的情形。9月28日，贝尔法斯特的街道两旁挤满了秃着脑袋且恭顺有加的奥兰治派，人群很安静，爱德华·卡尔森爵士穿过街道，大踏步地走向市政厅；他前面有一面褪了色的黄色绸缎旗帜作为引导，旗帜正中央绣着一颗黑色星标，旗帜一角的白色底衬之上，则绣着一个鲜红色的十字标志，这也正是两百二十二年前奥兰治的威廉在博因河战役所用的战旗。此时,市政厅大门正下方的广场之上,讲坛已经为爱德华备好,那是一张覆盖了联合王国国旗的方桌。讲坛周围,是一批类似助祭的人,他们围成半圈,正午的阳光正穿过一座巨大的花玻璃窗,肆意抛洒在他们身后的地面上,令这讲坛陡然生出祭坛的氛围。这批助祭包括了市长一行、港务委员、水利委员会成员、济贫法监督员等等。爱德华爵士走向方桌的时候,门外的人群也开始向前涌动,爱德华爵士跪倒在地,在约法上签上名字。接着便是伦敦德里侯爵、查尔斯·贝雷斯福德勋爵、道恩主教、长老会牧首以及相当一批枢密院成员和议会议员,依次签名。这确实是很有感染力的时刻。其时,H. W. 内文森(H. W. Nevinson)作为《曼彻斯特卫报》(*Manchester Guardian*)的代表前来观礼,他身边站着《观察者》的主编 J. L. 加尔文(J. L. Garvin)。内文森回忆说:"加尔文反反复复念叨着他是如何爱戴卡尔森,典型的伟人崇拜。"(H. W. Nevinson, *More Changes, More Chances*, p. 376)

整个白天,卡尔森和 F. E. 史密斯都在对人群实施言词轰炸,人群则在市政厅涌进涌出。当晚,一行人等在阿尔斯特俱乐部用餐,而后,便乘坐人力车辆,用了六十三分钟时间,缓缓穿过了人声鼎沸的街道,最终以胜利姿态抵达码头。平日里,这段路只需十分钟就可以走完。

"别离开啊,"人群中一片哀叹之声(至少《泰晤士报》的记者有此说法,并且是言之凿凿),"一定别离开我们啊!"

黑暗中,两个高高身影停驻片刻,看情形是犹豫了一番——

"直到有人告诉人群,爱德华爵士还要回到英格兰,那里还有事情需要为阿尔斯特做,人群才让出一条路,为他们的英雄放行……"

码头的前面停靠着"R. M. S. 爱国者号",主舱位两侧已经布满了鲜花。不

第二章　托利派造反

久，"爱国者号"缓缓驶入渐渐浓重的暮色当中，向着英格兰二区航行。陆地之上，贝尔法斯特的呼声，"天长地久""天佑吾王"，穿越水面而来，久久不能散去，直到"爱国者号"远去。

阿尔斯特"圣约"，如此触动人心，如此鲜亮，却又如此诡异可怕，最终令大多数尚且执拗的自由党人乃至更为执拗的雷德蒙先生都相信，仅凭三次通过议会，大概是没有可能达成自治之目标的。在约法上签名的男男女女，不下 471 444 人之众，这个消息令一向高傲的下院大厅一下子陷入极度沮丧当中。那样的情绪，在当年的秋天已经出现过了。其时，在票决有关自治议案之财政条款问题之时，内阁党便被活生生地打了一个措手不及。阿斯奎斯先生以 228 票对 206 票未能让该条款通过，由此成就了一次著名战例。那是一个悲伤的故事。其时，自由党人都在其他地方消遣午后时光，直到晚餐之后，才获悉出现了分裂，联合派则已经在下午 4 点的时候就已经将议会门厅挤得满满当当，内阁遭遇"突袭"。第二天，阿斯奎斯先生援引一连串的强劲先例，从罗伯特·皮尔（Robert Peel）一直到贝尔福，拒绝辞职。下院在极大混乱中休会。文士 R. 麦克尼尔突然抄起一本书，用力扔向丘吉尔先生，并很是凑巧地砸中了丘吉尔先生的侧脸。说巧不巧，这书里面恰好讲到了议会行为规范问题。丘吉尔自然不是避战之人，他即刻向麦克尼尔冲去；麦克尼尔也不示弱，向丘吉尔迎面而来。议员们则是看热闹不嫌事大，纷纷围拢到大厅桌子旁边，没人愿意错过眼前这场好戏。威尔·克鲁克斯（Will Crooks）高唱起《友谊地久天长》的第一句，人群中开始有人哄笑，海军第一大臣和对面那个敌人眼中的战斗光芒随即暗淡下去。第二天，双方都在议会现场道了歉，并且也都很有风范地接受了对方的道歉。不过此次事件之后，人们便也不难注意到，自由党和保守党一起走进议会的快乐习惯渐渐地就没了；渐渐

113

地，那种合乎礼制的发言风格也都消散而去；最后，两党便在议会分隔对峙，势同水火了。

如果说自由党的怒火是因为阿尔斯特的可憎情状而起，那么联合派之走向反叛，则是出于完全不一样的原因。自1903年之后，联合派中各个派系还是第一次取得了实际上的统一局面。这个过程中，可是遭遇了不小的犹疑和摇摆，伯纳尔·劳的领导权在这个过程中自然也遭遇了严重威胁。此番经历之后，他们便决定以全然官方的态势，将不受欢迎且破碎不堪的"食品税"条款同"关税改革"纲领实施政治切割。这可是近乎外科手术的手艺活，这项工作完成之后，他们便着手将胸中怒火悉数发泄出来，不让这怒火因为内斗纷争而被削弱，而这怒火当然是要向着自由党发泄的。

八

人们谈到1913年的那个会期之时，时常都会说，那是议会史上最为沉闷的会期之一。确实，在那个会期，议会在国内事务上所取的立场根本就没什么值得恭维的，从这个意义上来看，人们说得倒也没错。当时的议会大厅不过是个巡游场所罢了，跟"自治议案"相关的各个大集团，纷纷以密集阵形鱼贯而入，在此展示一番；其时，爱德华·卡尔森爵士乃裹挟一个小君王的权威威严，在此突然现身，而后便同样突然地消失不见了，可能是走入了阿尔斯特的雾霭当中，要么就是同托利派同盟者暗箱操作去了。1月1号，爱德华·卡尔森提起一份修订案，旨在将阿尔斯特完全排除在外，议会以九十七票的多数否决了该修订案。不过，他显然没有把这场小小滑稽剧放在心上，就那么看着议案通过下院的三读，并提交上院，上院以两百五十七票的多数

第二章　托利派造反

将议案否决，并返还下院，而后便等待时机成熟，将此番流程再走一遍。此等流程，就如同行星一般，自然不会有任何收获，顶多也就是些许无关痛痒的论辩和演说而已。1月1日，论辩趋于尾声之际，伯纳尔·劳不禁评论说：

"我相信，东北爱尔兰地区的人们，深植那古老偏见当中，深植过往的全部历史当中，这些比任何东西都更能推动他们宁可接受一个外国政府的统治，也不会屈从过道下方那些所谓绅士——也就是民族主义党团——的统治。"

丘吉尔先生马上抓住这段话大做文章。他说："这话的意思显然是说，阿尔斯特宁愿跟外国合并……"不过，说到这里，丘吉尔先生便再也说不下去了。他只能等待反对党的怒潮消停下去。"如果诸位不愿意听我说，"他口中念念有词，甚是悠然，"那完全是无所谓的事情。"没有人比丘吉尔更懂得激怒敌人的艺术了：只见他脸上笑意盈盈，耸耸肩膀，就那么安静地站着，一动不动。很快，他便可以接着发言了。"阿尔斯特，"他几乎是用一种加了蜜糖的语气重复了先前的话，"宁愿跟外国合并，也不愿继续忠于陛下了。"反对党议席即刻向他大呼小叫起来，他则依然是笑意盈盈，并摆出一副耐心十足的神态，那样的神态显然是精心调制过的，显然是要激怒敌人。最终，他等到了第三次发言的机会。这一次，他也终于露出狰狞面目，精准且无情地抛出了自己的长矛："这就是托利党的最新威胁。阿尔斯特这是要投奔德国啦……"

这精准一击即刻引发了托利派的一片骂声，纷纷指责一个内阁阁僚怎能在和平时期，说出如此伤人的话。待这骂声和谴责怒潮消停之后，一桩冷硬事实却也就此裸露出来：还有谁能比丘吉尔先生更能戳中这个国家的痛处和恐惧呢？能说这是"恐惧"吗？能说这只是"杞人忧天"吗？公众又将如何看待这个未来敌人呢？不妨看一看那段日子里《笨拙》杂志（*Punch*）对德国的连番笑骂，不妨看一看西斯·罗宾逊（Heath Robinson）那些寓意普鲁士人潜在入

115

侵威胁的漫画，不妨回想一下萨基于1913年推出的那部小说，讲述的是德皇在将整个英格兰征服之后，却因为英勇童子军拒绝接受他的检阅而羞愧难当，甚至被彻底折服。此番情状确实令人难以抵挡如下结论：公众对德国的恐惧已然进入了一种自我沉迷的状态。此时的战争部、外交部以及舰队街那些更明白大势的媒体，其实都已经知道这个世界已然滑落至悬崖边缘了。

但是公众呢？公众则只知内心焦虑而已，只是需要刺激而已。此等情形之下，所有的政治怒火、阶级仇恨，民众对消费、刺激和速度的所有热望，都已然如同浓雾一般笼罩英格兰大地，纠结，浓重，挥之不去。此等情形之下，将这一切的一切集结起来，浓缩起来，据此制造一个庞然大物，并给这个庞然大物冠名为"德意志"，还有什么能比这个更能刺激公众呢？如此令人爽快的梦魇想象，如此决绝且令人愉悦的恐惧，怎能不让英格兰公众就此忘却那黑云压城一般的内部危机呢？德意志之于此时的英格兰人，如此来看，确实是真真切切的存在，就如同今天的日本之于美国的东海岸一样：是威胁吗？肯定的。是威慑吗？毫无疑问。然而，真要说起来，瘟疫不也是威胁吗？基督之第二次降临、共产主义以及死亡，不也都是威胁吗？

这里面的讽刺意味纯然是悲剧性的。不用两年，现实便突入这悲剧反讽当中，不过此刻，英格兰公众却是用这未来的现实制造了一部岛国悲喜剧；公众确实热衷预言，却不知道自己也正是先知。对于有着切实预见力的人们，对于职业忧天派，对于焦急的军火贩子，公众都会给出同样热切的回应；人们会为八艘无畏战舰狂热呐喊鼓噪，就如同他们同样叫嚷着绝不能让无政府主义者把伦敦搞成马蜂窝一样。征兵令当然令人恐惧，终究是要调动大军，很可能就是为了击退德国入侵，也许很快就得这么干了，谁能说得准呢？这样的前景也自然令人胆寒，但这令人胆寒的前景不也正好可以拿来喂养人们

第二章　托利派造反

的狂热吗？此等近乎原始的剧场意识，对发行量至上的编辑来说，堪称福祉；对于有更多邪恶商品需要贩卖的商人来说，也是一桩赐福。

1913 年上演的飞艇大戏，每一幕的背后都是飞艇制造商在运作，在推动，这是毫无疑问的。不过，这场大戏的主角却是公众、媒体以及幕后的诸多鬼影；那对现实的彻底虚幻呈现，那充斥了孩子气的严肃庄重，还有那样的狂热，以及完全失去自我的意识，这些都是再典型不过的英格兰战前歇斯底里症，完全有必要予以详细重述。切不可忘记，托利派正是在这样的公众氛围当中，成功地将议会变成了了无成效且吵闹不休的闹剧场。

1913 年 2 月，丘吉尔先生同德国海军上将冯·提尔皮茨（von Tirpitz）达成八比五的无畏级战舰数量比例协议之后，海军的戏剧热情随之沉降下来。恰恰就是在这个当口上，戏剧情节突然涌动而起，包括《每日邮报》（*Daily Mail*）在内的多家媒体，以哗众取宠之势报道了一桩大事件：午夜时分，有飞艇在东海岸上空盘旋。毫无疑问，这些都是德国飞艇。若不是德国人的，又能是谁的呢？不过，直到 2 月 24 号，各路媒体才将这谣言坐实。"飞艇在东海岸上空盘旋，"《每日邮报》在当天的头条喊叫着，"很多很多目击者。"一切都坐实了：《每日邮报》知道一切。

这部空中大剧的第一幕是在约克郡韦斯特雷丁的塞尔比开启的。此一幕有四个证人。(1) 塞尔比的一个检察官在 2 月 21 日星期五晚上 9 点 15 分看到两道光柱出现在夜空。(2) 一名保险公司经理，当晚在芬顿教堂站的站台跟一些塞尔比商人在一起，差不多三刻钟之后，这个经理看到"一艘飞艇散射出强烈的探照灯光，在铁路线上方盘旋"。一开始飞得很高，这个经理描述说，不过很快就降到了跟芬顿教堂屋顶差不多的高度。它在那里盘桓了大约二十分钟，其时，这名经理及其同伴连呼吸都不会了。而后，飞艇便以极快的速度离开了,离开之时,两侧第一次闪出红色和绿色的邪恶光线。(3) 伊斯特雷丁里卡尔的一个农夫,他在当晚 8 点看到一艘飞艇,而且听得比任何人都真切,实实在在地听到了发动机的声音。(4) 一个商客,于当晚 10 点和 11 点之间骑马来到埃尔顿附近。其时,空中突然闪现亮光,令他和马都惊住了,那亮光"来自飞艇之类的东西",那东西越过他前面的道路,并快速奔向布里德林顿(Bridlington)。第一幕的证据就是这些。如此看来,德国人正在飞掠整个英格兰,这一点便铁定无疑了。

不过,2 月 25 日的《每日邮报》还是故作谨慎地给出了如下评论:"本周星期五和星期六,有人看到陌生飞艇飞掠英国领土,相关证言可谓周详,无论我们是否接受这些证言,有一点都是必须认定的:最近有他国飞艇造访了这个国家。"据此,结论便是:这个国家太需要"大批飞行器了",奥林匹亚航空展的那些参展商则定然乐于满足这个需求。

三天后,《惠特比新闻报》(*Whitby Gazette*)也开启了如下呼号:

急寻,一名空军大臣
　英格兰正被德国摆布
　　东北海岸遭飞行器夜间勘察
　　　飞艇光临惠特比

飞艇再临的情况,得到进一步的证实,而且证人都是相当可信的。惠特比,斯金纳大街,一名绅士正透过卧室窗户凝望夜空中的行星,不经意间看到一个亮点缓缓向北移动。那显然不是星星,普通星星不会那么暗,肯定也不是流星,流星可要快多了。这位绅士一本正经地下结论说:"我想我肯定是

第二章　托利派造反

看到了飞艇。"小威廉·普伦提斯先生（William Prentice, Jr.），于晚上 7 点 3 刻的时候在拉尔普附近散步，此时，他也看到了飞艇，那飞艇正以极高的速度驶向埃思科达尔西德（Eskdaleside）。飞艇头部闪着红光，尾部闪着淡绿色的光。普伦提斯先生看到它的时候，它关闭了灯光，"稍稍升高了一点"，而后开始一圈一圈地盘旋。"我向着鲁斯瓦普方向走去，顺着鲁斯瓦普小道而上，一路之上都能看到那飞行器。大约 8 点过了 20 分钟，那飞艇朝着皮克林方向而去，也可能是去往约克了，我想……它速度是很快的，应该在每小时六十到七十英里。"另外也有人看到了那飞行器，都惊讶不已，他补充说，他们都可以作证，那飞行器距离地面大约一英里高的地方，而且那天晚上"虽然夜色黯淡，但有星光"，可以很清晰地辨识出那飞行器是状如雪茄，下面还有一个飞行平台。对此一事件的解释大概一个星期之后便来了，尽管并非来自媒体。原来，那晚人们看到的飞行器，乃是一个农民推着一辆嘎吱作响的独轮车，满载肥料，沿着山顶而行；长长的扫帚柄上绑着一副灯具，灯光就是由此而来，以此用来探路。至于前面的红光和后面的绿光缘何而来，至于为何会以每小时七十英里的速度突然向着皮克林方向而去并从人们的视野中消失，这些恐怕已经超越了人们最狂野的想象。但飞艇是绝对不会被允许仅仅是一辆肥料车的。同一天晚上，在数英里之外的贝达尔邮局，有同事直接告诉一个年轻文员，"外面有一艘飞艇"。这个文员即刻来到外面。"毫无疑问，"这个文员告诉《惠特比新闻报》，"那是飞艇。"而且他还能招来成打的证人为自己作证。惠特比的一个船长大约在同一个时间被空中的一道亮光吸引了，那团亮光在金星所在位置稍北一些，就在这位船长去找电话的时候，那亮光"躲入雾气之中"了。这样的情形太过神秘了，不过，《新闻报》并无一丝的怀疑：多个人正在监查约克郡。刚刚从北奥克尼群岛来到柯克沃尔的

119

"奥尔卡迪亚"号汽船,不也是在光天化日之下,在珊迪岛附近看到了飞行物吗?那么德国人究竟为何来到这遥远的、没有任何战略价值的北方之地,做这么一番事情呢?这就无人知晓了。而且,当时的船员当中,也确实有人怀疑那不过是一群飞鸟罢了。毕竟,距离太远了,谁又能辨识清楚呢?

最终,人们证实,那确实是一群飞鸟,确切地说是一群正待逃离2月北极严酷天气的野鹅,若气候变得太过寒冷,这些鸟儿通常都会这么迁徙一番的。然而,到了这个时候,似乎各处都能看到飞艇了,兰开夏上空、西海岸上空以及南方上空,比比皆是。直到3月8号,南威尔士的居民还被一颗低悬在夜空当中并且被云团包裹的金星给结结实实地吓住了。最终,约克郡沼泽地发现的一颗着了火的气球给此类事件画上了句号,德国方面则从头至尾对此番频繁骚扰英格兰天空的"飞翔的德国人"的传闻忍俊不禁,可以说是笑得前仰后合。但是,5月份的时候,《每日邮报》根本没有任何收敛,反而在伦敦市长官邸举行了一场大型集会,要求制造更多的飞艇。此次集会应者寥寥,此时的公众注意力都已经转移到那些据说心怀叵测的德国服务员身上了。贝尔福先生和罗斯伯里勋爵,此前一直都把整件事情看得很重,还承诺为此发表演说,但此时也都推托说有别的急事要处理了。

九

如果说这些神秘飞艇并未达成别的任何效果,但至少是用它们的探照灯刺透了公众心灵的幽暗角落。此时的公众心灵,想象着无政府主义者的威胁,想象着入侵的威胁,只能对传奇故事做出回应,唯有躁动和骚乱才能激发其活力,若非动用昔日政治家想都想不到的手段,又怎能触动这样的心灵呢?

第二章　托利派造反

此时的公众心灵对于诸如"自治议案"这样的宪政问题，已然是一片漠然了，此等冷漠恰恰是完美应和了这场托利反叛运动；至于贝尔福先生自然也可以借此告慰自己的良知。他会说，若要促动舆情，便非得含沙射影地谈论枪炮、血腥、叛乱以及叛国论调不可。"倘若反叛浪潮真正崛起，那就没人敢说那是反叛了。"但此时此刻，伯纳尔·劳也不免自问，反叛浪潮真的崛起了吗？因此，他便也毫不犹豫地于7月12号向贝尔法斯特方面传递了如下信息："你们怎么干都行，只要你们觉得有必要，无论合宪与否，也无论长远来看是否违宪，整个联合派都将在我的领导下在后面支持你们。"负责实际传递此番信息的人却是爱德华·卡尔森爵士，因此收获了掌声的卡尔森自然也是当仁不让，毕竟，他是联合派的实际控制人。倘若阿尔斯特不得不采取违宪举措，倘若此类举措对内阁形成威慑，迫使其辞职，那么伯纳尔·劳也就满足了。不过，他还是心有隐隐不安，此类举措不是没有可能真的引发血腥事件，若真的发生这样的事情，卡尔森及其志愿者队伍当然是无所谓的。阿尔梅里克·菲茨罗伊（Almeric Fitzroy）爵士在7月15日的日记中写道："托利党已然深深陷入阿尔斯特泥潭……无路可退了。"

此时的托利派当然已经不能退守议会了。此前，他们就已经瓦解了此处避难所。除了继续走下去，实际上他们已经别无选择了。他们不免环顾四围，遍寻可以同时摆脱爱德华爵士和内阁的体面办法，于是，他们找到了国王。此时的乔治已经连续几个月的时间是在各色幕后建言中度过的，不过最近，也已经有更靠谱一些的声音开始吹入这位国王的耳朵里了。兰斯多恩勋爵、贝尔福先生以及伯纳尔·劳先生，可谓殊途同归，都认为国王是有着合宪权能，可以将议会解散并强制围绕自治问题举行大选的。罗斯伯里勋爵，当然还有阿斯奎斯先生，则认为，这样的行径等于是政变，并且若由一个毫无经验的国王采取这样的行动，更有可能毁了王权，而不是解决爱尔兰问题。

一时之间，伦敦风闻国王要退位了。乔治可完全不是这样的人。此等传言只能是表明人们对他的了解太少了。乔治是英格兰最有良知的人之一。他是决意要在这王位之上尽职尽责的，他的整体取向便是和平。他肯定不是那种喜欢逃避的人，不过，他也许无意听从兰斯多恩、贝尔福和伯纳尔·劳（伯纳尔·劳肯定不会认为此举会毁了王权，但他也逐渐意识到，爱德华爵士是很有可能毁了他们的）的那些精巧且可疑的建言，不过，他当然更希望用墨水而非鲜血签署"自治议案"。于是，这位国王便竭尽所能，一方面软化托利党的语言，另一方面则力促双方领导人友好协商。在英格兰，比乔治更能干也更能表现的国王并不在少数，但肯定没有哪个国王能比乔治更适合扶持民主制度闯过这段看来国民的神经近乎崩溃的时期了。

此时，洛尔本勋爵（Lord Loreburn）很是及时地致信《泰晤士报》，给国王的和平行动带来莫大助力。洛尔本勋爵本是前任大法官，暴脾气，一直以来都被认为是坚定支持最为纯粹的自治方案的。这份信笺于9月11日刊发出来，信中强烈谴责内阁未能单独对待那个"北方省"，未能借由同意原则达成解决方案。事实上，也就是在两年之前，正是洛尔本勋爵在私下磋商阶段，非常坚定地剪灭了与此类似的方案，内阁方面满怀怨气地重提旧事，但已然是于事无补了。木已成舟了。《泰晤士报》发表评论，对这份信笺展开抨击，认为这其实就是承认"作为恒久解决方案，内阁的爱尔兰政策是站不住脚的"。但内阁显然更了解情况，便也没有做出反击。和平仍然是虚无缥缈的事情。确实，所谓和平，可是有着众多称谓的，这其中最不值得说道的就是"政策"；但是，即便只是和平政策，也总比什么都没有要好。此时，国王正着手邀约双方领导人前往巴尔摩拉，克鲁勋爵和伯纳尔·劳先生因此也有了

第二章　托利派造反

机会于9月的一个下午一起来到迪赛德打高尔夫球。其时，伯纳尔·劳虽然还是一贯的尖刻语气，但也不得不承认，联邦自治方案（Federal Home Rule，意思就是南爱尔兰一个议会，阿尔斯特一个议会，苏格兰和威尔士各一个议会，帝国议会则凌驾于这些议会之上）是行不通的。9月底的时候，自由党内阁阁僚齐聚阿兰堡，他们显然是决定接受伯纳尔·劳抛出的橄榄枝了。此时，劳合·乔治仍然身陷马可尼丑闻，正试图策动一场新的"土地运动"来转移公众视线，至于阿斯奎斯、丘吉尔和爱德华·格雷则将谈判时间敲定在10月份，他们认为，在这个月份，阿尔斯特也许会有所行动，但也仅仅是"也许"，他们也可能不会有任何进一步的动作。

雷德蒙于10月12日在利默里克（Limerick）提起抗议，他说，将爱尔兰一分为二，此举"是对我们的折辱和亵渎"。但此时提起这样的抗议显然没有意义了，因为他已经将自己交付于自由党盟友之手了。就如同透过黑暗中的门缝看到一缕亮光一样，此时的自由党盟友已然觉察到联合派内部的摇摆和犹疑了。伯纳尔·劳先生已经有些张皇失措了。是时候提议拆分爱尔兰，并告诉大家，这并不是什么折辱，也不是什么亵渎。当丘吉尔于10月29日在下院作此暗示之时，伯纳尔·劳回应说，这个民族正向内战的悲剧泥潭滑落。伯纳尔·劳的声音带着颤抖，是有所犹疑吗？或者说是心有恐惧吗？

第二天晚上，他在泰恩河畔的纽卡斯尔发表演说，将话说得更亮堂一些了。"阿尔斯特人民及其领导人不曾征询过我们的意见。这是他们的责任，这个责任是爱德华·卡尔森爵士不能回避的。"此时的伯纳尔·劳是不是准备抛弃爱德华爵士呢？就像自由党准备抛弃雷德蒙先生那样。就当时的情形来看，确实有这个可能。有传闻说，F. E. 史密斯先生再次谈到了联合内阁的可能性。这是不是意味着，英格兰政客在这最后时刻，决定以自己的方式并在自己的

123

议会解决爱尔兰问题了呢?

不过,若他们真的打算这么干了,他们定然已经将爱德华·卡尔森抛开了。那暗黑心灵、那冷酷且强劲的性情已然开始发威了。如果说自由党已然嗅到了联合派的弱点,那么爱德华爵士自然也察觉到了自由党领导层的更大弱点。爱德华可不是那种轻易放过机会的人,也绝对不是那种眼睁睁地看着盟友将自己抛弃而不试图挽回的人。洛尔本勋爵的信笺已然让他看到内阁的深深分裂,一帮人相信仍然可以强制阿尔斯特,另一帮人则认为已经无法实施这样的强制了。于是,爱德华爵士便意识到,自己是可以加码威胁,以此加深内阁的分裂的。至于伯纳尔·劳先生和F.E. 史密斯先生,他自然不惧,他知道如何玩弄他们。

倘若联合派不再强力支持,倘若自由党弥合了分裂,那阿尔斯特便只能满足于一个爱尔兰议会之下的地方自治了;绝不能这样,想都别想。要是这样,那就接受内战吧! 9月24日,他就已经推出了那著名的阿尔斯特宪章,可以肯定,这样的宪章乃蕴含了人类才智能够发明的最不具可操作性的复杂官僚体制。三天后,他集结了七千人之众的"贝尔法斯特志愿军",据此实施了一场阅兵,以乔治·理查德森(George Richardson,已退役)爵士为新统帅,这位将军的传令官自然是非F. E. 史密斯莫属(此后,他便被人称为"传令官"史密斯)。第二天早上,阿尔斯特市政厅举行了宗教仪式,卡尔森和史密斯都前来参加。一个来自北安特里姆的牧师主持布道,这个牧师很是应景地穿着福瑞克长礼服,内里是一件轻薄背心,一排金属扣子闪闪发光,配的是低领和白色领结。布道坛上,这位神父以雷鸣之声宣示说,倘若乔治见识了昨天的阅兵,"他肯定会说,'我可不怕德国人'";接着便很是精细地将爱德华同约书亚比较了一番……哦,不! 爱德华爵士根本不用担心史密斯先生,

第二章　托利派造反

不就是那个"传令官"嘛,他有戏剧感,他有幽默感,那就让他去议论联合内阁吧,不过,他是不会当逃兵的。现在就要看伯纳尔·劳先生了。

然而,伯纳尔·劳先生没过多久便也有了定见了。甚至就是在思量着如何将自己的党带回合宪之地的时候,甚至就在他犹疑、撤退并想着逃跑的时候,爱德华爵士在阿尔斯特的动作就已经对他的精神发挥了如同魔力一般的影响。11月6日,伯纳尔·劳同阿斯奎斯会晤,令事态就此尘埃落定。表面上,两位领导人在当前难题上彼此同情;但此时的伯纳尔·劳实际上看都不愿意看一眼阿斯奎斯,后者是那么倦怠、消极,又是如此完满地维持着绅士风度,令伯纳尔难以忍受。这个安静恬淡的首相大人,就这么出现在他面前,这也不正是整个内阁嘛。看看这内阁,慵懒倦怠,病恹恹的,简直是一击即溃。从那一刻开始,所有的体面、规矩和克制便烟消云散了,看来,危险节点已经过去了,托利派可以造反啦!

不过,此次碰面也让阿斯奎斯先生有了新计划。他告诉雷德蒙,伯纳尔当时提出,要么接受大选,要么就将阿尔斯特永久排除,对此,他"都没有赞同"。接下来的内阁会议之上,劳合·乔治提议划定阿尔斯特的某片区域,将之排除在"自治"之外,为期五年,这样的区域划定总是能"得到赞同"的。爱德华·卡尔森先生当然不会接受这样的方案;不过这方案却能阻止一场爱尔兰叛乱,毕竟,人们是不可能为了反对五年后大概率不会发生的事情而拿起武器的。此番提议触动了内阁,但内阁不知道该用何种办法来促动各方就此一区域达成协议。这是11月17日的事情了。11月24日,雷德蒙拟就一份备忘录交付首相大人,语气颇为决绝。托利派,他说,现在已经发觉,"他们必须去应对这样一个首相,这个首相将以坚决态势面对托利派的一切公开举动"。接着,雷德蒙便恳请阿斯奎斯先生不要有让步之举,否则的话,

"就会令这场奥兰治运动平添力量和希望"。11月25日,这份充斥了矛盾的文件在内阁宣读,同样触动了内阁。

但劳合·乔治却是例外,他根本就不为所动。此时的爱尔兰问题不仅转移了人们对议会的关注,也转移了人们对他发起的"土地运动"的关注;这便令劳合·乔治不免觉得自己对阿尔斯特新教徒颇有些同情了。当天下午,他向爱尔兰党团领袖提出了自己的建议。他说,事情走到这一步,是得给个说法了;内阁在贝尔法斯特发现了九万五千发炮弹,据信,爱德华爵士很快就会举行武装阅兵。劳合·乔治暗示说,内阁实际上是非常支持五年期方案的。

面对这个极为善变但也与自己旗鼓相当的新对手,雷德蒙无意与之争辩。他只是简单地回应说,他坚信自己的那份备忘录,说白了,一定不能向阿尔斯特让步。不过,一番忧虑此时也涌上心头,他的词句也许能隐藏忧虑,但他的声音却隐藏不了。劳合·乔治即刻回答说,若不让步,他、哈尔丹勋爵(Lord Haldane)、丘吉尔先生以及爱德华·格雷爵士就都得辞职,若如此,那就是一场大溃败,将是自治道路上的一场大挫折。雷德蒙拒绝买账。自治大业在未来也许还有机会,但是,若劳合·乔治辞职了,他自己还会有第二次机会吗?雷德蒙自然认为不会有了。"那就意味着劳合·乔治的政治生涯就此完结了"(雷德蒙后来将此番谈话记录下来了),"这对自由党来说可是严重得多的事情,很可能会让自由党隐退一代人的时间,甚至有可能是永远。这一点他是承认的"。

二人的此番交锋,可谓刀光剑影,机锋暗藏,但没有任何效果。雷德蒙不会放弃自治,劳合·乔治也不会辞职。但这个爱尔兰人和这个威尔士人已经在各自的道路上走得太远了,没办法回头了,二人已经无可挽回地追附了

第二章　托利派造反

自由党。不过话又说回来，劳合·乔治仅仅是在虚张声势吗？雷德蒙对此倒是颇有疑虑。而且这怀疑在接下来两天也得到了十足的印证，26 号和 27 号，阿斯奎斯和毕雷尔各找机会告知这个爱尔兰党团领袖：内阁绝对不会支持劳合·乔治的方案；不但不会支持，反而会强烈反对，"内阁是绝对不会沾染武力的"。至于卡尔森，内阁也绝对不会跟他提什么条件。

此时确实有传言说，内阁已经在跟卡尔森接触了。雷德蒙也许听闻了此类传言，但他肯定不会挑明，若是挑明，就会令事态更为糟糕。此时的雷德蒙还有其他的忧虑和烦恼。

✝

此时，雷德蒙身后，一种新的爱尔兰爱国主义潮流正在崛起。雷德蒙内心也许会是一声叹息，但没办法，这潮流已然崛起了；他当然可以将脑袋深深埋入严格合宪程序的流沙当中，就像鸵鸟那样，但他迟早是要挺直身子，直面这个新的敌人的。避无可避，爱尔兰的独立心灵正在发育成长。这个爱尔兰渐渐地不再相信自己的全部未来就在于英格兰各党派那精微且艰难的斗争和运作了，一直以来，英格兰各派似乎都只是将爱尔兰看作介于抵押品和混乱可憎物之间的某种东西。而且，真相是，南方民族主义者是绝对不会仇视爱德华·卡尔森爵士的；事实上，他们对他还是颇为敬仰。他们眼中的这个爱尔兰人，不仅蔑视并抗拒英格兰议会，而且做得还相当有成效，力道十足，甚至以流血作为威胁。当然，他是以忠于英格兰的名义展开斗争的，但这一点无关紧要；关键在于，他能做得到的事情，其他爱尔兰人也都能做。阿尔斯特地区的"武器的寒光"，就是向爱尔兰其他地方发出的信号，这已然

127

是古老传统了。而且，爱尔兰其他地方，显然是要求自治并且要求国家统一的，他们自然会以热切并且暴烈的态势，归附爱德华爵士及其支持者。12月15日，罗杰·凯斯门特（Roger Casement）爵士，一个阿尔斯特民族主义者，前往柯尔克的一场民族主义集会发表演说，他在演说收尾之际，呼吁现场为爱德华·卡尔森爵士欢呼三声。罗杰爵士对于抽象正义是有着非同寻常的甚至可以说是极端的热望的，他曾在热带地区为英国政府执行过两次调查活动，这两次活动令他憎恶，也令他对抽象正义的热望更形强烈。柯尔克的好公民完全误解了他的意思，愤怒之下，竟然将椅子拆掉，砸向他的脑袋。但不管怎么说，凯斯门特终究是以自己那种特别激进的方式，表达了所有人都已经有所觉察的东西。卡尔森正在迅速蜕变为爱尔兰英雄，这个用词也许有些夸张，但也确实没有比这更合适的用词了。

此时的其他地方，这一点已经变得非常明显了。11月26日，一场公共集会得以举行，目的是组建民族主义志愿军。此次运动背后的委员会，实际上整个夏天都在酝酿此事，其领袖是伊恩·麦克尼尔（Eoin MacNeill）教授，一个脾性暴躁的凯尔特学者，颇有一些煽动天赋。作为盖尔同盟的副主席，他为盖尔语的复兴做了大量工作，这也是盖尔同盟的最低目标。并且，盖尔语若能成为爱尔兰大学的基础课程，则也可以算作爱尔兰民族主义的一场胜利。10月份，麦克尼尔在同盟官方报刊上发表文章，号召爱尔兰武装起来；这篇文章的热忱读者就包括了帕德雷克·皮尔斯（Padraic Pearse），其时，正协同一批阿尔斯特民族主义者招募爱尔兰共和兄弟会成员的皮尔斯，实际上已经在这条路线上思量很久了。皮尔斯及其共和会的朋友，都是卡尔森反叛运动的仰慕者，他们遂同麦克尼尔及其宪政派支持者合兵一处；毛里斯·莫尔（Maurice Moore）上校，乔治·莫尔的兄弟，则负责为志愿军传授军事技能。

第二章　托利派造反

当时间来到 12 月的时候,这场运动已然强势开启了。

雷德蒙又该当何为呢?他以这样的想法聊以自慰:爱尔兰同盟会(United Irish League)和古爱尔兰修道会(Ancient Order of Hibernians),他最具影响力的支持者,是全然反对"志愿军"的。不过到了这个时候,"志愿军"的领导人也有了足够的胆量和冲动,直接宣称这两大组织已经不能代表爱尔兰精神了,并且说,这两个组织已经沦为过时、狭隘且贪婪无度的政治机器了。更糟的是,麦克尼尔似乎已经想当然地认定,雷德蒙会将"志愿军"的控制权担当起来,成为在战场上抗击爱德华·卡尔森的将军,并因此用数量众多的爱尔兰枪炮取代那只有八十人的爱尔兰议会党团,虽然这爱尔兰枪炮要更让人产生疑虑。说白了,这好像给一个高超剑客配备一杆火铳,并恳请这个剑客拿着这样的装备,纵横江湖。至于此时的雷德蒙先生,则已然陷入困惑当中,不知道爱尔兰这是怎么了。

这还不是全部。当年夏天的都柏林罢工浪潮更是令拉金和康诺利(Connolly)对雷德蒙的和平路线形成了进一步的威胁。拉金先生对暴动、基尔特社会主义以及爱尔兰之自由有着一种半神秘的热情,不过,这样一个人物顶多也就是英格兰工会联合会(English Trade Union Congress)方面的一个刺头而已。康诺利可就不一样了,他和他的炽烈煽动术可是全力以赴地投入了爱尔兰的民族主义浪潮的。雷德蒙先生当然不愿意跟这些工团主义者展开协作。此外,都柏林的罢工浪潮也催生了一批新人。比如马尔基维茨公爵夫人(Countess Markievicz),在她还是戈尔-布斯小姐(Miss Gore-Booth)的时候,就曾策动一系列的地方性罢工运动,给她父亲的产业带来不少麻烦。此时,她在为罢工者提供后勤服务的间歇,也组建了一支爱尔兰童子军,目的便是有朝一日让这些孩子跟"志愿军"一起作战。高高的个子,头发蓬乱,近视,慷慨且激情满怀,我们这位女士一直在都柏林的无人之地相当勤勉地训练这支童子军。她一旦激动起来,就会爆出很流利的法语,夹杂着浓重的英格兰口音,这是她的习惯。还有詹姆斯·怀特(James White)上尉,战地优异服务勋章获得者,陆军元帅、雷地史密斯(Ladysmith)之战的英雄乔治·怀特的儿子。此人因布尔战争的刺激而丧失了情绪平衡,此后便一直致力于恢复情绪平衡;也就是在这个过程中,他进入了拉金的军营,并投身其中,致力于将更具反叛潜力的罢工者组织成"公民军"。这支队伍的具体目标何在,就无人能够知晓了。

最后则是阿瑟·格里菲斯(Arthur Griffith)的新芬党。直到1915年的时候,雷德蒙先生仍然说新芬党不过是"一批游散怪物的临时团体"。这个说法也许是对的,所谓"新芬党",也许从来就是一个临时的便利称谓。不过,这个随机称谓之出现本身,倒也不是没有来头,1913年的新芬党,所代表的仍然只是一场孤立的媒体运动,但不管怎么说,一场运动已经崛起了。而且真要说起来,此时的新芬党也确实是有自己的东西的,可能是预言之能,也可能仅仅是独立意识。正是这些东西令雷德蒙先生颇为忧虑,即便雷德蒙先生故作淡然。爱尔兰正在变化,这是一场无需他同意的变化。他很清楚,倘若以合宪方式获取自治,那就得赶快了,毕竟,此时的事态正在高速发展,并且是向着料想不到的方向发展!西敏寺的议会很快就会陷入孤立无援的境地了。

能指望阿斯奎斯先生吗?他不知道。不过他知道,他全部的个人前途以及他为之奋斗的爱尔兰的和平未来,都只能靠阿斯奎斯先生及其内阁了。无论如何,他们都得以一个被冒犯的议会的那种肃穆和威严,去面对爱德华爵士和托利派!一年前,阿斯奎斯内阁初现软弱苗头的时候,他就应当将这届

第二章 托利派造反

内阁逐出权位,可惜他没有这么做,反而是无可挽回地陷入因内阁犹疑不定而起的旋涡当中,无以自拔(每每念及于此,他便痛彻心扉)。这旋涡在肆意转动,没有目标,但也不知停歇;是屈服,是战斗,内阁没有定见,不知道何去何从。最终,当犹疑催生的情势迫使其采取行动的时候,却走上错误道路。12月7日,内阁发布两项声明,禁止向爱尔兰输入武器。

阿尔斯特媒体公开以此为荣。两项声明无论是否刻意,显然都是直指"民族主义志愿军"的。只要有钱,非法买入武器就是很简单的事情,阿尔斯特志愿军一点都不缺钱;托利派的财富就是他们的财源,可谓取之不尽用之不竭。但是在声明发布之时,其他的志愿军组织则差不多是一文不名,他们无力购买船只,无力收买官员,当然也无力贩运枪械,这是很需要钱的。六个月后,两项声明撤销之际,阿尔斯特实际上已经拥有了自己需要的全部枪火。直到1913年圣诞节的时候,雷德蒙才意识到内阁是反对他的,这个情况倒是颇让人有些奇怪。此时的内阁,大体上是同意了将修订案附在议案之上,然后继续在下院和上院往返推进,该修订案自然是要将阿尔斯特排除在外,为期五年。11月底的时候,雷德蒙仍然说劳合·乔治是在虚张声势;但是到了12月底的时候,雷德蒙已然发觉,根本就没有虚张声势这回事。

然而,这所谓的"暂时排除",也只能说是聊胜于无罢了。此时,爱德华爵士已然在克雷加文当起了小国王,伯纳尔·劳先生则迅速投身于反叛浪潮,以此策应爱德华爵士。我们这位联合派领袖已然平复了所有的良心不安。国王抛弃了他,阿斯奎斯先生那软弱的宿命主义激怒了他,在康庄大道之上连战连捷的爱德华·卡尔森爵士则鼓舞了他。此等情形之下,他便也不会再有任何顾忌了。如此,他便自然能得到襄助,这助力并非来自上天,而是来自更为切实的地方,但也胜似神意。当年早些时候,陆军元帅、民族英雄且身经百战的罗伯茨（Roberts）伯爵，已然对维尔斯特的命运生出了极大热情，甚至倡言，若找不到合适统帅，他将亲自出马，襄助阿尔斯特志愿军。不过，对于亲自出马这件事情，这位侠肝义胆且极为尊贵的老绅士却是颇多顾虑。毕竟，作为陆军统帅，他仍然在服役名单之上。不过，6月份时，他找到了合适的替代人选。他致信阿尔斯特临时政府的希克曼（Hickman）上校，"此人就是巴斯骑兵指挥官、乔治·理查德森中将，此信并转亨利. S. 金（Henry S. King）先生和救世军（S. W.）的帕尔·马尔（Pall Mall）上校。此人是一个退役的印度裔军官，活跃且健康"。而后，在罗伯茨巨大威望的支持之下，乔治便执掌了"志愿军"的帅位。

9月21日，爱德华爵士在安特里姆发表宏大宣言，将事态进一步推进，"军中一批高级将领已经保证并承诺，若时机成熟，若有必要，他们将会挺身而出，帮助我们竖起我们的古老旗帜，并阻击一切胆敢侵夺我们自由之敌"。此番陈词当然是直指自由党内阁。毕竟，此时的内阁，即便是那些认定可以并且也应当对阿尔斯特实施强制的阁僚，也都很清楚，没有陆军的支持，议会的意志不过是空头辞令而已。倘若本无可能的事情发生了，倘若陆军拒绝从命，《议会法案》、议会本身以及全部的代议制理论，就将同时坍塌。因此也就无需奇怪，当这份宣言现身第二天报刊之时，舆情普遍认为，"国王"卡尔森又在虚张声势了。应该说，不是没有吹牛的成分，不过，在某种程度上，卡尔森也确实是将这牛一直吹到了1914年的8月份。他当然希望用威慑手段杀死"议会议案"和内阁，而不是让同胞葬身枪林弹雨。在这一点上，他跟伯纳尔·劳以及所有的托利造反派是一致的。不过他的安特里姆宣言，充斥了不明意味，充斥了一个政治修辞家的种种有条件威胁，这可绝对不会完全是一场虚张声势。这座辞令迷宫当中，却有那么一个线团直接指向战争部，确切地说，是指向军事行动处处长的。时任处长的亨利·威尔逊（Henry Wilson）少将，一个乐天且有着相当才具的阿尔斯特人，此时正安坐办公室，编织着一张满是悖谬的大网。在这张大网里面，陆军应当即刻强化跟法军的协作，同时对牵涉阿尔斯特问题的任何内阁指令，保持顽抗态势。此时，内阁的所有动议当中，战争部大臣的动议是最招人反感的。那样的动议，实际上是要以格格不入的手腕来玩弄实际操作之人；此时的实际负责人西利（Seely）上校自然难免此等诡异机谋的牵绊。西利此时是否怀疑托利派正在亨利·威尔逊的襄助之下，逐渐将战争部搞得千疮百孔呢？这是无人能够知晓的事情了。不过，西利并没有任何的表态。然而，其他地方似乎都比战争部大臣更消息灵通。10月份时候，《每日电讯报》（*Daily Telegraph*）便已经评论说："任何以武力击垮阿尔斯特忠诚派的企图，很可能都会导致英国陆军陷入混乱，并且很可能需要多年才会恢复。"11月，J. L. 加尔文主编的《帕尔马尔新闻》（*Pall Mall Gazette*）和托利派的媒体重镇《观察者》，不约而同地倡言全部的联合派都退出国防自卫队，并尽可能地阻止其他人加入陆军。至于亨利·威尔逊，这个很有眼光的观察者则在11月25日的日记中留下了这样一段文字：

"看看这个世界，中国、印度、埃及、南非、摩洛哥、欧洲，到处都是一片飘摇、动荡，除了我们，所有人都在备战。这把我吓住了。我们的国防军正在瓦解，我们的正规军也是如此，我们的特别预备队就是一个玩笑。而且，我们仍然无所作为。"

确实是没有任何动作，除了眼睁睁地看着国王陛下的军队不愿意遵从国王陛下的内阁而外。

此番锋利陈词加之同样锋利的种种传闻，令伯纳尔·劳极大地振奋起来；

于是，他便抛开了一切的克制。11月28，他在都柏林发表了毕生最为肆意张扬的演说之一：

"我不会忘记，"他说，"国王詹姆斯当年也是以极为完备的法条为支撑，就如同今天阿斯奎斯先生所做的那样。那位国王将这些法条彻底坐实，并施展各种手腕，收买法官，那样的手腕似曾相识，正是今天阿斯奎斯先生拉拢议会多数派的手腕。还有一点我是要特别提点的。为了推行专制企图，詹姆斯组建了英格兰历史上空前规模的军队。结果怎样呢？没有发生内战。为什么呢？因为他自己的军队拒绝为他战斗。"

此番对军队的诉求，可谓非同寻常，并且是来自反对党领袖，可以说，英格兰历史上尚未见识过此等情形。伯纳尔·劳倒是痛快了，但一些东西却是随着此次演说而死去了。借由两百多年革命和改革历程淬炼而出的那种对待内阁的批评但终究是尊重的态度，在伯纳尔·劳先生这里算是寿终正寝了。看来，这些也只能是寿终正寝了，太老了，而且也不健康了。然而，奇怪的是，竟然是由一个托利党领袖来宣读其讣闻。伯纳尔·劳此番演说的直接效果，在这一年结束的时候，便显现出来了。在政客和军界的此番恭喜之下，议会收缩了，差不多收缩成了纯然地理地况意义上的东西。这样一个东西，在西敏寺区占据了很大的面积；那纵论天下的氛围以及伪哥特式的建筑，也占据了巨大的空间。一直以来，数百名绅士就是在这个地方，就是在这样的空气和建筑立面，愤怒地论辩着。而今，它在英格兰舞台之上的位置却被两股力量篡取了，其一是爱德华·卡尔森爵士，其二便是英国陆军，尽管其立场混沌难明，但却是极具威慑力的。

第三章

女性造反

一

上一章只是讲述到这场托利党反叛的中间阶段，如果说这场托利党反叛蕴含了暴烈和决绝，甚至可以说在温和中暗藏了杀机和血腥，那也可以说，这场反叛最终还是自我消解为一场政治情节剧，剧情则是向着未知的目的地发展，并且其节奏也是无限缓慢。在这舞台之上，演员们可以肆意吼叫宣泄，如同电闪雷鸣，舞台幕布之上画着议会，这幕布乃交相辉映着恐怖和绝望，令人倍感惊惧，倍感刺激，但无论如何，当回声退去，灯光黯淡，当那枯燥且俗气的演出结束之时，还能剩下什么呢？恐怕只剩下几个已然失去理智的英国政客的姿态尚且存留人们的回忆之中，维持着人们的似曾相识之感。

然而，当这个长礼服族群在错误道路上渐行渐远的时候，我们也不免颇为伤感地意识到，我们已经失去了一些东西。是某种态度的死亡吗？是对民主程序的尊重态度吗？也许吧，这种态度，就其本身而言，已然是两百多岁高龄了，后来又得以重生，虽然并不如昔日那般安稳，那般志得意满，那般令人满意，但毕竟是重生了。

这其中的说道恐怕不止于此。爱德华·卡尔森爵士的威胁、F.E. 史密斯先生的宣泄、伯纳尔·劳先生的炮火，当然还有阿斯奎斯先生的犹疑以及贝尔福先生的默从，这一切的一切难道不正令人避无可避地联想起这样一个恐怖语词：神经衰弱症？

追踪神经衰弱症在一套政治系统当中的无尽纠结和发育，观察这病症是如何令那些本质上的体面人物变得疲软、犹疑且恐惧的，追寻究竟是何等原因令英格兰的立法者们操起了玩具士兵的言辞，并令人难以置信地将一场党争引入内战泥潭的；应该说，这些从一开始就是没有可能完成的任务。但终究还是要做一些探询的。不管怎么说，有一点是可以肯定的，在这躁烈氛围当中，这套古老宪制难免会遭遇毫无虔敬可言的调查，历史学家们则也因此而不得不面对一场危机。这样的危机在我们今天的历史当中可是一点都不少见，尽管其具体的表现形态并不一样。个中情由倒也不难探查。土地已然失去了其权力，地产主们自然也就失去了他们的权力。如此，自联合以来，爱尔兰便第一次没了土地贵族的阻截，可以将自己的意志强加给这个软弱的自由党内阁了。自由党内阁之所以软弱，乃是因为资本主义发展到这个阶段，这个内阁已经不能代表一个强有力的左翼了。无需奇怪，托利党正是在这个节点之上，就近抄起种种武器，以野蛮手段尝试医治这无可医治的经济病症，同样无需奇怪，这样的手段只能是加速而非延缓这病症。但是，这些是真正的原因吗？或者说，这样的解释是否解释了需要解释的一切呢？当代哲学的习惯就是将前后相继的历次危机串联起来，织入显然是无可逃避的经济理论之罗网当中。然而，只需将这罗网曝晒在天光之下，便会有一件东西从中滑脱而去，这东西恰恰就是那个最为重要的猎物。人们当然可以把控最好的时机，将这罗网抛入鱼群涌动的水中，人们当然也可以以无限耐心和娴熟技术

第三章　女性造反

操持这罗网；但是他们从来就没办法将这个神出鬼没、无从预测的东西捕获，这东西便是人类的灵魂。真要说起来，最终决定事态进程的，正是人类的灵魂，这场托利党反叛也不例外。倘若我们所谓的"灵魂"，乃是指涉展现在圣徒之迷狂、巴赫之赋格曲或者埃斯库罗斯之抑扬格节律当中的精神本质，那么将"灵魂"同爱德华·卡尔森、F.E. 史密斯、伯纳尔·劳、阿斯奎斯以及贝尔福这类人物牵连起来，自然是显得格格不入，甚至有浪漫之嫌。

不过，"灵魂"一词也是能够接纳一种低端版本的定义的，甚至可以指涉人性当中诸般非理性的元素。尽管文明之启蒙已然在人世间拓展良久，但此类非理性元素仍然在坚持回应早已深埋历史当中的种种意象，虽然没人能说出此类意象究竟是从哪里来，又将到哪里去；这样的情况，可谓幸也不幸。此等非理性且无意识的元素，在战前的那些英国政客的奇思异想当中，应该说已经展现出来了。不管怎么说，这场托利派反叛运动可绝不仅仅是对软弱对手的野蛮攻击。确切地说，绝不仅仅是政治性的；也绝不仅仅是在激情捍卫已经没有可能性的特权，也绝不仅仅是经济性的。在更深刻的层面，这场反叛运动也是对稳定性和安全性的无意识拒斥。此前，在将近一个世纪的时间里，人类似乎已经在审慎辞令、受人敬重的姿态以及理智情感之审慎展现当中，找到了一处港湾，以此屏蔽威胁着要横扫人类的非理性风暴。但是，渐渐地，这港湾失去了魅力；更糟糕的是，这港湾也失去了安宁。港湾的水，不再是劲风回避之所，亦无法再像往日那样，以悠闲安逸之态，倒映宁静湛蓝的天空和天空中清凛明朗的星辰。昔日里，这些星辰可都是端良行为以及通达信念的指南。而且，人类内心也渐渐升腾起抗拒和倨傲之念，他们要走出这港湾，要去外面那巨大、黑暗且浪涛汹涌的海域走一走，看一看，而且看来也根本无从指望人类能搞懂此等心念究竟是个什么东西。爱德华·卡尔

137

森爵士着手砥砺并催动阿尔斯特奥兰治派的狂怒之时,我们这位爵士实际上也已经出离这港湾了;F. E. 史密斯先生、哈尔斯伯利伯爵、休·塞西尔勋爵以及一干人等,也是如此。这些人就这么乘坐一口政治小桶进入暗潮涌动的黑暗水域,海水不断透入那小桶之中,他们也只能是一勺子一勺子往外舀,靠这样的办法,他们能维持在水面上吗?他们难道不会就此沉没吗?他们会回头吗?这些问题绝无定论可言;原因很简单,整个西方世界很快就会投身这黑暗海域,展开冒险。那深远海域很快就会布满自由主义信仰的残肢断体,那汹涌海潮也很快就会将我们所有人都包围起来,直到今天。

自由英格兰就这么死掉了,昔日的安稳态势和受人敬重的品性也一并死掉了。不过,切不可简单地以为自由英格兰之死是一场宏大序幕,仿佛这序幕的背后就是战争的突然降临。实际上,这场死亡乃是这个民族之精神生命的一个虽然短暂但也完整的阶段。托利派的这场反叛运动当然是拒绝以任何明确的方式揭示这个阶段的非理性本质,但史家却终究是要从中找寻并发现这非理性本性的,否则的话,史家又将如何原谅自己呢?

二

政客当然只能是政客;但除了政客之外,还有女性。在男性身上很难有所体现的东西,在女性身上终究是会有所体现的,无论这是多么地不情愿。如今,1910 至 1914 年这段岁月已然离我们远去了,已然模糊不清了。然而,回望这段岁月,便足以一看即知,那段岁月里,英格兰女性的活动不过是先前二十年岁月的自然伸展而已,那二十年的岁月,于英格兰女性而言,已然酝酿了太多的东西,虽然此番伸展还是颇令人烦扰的。"解放"一词足以用来

第三章　女性造反

概括这个时段的英格兰女性。"解放"幻化出女性全部的新视野，从网球、自行车到办公场所的内部装饰，英格兰女性以其全部的荣耀以及生存线上的薪水，在历史之上得以第一次跟男性展开竞争。要探究这个问题，最便利的办法就是看一看衣橱。随着时光向战争推移，女性的服装开始从维多利亚时代的扭曲和臃肿风格解脱出来；她们已然不再为了迎合男性的绅士眼光而坚持那种极端性感的风格，不再坚持嘴唇和臀部的性魅力，不再用衬垫或者缎带将这些部分突出出来，以挑逗男性的目光。到了1910年时，女性的身体已经开始回归其本来的样态。束身衣的宽松程度趋于合理，裙子也不在泥水和灰尘当中拖行了，甚至睡袍也没那么臃肿，而是趋于苗条了。到了1912年，更大胆的女性已然将晚裙剪短到膝盖部位，并配以相当开放的羽毛头饰，以此来展示那颇为迷人的苗条身材。到了白天，那种以诸般鲜艳色调之有效混合而展现出来的巴克斯特风格，也开始确立其影响力了。无论如何，餐桌之上，人们以手掩嘴，窃窃私语，对此等变化显然是充满期待的。

　　女性服饰，其色彩和样式的结合乃是无穷无尽的，并且也因此暗示了无穷无尽的新社交模式，如此，便为人们探查历史提供了一条捷径。但是，这条捷径能带领人们切入真正的历史吗？"上流社会"的风流韵事，公爵起居室覆盖了叶子的墙眼里面传来的打情骂俏之声，郡网球场的那些活动，诸如此类的介质，能让人们探查历史之幽暗深渊吗？昔日德芳夫人（du Deffand）和卡里埃夫人（de Carrieres）这等女性，以及乔治时期的阿斯奎斯夫人，可以肯定，乃是一个早已消逝了的世界和时代的本质饰品，甚至可以说是那个昔日神秘世界的路标和线索。不过，那个时代的服饰已然随着那个时代的讥诮一并消逝了。那个时代的绸缎、羽毛和扇子，如今都去了哪里？多少男人仍然在惦念行屈膝礼之时绸缎发出的柔声细语，在怀念有关奇异香水味道的精

139

细描写，在怀念沙龙之上的颔首微笑、秋波传情啊。这些男人就是想靠着这些缅怀那已经死亡的过去，将其韵味、雅致和精巧都存续下来！然而，又有几人能够成功呢！诸般描写可谓巧夺天工，但也只能表明，时间终究是要淘汰那些无用之物的。

> ……某个角落
> 躺着那些羽毛，尘封已久

此番检视乔治时期的服饰，那迷人材料和样式尽展眼前。不过，在这其中，也不难得见两个很是荒谬的设计。其一是硬直领，俨然是男性样式，其二是硬草帽，同样像极了男性样式。此类设计全无魅力可言，简直无从置信，不过恰恰就是因为这个，我们才得以意识到，战前女性服饰确实是可以引领我们径直切入生活的……

20世纪之初的女性，显然是在尽可能地让自己展示男子气，尽管这么做会很不舒服。对此，我们不免会弱弱地问上一句，为何要这么干呢？问题刚一出口，便会有一大堆的警告和暗示接踵而至。如此众多的革命事业从那未知深渊当中涌上地面，令我们自感成了奥德修斯，后者曾将小小的一滴血滴入沟渠里面，不成想，却引来庞大的冥府军团。硬直领和硬草帽顶多也只能说是微末线索而已，不过，这些线索却也是实实在在的。我们要勘察的就是这么一场实实在在的运动。

1910到1914年间的这场女性造反运动，也就是那场极为凶猛的"女性选举权运动"，首先是一场从黑暗到光明、从死亡到生命的运动；而且跟托利派反叛运动一样，其无意识动机也在于对那种垂死的、可敬的、令人窒息的安全状态的拒斥。个中情由太过庞杂也太过模糊,显然无法用几句话就交代清楚,不过,这里面倒是有一个原因可以单挑出来予以考察,相信能给我们带来不错的收获。此时的女性,已然对生活之抽象目标有了觉醒意识,其结果,便是在一夜之间意识到了自己身上遭到长期压抑的男性气概。此番意识觉醒的后果却是极端的。女性为之付出了生命能量,其表现则堪称迷醉且怪异,她们首先便是在政治王国追寻自己的男子气概,虽然这政治丛林是最有可能令女性陷入困境的,而后,她们才进入女性专属的隐秘之地。尽管此番追寻总是有冒进之嫌,但也确实为后来者提供了无价帮助。不过可以肯定,在当时,情况可并非如此。女性选举权运动一直都居于少数派地位,参与其中的女性,她们的行为终究不算通达,也不招人尊敬。不过,若是追踪此一特殊生涯的全部历程,倒也有机会体认当时正席卷英格兰的其他一些潮流。最终甚至有机会瞥见一股正在崛起的新力量,这股力量虽然一闪即逝,却是相当完满,就如同凤凰涅槃一般,从战前世界之诡异死亡废墟飞身而起,径直涌向弗兰德斯战场以及加里波利的血腥海滩。

众多政治和经济因素瓦解了自由英格兰,在这些政治、经济因素的下面,更有一股心理潜流在涌动,这心理潜流之要义就在于弃绝安全感。这所谓的安全感,放在女性身上,当然就是"女性"安全感,而且是就这个词的最坏意义而言的。维多利亚时代的前辈传递给女性的遗产是全然负面的,说白了就是要有意识地适应"完美妻子"这个角色。维多利亚时代的女性乃是家中的天使,是过着美满日子的"格里泽尔达"(Griselda)[①],是在顺服中孕育子嗣的配偶,没有欲望,是永恒低等的一方。婚姻是她的全部,她的安全感就在于丈夫的养家能力,她的全部野心就是帮助丈夫。这些就是她全部的有意识

---

① 格里泽尔达:中世纪传说中一个以温顺和忍耐著称的女人。——译者注

欲念，但是她能不辜负这些欲念吗？很遗憾，不能。餐桌上、床上以及炉边的那个暴君，那个将一切据为己有的粗野且冷漠的造物，其中包括名声、教养乃至肮脏的欢爱之事，这一切的一切，令女性多么容易在心灵上屈从丈夫但在精神上背叛丈夫啊！这悠然的人造生活，这勤勉的配偶，那狡猾的、阵阵勃发的情欲，在这一切的背后，乃是一个原生态的女人，一个生物学意义上的女性。尽可以想方设法地服从男性。可以将男性关爱起来，就如同母亲对待孩子那样。这些无害的语词，将会幻化出何等诡异的场景啊，将会令人不经意间瞥见何等野蛮的实情啊！说实在的，在维多利亚时代的卧室、客厅和炉边，端坐的可不是什么温良妻子，而是一个表面顺服的暴君，只要她的丈夫仍然无意识地依附于她，沉醉在这种主人-孩子的双重角色，那么这个暴君就始终都能不怒自威，霸权在握。

内在生命与外在生活的这种分裂和隔离，着实可叹。不过，就是在这样的境遇之下，维多利亚时代的女主人最起码是可以满足她们内心最深处的一个本能的：说白了，她们可以用如此精微的手法摧毁丈夫的男子气，并由此对这个家庭压迫者实施复仇。不过，未婚女士可享受不到这些。这一切对她们都是关闭了的。教育、职业、情爱，所有这些对她们都是不可能的。当然，有时候，一个弗洛伦丝·南丁格尔式的女人也可以将一身的男子汉气概宣泄在恐怖的斯库台战地医院，或者也可以向着老旧战争部那令人无从忍受的愚蠢宣泄男子气概；或者，一个夏洛蒂·勃朗特式的女士，以激情而非墨水为笔，凭借她那复杂灵魂的灼热启示，来揭露这个世界的丑恶。然而，这样的女人何其之少，这少之又少的女人，她们的机会则更是少之又少。一旦丈夫成了一个女人的全部，那么一个没有丈夫的女人，便等于是死了。这样的女人便必须靠着好工作、社交、忧郁症以及宗教，为自己的沉闷生活增添一些

第三章　女性造反

亮色，最终在孤独和凄凉当中逝去。活在男人的世界里，这就是其结局。

维多利亚时代的女性对男子汉气概这个非个人化的目标，当然是有感受和意识的，不过乍看起来，这样的感受和意识已然因为将近一个世纪的卑微和依附而被毁灭殆尽了。然而，在这万千压迫、仇恨、梦想和欲念当中，却也有着复活这男子汉气概的办法。那么，究竟该如何做到呢？女性内心的非个人化目标最终却是要在个人化的关系原则当中发掘，看起来，这确实是生命的悖论之一。然而，这个人化的关系原则却也是女性对生活最高也最具个体性的贡献。而且可以肯定，维多利亚时代的女性都是在此等个人关系的祭坛之上牺牲了自己。但是，她们真的就这么牺牲了自己吗？难道她们不是在自身之安全的祭坛上牺牲了自己吗？难道她们不觉得这样的个人关系乃依托了自身之外的个体存在，而非内在于自己的那些原则吗？若如此，则她们等于是开启了一种恶性循环。那么该如何击破这恶性循环呢？有一点是很清楚的：仅仅靠着跟某个男人的关系而生活，女人终将被剥除自己的女人属性，而且，女人是必须找回自己的女人属性的，无论用怎样的手段。

战前英格兰普通女性是否会有上述感受和意识，这一点是很可疑的，当然，内心无意识的不满则肯定是会有的。她们也许会觉得，这所谓的解放进程，终将借由温和、渐进之路，恢复两性平衡。也许，在一个浸淫了无限耐心的理想世界，这样的事情确实有可能发生。然而，人类灵魂的世界既不是理想世界，也谈不上耐心，这个世界的生命力量绝不曾允许理性前来牵绊。女性那被忽视的男子气概是拒绝等待的，而那人称的"好战派女性选举权运动"就是此番拒绝的结果。那样的运动实在怪异、令人憎恶，却也有着相当价值。

这些好战派实际上直到1910年11月才变成好战分子的；而且从这个时间

节点开始一直到战争爆发，她们一直都处在少数派位置。这倒也是很正常的事情。虽然她们犯下众多错误，但她们人数众多而且充斥了热忱和想象，她们就生活在当下，因此也就必然要成为历史的制造者。就她们的情况而言，这个制造历史的进程可分为两个很明显的阶段。一开始，她们的本能警告她们，女性唯有主张自身的男子气概，方有可能重新成为女性。于是，一时之间，她们便积极依托那么一个有着长久传统的观念，要求跟男性政治平权；说白了，她们要求投票权。不过，若认为诸如选举权这等理智的东西就是她们的终极关切，那未免也太过天真了。投票权能给她们带来什么好处呢？何时才能得到这投票权呢？对这些问题持乐观态度的看法，可一点都不在少数，而且也都颇有说服力，她们对这些也都了如指掌。但是，此类看法真的触碰到了问题的深层了吗？她们的本能已然告诉她们，没有。渐渐地，她们便开始为内心的男性元素寻求助力，这可不仅仅是将这些元素作为一种论证，更是将之作为供养并砥砺生命的食物。这食物因一个世纪的压制而变得强大，到了这个时候，其效能对女性来说，则毫无疑问是太过猛烈了。那些硬直领，那些硬草帽，说到底，不正是此等剧烈的心理消化不良症的逃避性的、偶然性的象征吗？

此等未能顺利消化的男性元素，自然会令她们倍感不适（因此也就令她们对待男性越发地傲慢）。除此之外，这个时候的她们，确切地说，就是战前的女性选举权斗士，还在经受另一种痛苦，这种痛苦同样可怕。有东西如同鬼魅一般在袭扰她们。无论是坐，是行，也无论是聊天还是睡觉，不分公共场合和私人场合，总有一种令人倦怠、慵懒的可悲氛围侵袭而来，那是千千万万未婚女性集结起来的浓重欲望，却在这样的氛围当中无处发泄。显然，这是一种不曾活过的女性生活，死气沉沉，此等氛围在完全未经剖析的情况下，以无可抵御之势，侵入了女性生命最为幽僻的角落，令她躁动难安。显然，在此，同样可以见证一个伟大女性原则所蕴含的诸般元素，这些元素乃处于离乱状态，而且纯然是消耗性的。

如何将这些元素再度融合起来呢？这个问题当然令人困惑不已，她们给出的答案则是革命性的：彻底摧毁她们的个人安全感，一直以来，在如此漫长的时光里，正是这种个人安全感令她们就那么委曲求全地蛰伏在男人燕尾服的后面。若要找回那本真的女人属性，就必须走出来，走到旷野里面，并在旷野里面独处或者同姐妹们抱团。实际上，一些原始部落就有类似的习俗，但凡适婚姑娘都要在女人屋里面待上一段时间，借此来学习女人的智慧。要恢复女人的智慧，正是这种隐秘渴望，于1912年第一次催生了女性选举权运动内部的同性恋潮流。

这就是战前女性史的第二个制造阶段。这段历史是在混乱、傲慢和愤怒当中制造出来的。这是一部悲喜情节剧，近乎癫狂，如同疾风，席卷而来。也许可用一切恶名来形容它，但无论如何，不能说它反常。无论性别、文学还是政治，人们总是喜欢将自己憎恶的邪恶说成是"反常"。然而，所谓"反常"，若真有什么切实指涉的话，则当然是指有意识地、刻意地偏好低劣之事并因此捐弃高贵之事，说严重点，就是因偏好死亡而捐弃生命。但是战前的这股同性恋潮流则不然，最起码，这其中的敏感是胜过性欲的，这样一场运动，毫无疑问是一场朝向生命的斗争。

乔治时代的女性选举权倡议者自然是招男性憎恶的，在那个时代的男性眼中，这些女人越发地成了粗粝且低劣之辈；不过，女性对这些倡议者同样憎恶。战前的大多数女性都生活在过去，仍然紧紧依附着那种受人尊敬但已然垂死的安全感。即便是有限的独立，也能引发她们的恐惧，投票权则恰恰是要为她们争取这有限独立的。很可能，她们在骨子里已然认定，她们的命运是注定了的，那就是——活着。

无论如何，革命之路已经开启，而且这条路也正是所有革命都走过的路。其目的是很有价值的，那就是女性团结，并找回其在这个世界的应有位置；其手段则是暴烈且可疑的。不过，若非长久压抑的阶级以及长久压抑的欲望不能在突然之间肆意迸发出来，若非残酷和愤怒，则也就不会有革命可言了。所谓革命，不正是正当本能对错误理想发起的凶悍攻击吗？乔治时代的女性选举权倡议者，就其个人而言，并不迷人，也不高贵，更不是什么能洞察未来的智者。制造历史的人，绝少会是这样的。上天令她们对人类灵魂的那些未得到承认的需求，拥有本能的反应。尽管这样的反应常常是扭曲的，并且通常都流于荒诞，但若是没了这样的反应，生命便难以推进。到了1910年，借由体面生活而来的个人安全感，这样的理想已然腐朽了，因此也就必然要寿终正寝了。于是，那些素来遭到忽略和压抑的本能、希望、仇恨和欲望，便以粗悍之势从女性灵魂之深渊当中涌动而起，并集结起来，就如同一场纯然心理学意义上的扎克雷暴动，这样的情况，在人类历史当中可一点都不鲜见。

三

艾米琳·潘克赫斯特（Emmeline Pankhurst），一个柔弱小女人，长相并不出众，跟那些穿戴不错的漂亮小女人没什么区别。她是兰开夏一个律师的遗孀。据记载，潘克赫斯特先生在世之时，一直忙着市政排水管道以及妇女权利之类的事情，在那个时候，市政排水管道这样的事情是令人恶心的，妇女权利这样的事情则是令人们脸红且避之唯恐不及的事情。简言之,潘克赫斯特先生应该算是一个社会主义者。潘克赫斯特夫人则在所有这些事情上都襄助丈夫,并且信奉丈夫的所有看法,丈夫谢世之时,她也是悲痛欲绝。

她无意以一个兰开夏郡的遗孀的身份度过余生。安坐茶桌后面,火光和灯光在美妙银制茶具之上交相辉映,令茶桌后面的她看起来是何等端庄迷人。她的巧手是何等温柔地摆弄着茶具(维多利亚时代的小说家们曾保证说,女人的手在侍弄茶具的时候,是最美的),偶有客人前来拜访,她跟客人闲聊家常之时,声音是那么地温婉、细致。尽管如此,在潘克赫斯特夫人此等表象的下面,却潜伏着躁动难安的东西,但凡见过她的人,想必都不会怀疑这一点。她绝对不是那种逆来顺受的人。她的脸出卖了她,她那精巧的面容,俨然是由一个聪敏匠人在一时失去灵感的情况下雕刻而成的,那面容会在突然之间紧张起来:薄薄的鼻翼会收缩起来;一双招人喜爱的眼睛也会在瞬息之间释放出淡淡火焰,飘忽不定;任何一件小事都会令她有所变化。但凡从她家炉边告辞的人,都会生出鲜明感受:无论如何不能得罪这位潘克赫斯特夫人。这个感受是对的。

丈夫留给她的那么一项事业,应该说是特别契合她的心性的。市政政治自然是相当精细的,费边式的改革模式,持重且缓慢,此类事务,本质上对潘克赫斯特夫人并无吸引力。她觉得,没有她,这些事情也能顺利向前。这样的事务,首先要求自我克制。一个女性在此类事情上当然可以做出很有价值的工作,但是,大多数此类事务都是需要耐心和头脑的,都是需要躲在幕后的。潘克赫斯特夫人似乎不是那种在幕后度过自己孀居时光的女人,只要有一丝丝的机会,她都是要走上前台的。

女性选举权事业可就另当别论了。她至少是能够以不懈勤勉,去追寻丈夫留下的这桩事业的。此时的女性已然获得或者说注定了会获得政治民主制度能够给予的所有次要认可；只有一件奖品尚在争取当中，这件奖品恰恰是最具分量的，因此展开的斗争也是最为激烈的，这奖品就是投票权。于是，潘克赫斯特夫人便投身于这场投票权斗争。她那薄薄鼻翼已经嗅到了远方的硝烟；她那可爱的双眼将会突然迸发出浸染了先知异象的火焰；她那精巧的双手，习惯了在思虑之时握紧，此时看来，已然是准备好了去擎起那杆骄傲的大旗，引领万千忠诚女性的追随。

"只需再战一次，"弗洛伦丝·南丁格尔曾跟西德尼·赫伯特（Sidney Herbert）说，"竭尽全力，这是最后一战。"然而，潘克赫斯特夫人能引领这场战斗吗？她也时常怀疑自己。有那么一个情况时常令她自我怀疑，甚至陷入自我否定，这个情况在1890年代末和1900年代初的那个时期，是有着十足分量的：她只是一个曼彻斯特律师的遗孀，没有钱，也没有人脉。1903年一个时候，一批妇女在她家中搞了一场小小聚会，由此组建了妇女社会和政治联合会（Women's Social and Political Union）。这批人事实上也成功地促动一名议员以私人议案的方式，将一份女性选举权提案送达议会，但是该提案被议会大厅的笑声淹没了。潘克赫斯特夫人及其支持者随即从曼彻斯特赶来，以抗议姿态集结在理查一世塑像的周围（这位国王当然是不会同情她们的），最终还是警察相当耐心地让她们"走开"了。1906年，潘克赫斯特夫人本打算在下院大厅制造一个现场，但最终被两个女儿苦口婆心地拦下。"你们毁了我，"潘克赫斯特夫人哭喊着说，"就是你们俩！本来，名誉庙堂是会给我留出一个小小龛位的啊！"

然而，她低估了自己；她仍然是要争夺她的小小龛位的。该如何抵达那里呢？还有其他的女性选举权运动组织：保守党女性团体那边有一个，……

第三章　女性造反

福西特夫人（Mrs. Fawced）那边也有一个，这位夫人已故的丈夫曾是自由党圈子的重要人物。这两个组织都拥有价值十足的东西：社会名望。社会名望这东西，潘克赫斯特夫人自然是完全匮乏的，跟她们结盟，却令潘克赫斯特夫人越发地意识到，她将只能待在幕后，同时也越发地意识到，她们是错的。她们似乎指望着某种政治骑士精神会将投票权赐予女性，而且，她们似乎认为，一旦有了投票权，就应当完全拿这件武器来帮助男人。在她们的观念中，政治不过是家庭的拓展，女性将在这个拓展版的"家"中，用自己的温柔巧手约束男人，让男人不要在他们不懂的事情上犯错，诸如社会服务问题、妓女问题以及未婚妈妈问题等等。不过，在国家大事方面，女性则应当退避。这样的想法应该说是很不错的，但是潘克赫斯特夫人认为这是不行的。倘若以翩翩淑女的那种低眉顺眼的方式跟男人打交道，男人是绝对不会给你想要的东西，他们还会将女人永远地压制下去（而且，潘克赫斯特夫人也很清楚，若以这样的策略行事，那她就只能扮演很次要的角色了）。潘克赫斯特夫人确实看得很准。不管怎么说，真理之路往往是靠着野心和自利铺就的，没办法，这就是生活的要义之一。

就这样，妇女社会和政治联合会还是有那么一段时间，并没有跟作为整体的这场运动分离开来，不过，人类生活的另一项显著要义也是无可否认的：强劲个性以及无可压制的意志，终究是要显现出来的。1903年到1910年间，女性选举权运动取得了相当大的进展，这其实是一段颇为躁动的历程，从中完全不难辨识出我们这位曼彻斯特律师遗孀的影响力，无论这影响力是何等含混。一开始，妇女的游行队伍，连同她们手中摇摆的旗帜、她们的长裙以及羞红的脸庞，令旁观者颇为沉醉，两个年轻人扛着的那面旗帜之上的文字也引发了阵阵笑声。这里面发生了一件尽人皆知的事情，有那么一天，一支游行队伍行进在米德兰的大街上，两个年轻男人，颇有些女人气，他们主动提出为游行者扛旗。二人扛起旗帜的时候，人们的笑声一下子变得比先前大多了，令队伍中的女士们颇为不解。最后她们才明白过来，这里面闹了一个大笑话。两个年轻男人扛着的那面旗帜巨大且沉重，令二人气喘吁吁，那旗帜上面写着这样一句标语："男人能投票，为何我们不能？"

不过，此等温和氛围并没有持续多久。慢慢地，英格兰人发现，这些女人是要动真格的了。慢慢地，"suffragist"一词也改成了"suffragette"一词。内阁阁僚出现在政治讲坛之上的时候，对她们也是有了几分戒惧。阁僚们在发表演说的过程中，随时都有可能遭到一些年轻女士的质问，接着便会有人在巨大混乱中将这些年轻女性直接拖离现场，那样的场景有时候实在是有失体面，因为在拖拽和撕扯过程中，那些年轻女性身上的衣服经常会被扯下来几片，留在现场。很快，便开始在重大集会场合，对前来参与的持票人实施严格检查，但凡有嫌疑的女性均被拒之门外。不过，这些执拗造物倒也很是聪明，她们要么短衣小襟打扮，混迹在报童队伍里面，要么就装扮成气度不凡的孀居贵妇，并以这样的方式，随心所欲地向现场的阁僚发难。唐宁街上，也总会有身形娇小的纠察员在游荡，她们手持小小旗帜，逮着机会就向首相大人挥舞。议会大厅的女士旁听席上也总是会传来尖利的喊叫之声。甬道上常常可以见到她们用粉笔写下的标语口号。1908年，海德公园的一场女性集会，规模达到了二十五万人之众，其间设立了多处讲坛，令海德公园成为女性选举权运动的大讲台。维多利亚时代的女性，无分婚否，一直都被禁闭在精神"闺房"里面，如今看来，已经有人迫不及待地伸手要打开精神"闺房"的大锁了。若这大门真的被打开了，那些门卫也都被击垮了，里面究竟会释放出怎样的东西呢？上流社会的男男女女，念及于此便不免浑身颤抖。不过，有一件事情是可以肯定的：时光迁移，这场女性选举权运动也将会越发地顽强且剧烈，每一场威慑性的运动、每一个纠察员、每一面旗帜、对"小外套、长腿袜以及束身内衣"融构而成的传统且合宜的女性形象的每一次不算检点的攻击，最终都将穿越种种观念、奇思异想以及协会组织的迷宫，直接归附于潘克赫斯特夫人及其妇女社会和政治联合会组织，可谓万流归宗。

四

若不承认这场女性反叛运动当中蕴含的一些暴烈喜剧元素，便基本上不可能为其书写历史。唯有阿里斯托芬那样的人物，方能把这件事情做得充分且到位。女性就这么对男性发起攻击，此等场景，即便是在今天，恐怕也是要引发暴烈且肆意的笑声的。不妨想象一下，长裙舞动，带有羽毛装饰的帽子发起猛烈攻击，束身内衣包裹着的胸部组成密集方阵，向前推进。素日里平静如水的英格兰政治水面，突然之间被这样一股风潮扰动起来。想象一下，已然沦为废墟的家宅和教堂，仍然在冒着烟，人们在这废墟里面发现了发夹或者女性橡胶套鞋的可怕证据，到了那个时候，这令人震惊且荒诞的景象，就恐怕已经发展到无可遏制的地步了。

真要说起来，这幕大戏的主要演员可不算十分可爱。人们将不得不认定，潘克赫斯特夫人及其女儿克莉丝塔蓓儿（Christabel）是有自利心的，她们有心要炫耀，要展示，此等动机实在上不得台面。她们和她们的协从者都是胆略十足，其中一些人还承受了不应当由一个女人承担的身体痛苦。然而，随着情节向前推进，她们的痛苦也越发地强烈了，此等情形之下，人们便不得不认为，这些女人是不是要从这身体痛苦当中，找寻迷醉，找寻某种显然是不健康的快乐和享受呢？她们是要主动地成为殉道者，而这个世界是不会爱上一个殉道者的。(在这个世界，叛徒、下毒者、窃贼和放荡之徒，往往都会被一根绳子或者一把斧头干脆利落地了结掉；至于殉道者，至少就记忆所及，是会有一阵箭雨、一群狮子保留给他们的，要么就是对其处以剥皮或者油锅之刑。究其原因，恐怕就在于殉道者自己提起的明确要求：他们的终局应该是越痛苦越好；就仿佛这尘世间的被拉长了的极致痛苦，是要给天国里面他的王冠增添光彩的，也是要令殉道者在青史当中被浓墨重彩地写上一笔的。)

穿透表象，洞察意图，这自然是很困难的事情；不过，一旦发现那意图，承认其价值和分量，则是更加困难的事情。无论如何，这都是事实。潘克赫斯特夫人、她的女儿、她的支持者，无论她们是何等乖张，但终究都是在制造历史，她们都在奋力杀出一条从死到生的血路；而且她们所做的，也都是必须做的。她们就那么承受着警察和暴徒的暴力，其艰难和痛苦，就如同被投入狮群的早期基督徒那样。确实，倘若今天的我们能遇到早期基督徒，我们定然不会愿意跟他们在酒吧平静畅饮，或者在炉边温婉交谈。他们显然是完全让人不可思议的一群人。但不管怎么说，正是当年罗马文明的那种状态令这群人必不可少，正是他们的死亡，将世界从那样一场道德灾难中拯救出来。那样的道德灾难究竟深重到何等程度，恐怕只有上天才知道了。此时的这些女性选举权倡议者，显然也在以自己的方式，成为同样不可思议且超凡脱俗的一群人。正是她们，做出莫大贡献，推动女性去找回自己在这个世界的应有位置。她们的方式确实糟糕，也确实是错误的；但她们的终极动机却熠熠闪光，如同明灯穿透迷雾。所以，在将她们纳入诸般并不友善的叙史脉络之前，也确实应当稍作停留，对她们示以崇敬。

第三章　女性造反

五

这场反叛运动可谓一场大戏，真正意义上的第一幕则是在1910年的11月拉开的。其时，潘克赫斯特夫人已然成为其中好战派的公认领袖。这个领袖人物赞同，新王继位是更为有利的休战时机。不过，她同时也决定，妇女社会和政治联合会在具体策略上应当更为直接一些；毕竟，经验已经让她明白，除非发起深刻且持久的冲击，否则阿斯奎斯内阁是不会把投票权给予女性的。

内阁意识到，自由主义是应当支持潘克赫斯特夫人的事业的，这让它很不安。因此，此前，内阁一直试图摆脱这方面的责任担当，为此，内阁也一直宣示说，女性选举权并非政党议题。然而，倘若一个高度争议的问题就此脱离政党政治轨道，那很可能就会落得一个无处安放的下场。潘克赫斯特夫人对市政政治之无常和迁延自然是心知肚明，因此，她那精明有加的心性不免开始怀疑，阿斯奎斯先生，一个完美的议会政客，根本就没打算认真对待女性选举权。

早在1910年2月份的时候，内阁实际上就已经有了屈服的苗头，至少有那么一段很短暂的时间，潘克赫斯特夫人感觉阿斯奎斯先生是有可能赞同自己的想法的。当然，只是有可能而已。至于她麾下的组织，倘若有什么政治归属的话，则应当归属于劳工运动的脉络。不过，倒也有一批自由派女性是同情潘克赫斯特夫人的，首相大人若足够明智，应该是不会得罪这些人的。阿斯奎斯先生宣称，他对人们所说的"调解议案"（Conciliation Bill）是支持的，该议案将会令大约一百万女性获得选举权。这一百万女性主要就是能付得起每年10英镑以上房租的职业女性以及家庭主妇。7月12日，"调解议案"以299票对189票，通过一读。

然而，"调解议案"的议会之旅也就到此为止了。潘克赫斯特夫人因此也就坐实了自己的所有怀疑。此时的内阁显然是在借助虽然不是很精细但也确实巧妙的手腕，打算摧毁潘克赫斯特夫人的所有热望。在这个关口上，问题的关键其实很简单："调解议案"究竟是要呈送"大委员会"，还是呈送"全院委员会"。若是呈送"大委员会"，则意味着将由一个特别委员会来快速且单独处理该议案，议会本身则忙于通常事务。若是送交"全院委员会"，内阁就需要调动特别资源，以便议案能安全通过委员会阶段。一番很是有趣的论辩之后，议案顺利进入二读程序。此番论辩当中，F. E. 史密斯扮演了顽固反对派的角色。但是在议案应当送交哪个委员会以便进行三读的问题上，进行第二次分组表决之时，阿斯奎斯先生表态了。他说他希望所有有关选举权的议案都提交一个全院委员会进行讨论，该议案的一批热忱支持者竟然表示赞同（这有可能是因为粗心大意，也可能是出于党派忠诚）。最终，以320票对175票的表决结果，令"调解议案"进入了全院委员会。

于此，该议案便等于被流放到旷野之中了；而且很明显，是阿斯奎斯先生亲手将其流放的。有那么一两天的时间，潘克赫斯特夫人都无法理解自己怎么会遭遇此等待遇；但她最终还是意识到，议案再无机会进入三读程序了，除非内阁推进此事。到了这个时候，潘克赫斯特夫人当然也明白，内阁是绝对不会推进此事了。内阁背叛了，自己的支持者在下院更是蠢行不断，事情肯定是没指望了。有那么一段时间，潘克赫斯特夫人没有任何动作。休战状态当然可以持续下去，她当然可以保持耐心。但是当议会于11月份重启会期的时候，倘若仍然是无所作为，那就只能眼看着潘克赫斯特夫人是如何败北的了。

不过，11月份的阿斯奎斯先生已然陷入同上院的战斗当中，距离大选已经不足一个月了。而且所有情况都指向这样一个悲惨事实：阿斯奎斯先生是绝无可能再为这场妇女运动做任何事情了。此时若对阿斯奎斯先生再抱有任何指望，也确实是愚蠢的；他的妻子从来都是忠诚于他、支持他，就这么一路走入唐宁街10号，自然是坚定反对女性选举权的。于是，潘克赫斯特夫人的联合会便也不再坐以待毙了，遂酝酿了自己的成熟计划。11月18日，当议会重启的时候，该计划便已经在等待阿斯奎斯先生了。

11月18号，星期五，这一天成了女性选举权运动史上的"黑色星期五"。这一天下午，阿斯奎斯先生告诉下院，国王将宣布解散议会，时间紧迫，内阁事务将优先处理（阿斯奎斯没有提及女性选举权问题）。此时，一小撮妇女便开始从妇女社会和政治联合会在卡克斯顿大厅的总部出发了。她们举着紫色的小旗帜，旗帜上面写着"阿斯奎斯否决了议案""议案在，希望就在""妇女的意志将挫败阿斯奎斯"之类的标语。就这样，她们集结成一个严整队列，走向议会广场。

此时的议会广场已经集结了大批警力。他们当然接到了指示：除非有极端行为，否则不得对这些妇女实施逮捕，但也不得让她们靠近议会。此等策略可谓简单明了，显然是出自时任内政大臣的丘吉尔先生的聪明才智，我们这位内政大臣一度是强力支持女性选举权运动的。过去一年，丘吉尔的态度已然是显著淡化了，最终令妇女社会和政治联合会将他列为更为危险的敌人。这倒也没错，毕竟，此番给警察的指示，对这些妇女来说，意味着一场全然无法言说的考验。还有哪个敌人能设计出此等考验啊！

这些妇女试图进入议会广场，但警察将她们逼退，一开始是相当温和的，还有笑声。然而，这些长裙勇士可不是能轻易败退的。她们的战术很简单，就是用戴着手套的手，抵在警察的胸前，然后奋力向前推进。双方就这么反复拉锯着。围观人群黑压压一大片,人群中的笑声也越发地粗粝了,在这个过程中,警察们开始恼羞成怒了。她们是女人啊,她们不应当做出此等行径啊;她们可是女士啊(可以肯定,这批折磨警察的人,大多数都是女士)……她们竟然忘记了自己的身份,这简直不可思议。气氛突然之间就变了。伊阿宋及其阿耳戈号英雄们当年为了摆脱哈耳皮埃的纠缠,经历了何等的愤怒和绝望,但跟此时议会广场的这些警察相比,恐怕还是小巫见大巫了吧。

紫色小旗帜破碎一地,被人群肆意踩踏,这些女人遭到了拳头和膝盖的打击,纷纷倒地,轮番拖拽之下,被警察抛入人群当中,身上的伤痕和血迹触目可见。到了这一步,也就没什么示威者了,这些女人全然成了人们眼中的魔鬼、怪物,令人无法忍受。警察打她们,掐她们,将她们的手指扭住,将她们的胳膊拧起来,她们的胸部也被紧紧抵住,脸部则被死死地按在栅栏上面。此等场景持续了将近六个小时。

旁观人群对弱者是有着本能的同情的,这样一场着实寒碜的冲突就这么一个小时又一个小时地铺展开来,人群遂对这些女性越发地同情了。尽管现场只有一个旁观者似乎有胆量阻拦警察,但无论如何,确实有那么一批狠角色,他们是不会放过这个机会的。一批示威者就这么被活活拖走,并遭受了恶劣对待。据说,确实有一个妇女于一年之后离世,就是因为在巷子里面遭受恶劣对待。最终,广场亮起灯光,结束了这场战斗。现场也清理完毕。上院大墙的边上,一批妇女跪在阿达·赖特(Ada Wright)小姐身边,刚刚的战斗当中,赖特遭到连续击打,倒地十多次,情况非常糟糕。现场散落了一些被扯碎的旗帜,还有一两顶已经被踩踏得不成样子的帽子,还有一些衣服碎片,直到第二天早上才清理掉,这些就是内阁的战利品。

第三章 女性造反

然而，能说这是内阁的一场胜利吗？潘克赫斯特夫人于当天下午获准来到下院，在首相大人的办公室里待了一会儿，但首相大人并未现身。他已经离开议会了。不过，卡斯尔雷勋爵（Lord Castlereagh）于此时提起修订动议，旨在将"调解议案"纳入内阁议题，首相大人匆忙赶回议会，要求将这个动议压下。但此时议会的情绪显然是不利于首相大人的。议员们纷纷起身，恳请首相大人接见妇女代表团，并结束外面的糟糕情况。最终，众人成功促使首相做出承诺：将在下星期四发表声明。潘克赫斯特夫人一直在访客入口等候，可怜且沮丧，但首相大人无意接见。

在这件事情上，阿斯奎斯先生显然是犯下了惯常的错误。此前，他低估了爱德华·卡尔森爵士和奥兰治派，这一次，他低估了潘克赫斯特夫人及其妇女社会和政治联合会组织。他确实非常宽仁：尽管丘吉尔先生制定了那样的策略，警察最终也逮捕了一百一十五个妇女和四个男性，但所有这些人随后也都被释放了。他也相当能回避问题。星期四的声明当中，他给出了这样的承诺：内阁将在"下一次议会"为"调解议案"提供便利；但议案必须立足于民主基础，并拥有足够的修订空间。我们这位首相大人也许是觉得可以借此一劳永逸地将这场运动生生骗住；确切地说，这些妇女很可能不会意识到他所谓的"下一次议会"绝无可能是指"下一个会期"，并且很可能也意识不到，他所谓的"民主基础"，基本上是没有可能让"调解议案"在两院通过的，除非做出重大修订，甚至是毁灭性的修订。然而，阿斯奎斯先生若真的这么认为，那他可就大错特错了：大家的眼睛可都盯着这份闪烁其词的声明，热切且锐利，每一个用词都不会错过。最终，没人觉得这样一份声明是令人满意的，妇女社会和政治联合会准备再次行动了。

第二天早上，潘克赫斯特夫人引领一个代表团来到唐宁街。与其说是代表团，不如说是一支军团，情况很快便表明，这两个词其实是一个意思。警察被打了个措手不及，只有薄薄的一个队列，而且是仓促当中派遣来的，试图封锁街道入口。巡官试图跟对面的代表团交涉。"向前推进，"西尔维娅·潘克赫斯特站在出租车顶高喊着，"姑娘们，向前冲！"哈维菲尔德（Haverfield）夫人也发出了指令，这位夫人可是在南非战场上照料过伤残马匹的，平日里就穿着狩猎长裤并戴着一顶小小的黑色骑士帽。这支军团随即向前推进，警察向后退避，唐宁街一下子便被紧张脸庞和紫色旗子覆盖了。

就是在这个时刻，某种不祥感觉促使阿斯奎斯先生离开唐宁街的寓所，颇费了一些力气，才被得到骑警增援的警力护送出来，仓惶地上了一辆出租车。逃离之际，附近的一处窗口里面，一个愤怒女士正向他挥舞拳头。奥古斯丁·毕雷尔先生也是在这个时候来到现场的，不过他可就没那么幸运了。惊惧之下，他本能地要跳上一辆出租车，却不小心重重摔倒在地，扭伤了脚踝。

颇费了一番力气之后，街道终于清空了，潘克赫斯特夫人及其军团这次可是上演了一场强力战斗。到了这个时候，除了内政大臣而外，还有谁会在这清空的街道上"现身"呢！此时，只有一个妇女靠在街边的一堵墙上，已然精疲力尽了。丘吉尔先生一如既往地无法抵抗表演欲望。他向一名警察招呼说，"把那女人赶走"。尽管我们这位内政大臣很清楚那女人就是科布顿－桑德森（Cobden-Sanderson）夫人，曾多次招待过内政大臣，也是内政大臣夫人家族的好友。风声很快在伦敦传开，给人们留下了很糟糕的印象。几天之后，在内政大臣乘坐火车从伦敦前往布拉德福德的时候，一个名叫富兰克林的年轻男人携带马鞭，几乎闯进了内政大臣的车厢，最终因为鞭打内政大臣，"收获"了六个星期的监禁。

第三章　女性造反

"黑色星期五"之后,共有两百八十人遭到逮捕。有七十五个女士获罪,其中就包括哈维菲尔德夫人。她的罪名是在这场"唐宁街战役"当中,给骑警马队制造了混乱。

和平重新降临。自由党回归权位,同上院的战斗也到了最后阶段,阿斯奎斯先生此时的心绪看来也好了一些。此时,人们纷纷传闻,已然将10英镑租金条款剔除的"调解议案"修订案将于1911年5月5日再次引入议会,届时,内阁将不会从中阻拦了。4月2号晚上,人口普查日的前夜,大批妇女拒绝留在家中等候普查员上门,她们要么在大街上打发时间,要么就是前往参加四个通宵娱乐活动,这些活动都是选举权运动组织提前为她们准备好的。不过,除了此等温和抗议之外,此时的选举权运动还算太平。5月5日,"调解议案"以255票对88票通过一读。支持该议案的请愿书如同雪片一般涌向首相大人。此时,都柏林市长也动用一项古老特权,以自己的权杖和双手重剑作为先导,现身议事厅的"白线"外面,为妇女选举权运动请愿。在利顿(Lytton)侯爵要求之下,劳合·乔治发表声明,但意思含混,阿斯奎斯先生遂将意思挑明:"内阁一致决定,在文字和精神双方面兑现承诺,推进议案。"到了这一步,还能要求什么呢?此时的女性,用《民族》杂志(Nation)的话来说,已然成为"全权选民和公民了,只待程序认定了"。

即便妇女社会和政治联合会也满足于等待"调解议案"于1912年会期进入二读程序。然而,在这段等待期,加冕礼降临了,人们突然之间生出疑虑,选举权运动和内阁之间的这场亮光闪闪的停战协议,也许是有人刻意操纵的,目的就是在新王顺利加冕之前,不要再生出是非。在此期间,劳合·乔治给出了一系列说辞,含混且令人不安,尽管首相本人从来都是重申自己当初的承诺,但妇女社会和政治联合会的不安却是越发严重了。不过还好,这个组织保持着谈判态势,并没有出现游行示威的事情。

看来,这一年可以平稳度过了。然而,也就是在这个时候,不知悔改的阿斯奎斯先生在没有任何预兆的情况下,再度动作起来。11月7日,他接见了"人民选举权同盟"(People's Suffrage Federation)的代表,这是一个十足的神秘组织,倡导所有成年人的平等选举权,无分男女。首相大人向这个代表团宣称,内阁会遵守承诺,推进"调解议案",不过,内阁同时也会推出自己的"选举前议案"。该议案实际上自1908年出炉之后,便一直被压着,其主旨就是取消既有的所有选举资格限制,但仅仅适用于男性。

这话的意思不会有人不明白。就此时的情形而言,根本就不缺什么"男性选举权议案",若真的将这样的议案引入议会,那将毫无疑问地剥夺"女性选举权议案"的一切前景。倘若将一份女性选举权修订案附在男性选举权议案之上,或者附在改革议案之上,那就意味着要推行普遍选举权了,那样的话,女性选民将拥有一个百万人的多数,下院当然不会支持这样的议案。另一方面,议会定然也不会同意在通过男性普遍选举权的同时,单独通过一份议案,对女性选举权实施财产资格限制。至此,可算是水落石出了,妇女社会和政治联合会的领导人自然也看明白了。"黑色星期五"那天,首相大人拒绝接见潘克赫斯特夫人,实际上从那之后,首相大人便一直秘密运作,力图挫败她们。

第二天,来自各个女性选举权组织的代表便集结起来,等候首相大人。不过,这个代表团已然陷入无望的分裂泥潭。妇女社会和政治联合会的佩提克·劳伦斯(Pethick Lawrence)夫人和克莉丝塔蓓儿·潘克赫斯特小姐认为"调解议案"如今已经价值全无;"自由同盟"(Freedom League)的德斯帕德(Despard)夫人也倾向于这种看法;福塞特(Fawcett)夫人则仍然倾向于"调解议案";贝蒂·贝尔福（Betty Balfour）小姐和谢尔本公爵夫人则明确认为，应当以"调解议案"为诉求上限。出现这样一批敌人，实在是出乎阿斯奎斯意料，不过看来敌人已经发生了内讧，这可令我们这位首相大人大喜过望，他赶忙将这个优势利用起来。他说，两党都没能将这件事情正式担当起来，这太糟糕了！不过，无论下院多数支持"改革议案"修订案方案，还是支持"调解议案"方案，他都将信守承诺，不会挡了女性的路。

然而，一份全然多余的"改革议案"终将彻底毁灭民众强烈要求的"女性选举权议案"，这样的看法已经传遍全国了；虽然阿斯奎斯先生自己完全不能理解，民众为何会如此多疑。首相大人并不是要背弃承诺，他只是不想看到事态发展到令他必须履行承诺的地步。《星期六评论》不免品评说："这是赤裸裸的选举操控，没有哪个内阁能做得如此肆无忌惮。"此时身在美利坚的潘克赫斯特夫人则更为决绝。"必须反抗了"，这是她发送回来的电文。

战争硝烟再起。妇女社会和政治联合会给了阿斯奎斯先生一切的机会，但是这个滑溜溜的政客总是在闪躲，总是暗算她们。跟阿斯奎斯先生比拼机谋，显然是没有任何胜算的，他可是英格兰最厉害的议会政客。尤其是要考虑到，阿斯奎斯其人对自己政治羽毛的爱惜可是天下闻名的，他定然是要议会挡在他前面，要让世人都觉得违背诺言的是议会，而不是他自己。面对这样一个满身矛盾的人物，这些女人又能做什么呢？至于劳合·乔治先生，那可就更是恶劣。

接见代表团之后的那天（为了让首相大人接见代表团，劳合·乔治先生是出了力的，当然，西尔维娅·潘克赫斯特小姐有自己的说法，她说那不是接见，那是"横眉冷对"），劳合·乔治便承诺会襄助这些妇女。他提起动议，将女性选举权修订案附在"改革议案"上面，并"借助自己的演说和影响力"为该议案奔走呼号。但妇女同志们这次可是加了小心。她们说，倘若劳合·乔治先生此番行动是真诚的，那他就应当将此事纳入内阁议程，他就应当将此事作为内阁多数决议予以推进。倘若其他阁僚也行动起来，抵消他的此番奔走呼号，那他的演说、他的影响力又有什么用呢？这一切肯定是假的，劳合·乔治只不过是在帮助阿斯奎斯罢了。谁又能说得清楚这个人呢？他可能只是在等待时机而已，也许有一天，当选举权运动变得足够强大的时候，就有可能帮助他掀翻阿斯奎斯先生。无论如何，妇女社会和政治联合会都不想再这么被人一直欺骗下去了。这个组织已经完全厌倦了玩弄政治游戏。其他妇女组织想怎么干，那就随她们去吧，妇女社会和政治联合会别无选择，只能采取直接行动了。

11月21日，星期四，佩提克·劳伦斯夫人策动了另一场行动。她的追随者将石块和锤子藏在包里面，成功地打碎了内政部、战争部、外交部、教育委员会、贸易委员会、财政部、萨默塞特宫、自由党全部俱乐部、多处邮局、老宴会厅、伦敦西南银行以及哈尔丹勋爵、约翰·伯恩斯勋爵宅邸的窗户。这样新的威胁，令警察采取了最大限度的应对举措。两百二十三名妇女被捕，其中一百五十人被投入监狱，接受五天到一个月不等的拘留期。

然而，牢房恰恰就是这些女性选举权运动者最希望去的地方。于是，摩托车纷纷出动，前往僻静的乡间小道。在暮色的掩护之下，妇女同志们可以在这里充实她们的石块储备库；西尔维娅·潘克赫斯特则着手招募人手，巡查伦敦各处，看看哪里的窗户可作为攻击对象。

此时的妇女同志们明显分化为战斗派和非战斗派，国民的同情则迅速地从战斗派身上消退而去。阿斯奎斯先生便觉得时机到了。12月14号，他告诉反妇女选举权全国联合会（National League for Opposing Women's Suffrage）的代表，将投票权给予妇女，那将是"灾难性的政治错误"。此时的首相大人似乎觉得麻烦快要过去了。但是，妇女社会和政治联合会可不会乖乖就范。第二天，一个名叫艾米丽·威尔丁·戴维森（Emili Wilding Davison）的年轻女士在议会街被捕，当时，她手里有一条亚麻布，浸满了煤油，而且已经点燃，正打算将它扔向议会街邮局的邮筒上面。

六

可以说，从戴维森小姐被发现拿着浸了煤油的布条和火柴出现在议会街邮局旁边的时候开始，这场被人称为"战斗"的奇特且非理性的运动，便也真正开启了。要说戴维森小姐是启动了这场运动的推手，倒也毫不为过。无论如何，关于戴维森小姐，历史传递给我们的画面尽管只是一些碎片，而且还笼罩在她随后的殉道迷雾当中，但还是不难分辨出，这位女士是一个极度失衡的姑娘。她尤其深染这样一个信念：死亡乃是这场运动能够收获的最伟大赠礼；不过，她也发现，找死要比等死更容易一些。早在1909年，她就曾在曼彻斯特的一间监狱里面尝试过绝食，当时，当局为了解决这个麻烦问题，还尝试了一种极其可憎的惩罚方式，也就是所谓的"强制喂食"。当时，戴维森小姐将自己关在牢房里面，很是虚弱地躺在床上，当局遂命人将一个管子从窗口伸入牢房，往里面灌水，直到牢房里面水深达到六英寸。此等折磨没能缓解她的那种死亡执念。她的情绪一直很不稳定，时而欢笑，时而沮丧，而且总是会做出冲动之事（比如说预先写信给媒体，警告说，她将攻击邮筒），而且这些都全然是她自己主动而为。

两年后，她的那些同伴谈起她那瘦削、笨拙的身形，不免颇多伤怀，长长的手臂、狭窄的脑袋，顶着一捧红色头发；人们不会忘记她的绿色眼睛，充斥着虚幻和迷思；那谜一样的薄薄嘴唇，则多多少少会令人联想起蒙娜丽莎的微笑，满是讽刺。但所有这些回忆，都是她在埃普索姆被国王的坐骑踩死之后的事情了。1911年时，人们则都在怀疑她的表演欲太过强烈了，怀疑她有自己的谋算。克莉丝塔蓓儿·潘克赫斯特小姐也许能够原谅戴维森的神经质，也许能够理解戴维森的那种颇令人反感的求死欲望，但对这样一个很可能暗怀个人谋算的人，当然不怎么感兴趣。到了1911年，克莉丝塔蓓儿已然确信，必须将这场运动推进到一呼百应、奋勇向前的境地；倘若有人一心求死，那也应当等待命令才行。而且，此时的克莉丝塔蓓儿也开始认定，这命令只能由她本人或者她的母亲发出。

艾米丽·戴维森，如此神经质，如此变幻无常，如此歇斯底里，如果说她虽然有些过分，但终究是可以代表底层好战派的精神的话，那也可以说，她仅仅代表了底层好战派。身着长裙，穿越乔治王朝之历史脉流当中穿梭往来的妇女可不在少数，她们都激情十足，到了非理性的程度。她们就是靠着此等激情，鼓荡起身上的长裙，入侵并袭扰那个时代的庄重肃穆之所，艾米丽·戴维森不过是其中一员而已。在没有牧羊人的情况下，这个羊群会做出怎样的事情，会走过怎样的崇山峻岭，抑或只是死在峡谷里面，再也无人记起？谁知道呢？不过，有一点大体上是可以肯定的：若没有强有力的领袖，她们根本就无法成为战斗派；那样的话，她们顶多也就是满足于威尔斯（Wells）先生及其《安·维罗妮卡》(*Ann Veronica*)，要不就是落入西德尼·韦伯夫妇的费边主义窠臼里面，当然也可能最终堕入康普顿·麦肯齐（Compton Mackenzie）的盎格鲁 – 天主教教堂的烛台和熏香当中，兀自迷醉。但实际情况是，她们有了一个强有力的领袖，这个领袖与其说是艾米琳·潘

第三章　女性造反

克赫斯特，倒不如说是艾米琳·潘克赫斯特的女儿克莉丝塔蓓儿。

到了1911年，好战派运动看来已经以这个迷人且强劲的年轻女士为核心集结起来了。她何以建立此等权能，倒也不是很容易就能解释清楚的。她根本没有母亲的那种热力，也没有母亲的那种有着无限触动能力的口才。然而，一旦她站在讲坛之上，她那宽大且红润的脸庞之上就会荡漾起笑意，那样的笑意连同她那微微倾斜的橄榄绿色的眼睛以及高高的颧骨，显出一副很是怪异的面相。她的脑袋会在她那纤弱的肩膀上快速转动，肢体语言相当优雅。最重要的是，她总是会将双手伸在前面，然后很是轻柔地合在一起，此等姿态总是能将最为顽固的对手俘获，甚至令其皈依。这一切的一切，都是蕴含了力量的。当她的那双极为温软的嘴唇向着某个顽抗之人展露笑意并在突然之间释放出无可辩驳的反击之时，你就会意识到，此等友善温柔表象的背后，却暗藏了一个无情且冷酷的精灵。而且，即便你明白了这一点，你很可能也搞不懂，如此可爱的生灵怎么会这样啊。

克莉丝塔蓓儿小姐的个性之谜，在时间的淬炼之下，也逐渐成了妇女社会和政治联合会的奥秘，此等个性乃将女性之阴谋和男性之阳刚令人无法索解地融合起来。不仅仅是她的力量给了妇女社会和政治联合会用来进行斗争的肌腱，她的个人取向更是决定了妇女社会和政治联合会的发展脉络。无论如何，是克莉丝塔蓓儿第一个发现，倘若此番女性大业必须诉求议会，那么普通议员（Private Members）基本上是没有用处的。议会里面的那些同情派，确实有一些人是颇受敬重的保守党人；但真正令克莉丝塔蓓儿恼火的是，下院的所有党派当中，竟然是工党对女性选举权运动最为友善。有时候，诸如凯尔·哈迪（Keir Hardie）和乔治·兰斯伯利（George Lansbury）这样的人士会很有用处。但有一点终究是无法否认的，他们都是同人民打成一片的人，而且也正是依托了他们促动的民众潮流，妇女社会和政治联合会才有了崭露头角的机会。在皇后大厅的演说中，克莉丝塔蓓儿申诉说，"普通议员乃是基础要件，就如同燕尾服后背的扣子一样"。这话毫无疑问是说中了一桩政治实情；不过，当然也有理由认为，这话乃是直接指涉凯尔·哈迪先生的那种特殊服饰以及乔治·兰斯伯利先生的洪亮嗓音的，并且，这也正是克莉丝塔蓓儿的深意所在。

此等情形，令她的妹妹西尔维娅不免吃惊，因为西尔维娅终究是搞不明白，克莉丝塔蓓儿一度倍加珍视的共和派情感，究竟是怎么了。答案很可能是这样的：倘若能将康斯坦斯·利顿（Constance Lytton）小姐这等人物纳入自己的阵营，倘若能取得波利尼亚克公主（Princesse de Polignac）这等人物的同情，那也就没有必要再去倚重共和情感了。无论如何，此时的克莉丝塔蓓儿小姐已经开始进驻上流圈子了，若她仍然待在曼彻斯特，自然是做不到这一点的。当然，这个解释很可能只说对了一半。倘若能融入高贵血统，这场妇女运动的团结度和力量自然会得到提升，但是，即便没有这高贵血统，女性之大团结也定然是克莉丝塔蓓儿·潘克赫斯特这等人物的梦想。若仅仅倚重那些不靠谱的普通议员，那显然是在冒犯并侵夺这种日益强烈的团结意识，至少看起来肯定是这样的。而且也要考虑到，像克莉丝塔蓓儿这样的人，如此诡异地将傲慢和势利融为一体，并且尽管有着十足的干练，却也会轻易地沦为宏大幻象的猎物。这样的人，每每念及议会里面最积极也最真诚的同情者偏偏是工人阶级的代表，便不免会觉得这是额外的负担。此时的克莉丝塔蓓儿当然觉得，所有男人都是粗俗造物；不过，其中一些男人要比其他的男人更为粗俗，这也是无可逃避的事实。

于是，妇女社会和政治联合会便没有兴趣去经营那精巧、复杂且需要极

第三章　女性造反

大耐性的议会政治了,她们已然无意在下院运作一个非党派多数了。此时的克莉丝塔蓓儿·潘克赫斯特已然触动了这个组织当中所有人的深层本能了。妇女必须团结起来,必须并肩战斗。这届自由党内阁虽然顽固但也不过是一个幻影罢了,她们要同更有价值的敌人战斗,一旦击败了这样的敌人,她们就能得到更有价值的战利品。那么这个敌人会是谁呢?矛头当然要对准内阁,内阁的命门显然就在于财产问题;因此,必须对财产实施威胁。"砸碎窗户,"在1912年2月16号欢迎出狱同志的宴会之上,潘克赫斯特夫人宣示说,"就是现代政治最具分量的议题。"面对此等极为特殊的女性思路,当局的精气神一下子就被折服了,免不了一声叹息,伦敦地界可是有着数不尽的昂贵玻璃窗啊。

当局当然是要一声叹息!3月1日下午4点,苏格兰场举行了一场聚会,商量着如何保护店主不受女性选举权运动的侵袭。也就是在4点的时候,大批女同志分成众多小队,都穿着昂贵衣服,带着又大又时髦的袋子,向着西区游荡而去,看似一副无所事事的样子。很快,皮卡迪利和干草市场便首先响起了玻璃碎裂的声音。警察和路人纷纷涌向现场,警察分成小队,将这些妇女围在中间,一路送往警察局,这些妇女手里都拿着锤子(显然,有些玻璃是十分坚韧的,足以把石块弹开),警察的情绪已经是相当激动了。然而,还没等到将上一批破坏者安全送入警察局,玻璃碎裂的声音便再次划过夜空。这一次遭灾的是摄政街和河岸街。警察即刻赶奔这些地方,他们刚把破坏者围拢起来,牛津广场和邦德街的玻璃碎裂声便接踵而来。这片街区可谓人头攒动且灯火通明,夜色在咔嗒咔嗒的急促声响中降临了,那是百叶窗和铁制门帘匆匆落下的声音。身形高大的巡视员用愤怒但警觉的眼睛盯着街面,搜索着一切单身女性,只要是带着袋子之类的东西,便都列为嫌疑对象。但所有这些防范措施均告枉然。此种接力战法，效果堪称完美，破坏行动可谓秩序井然，就这么一直持续到6点半的时候。坐落在考克斯普尔街的里昂–阿本罗德特船运公司，还有库克公司、柯达公司、斯万与埃德加公司、马歇尔与斯内尔格罗夫公司、杰伊公司、李贝蒂公司、富勒公司、斯维尔斯和威尔斯公司、霍普兄弟公司以及卡拉拉大理石公司等著名企业，都遭遇了锤子的无情袭击，最终，损失金额高达数千英镑。

与此同时，强悍的潘克赫斯特夫人乘坐出租车前往唐宁街，正好在5点半的时候，她和另外两个同志成功地扔出四块石头，砸碎了首相大人的窗户，而后，几个破坏者便迅速消失了，最终，几个同志虽然被推搡着送入加农街警察局，但自然也是一副胜利者姿态。

事情到此为止了吗？警察可不这么觉得。潘克赫斯特夫人确实被拘留了，但是克莉丝塔蓓儿小姐仍然逍遥在外，而且看来，3月4号的议会广场将会面临一场大规模的游行示威。这天一大早，大英博物馆以及伦敦中心区的所有大的画廊都关闭了大门，特拉法加广场的商店也都关门大吉，夜幕降临时分，议会广场、白厅及其附近街道，已经布置了三千人之多的警力。这些警察连同大批旁观人群就那么等待着，等待着，但最终没能等来任何敌人。显然，他们被算计了，而且他们也知道被算计了。因为当天早上，就已经有上百个女同志分散开来，渗透了无人防范的骑士桥，这里可到处都是玻璃，她们打碎了她们见到的所有窗户；而且，她们还做到了全身而退。这两场破坏行动将两百个女性送入了治安官法庭，所获刑期从七天到八个月不等。接下来的《妇女选举权》（*Votes for Women*）也遭遇了极为严格的审查，有时候，甚至到了只保留头条标题的地步；诸如"历史教导我们"以及"发起挑战！"这样的标题，就那么突兀地放在头条标题位置上，下面却是一片空白，无论过去

第三章　女性造反

还是现在，此等情形看来是有着特殊的雄辩之力的。

潘克赫斯特夫人、图克（Tuke）夫人和佩提克·劳伦斯夫人，被视为集团领袖，并以这样的身份被送入弓街治安官法庭，审判时间是3月14日。此次审讯乃是纯然喜剧性的，这可能也是最后一次了。诉讼人是阿奇巴德·波德金（Archibald Bodkin）先生，此人实在像极了一枚鸡蛋，至少他的受害者就是这么认为的。他嗓门洪亮，但完全没有幽默感，试图证明妇女社会和政治联合会是最为凶险的地下组织。为此，他征引了组织的密码本，以此破解了所有的电文和私人信息，波德金还郑重宣示说，甚至内阁成员也牵涉其中，"有些是人名，有些则是植物的名字，但我一定要说，这里面也包括了最普通的杂草"。（笑声）"其中有一人被称为'蝴蝶花'（Pansy），还有一人的名字要好听一些，'玫瑰'，此外还有'紫罗兰'，等等等等，不一而足。"该组织的每个领导人，以及所有的公共建筑，都有其代码，比如说，她们的电文里就出现过这样的字句，"丝绸、蓟、蝴蝶花、鸭子、羊毛等等"。为了方便法庭听审，波德金先生特意将这密码电文翻译过来，意思就是，"请你们明晚参与抵制阿斯奎斯的公共集会，但要小心点不要被抓，除非靠这个能取得成功。克莉丝塔蓓儿·潘克赫斯特。克莱门特旅店"。（笑声）

然而，克莉丝塔蓓儿·潘克赫斯特已经不在克莱门特旅店了。3月5日，她用一顶粉红色小帽换掉了以往的那顶宽松帽子，逃往巴黎，以阿米·约翰逊小姐的身份待在巴黎，警察则对伦敦展开了地毯式搜查，试图找到她。女同志们已经靠着自己的聪明才智，设置了虚假线索，令警察多番追踪之后，仍然落了个空。克莉丝塔蓓儿小姐的动机当然是很清楚的：警方已经发出了通缉令，劳伦斯和潘克赫斯特夫人已经遭到抓捕，此等情形之下，无论如何都要保证至少一个领袖人物的自由身。不过，也不妨想象一下，这样一个年轻女士，长着一副怪异的面孔，在巴黎的春日时光里悠然走过；要不就是忙着撰写运动宣言并布置战略，那浸润着芬芳和张扬之气的异国夜色，就那么透入她的窗台，此情此景，将会令人生出何等特别感受啊。这感受虽然是不期而至，却也是自然而然的！这场好战派运动，已然是如此迷狂，如此非理性，这样一场运动若能拥有自身的偶像，岂不是更为重要？无论如何，拥有这样一个偶像，就如同拥有一个女神，一个对自己的信奉者有着永恒关切的女神，虽然置身遥远且无可切近的神圣之所，却一直都在为信徒们的劳作和辛苦鼓掌、喝彩。克莉丝塔蓓儿小姐难道不正是这么看待自己的吗？

不过，这个女神倒也并非完全不可接近。诸多心腹，满怀忠诚也满腹谋划，时不时地会偷偷前来相见。当然也少不了一个常规的联系人，类似于女王信使的角色。还有谁比安妮·肯尼迪（Annie Kenney）小姐更适合这个艰巨任务呢？肯尼迪小姐确实不是很适应海峡渡船，但是她的热情、她的信仰和她的忠诚都是无比强烈的。这倒是很自然的事情。仅仅几年前，她很可能永远注定了要在兰开夏的一个工业小城里面过上一辈子毫无声色的生活，得亏潘克赫斯特夫人和小姐以及这场女性选举权运动，让她有机会摆脱这个命数。从一个磨坊女变成一个斗士……这像极了灰姑娘的故事，潘克赫斯特夫人显然就是她的神仙教母，就是她的白马王子，难道不是这样吗？肯尼迪小姐在智识上确实有诸多缺憾，但谁又能指责她不知感恩呢？谁又能指责她好逸恶劳呢？谁又能像肯尼迪小姐那样，甘愿打扮成报童模样，甘愿在那如同迷宫一样的市政管道网里面摸索、爬行。于是，肯尼迪小姐便主动请命了。于是，便经常有人看到停靠在加来或者布洛涅的海峡渡轮之上，走下来一个身形娇小的寡妇，身披一袭厚重黑衣，显然还没有从晕船痛苦中挣脱出来。这显然是一个紧张且可怜的女人，纤弱手掌仅仅扭结在一起，会不断地撕扯、拉拽着手套。不过，透过那黑色面纱，却也不难瞥见她的金色头发、微微凸出的蓝色眼睛和一直都是半张着的嘴。无论紧张与否，无论晕船与否，安妮·肯尼迪小姐已经上路了。

第一次来到巴黎的情形，肯尼迪小姐自然是记得特别清楚。克莉丝塔蓓儿·潘克赫斯特当时就住在波利尼亚克公主的宅邸里面，肯尼迪小姐依然是一副寡妇的装扮，就那么被引进一间图书室，那是她见过的最大的图书室。"我感觉自己好渺小啊！"她在回忆录里面写道，她就在图书室里面等待，等着自己的主人结束午后散步之后回来。最后，肯尼迪小姐不知不觉间睡着了，可能是因为太累了，也可能是因为实在看不懂手里的书，那是萨福的诗篇，而且是用樱桃色的皮革装订的。

七

弓街治安官将潘克赫斯特夫人以及佩提克·劳伦斯姐妹安排在老贝利街的中央刑事法庭接受审判，罪名是"阴谋煽动他人恶意损毁财物"。但因为潘克赫斯特夫人的身体原因，具体的审讯一直推迟到5月15号进行。

政客和公众普遍认为，好战派此番不知检点的行为对女性选举权事业没有带来任何好处。且看一看这不幸的"调解议案"于3月28日进入二读的时候，遭遇了什么！自由党党团群起反对该议案，理由是若通过该议案，阿斯奎斯先生就要辞职；身为内阁党鞭的埃利班克（Elibank）子爵同样表示反对，理由是，该议案若获得通过，那就意味着内阁分裂；劳合·乔治先生的秘书克劳沙依·威廉斯（Crawshay Williams）先生组织了一场联名抗议行动，并保证说，此事是他自主行动，无人指使；至于爱尔兰党团，对该议案的反对态度是铁板一块的，这一点也是众所周知的；阿斯奎斯先生尽管承诺了中立态度，但实际上还是对议案展开攻击，为此，他动用了相当的辩才。最终，"调解议案"以十四票之差遭到否决。民众则普遍认为，要怪就只能怪那些女人砸碎人家的窗户。

不过，此时的妇女社会和政治联合会对"调解议案"的命运已然是无所谓了，甚至可以说，这个组织对任何议案都无所谓了。此时，一种迷狂氛围已然将该组织攫住了，此等迷狂驱使组织成员弃绝男人的世界，在这个世界里，立法之事可谓步履艰难，即便只是为了一个无足轻重的目标。于是，这场冲突和斗争便逐渐同令人沮丧的日常现实脱离了接触，说实在的，这样一场斗争当中，那精神是在渴念着已经长期远离了女性的古老智慧的，渴念着专属女性的思想。这样一场斗争当中，她们遭遇了莫可名状的痛楚和打击，她们当然也向往着，这样的痛楚和打击，就如同魔法一样，令男性的专横和霸权烟消云散。

在霍洛威监狱，潘克赫斯特夫人已经准备好了迎接九个月的监禁，那是上诉法院法官柯勒律治（Coleridge）先生在老贝利街判处的刑罚。当然，潘克赫斯特夫人很可能也在想方设法地规避此等刑罚。阿斯奎斯先生也确实表现出相当的宽悯，希望内政部能给予潘克赫斯特夫人和佩提克·劳伦斯夫妇一级监禁的特权。不过，潘克赫斯特夫人刚刚享受到这个特权，便也发现，她的那些普通支持者，也就是罪名当中她所煽动的那些人，仍然在二级监禁的状态中煎熬着。这便是她的机会了。于是，她便央求内政大臣让这些普通追随者也享受同样的待遇。我们这位内政大臣当然是要拒绝的，这当然都在意料之中。那好吧，我们这位潘克赫斯特夫人便毫不示弱地表示要绝食，她绝食的消息传到布里克斯顿和艾尔斯伯里的监狱，那里的追随者们遂纷纷效仿

第三章　女性造反

领袖，一起绝食。

于是，便有了约翰·罗尔斯顿（John Rolleston）爵士的名言：除非杜莎夫人蜡像馆里立下塑像，展示妇女被强制喂食的场景，否则的话，这个时代的历史就不算完满！强制喂食正是当局对此时诉求的应对手段，当局也决意用这个手段对付这些绝食的妇女。人们也许会觉得，倘若这些妇女不抵抗，那么这倒也不失为一个解决办法，虽然极其令人不快。然而，这些妇女却是铁了心要抵抗的。而且抵抗的后果自然也是极其令人憎恶的。首先，要强行撬开这些犯人的嘴巴，将一块东西放进去垫着，这东西有的是用木料制作，不过通常情况下都是用钢铁制作的，就那么活生生地将牙床割破，很是残忍，接着，女狱警便将犯人控制在床上，无论犯人如何扭动挣扎，而后便将食管顺入犯人喉咙，无论这中间会遭遇怎样的困难，最终都是要将那恶心的流体食物通过这管道进入犯人的消化系统。食管激起的自然反应和犯人的紧张情绪，通常都会令刚刚进入消化道的食物即刻被呕吐出来。

此刻正在霍洛威监狱绝食的潘克赫斯特夫人，自然是觉得当局一旦明白她的决心，就会即刻将她释放。然而，某天下午，她听到了隔壁囚室里面佩提克·劳伦斯夫人的挣扎和嚎叫，便意识到自己也难免此番终极惩罚，难免完全丧失尊严。不过，当医生和女狱警带着食管出现在她的囚室的门口的时候，她便抄起桌上沉重的泥水罐子进行威胁。此等因痛苦和绝望而起的紧张态势，令医生和狱警离开囚室，没有侵扰她。当然，在隔壁囚室的一番动作，很可能也令他们备感糟心了。潘克赫斯特夫人遂强烈要求探望佩提克·劳伦斯夫人，获得允许之后，她便看到劳伦斯夫人的悲惨状况；毕竟，这位女性身材高大而且意志坚决，足足动用了九个女狱警才将她制住。四十八个小时后，二人便被以医疗理由释放，不过，绝食运动仍在继续。

在本顿维尔监狱，佩提克·劳伦斯经历了五天之久的强制喂食。在霍洛威监狱，那些普通追随者们则仍然在巨大的恐惧中等待囚室大门打开并迎来食管的时刻。她们仍然拒绝进食。霍洛威监狱的一个医生竟然因为手段凶悍，令犯人们一看到他的身影，便痛苦尖叫。艾米丽·威尔丁·戴维森最终被此等痛楚彻底摧垮了，利用囚室大门打开的时机，一下子从过道里面跳了下去，希望用这样的方式自杀。但是死神一如既往地绕开了我们这位戴维森小姐。一面金属丝网挡了一下她的下坠进程，令她只是受了重伤。

到了 7 月 6 号，所有的绝食者都被释放了；到了这个时候，绝食者的身心状况已然不适合继续关押了。

此番强制喂食的消息传到巴黎的时候，克莉丝塔蓓儿小姐遂极度振奋起来。她遂以威严姿态发出指令：继续战斗！于是，内阁成员，无论何时，也无论何地，只要现身，就定然会遭到这场运动的成员以及点缀其中的几个男性支持者的袭扰。在印度事务部的接待处，约翰·伯恩斯先生不得不将一个前来示威的妇女强行抱走。就在他抱着那个女人摇摇晃晃地往外走的时候，侍者赶忙向伯恩斯先生喊道："那边没有门啊。"肯宁顿剧院，劳合·乔治先生遭到一个名叫维克多·格雷（Victor Gray）的运动同情者的袭扰，劳合·乔治试图将格雷先生赶走，二人扭打过程中都摔倒在地。一些女士甚至陡然生出凶悍之气，径直前往威尔士劳合·乔治先生在拉尼斯提姆德威（Llanystymdwy）的家族领地展开侵扰。为此，她们还穿上了十分结实、厚重的衣服。然而，威尔士人可不是那么好惹的，最终，至少有两位女士被彻底扒光了。斗争就这么继续着。

好战派偶尔也是能得到支持的。西利（Tim Healy）先生，一个聪明但不修边幅的男人，不仅衣着打扮不修边幅，内心观念同样相当杂乱，几乎是

第三章　女性造反

跟一切作对，包括他天然应当归属的雷德蒙派。在阿尔伯特厅的一次演说中，西利先生直接宣称，内阁对待妇女社会和政治联合会的态度就是"持续的虚伪狡诈"。在下院，西利则是拿出更切实的理由，对阿斯奎斯先生及其阁僚展开攻击。一些仍然在押的女同志提起释放申请，因为家中亲属病了。内政部极不情愿地予以允准，条件是签订一张文书，发誓再不干类似的事情。无论如何，此举的合法性是很成问题的，西利先生遂拿此事向首相大人发难。此时已经是6月23日，霍洛威、布里克斯顿和艾尔斯伯里等地的监狱仍然在实施强制喂食。阿斯奎斯先生对此则是故作惊讶，他回应说："只要在内政大臣提供的协议书上签字，今天下午就可全部释放。"乔治·兰斯伯利先生即刻起身，愤怒还击。"她们不会签字的，这一点你很清楚，"他喊叫着说，"堂堂英国首相，竟然说出这样的话，实在是不知检点。"（秩序！秩序！）此时，兰斯伯利先生已然离开过道下方的席位，径直冲入议事厅，直挺挺地站在内阁议席前面，挥舞双手，似乎要攻击整个内阁。"我压根儿就瞧不起你，"他叫嚷着，"你真应当从首相位置上滚蛋啊。"现场一片"秩序""秩序"的喊声，兰斯伯利不予理会，而是提高了自己的嗓门，将这喊声压了下去。"这太无耻啦，在英国，还有什么事情比这个更无耻啊。"接着，他便向前一步，向着面沉似水的阿斯奎斯先生摇晃着拳头。"你折磨无辜妇女，历史会给你记下一笔的，"已然彻底出离愤怒的兰斯伯利先生吼道，"你将以这样的方式留名青史。"

此番发泄之后，兰斯伯利先生才返回自己的座位，议长遂表态同意将兰斯伯利暂时驱离议会，因为他"严重扰乱秩序"。对此，兰斯伯利再度爆发了。"只要此等宵小之事仍然继续，我就不会离开。你们这是谋杀，是滥用酷刑，是要把她们逼疯，然后告诉她们可以出去！你们应该为自己感到羞耻。

就你们这样的人还大谈原则,还跟阿尔斯特战斗?你们根本不配搞政治。你们不知道什么是原则。那些女人正在向你们展示什么才是原则。她们为女性的事业斗争,你们要想得到荣誉,就应当支持她们。看看这位首相大人,竟然说可以将她们释放,恬不知耻,大言不惭,我就是这么看的,我就是这么说的。在堂堂英国议会说这样的话,还嘲笑那些女性的痛苦,这就是下三滥的行径。你们应当为自己感到羞耻!"

无论如何,兰斯伯利先生可算是政坛之中最为温和的人物之一了,而且在下院也颇有声望,议长大人便也以安抚的口吻缓声说道:"我必须跟弓街和布罗姆利的这位尊敬的议员大人说一声,倘若您拒绝离开议会,那可是在蔑视本座的权威啊。"这番话产生了效果,兰斯伯利先生也放缓语气,重申了先前的看法,而后便准备从命了。不过,他显然对下院的规矩不是很了解,不知道具体该怎么做,就那么楚楚可怜地站在自己座位旁边,搞不清楚是自己走出来,还是被护送出去。最后,他来到后一排席位的角落处,以低沉但也浑厚的声音询问坐在那里的拉姆齐·麦克唐纳(Ramsay MacDonald):"麦克,你告诉我,我该怎么做?"在得到了这个狡黠的议会政客以及隐秘的反女性选举权主义者的正确告知之后,兰斯伯利先生便自行离开了议会。

八

这样的事情,无论如何都是好事,但克莉丝塔蓓儿小姐并没有太多的振奋可言。在兰斯伯利最终离场的时候,确实有一个名叫伊莎贝尔·欧文(Isabel Irvine)的女士将议会中央门厅的一扇玻璃给打碎了,于是议席里面传言纷纷,说是议会的各个大门都已经被携带锤子的女人给占领了,她们很快

第三章 女性造反

就要对议员发难了。这当然是玩笑，不过，兰斯伯利先生的此番表现无疑为自己赢得了重大荣誉，克莉丝塔蓓儿小姐对此可是不会有什么好心情的。在克莉丝塔蓓儿看来，女人必须自己担起自己的事情。于是，巴黎的那座已然陷入迷狂且以自我为中心的神龛，定然会发送出种种行动指令。妇女同志们接下来应当怎么干？如何集结新的勇气？既然已经有了这么一批对自己仰慕有加且俯首帖耳的追随者，那么究竟该如何将潘克赫斯特这个大名坚实地书写在英国史册之上呢？1912年7月，巴黎发出了指令。潘克赫斯特的大名将书写在烈火当中。

就这样，一个年轻女士，非常漂亮，穿着时髦，在伦敦的大街上四处晃荡，看起来悠然自得，闲散无事。不过，但凡繁华之所，她都会停下来跟某个朋友聊上一会儿。很快，便有一两个妇女驱车前往乡间。她们将车留在路边。而后，她们便带着装满了油料或者煤油的沉重箱子，不惧辛劳，穿越篱笆，穿越陌生之地。她们运气不错，顺利地将几座空屋子和已经闲置的教堂送入火海。此番行动，她们得到的指令是迅速撤离现场，不要给人发现。烈火就这么在出人意料的时刻和更加出人意料的地方升腾而起，当然就会在人们内心激发一种隐秘的、深透骨髓的恐惧感。

据记录，最早遭殃的是纳尼汉姆宫，这是刘易斯·哈考特（Lewis Harcourt）的漂亮府邸。7月13号凌晨1点的时候，有人发现有两个妇女蹲在纳尼汉姆宫那爬满藤蔓的院墙下面。她们都携带了易燃油料、开锁工具和玻璃刀。其中一人被抓获，另一个则是在挣脱之后，迅速越过田野消失了。据警察说，这个女同志"沉默寡言"，对"史密斯"这个名字有回应。（当然，此女并不是埃特尔·史密斯博士，埃特尔·史密斯是个作曲家，有不在现场的明证。）

准备易燃油料、撬锁工具以及其他的器械工具，以开展这种新的破坏行

177

动，这当然是相当有难度且也相当耗时的工作，就在这个过程中，巴黎方面还发来指令，要展开第二种破坏模式。目标就是邮筒。好战派成员通过邮筒的开口，将各种油料和易燃物塞入邮筒。由此造成的破坏倒也不是很大，截止到1912年12月，内政部宣称，共有五千封信笺遭到轻微损坏，这其中，只有十三封信笺和七张明信片被损毁。

接着，便是一夜之间在全国各地，早上外出打高尔夫球的人们便纷纷发现球场里面到处都是写着"妇女投票权"的单子在酸液里面燃烧。星期天上午，巴尔摩拉的王家高尔夫球场飘摆的不再是往日的小旗子了，都已经被人换成了让人害怕且熟悉的紫色小旗子。此前，英格兰的高尔夫阶层对待打碎窗户之类的举动，颇有些玩笑和纵容的态度，但是到了这一刻，他们意识到自己遭遇了实实在在且莫可名状的威胁。他们懊恼，他们震惊，他们愤怒，但是他们能做什么呢？好吧，他们至少是可以以暴制暴的。确实有那么一次，在因弗内斯高尔夫球场，遭遇两个女同志追打的阿斯奎斯先生不得不躲到一个政敌的身后，此人恰巧就是新任的内政大臣。这位强壮绅士威胁说，要把这两个女士扔进旁边的池塘里面。倘若两个女同志没有选择谨慎撤离，估计这位绅士就真的说到做到了。

不过，此等秘密纵火的策略，当然是最能扰动人心的；而且其波及范围也是相当广泛。西尔维娅·潘克赫斯特小姐坦承，这样的行径"颇让人沮丧且遗憾"，妇女社会和政治联合会的其他一些成员也觉得这样的做法并非她们的良心能够承受，这令她们甚是糟心。

克莉丝塔蓓儿小姐遂选择在这个时刻从巴黎秘密返回。她期待这场危机，甚至是欢迎这场危机的，即便这意味着佩提克·劳伦斯夫妇就此脱离这场运动。此前，她、她的母亲以及佩提克·劳伦斯夫妇的大名可一直都是镌刻在这场运动的大旗上面的。佩提克·劳伦斯夫妇可以承受砸碎窗户之类的行径，但终究是承受不了此等纵火行径。而且，过去的几个月时间里，不也有迹象表明，夫妇俩是有心为自己着想了吗？此等情形之下，夫妇俩脱离这场运动，倒也是一桩好事。而且真要说起来，夫妇俩终究是头脑尚且清醒的已婚人士，若就这么追随克莉丝塔蓓儿小姐及其母亲，这一路之上的困顿势必不是二人能够或者愿意承受的。无论如何，这是一条暗黑之路，一条通往狂热精神之地的道路，那里可是女性秘密集结并狂欢的地方啊。

妇女社会和政治联合会的领导层竟然有一个男人，这不仅会带来不便，更会带来难堪，鉴于此时的情况，还会毫无必要地为这场运动注入喜剧感。在这样一场迷狂戏剧当中，男人怎么可能扮演严肃角色呢？男人总是在尝试，这些可怜的怪物；不过，他们从来就如同波顿（Bottom）误入泰坦妮亚的王国，或者像卡利班再次误入阿里尔的迷人海滩那样。有那么一个有名故事，说的是西伊－斯克芬顿（Sheehy-Skeffington）先生，都柏林的一个热情选举权运动者，他谋划着在1912年7月的一场民族主义集会之上向阿斯奎斯先生发难。于是，都柏林民族主义者在发放入场券的时候，便额外地小心谨慎，任何有嫌疑的女性均不得入内，至于西伊－斯克芬顿先生，则遭遇了如下警告：倘若他试图进入会场，将会遭遇严厉处置。

不过，西伊－斯克芬顿先生并没有被吓倒。他冒用一个神父的名字得到了入场券，一个名叫杜德利·迪格斯（Dudley Digges）的人从中提供了帮助。而且他还特意将自己伪装起来，此番装扮很是有效，唯一的缺憾就是他拒绝剃掉自己的红胡子，那是他素来引以为傲的东西。在天主教神职群体，蓄胡子绝对是罕见之事。因为车夫醉酒，他抵达会场之时已经迟到了，西伊－斯克芬顿先生遂出示入场券，但有些发抖。不过，在都柏林，神父终究是神父,这个蓄了胡子的幽灵顺利进入会场。于是,就在阿斯奎斯先生的演说进入华彩时刻的时候,演说被一声"妇女投票权"的喊叫硬生生地打断了。这一嗓子实在是高亢且尖利,愤怒的接待员即刻吼叫着"斯科菲"(Skeffy)的名字,开始抓人,很快就发现了他们的这个神父。现场一片嬉笑怒骂,将斯克芬顿捆绑起来,一顿踢打,然后就扔到大街上面,斯克芬顿先生已然是落魄不堪了。

此等场景确实有些夸张了,毕竟,西伊-斯克芬顿事件绝对不会是常见的情况,而这恰恰就是克莉丝塔蓓儿小姐竭力要避免的事情。倘若一定要有男性同情者,那他们就应当表现得庄重一些。否则的话,就只能是愚弄自己。无论如何,克莉丝塔蓓儿小姐此时的心思已然完全沉溺在性别战争的迷狂幻象当中了。

佩提克·劳伦斯夫妇跟妇女社会和政治联合会和平分手,并同意重新接管《妇女选举权》。于是,很快便有一份名为《妇女选举权主义者》的新杂志现身街头,这份杂志是克莉丝塔蓓儿小姐在巴黎时候操办的,姿态更为张扬。妇女社会和政治联合会的总部也迁入了林肯律师学院坐落在国王大道的文艺复兴风格的豪华建筑里面,并就此彻底成为克莉丝塔蓓儿·潘克赫斯特和艾米琳·潘克赫斯特麾下顺从且狂热的仆从军团。

九

佩提克·劳伦斯夫妇既已离开,克莉丝塔蓓儿和母亲便达到了组织霸权之顶峰,这是她们一直渴念的东西。不过,登临顶峰的这一步却也将母女二人送入奴役境地,这奴役之深重远远超过了二人对追随者的奴役,这么说也

第三章 女性造反

许不太好听，但事实确实如此。母女俩的外在形象差不多就沐浴在英雄的光辉当中。麾下这支已然迷醉的妇女军团正愈发庞大，在巴黎，克莉丝塔蓓儿那诱惑力十足的个性，在伦敦，潘克赫斯特夫人那不知疲倦的大脑，指挥着这支军团的一切动作，掌控着所有军团成员的心绪。只需要挥一挥笔杆，皱一皱眉头，只需要设法将指令从海峡对面秘密发送过来或者在伦敦的某个讲台之上抛出激情话语，破坏工作便会闻风而起。说白了，二人只需要动一动嘴皮，城堡和教堂便会葬身火海，各路名画便会遭到破坏，窗户便会纷纷碎裂，议会和国王的尊严也会遭到侵夺。这支仆从军团的成员，更是一门心思地想得到母女俩的掌声，为此，她们根本不惧人群的暴力、牢狱以及强制喂食的痛苦。情况逐渐明朗起来，所有人都各安其位，各担指责。那华彩画面终于完成了，这画面之上，艾米琳和克莉丝塔蓓儿的形象傲然而立，君临一切，如同一对地狱女王升腾而起，检视着这狂暴图景。

地狱！这个词在此确实有着特殊意味，但这意味肯定跟英雄无关。

她们确实是领袖，但是她们领导的这场运动，其开端虽然巨大却也是不可见的，并且是借由一个漫长且复杂的因果链条传递到这个时刻。当然有众多英格兰女性是憎恶这种战斗模式和姿态的，然而，正是这些妇女的无意识欲念，才令战斗派成为可能。历史总会有诸多小小反讽，这便是其中之一。维多利亚时代的漫长沉睡当中，女人充斥了混沌奇想和朦胧梦魇，而今，妇女属性已然有了苏醒的苗头，正处在半梦半醒之间，在这样一个时刻，这妇女属性是完全可以将潘克赫斯特母女放逐的，就如同苏醒之前的一声沉吟。在此，有必要重申一点，克莉丝塔蓓儿及其母亲在这么一个时刻，实际上正处身这种独特暴政的宰制之下，并且也有必要明白一点：正是数百万憎恶并害怕这种宰制的女性，为两人提供了力量，并催动两人走向暴力。说白了，潘克赫斯特母女乃是此时女性身上那种自由欲望的奴隶，这欲望虽然生机充盈，但尚且柔弱胆怯；潘克赫斯特母女不过是这欲望的傀儡和投影；很不幸，这样的投影，终究会呈现出越发浓重的魔鬼形象。在此，不可能也没必要将母女俩的活动溯源于心理学理论的幽暗深渊当中，这种做法只能是徒增混沌而已。不过，即便只是依托上述的这些浅薄考量，也足以令观察者从妇女社会和政治联合会随后的战斗当中多有汲取。

到了这个时候，小女儿西尔维娅的行为也成了母女俩需要面对的难题之一，而且是有着相当大难度的。西尔维娅是家里的艺术家，满心的梦幻和柔情。克莉丝塔蓓儿显然要比她更迷人一些，因此，打小开始，潘克赫斯特夫人便更宠爱克莉丝塔蓓儿一些。就如同西尔维娅自己说的那样，"我一直都在忙着写写画画，忙着学习刺绣，观察虫子"，除此之外，便没有别的事情可做了。不过现在，她则是顽固地拒绝忘却父亲的原则，她对秘密纵火之类行径颇为反感，并公开宣示她的社会主义观念。对于此时的克莉丝塔蓓儿和潘克赫斯特夫人来说，那些为英国独立工党（I. L. P.）工作的日子，已然淡入朦胧过往了，那样的过往在二人心目中已然是颇为不堪了，因此，二人对西尔维娅的这些表现颇为警觉。西尔维娅已然表现出独立苗头，这已经是足够糟糕的事情了。但这个小女儿更是深入东区，置身弓街中段一间废弃的面包坊里面，不惧那里的厚厚灰尘以及肥皂、皮革作坊散发的恶臭。在店铺门道上方，西尔维娅用烫金的罗马字母写下了"妇女投票权"的字样。母亲和姐姐不免觉得如此高贵的标语出现在这样的地方，是非常不合适的。而且，此举既出，更会令人们纷纷去往那里，去观瞻这个"西尔维娅"的啊！置身各种肮脏贱业当中的妇女，置身这绝望贫民窟中的妇女，都会涌向这个"西尔维娅"的啊！逻辑自然表明，这个女性群体，在全部妇女当中，是最需要投票

第三章　女性造反

权的；不过，逻辑在妇女社会和政治联合会的秘密会议当中却不曾扮演重大角色。《妇女选举权主义者》的阳春白雪，当然也绝少会给西尔维娅的这套策略提供空间。西尔维娅的第一个公共集会是在贝斯纳尔格林举行的，此次集会之上，西尔维娅及其追随者遭到了袭扰，袭扰者所用武器是被尿液浸泡过的鱼头和报纸。

西尔维娅小姐很快便发觉，她与妇女社会和政治联合会已经是互不待见了。快到1912年年底的时候，乔治·兰斯伯利也发觉自己不得不为争夺弓街和布罗姆利的席位而斗争。因为工党对妇女选举权的支持有些心不在焉，令兰斯伯利同工党发生争吵，因此也就令兰斯伯利不得不以独立候选人身份寻求连任。潘克赫斯特夫人和克莉丝塔蓓儿遂以屈尊之态在布洛涅同兰斯伯利会面，商议竞选细节问题，但结果并不令人满意。此时，妇女社会和政治联合会的一个组织者突然闯入西尔维娅在弓街面包坊的指挥部，这背后显然是有来自法国的指令的。此人显然不是要襄助兰斯伯利先生的竞选活动的，反而是要将此次竞选当作天赐良机，可以用来发表演说，售卖《选举权主义者》，当然也借机来提升此时已然是人们所熟知的"该隐"的地位。此等行径，西尔维娅当然反感，但也保持顺从，就那么待在一旁，看着这个年轻女士及其助手将舞台灯光从兰斯伯利先生这边偷走。对于这个区域的人们来说，妇女社会和政治联合会的这个组织者及其助手，则显然都是陌生人。此次竞选的主角究竟是兰斯伯利先生还是妇女社会和政治联合会？这个问题一直都在激烈争执当中，只是到了投票日的早上，最终的观念分歧才显现出来。兰斯伯利先生的组织只有寥寥几辆摩托车；妇女社会和政治联合会的摩托车数量则如同一支小型舰队，而且，其组织者也已经要求当地工党秘书乔伊·班克斯（Joe Banks）将选民送往投票站。班克斯先生是坚定的选战派，对妇女没

183

有同情可言，他回应说，妇女社会和政治联合会必须将摩托车统归自己调配。妇女社会和政治联合会的组织者遂极为光火，她告诉班克斯先生："潘克赫斯特夫人是绝对不会允许妇女社会和政治联合会在男人领导之下工作的。"摩托车没能投入使用。结果出来了，兰斯伯利先生原先的863票的多数，沦为731票的少数。妇女社会和政治联合会的这个组织者一下子泪如泉涌，向西尔维娅哀叹说："这下，克莉丝塔蓓儿会怎么说啊？"西尔维娅则是想知道兰斯伯利先生会怎么说。

然而，此时已然攫住妇女社会和政治联合会的这种新精神，其真正的宣泄方向，却并非这温文尔雅的议会选战。潘克赫斯特夫人已然在阿尔伯特厅用她那特殊的口才，将一股炽烈气息注入这新精神当中。

潘克赫斯特夫人宣示说："有些东西，政府历来看得比人命都重要。"据此，潘克赫斯特夫人概括了克莉丝塔蓓儿的新策略："这当然就是财产的安全，因此，我们正是通过向财产发难，来打击敌人的……战斗起来吧，用你们自己的方式。倘若你们愿意前往议会，得不到满意结果就不离开，那就去做吧。倘若你们愿意直面内阁阁僚的集会，并提醒他们，他们对待原则是虚假的，那就去做吧……倘若你们愿意砸碎窗户，那就去做吧。倘若你们愿意对这秘密的财产偶像展开进一步攻击，"——这当然是对秘密纵火策略的委婉说法，"令内阁意识到，今日之女性选举权运动跟昔日的宪章运动一样，也能对财产造成重大威胁，那就去做吧。在此，我倒也不妨给内阁送上我最后的话：有种你们就来抓我吧！"

此番陈词，乃将人们对这场新视野的迷狂同已然被担当的社会主义意象很是诡异地融合起来，这可不是口头威胁而已。1913年之初的时候，内阁倒也采取了终极举措；于是，妇女社会和政治联合会已然崛起的男子汉气概便

第三章　女性造反

同已然暗弱的自由主义的无常姿态迎面相撞了。这场遭遇自然不能说是没有分量的。全部的议会策略资源也许能够借由一个卓绝议会领袖的心智而施展开来，也许能在一时之间为内阁赢得一场颇有声势的胜利，但谁又能否认妇女就不会赢得最终的胜利呢？而且还要考虑到，此时的这个议会，上院已然沦为毫无分量可言的清谈之所，下院则再一次证明了自己是无力应对这场选举权运动发起的攻击的。

这重大一幕的开场阶段倒是十分平静。西尔维娅·潘克赫斯特安排了一个劳工妇女代表团，准备觐见首相大人，西尔维娅原本希望这些妇女将代表伦敦东区的贫贱阶层，并且也希望能亲自引领这个代表团。然而，这个想法尽管颇具价值，还是被巴黎方面传来的指令给篡改了（这也算是对西尔维娅日益增长的独立态势的一个回应）。该指令将领导权转交德鲁蒙德夫人（Mrs. Drummond），这位夫人颇有些头脑，不辞辛劳，是一个听话的"干将"。该指令还补充了如下一点：所有代表都应当穿上当地服饰，并稍稍展现出无所谓的欢快姿态。西尔维娅没有反抗。她将自己的追随者集结起来，派她们前往加入那个所谓的代表团，此时的代表团显然已经从代表团变成马戏团了。德鲁蒙德夫人遂引领众人来到财政部，前来接见的劳合·乔治先生是一副纵容态势，爱德华·格雷爵士则表现得相当友善，至于阿斯奎斯先生，则当然是找借口回避了。其时的情景非常愉快。劳合·乔治承诺，一旦"男性选举权议案"进入委员会阶段，他将支持迪肯森修订案，该修订案将让五百万女性获得选举权。倘若该修订案未能获得通过，那么他将转而支持所谓的"调解议案"修订案，据该修订案，将有一百五十万女性斩获选举权。爱德华爵士则也很有礼节地补充了自己的保证。这是1913年1月23号上午的事情。

从财政部返回之时，代表团的成员当然不觉得首相大人缺席此次接见会是什么大不了的事情。我们对他们此时的心境当然所知甚少，此等情形之下，我们也只能说，是老天睁眼，将那终极的政治战利品送入克莉丝塔蓓儿·潘克赫斯特小姐的怀中。谁又能质疑上天的神秘正义呢？仅仅过了四个小时，议长大人便扔下了"炸弹"。当天下午，下院很是散漫地商讨一些事情，就是在这个时候，伯纳尔·劳询问议长大人，倘若有任何实质性的修订案出现，改变了"男性选举权议案"（该议案定于第二天进入委员会阶段）的性质和目的，那么是否必须撤回"男性选举权议案"。议长大人明确回答说，事实上，这是必须做的。

此番消息传到妇女社会和政治联合会指挥部的时候，人们先是震惊，接着便是希望受挫之后的愤怒。到了这一步，众人才算最终明白了，即便像现在这样，如此高姿态地对待内阁，即便加上了威慑以及殉道这样的强劲推动力，也不会有任何效果，除了回避就是回避，除了羞辱还是羞辱。她们当然也知道了这份议案的结局会是什么。可以肯定，第二天下午该议案进入委员会阶段之时，人们都给出了真诚姿态。爱德华·格雷爵士旨在去掉"男性"一词的修订案，是在他本人缺席的情况下，由利顿先生提起，但遭到了绰号"璐璐"（Lulu）的哈考特先生的反对。休·塞西尔勋爵认为哈考特为此发表的演说清楚表明，这位演说人一直都没能克服因为自己被女人所生而带来的卑贱感。接下来的论辩倒是颇为严肃，并且也不乏激情。当下院于晚上11点休会之时，想必不会有任何观察者会料到，在这么一份注定了要死亡的议案身上，议员们会耗费如此多的心力和脑力。

1月27日，星期一，此前一直以精明的沉默姿态将自己保护起来的阿斯奎斯先生，向议长大人发出问询，在人们所谓的"妇女选举权"问题上，究竟是怎样的修订案会如此深重地影响到这份"男性选举权"议案,令该议案不得不被撤销。议长大人回应说,他会马上解释此事,"为了方便议会"。倘若依照第一份修订案的要求,将"男性"一词删除,则不会有任何影响,毕竟,在《选举权法案》里面,"人"这个语词,其意思就是"男人";不过,倘若议会通过了任何另外的"妇女选举权"修订案,那么他就只能提议撤销这份"男性选举权议案"了,因为"该议案之初衷并无意向任何的新群体开放选举权"。

阿斯奎斯很是爽快地接受了这个裁决,正如他自己说的那样,"忠诚,且毫无保留"。首相大人遂接着这个话头说了下去,言谈间没有任何吃惊的意思。他说,鉴于这其中牵涉诸多特殊的保证和承诺,他和他的阁僚认为不适合继续推进该议案了。于此,便等于是利用一个用词来设置了这么一个"死胡同",令"妇女选举权"问题就这么结束了。人们付出了历时两年的卓绝努力,而这就是结局!内阁为了达成这已然定下来的结论,付出了何等执拗的小聪明啊,操演了何等令人震惊的遁词和托词啊!劳合·乔治先生曾随后用到了"击沉"(torpedo)这个词,为了"击沉""调解议案",内阁竟然推出了这么一份毫无必要的"男性选举权议案",其目的仅仅是为了将之连同"妇女选举权"修订案一并"击沉"。一切就此回归原点。于是,劳合·乔治先生、爱德华·格雷爵士、威廉·比尔斯(William Byles)爵士以及另外一些所谓的"朋友",便都以洋洋自得之态,在此谈论起"普通议员议案"的特殊好处,此等情形之下,那样的洋洋自得也只能说是倨傲了!"要么是因为内阁对议会程序完全无知,"《女性选举权主义者》评论说,"令他们未能占据任何责任位置,要么就是因为他们都是彻头彻尾的混蛋。"潘克赫斯特夫人在《我的故事》(*My Own Story*)中补充说:"后世之人将会倾向于后一种看法,我就是这么看的。"

如此重大的问题,自然不能像潘克赫斯特夫人那样,以纯然非黑即白的眼光来看待,因此,这个问题倒也不是能如此轻易地予以论定的。在这场规模巨大的女性运动潮流当中,先锋战队一直在一种政治信仰的后面肆意跃动,并展现出令人不安的暴烈和躁动。并且在这场运动当中,一种从灵魂当中勃发而出的自由同维多利亚时代哲学涵养的那种已然衰落的"自由"迎面相撞。在这场遭遇当中,生命的能量也同垂死之际纷繁芜杂的奇思异想迎面相撞。这样一场碰撞的结果,当然是不能简单地以通常的对错框架来理解的。阿斯奎斯先生并不缺乏捍卫者。这其中最为晚近的辩护者便是 D. C. 萨默维尔(D. C. Somervell)先生。在《乔治五世时代》(*The Reign of George V*)一书当中,萨默维尔先生提起辩护说,我们这位首相大人并不懂得读心之术,他不可能知道议长大人当时会如何解释那些修订案。倘若当时的议长是别的人,比如说阿斯奎斯先生当时担任议长,那就完全有可能给出截然相反的裁决。不过,此等说辞,若是用来捍卫阿斯奎斯先生的诚实品性,那也未免过于天真了。倘若阿斯奎斯先生对两份议案有任何的严肃可言,那他就定然不会以这样的方式将其混杂起来,令二者都落入如此凶险且飘摇的境遇当中。更确切地说,阿斯奎斯先生历来都是讲求语词之精细和准确的,这一点乃是众所周知的,仅凭这一点就足以阻止他做下这样的事情。问题的关键很可能在于更为精微的层面。一个人的私人品性能在何种程度上影响其公共生涯呢?阿斯奎斯的生平可谓英格兰传记史上最令人愉悦的智慧篇章,在他的政治生涯当中,没人能说他背弃过真心的承诺或者背弃过让他不爽的同僚。更何况,是有着大量的诱惑催动着他去做此等背信弃义之事的,那样的诱惑之多也是超乎寻常的,即便是作为首相。若指望有人能够始终保持忠实品性,出淤泥而不染,

第三章　女性造反

就如同某种专利清洁剂那样,穿越所有那些古老且肮脏的议会程序之门廊,这显然是要求太高了。阿斯奎斯先生就如同大多数律师那样,在其品性和训练之间,也有着根本上的不协调。即便是他的那种率直,又何以能够抵抗政治生活那令人眩晕的复杂和纠结呢?他的心灵沉静如水,已经长期习惯了法律上的无尽限制,已然对词句之精微差异以及无尽的模糊性养成了极为敏锐的感受力,这样的心性又何以能够以完全的坦率来对待一个令人反感的问题呢?而且也应当考虑一下,阿斯奎斯先生就真的那么坦率吗?且看一看他的后期生涯,看一看他的那种标志性的简单纯朴,就那么消耗在万千犹疑、闪避和妥协当中,这便不免让人觉得他身体里面住着两个人。一个是温婉绅士,朋友都喜欢,对手也都尊重;另一个则是绝望地身陷已然衰落的自由主义的诸般没有责任担当的观念罗网当中的造物。他对真理的关切就这么遭到消解,最终融化为对真理的扭曲。此等谜团在这尘世之中却是无可化解的,也许天堂可以将之拆解吧。不过,也应当申明一点,阿斯奎斯先生虽然故意欺骗了妇女的一项权利,但是他在骨子里是非常不认同这个权利的;说白了,他之所以用那种不真诚的方式背弃承诺,就是因为他真诚地相信那承诺是不应当予以信守的。

新生命与老道统之间这场最后的体制遭遇战,其结果是极端的,这一点是完全可以预期的。凯尔·哈迪先生被首相大人的行为深深刺伤了,他预言了"实实在在的战斗派策略"。而且哈迪先生的预言也都应验了。德鲁蒙德夫人引领麾下代表团折返回来,希望面见劳合·乔治,但因"阻碍议会事务"的罪名,在议会广场遭到逮捕,她被撂倒在地。于是,她就那么躺在地上,昏迷了一阵,兀自喘着粗气,这场景令她的追随者震惊不已。而后,她便跟西尔维娅·潘克赫斯特一起,被送往警局。西尔维娅向警监威尔斯发泄愤怒,将威尔斯的墨水瓶掀翻,将手蘸着墨水往威尔斯脸上涂抹,报纸则很高兴见到这样的场景,遂用"黑手"一词来形容西尔维娅的这只手。用这样的词句来描述这场正在开启的荒诞得近乎虚构的运动,倒也颇为贴切。整个国家,一场新的战斗派运动正在抬起决绝且不乏喜剧色彩的头颅。有人打碎街灯,有人将铅块塞进钥匙孔,有人涂掉房号,有人撕毁火车坐垫,有人破坏市政花床,有人用硫酸泼洒保龄球草坪。一些上了年纪的女士也开始申请枪支许可,这令地方治安官惊恐不已。虚假电话也在响起,要召请陆军预备队和民兵,电话线则被长柄剪刀剪断。一场新的破窗运动针对西区的各个俱乐部展开,一时之间,卡尔顿俱乐部、小卡尔顿俱乐部、改革俱乐部以及其他一些庄严的机构,都是一地的玻璃碎片。来自利兹的科亨夫人(Mrs Cohen)打碎了伦敦塔王冠珠宝馆的窗户,汉普顿宫、邱园、肯辛顿、荷里路德的王宫则纷纷闭门谢客。邱园用来休憩的亭子化为灰烬。已然癫狂的妇女社会和政治联合会成员此时已然不顾舆论,不惧麻烦,四处找寻无人居住或者无人探访的宅邸和建筑,肆意纵火。议会之路已经关闭,她们倒也遂了心愿,可以大干一场了。怀特夫人在斯泰恩斯的宅邸,价值四千英镑,在圣·列奥纳德斯的一处宅邸,价值一万英镑,都进入了为数众多的受害者之列。唐克斯特街惠特利厅也发现了没有爆炸的土制炸弹,此处就在英格兰银行附近,都柏林保险事务部的台阶上也发现了类似的炸弹。确实有一颗这样的炸弹爆炸了,受害的是劳合·乔治先生在建的沃尔顿山庄,损毁严重。警察也只是听说有辆摩托车在下午4点的时候穿过了此处村落,并发现了两支损坏的冒针、一个发卡和一只女性橡胶套鞋,除此之外,便没有找到任何线索。(犯事之人是艾米丽·威尔丁·戴维森一干人等,不过她们很小心,以免被抓捕。)一对母女,当然是大名鼎鼎的运动领袖,也在乡间四处晃荡,她们朝火车车厢两侧

第三章　女性造反

的窗框抛掷鹅卵石,这样车窗玻璃在开启车窗之时,很可能会碎裂。座椅则被扔进了九曲湖。无数的公园长椅之上都刷上了"妇女选举权"的字样。在坎普登山的奥利弗·霍金小姐的工作室,警察发现了一处"女性选举权主义者的军火库",剪刀、硫酸瓶、锤子、石块以及伪造的摩托车证件等等,尽皆在列。就在同一天早上,每个内阁阁僚都收到了一个信封,里面装的是鼻烟壶和辣椒面。就这样,这股诡异的怒潮交响曲在"渐弱"到"渐强"之间往复变幻。不过,潘克赫斯特之手始终都在指挥其最为喧嚣、最为狂暴的乐章,即便是在此等癫狂肆意怒潮的短暂低缓时刻,也会有一支孤独但倔强的长笛在牵引着乐章重新走向高潮。

此时,妇女社会和政治联合会的双头政治格局,乃将其权威划分为两大部分,潘克赫斯特夫人执掌刀剑,克莉丝塔蓓儿执掌精神。其中,潘克赫斯特夫人是如何经受种种试炼的,这显然已经成了狂热主义的研究者需要去回答的问题了。潘克赫斯特夫人虽瘦弱但无畏,将所有事情的责任都担当起来。2月24日,劳合·乔治先生的山庄刚遭到破坏不久,潘克赫斯特夫人便遭到逮捕,以阴谋罪名交付霍洛威,接着便是一场绝食,这给她的身体造成严重影响。4月1日她在接受中央刑事法庭审讯之后,获得保释。当她出现在码头之时,小小的身躯在沧桑且黯淡脸庞的衬托之下,呈现出炽烈的刚正之气,令在场之人莫不动容。不过,她那高昂的头颅,透射出倨傲,她那燃烧着烈火的双眼,则是难掩辛辣和危险,令人们的同情和怜悯刚一涌动起来,便又兀自消退了。你当然可以仰慕潘克赫斯特夫人,她确实有非凡的勇气,可以承受此等刑罚和折磨,她也确实拥有刚强的心灵,但你不可对她生出悲伤和怜悯。很显然,她并不喜欢柔情。法庭之上,她不要证人,不提供证据,拒绝律师,将强劲有力的锋锐辞令向着法官和陪审团倾泻。此等情形,但凡清醒之人，想必都会决定对她宽大处理了，但也就是在这个节点之上，这个尖刻的造物开始高声讲述一些可怕的事情，那些都是身居高位的男人做下的事情。这中间，她还特意谈到了一个巡回法官的故事，这可是一个很有名望的法官，某天早上却被人发现死在妓院里面，主审法官即刻打断了她的讲述。潘克赫斯特夫人遂获罪，被判处三年的劳役拘禁。在被带走的时候，现场的支持者发出了排山倒海的呼声，"无耻！无耻！"，接着便是高唱妇女选举权主义者的《马赛曲》，"向前进，向前进，前方是黎明，自由的黎明"，现场的法警和官员根本无力阻止。4月12日，在经历了九天的绝食之后，潘克赫斯特夫人获得了十五天的保释期，以此条件从霍洛威监狱释放。她接下来的行为部分地解释了、部分地开脱了当局为何会有如此卑劣且如此可疑的手段来对付妇女选举权主义者的冒犯举动。由于身体状况很糟糕，潘克赫斯特夫人遂前往埃特尔·史密斯博士在沃金的住所休养。但她一直惦记这外面的事情，加之纠缠不休的各路探子，令她难以安心休养，于是，她决定前往参加5月25日在伦敦馆举行的妇女社会和政治联合会的一场集会。但是刚一走出史密斯家的家门，就遭到逮捕，并在昏厥当中被送到警局，而后交付霍洛威，在一场绝食之后获释，这已经是她第三次绝食了。7月21日，她在参加妇女社会和政治联合会的每周集会之时，又遭到逮捕，并在经历了第四次绝食之后，于7月24日获释。10月11日，她准备乘船前往纽约，但在普利茅斯遭到逮捕，这是12月4号的事情。12月7日，在第五次绝食之后，又一次获释。12月13日，在从巴黎返回之时，遭到逮捕，在经历了第六次绝食之后，于12月17日获释。对于这样一个女士，当局自然是表现出相当高的骑士精神，并以此自我安慰，毕竟，当局一直都试图告诉自己，她毕竟是个女人。三年的劳役拘禁，潘克赫斯特夫人至此也算是完成了三个星期。但是，这有什么用呢？他们款待她，当然是因为他们害怕她会因为连续的绝食而走向自杀，当然还有不那么人性的考虑：他们不希望成就她那显而易见的殉道愿望。然而，只要获释，这个病恹恹的、半残疾的女人便会即刻出现在支持者中间，要不就是坐着轮椅在集会中发表演说，鼓励女同志们继续战斗，那样一副经受了折磨和苦难的姿态，自然是有着十足的说服力的！

十

就这样，潘克赫斯特夫人承受着战场的重压，她的女儿克莉丝塔蓓儿则只是在巴黎的藏身之地悠然徘徊，就那么观望着妇女社会和政治联合会的热情和痛苦，那样的寂静和无动于衷，未免邪恶，就如同人祭仪式之上的偶像一样。组织当中更有明见之人不免会对领导权的此等划分颇多微词。不管怎么说，健康的女儿袖手旁观，让已然衰弱的母亲去经受监禁和绝食的轮番折磨，这么做像话吗？然而，似乎无人提起这样的议论；这一点恰恰比任何情况都更清楚地表明，此时的妇女社会和政治联合会在女性历史之上占据了何等怪异的位置。人们差不多是在观看一场木偶表演。小小舞台打满了炽烈灯光，但舞台周围，无分上下，则都笼罩着不可穿透的黑暗云团。至于那提线的手，至于那调度这场默剧乃至传奇剧的大脑，则是需要透过英格兰女人属性之深渊才能洞见得到的，但是这深渊也显然是不可能穿透的。妇女社会和政治联合会就这样被种种自己不能明白的力量推来挡去，这些力量都深深植根于普遍的女性困境当中，于是，妇女社会和政治联合会便也不曾发出任何的问询。说白了，妇女社会和政治联合会已然成了数百万心有困顿和不满的女性的盲目且顺从的工具，这个庞大的女性群体包括了妻子、姐妹、厨师、公爵夫人、家庭女教师以及老姑娘等等；不妨说得更直白一些，这就是老道统的自杀。

不过，倒也不妨比较一下潘克赫斯特夫人和这位夫人的女儿，不管怎么说，从中是可以见证人类生活的这样一个原则的：无意识的欲念终究是要入驻有意识的思想的，无论靠着何种方式，也无论具体展现为何种形态。妇女当然渴念着找回失落了的女人属性，也就是这种欲念找到了潘克赫斯特母女这样的趁手工具，于是，便也利用了这个工具。就潘克赫斯特夫人的情况来说，此等欲念的"能量"已然将她占据。到了1913年年底的时候，实际上便已经不能将她视为人了：她已然成了行走的方案，成了观念的载体。女性必须自由，必须为自己的自由而战斗；除此之外，健康、财产乃至雄心便都不重要了。就克莉丝塔蓓儿的情况来说，则是更为神秘的力量在以高度矛盾的方式发挥威力，个人关系之隐秘必然性在她身上寻获了一种便利的表现形态。要说她表征了妇女社会和政治联合会的精神，这可一点都不夸张。对个人关系的需求，看来是唯有通过女人之间的神秘团契才能满足的，然而，这样的必然性却是在克莉丝塔蓓儿·潘克赫斯特这等自我中心式的人物身上道成肉身，这便是在人类灵魂世界以反讽姿态呈现出来的悖谬之一。克莉丝塔蓓儿同样是被观念掌控了的；不过，她确实能够将自己拉出足够距离，可以利用观念来推进自己的目的。那激情四溢的偶像崇拜将她包裹起来，并冲入她的头脑，如同异域美酒的气息或者危险熏香散发的危险烟雾。就这样，她决心巩固自己的神龛，为此，她不仅要将自己奉为男人的敌人，更要将自己展现得胜过男人。如此，女性对女性的声明需求就以克莉丝塔蓓儿的这种自我放大的方式展现出来，并如同一部犬儒喜剧那样，将风俗礼制悉数颠转。她虽然渺小，但生命却完全可以用她来表达一种意涵，尽管这种意涵是她自己无

第三章　女性造反

从明了的。

一份名为《洪水猛兽》(*The Great Scourge*)的小册子，乃从《妇女选举权主义者》杂志上刊印而来，署名"克莉丝塔蓓儿"，于1913年这一年在英格兰售卖，遂成为战前英国史上最为诡异的文献之一。在这份小册子里面，克莉丝塔蓓儿以其标志性的大胆讨论了男人的性病问题以及性瘾问题。克莉丝塔蓓儿宣称，百分之七十五到百分之八十的男性都患有淋病，百分之二十五的男性则都携带了梅毒。如此可怕的数据，其资料来源则无从知晓。这样的数据是否太过夸张，这个问题本身若是同由此得出的结论比较起来，实在是无关紧要。克莉丝塔蓓儿据此得出结论之时，掩饰不住巨大的兴奋，她说，女性身上几乎所有的小病都是因为丈夫身上的淋病而起，不孕不育也能溯因于此；她还宣称，梅毒"是婴儿高死亡率的首因"，更明确申述，同男人性交，将会对女人的感受力造成莫大伤害。她的意思是不会有人弄错的，女人要比男人更为纯净，更为高贵，女人应当尽可能避开男人的怀抱。选举权乃是介于预防措施和更高生活的召唤之间的东西。

于是，"女性投票和男性洁净"便成了克莉丝塔蓓儿的新口号。放在今天，这样的辞令自然是难免喜剧意味，而且，估计今天的人们八成也都觉得，只有阿里斯托芬或者普劳图斯（Plautus）这样的人物，才有可能在那么一两个经典场景里面，公正阐发其意蕴。但是在1913年的时候，则有不少人还真把这个当回事。这口号，连同那本《洪水猛兽》在福音派牧师的推动之下流行起来，后者很是卖力地在信徒当中推广这口号和这小册子。很多男孩俱乐部和男性《圣经》俱乐部在聚会之时，都会大声朗读克莉丝塔蓓儿小姐的迷人小册子，一想到克莉丝塔蓓儿小姐所说的那些神秘病毒，想必都会颤抖不已。那么，对好战派会有什么影响呢？无论如何，《洪水猛兽》也并非完全空穴来风；而且真要说起来，这些不正是来自正在觉醒的女人属性的内心深处吗，虽然作者和读者很可能并不明白这一点。她们会如何接受这样的东西呢？这样的东西会将她们引入怎样的极端呢？在这个小小舞台之上，木偶和傀儡遂以更为激奋的方式动作起来。不久，那看不见的手突然出乎意料地扯动那提线，其中一个正在旋转的木偶遂脱离了自己的位置，一下子瘫倒下来。

那是1913年的6月4日，也即德比日。前一天的晚上，在伦敦，艾米丽·威尔丁·戴维森小姐心情不错，特意去给圣女贞德塑像敬献花环。第二天早上，她来到埃普索姆丘陵，在塔特纳姆角的铁路线上找到了一个不错的位置。她在那里耐心等待声势浩大的德比赛马大会的到来，国王的马匹当然是奔驰在最前面。接着便再次发生了人们已然是再熟悉不过的情况，一袭长裙装扮的女人突然出现，阻拦比赛；国王的赛马和国王的赛马师迎面而来，同戴维森小姐撞在一起，踩踏现场十分可怖。国王随后赶来，询问赛马师的情况，往后则询问戴维森小姐的情况。戴维森小姐一直都在追寻死亡，并经历了多次死亡，但是这一次她总算是赶上了。

最后时刻她站在那里的时候，置身咆哮的人群当中，马蹄声急速迫近，令地面震颤不已，那样的时刻，会是怎样的思绪掠过她的心头呢？是否像一些人认为的那样，她这么干，仅仅是为了在这么一个紧要时刻，挥舞女性选举权主义者的旗帜吗？还是说，是某种突如其来的致命冲动，促动她来到那个位置呢？没人能给出确定答案。不过，从她缝制在夹克衫上的妇女社会和政治联合会旗帜来看，她至少是考虑到将最先到来的马匹掀翻的，可以肯定的是，她的执念到此也算是真正烟消云散了。

妇女社会和政治联合会终于有了自己的殉道者。此等情形，没人会再

第三章　女性造反

去议论艾米丽·戴维森的独立意识,也没人再去说她热衷炫耀,说她脾气糟糕。《洪水猛兽》,克莉丝塔蓓儿小姐的这份小册子,里面那扭曲的理论,那遭到病态压制的情感主义,以及所有的特殊暗示,这一次是否找到了自己的祭品呢?巴黎的那尊偶像这下是不是可以面对这个祭品展露笑颜呢?在这样一个时刻,这些问题显然都已经无关紧要了。所有的战斗派都可以确信,这个被祝福的殉道者,虽说以前总是有些情感失衡,但最终不还是去往了幸福之地嘛。事态也确实有了强劲发酵,媒体纷纷祭出头条故事,并引发了一场庄严的游行活动,六千妇女,有些身穿黑色服饰,佩戴紫色鸢尾花,一些身穿紫色服饰,佩戴暗红色牡丹花,还有一些则是白色服饰,佩戴着月桂花环,她们陪伴戴维森小姐的遗体,穿过挤满人群的肃穆街道,前往布鲁姆斯伯里的圣乔治教堂。

十一

对于此时已经从海军部转到内政部的麦肯纳先生来说,这样的事情是相当沉重的,应该说,过去的十八个月里,他一直希望能将温斯顿拉出大战舰之梦,转头看一看该如何应对眼前这场妇女运动。如果说"黑色星期五"可以作为某种标尺的话,那么在战斗派问题上,丘吉尔先生究竟取得了多大成功呢?这个问题且抛开不论,如今,问题的关键在于,内政部大臣是否有能力应对眼前的好战派问题,无论何人担当这个大臣职位。就拿强制喂食为例。通常来说,这种做法连同其激发的恐怖,是不会进入这个时代的牢房里面的,那是为更具中世纪氛围的精神病院保留的。不过话又说回来,倘若所有获罪的"恶行者"都可以来上一两天的绝食,靠着这种小儿科的办法(倘若年轻且身体强健,这也确实是小儿科)来脱罪,那也就没有法律可言了。不过话又说回来,强制喂食也确实是相当恐怖的事情;更糟糕的是,还会给议会制造大麻烦。想必所有人都不会轻易忘记康斯坦斯·利顿女士的故事,她乔装成穷裁缝简·沃顿,在利物浦的沃尔顿监狱经受了强制喂食,并且没有提供任何的医学检查,当局发现她的真实身份之后,便即刻将她释放了。这样的事情终究是配不上所谓的"自由政府"的。这还只是1910年的事情,1913年时,一件更令人痛切的事情进入了公共舆论场。莉莉安·兰顿(Lilian Lenton)小姐,因纵火罪名而还押候审并交付霍洛威,兰顿遂绝食抗议并遭遇了强制喂食。2月22日,她的律师报告她身体很健康,但是第二天,她便被仓促释放了,内政大臣自己也承认,她当时"正濒临死亡"。此前,兰顿小姐曾跟一名医生和七个狱警有过一番搏斗,在这个过程中,食物误入她的肺中,引发了胸膜炎;尽管她恢复了过来,但此事引发了相当糟糕的舆情。3月18日,哈罗德·史密斯(Harold Smith)先生正式动议将内政大臣的薪水削减一百英镑,原因是内阁在应对这场女性运动之时展现的无能、摇摆以及过于谦卑。麦肯纳当然会辩解说,食物误入肺中,这并不能说不够坚定,但无论如何都不能否认,因内阁举措而引发胸膜炎,这样的行为是无助于阻止好战派的暴力行径的。那又该当如何呢?既然妇女选举权问题并非党派问题,那就牵涉到整个议会的面子。有议员主张不闻不问,让这场运动自生自灭算了,罗伯特·塞西尔勋爵则主张干脆将一批好战派领袖驱逐出境,只有凯尔·哈迪先生认为将投票权给妇女才是符合逻辑的解决办法。

此后没过一个星期,不胜其扰的麦肯纳先生便提起一份议案,他相信该议案能给目前形势带来莫大帮助。这便是"囚犯议案"(具体来说,就是"因身体原因而临时释放"议案),也就是人们通常说起的"猫鼠议案"。据该议案，绝食者的健康状况一旦受到影响，便予以释放，一旦身体恢复，便予以还押，这样，便可以将监禁期无限制地拉长，如此一来，便很有机会将这些绝食者送入另一个世界了。在该议案的合法性问题上，以渊博著称的阿特利·琼斯（Atherley Jones）先生在二读论辩之时宣称，这样的条款违背了这个国家的根本法律原则，琼斯还相当正确地补充说，这样的做法"残忍且无度"。然而，阿特利·琼斯的辩词没能说服议会，该议案以296票对43票通过二读。反对派当中就包括了张扬但温和的凯尔·哈迪先生，他当时很是伤感地品评说，他的工党同僚当中，竟然有十五人投出了赞成票，据说，正是这件令他伤感的事情加速了他的死亡。

4月25日，"猫鼠议案"获得国王批准，需要补充说明一点，该议案并无任何条款可以限制内政大臣动用强制喂食的做法，只要内政大臣觉得有这个必要。

麦肯纳还采取了其他的举措。4月15日，他对妇女社会和政治联合会发出了集会禁制令。之所以有此举措，很可能是因为仅仅一个星期前发生在阿尔伯特厅集会的事情。此次集会募集了一万五千英镑的资金，乔治·兰斯伯利先生在此次集会之上，以宽悯姿态发表了极具煽动性的演说，他在演说中宣示说：

"同这些女战士并肩战斗吧，支持她们。让她们焚烧、毁灭财产！让她们放开手脚，行动起来；每抓捕一个领袖，就会有一打的人跟上……这是一场圣战！"

事态显然不能这么继续下去了，但是警方对镇压集会之事并不上心，内政部遂开始望向其他地方。4月30日，警察光顾了国王大道的指挥部，将《妇女选举权主义者》杂志的职员悉数抓捕，连带碰巧在场的德鲁蒙德夫人和安妮·肯尼迪夫人一并抓捕。第二天，在弓街，阿奇巴德·波德金（Archibald Bodkin）先生对所有人发出威胁，他宣称，《妇女选举权主义者》必须即刻停刊。S. G. 德鲁（S. G. Drew），维多利亚大厦出版社的经理，遂遭到逮捕，在承诺不再印发妇女社会和政治联合会的冒犯性杂志以及任何其他报刊之后，才获得释放。

妇女社会和政治联合会遂改换门庭，将杂志转到全国劳工出版社刊发，这是英国独立工党的喉舌阵地。但是麦肯纳先生再出重拳，没过两天，该出版社的经理惠特利（Whiteley）先生也遭到逮捕，并被迫签订了类似的承诺书。

拉姆塞·麦克唐纳在此刻以自由之名义实施介入。他亲自接管了出版社，并亲自负责审查《妇女选举权主义者》。凯尔·哈迪自然是担心素来憎恶妇女社会和政治联合会的麦克唐纳会把杂志变得不堪卒读，遂主动提出协助编辑该杂志。但是克莉丝塔蓓儿已经很拒斥同工党调情了，于是便赶忙将杂志转交雅典娜出版社，但结果很可悲，因为雅典娜出版社的实际控制人 J. E. 弗朗西斯（J. E. Francis）对待文字，是奉行极端严厉的政策的。若没有充分的文献证据作为支撑，任何辞令均不会通过他的审查，好战派的情感遂遭到非同寻常的严厉压制，不仅如此，任何冒犯了他的文学品味的东西，也都会遭到严厉清洗。他的态度是极为精细的，任何招惹了他的文字，即刻都会被蓝笔圈下。于是，有那么一段时间，麦肯纳先生看来是赢了。

然而，还有其他的势力也在盯着这场镇压运动，其中一些势力可是要更为强劲，更为可怕。《曼彻斯特卫报》（*Manchester Guardian*）宣称，法律无权对任何报刊实施预先压制，并质问说，麦肯纳先生不正是在干这种违法之事吗？《曼彻斯特卫报》的看法可是所有英国人都不会置之不理的，尤其是自由派。萧伯纳的评论则更具力道："女性选举权主义者已经将内阁逼疯了，真应该派两个医生给麦肯纳先生检查一下。他显然相信自己就是俄国沙皇了，这样的幻觉倒也很是常见的嘛。"

抗议浪潮四处涌动。麦肯纳先生开始示弱了。就在克莉丝塔蓓儿及其编辑部助手们已经要绝望的时候，德鲁先生得以从先前的承诺中解脱出来，只要不刊印煽动犯罪的东西就可以了。《妇女选举权主义者》跟维多利亚大厦出版社一起回来了。当然，德鲁先生第二年因为刊印了《圣经》中一句话——"在黑暗中行走的人，必看见大光"——而再次被捕，当局怀疑这话是在暗指不久前的纵火行径。当然，昔日里杂志的雷鸣之声已然弱化为低声细语，昔日里的熠熠闪电也已经变成了惨淡火花，但杂志毕竟是可以再现街头了，也可以公开发行了。

此时的内阁遂发觉自己深陷巨大的两难困境当中，这困境正体现在已然躁动难安的麦肯纳先生身上。一方面，妇女选举权主义者正越发地倨傲起来；另一方面，自由党观念之深海也开始涌动起来。肯尼迪小姐、德鲁蒙德夫人以及《妇女选举权主义者》的职员于6月被以阴谋罪名收监之后，便展开了绝食运动，最终依据"猫鼠法案"获释，获释之后，她们便退避到坎普顿希尔广场，在这里，她们展现出相当高的明敏和更大的傲慢，尽管当局设置了警戒线并派出探子，但她们仍然能够多方乔装打扮，成功逃避。就仿佛这还不够（实际上，这些就足以让内政部沦为笑柄啦），从六个月到二十一个月不等的监禁期，这样的惩罚也因其严厉而遭遇了沉重批评。而且，一个名叫奎妮·杰拉德（Queenie Gerald）的女士，不久前因为靠着一批年轻姑娘来赚取不道德收入而获罪，但她收获的惩罚仅仅是三个月的监禁。此等情形之下，不从国教者的舆论和黄色报刊便很可能会建立非同寻常且相当危险的联合，并据此发难：倘若这样一位女士仅仅获刑三个月监禁，那么为什么好战派的成员竟然要遭受更为严厉的惩罚呢？难道她们的行为更为恶劣吗？倘若不是因为有那么一批上流社会的男人卷入奎妮的肮脏交易，会如此轻判奎妮吗？公众也许不会对此类问题有太长时间的关注，但这样的问题对自由党内阁也肯定是不会有太大的帮助的。

麦肯纳先生虽然多方努力，但妇女选举权主义者依然在变本加厉。众多年轻女斗士，可以说是不依不饶，狡猾多端，倨傲强悍，对阁僚频繁发难，令这些阁僚不得不成批成批地取消计划好了的事情。阿斯奎斯先生的车辆在班诺克本遭到堵截，首相本人也遭到了马鞭的攻击。但凡首相大人探访重要市镇，总会有人虚报火警，砸碎窗户，攻击邮筒，总之就是花样百出的好战派行径，令这些城镇都不敢再行邀请首相来访，否则就很可能威胁到当地的安宁和首相的安全。议员们也是苦不堪言，大厅廊道之上随时都会有女斗士撒下面粉，扔下老鼠夹子，时不时地还会有空包弹的响声。国王也是如此，誓不罢休的女斗士们以陈情书为武器，不断袭扰王上。某次，一名妇女表现得太过决绝，令皇家侍从不得不用剑面将其驱赶。至于纵火行径，则更是呈现出雨后春笋之势，到年底时，已然造成五十万英镑的损失。议会和潘克赫斯特家族的这场斗争，看起来并不相称，随着这场斗争在全国肆虐开来，民众的态度则是混杂了喜悦、不安和愤怒，而且看起来，很可能会以内阁的荒诞失败而告终。可怜的麦肯纳先生又能做什么呢？总体而言，最好的办法也只能是挺住了。《曼彻斯特卫报》、萧伯纳、林肯和肯辛顿的主教大人、内文森先生、杰拉德·古尔德（Gerald Gould）先生、哈罗德·拉斯基先生以及无数新教徒，纷纷祭起批判大旗，甚至颇有地位也颇为强劲的苏格兰代理司法官代表团也表态反对，但"猫鼠法案"依然没有被撤销。

有一件武器自然是内政部不愿放弃的，这便是强制喂食。12月5日，玛丽·理查德森（Mary Richardson）小姐和瑞秋·皮斯（Rachel Peace）小姐遭到逮捕，罪名是烧毁"埃尔姆斯"，这是泰晤士河畔汉普顿的一处无主宅邸。在关押候审期间，二人实施了绝食抗议，遂在霍洛威监狱遭遇强制喂食。这样的措施用在还押候审期间，自然是很成问题的，不仅如此，此等情形之下的此等做法实际上也表明，强制喂食很快就不单单是防范措施了，同时也正在演变成新的惩罚工具。这样的想法对泽丽·爱默生（Zelie Emerson）小姐产生了特别影响，当监狱医生从房间出来的时候，爱默生小姐一下子将其抓住，然后用南非犀牛皮鞭猛抽这个医生的后背。当时，这个医生只是在依命令行事，而且他显然是非常抗拒此等命令的。于是，这个可怜的医生便以一身侠气承受了这顿抽打，没有任何抵抗，也没有任何反击。潘克赫斯特夫人听闻福沃德医生此番遭际的时候，不免黯然品评说，如果一定要用鞭子的话，她"希望这鞭子抽在内阁成员身上"。

十二

而且有一点也是可以肯定的，倘若需要用鞭子的话，潘克赫斯特夫人是完全不希望让泽丽·爱默生小姐来做这件事情的。过去一年，好战派运动内部发生了一场深刻但也无可避免的变化，这场运动已然公开分裂为两个阵营，对潘克赫斯特夫人来说，爱默生小姐显然是站在错误的一边。于是，那看不见的手，再次在笼罩着这小小舞台的黑暗当中，相当精巧地扯动那复杂的提线；于是，另一只木偶来到前面，同潘克赫斯特母女争夺舞台。

像潘克赫斯特夫人这样的女性，强有力地体现了一种执念，战前那普遍的女性心理也正是因此令英国公众和女性自己陷入困惑当中；像克莉丝塔蓓儿这样的女性，则是凭借一种诱人但也全然自私的性别权力意志，同样令英国公众和女性自己陷入困惑当中。至于西尔维娅·潘克赫斯特，则是处在母亲和姐姐中间的位置上，她身上投射着一种更为单纯一些的欲望，那就是女人要跟其他女人接触并沟通的欲望。西尔维娅也因此赢得了包括爱默生小姐在内的一批女性的支持和追随。其实，西尔维娅是完全可以依从平和、安宁之道走下去的，但她的这条道路却有两个障碍，于她而言，这两个障碍也许是无可避免的。其一，她有着引人注目的家族天赋和本能；其二，她是个社会主义者。对潘克赫斯特夫人和克莉丝塔蓓儿来说，这些都是严重的冒犯，是她们无法原谅她的。

克莉丝塔蓓儿于是越发走向一种近乎浪漫的超级托利主义，这也许同样是无可避免的。她希望她的追随者能够代表女性精英，潘克赫斯特夫人对此很是赞同。在母女二人看来，若能取得英格兰精英头脑和精英家族的严格服从，那才是最实在的事情，鉴于她们付出的努力，这也是最为妥帖的事情。但是置身弓街面包房的西尔维娅则是绝对坚持为贫民区的那些落魄、低贱且缺乏教育的女性工作的，在母亲和姐姐眼中，这些女性之于这场运动并无任何精神上的助益可言，并且很可能还会令这场运动在母女二人的目标群体当中平添恶名。毕竟，母女二人的目标群体可都是可以参加白金汉宫花园聚会的人，她们可都是樱草会的常客，她们的名字都在贵族名册之上，甚至可以出现在《荣耀颂》里面！在欧洲王族谱系的网络里面，也不难找到她们。若单纯地认为这母女二人乃是攀附之辈，那当然是非常不公正的。实际上，这里面存在一个服从问题，母女二人要让这个女性精英群体服从她们，这才是事情的要义所在。就这样，母女二人依托某种令人无从索解的非逻辑思路，决定向忠诚的凯尔·哈迪强力发难，其力道甚至要超过哈迪的那些心怀不满的工党同僚，西尔维娅对此自然是不能认同的。母女二人当然可以解释说，哈迪的服饰已然成了《笨拙》杂志的笑柄，哈迪的社会地位更是无足轻重；或者也可以解释说，既然工党作为一个整体已然令妇女社会和政治联合会极度失望，那么其最出色的成员也是难逃罪责。但这些都没什么意义。西尔维娅眼中的凯尔·哈迪，终究是一个忠诚朋友，这恰恰就是母女二人很不待见西尔维娅的地方。而且，西尔维娅更有一种永不放弃的本能，那就是追求公开性，让自己的名字见诸报端，这则是母女二人最讨厌西尔维娅的地方。

时间来到2月底的时候，事态便全面铺展开来。其时，西尔维娅和她的一些糟糕朋友，诸如乔治·兰斯伯利的儿子威利（Willie）等，在弓街教堂附近举行了一场露天集会，并以一场小小的砸窗行动为此次集会收官。西尔维娅扔出石块，砸穿了一个包销商家中的窗户。威利对布鲁姆里市政厅搞了一番动作，娇小的泽丽·爱默生则选择了自由党俱乐部作为攻击目标。此三人连同一名血汗工沃特金斯夫人，于第二天上午在泰晤士河警务法庭接受审讯，被判处两个月的劳役拘禁。

在霍洛威监狱，西尔维娅和爱默生小姐开启绝食、绝水，沃特金斯夫人的情况则尚无定论。当局遂实施强制喂食。本就有些神经质的西尔维娅一直就对此等折磨心存恐惧，于是她搜集了诸般武器，诸如户外靴子等，准备在医生到达的时候展开攻击。但是当那可怕时刻到来的时候，牢房门开了，出现在门口的不是一群医生，而是一批女狱警。"我显然不能用这些武器对付她们，"她在《妇女选举权运动》（*The Suffragette Movement*）中写道，"这些爪牙！"

不过，她还是下意识地抓了一只鞋子扔向那些正迎面而来的"爪牙"。接着便是常规情节了，挣扎、呕吐以及撕裂并流血的牙床。此等场景就这么持续着，从数天演变为数周。若换作其他女人，恐怕都已经崩溃了，但西尔维娅仍在坚持。狱方没有任何宽悯的意思。难道狱方也赞同潘克赫斯特夫人和克莉丝塔蓓儿？难道狱方也发现在骑士桥砸窗户的那帮满满淑女范的阿飞，同弓街这帮砸窗户的底层妇女，是不一样的？西尔维娅靠着写日记来逃避日益浓重的恐惧，她特意在腰间藏了纸笔。而后，她便着手书写大卫和拔示巴的故事。有那么一次，她将写着囚犯名字的石片拿在手中，不免挥笔写下了欧玛尔（Omar）的诗句：

> 醒醒啊！晨曦已在夜碗，
> 　扔出石块，将星斗驱散

——这可是当年选举权运动的流行话。不过最终，所有这些办法都失效了；她的神经在如此敏感的躯体之内承受了令人难以置信的长时间折磨，最终还是崩溃了。夜晚，她也许能从绝食、绝水以及强制喂食的痛苦中稍稍缓解一下，却无法入眠；天光刚有一丝亮色，她便起床，开始在牢房里面走来走去。最后，她决定在牢房里面折返走动，五步到窗口，然后返回五步到门口，直到获释。整个白天，她一直在这么走着，整个夜晚也是如此，不断倒下，又强行站起；到了破晓时分，她已经摇摇晃晃了，但仍然站着。

此番情景，令那位女典狱长都看不下去了。典狱长满含泪水，央求这个可怕囚犯，这个两眼已经变成血池并深陷在死灰般惨白脸庞里面的可怕囚犯，央求她躺下休息一会儿。西尔维娅答应了。没过二十八个小时，西尔维娅便获释了。

走前，她获准前往探望泽丽·爱默生。爱默生小姐究竟经历了什么，就只有上天和霍洛威知道了。西尔维娅看到她正因为腹痛难当，躺在床上呻吟不止，手腕都被捆绑起来，因为她试图用一把钝笔刀行凶……

西尔维娅搭乘出租车离开。没有人迎接她。这一天正是受难节，她的面包房已经空无一人。她步履蹒跚，来到彭布里奇花园疗养院。她在那里伫立了数个小时，恍惚记得雾气之中，凯尔·哈迪的脸出现在她近旁，已经因为悲伤和失眠而憔悴不堪。即便是最冷峻、最无情之人，也不会否认，此等情形终究会把哈迪的心慢慢击碎。

然而，此等情形却只能令潘克赫斯特夫人的心肠更加冷硬。难道西尔维娅不正是要将那舞台的灯光从克莉丝塔蓓儿这边偷走吗？克莉丝塔蓓儿可是她所宠爱且价值无量的啊。况且，所有人都知道，东区的那些血汗女工已经开始自主行动了；玛丽·麦克阿瑟（Mary Macarthur）——此人的理智和宽悯自然令妇女社会和政治联合会不爽——已经在着手组建自己的工会了，而且，麦克阿瑟小姐实际上相信，集体谈判要比投票权更有分量。倘若这就是麦克阿瑟小姐的信念，那么妇女社会和政治联合会还是可以将她完全忽略的，更何况，麦克阿瑟小姐的这个信念已然是相当顽固且明确的了。但是西尔维娅呢？西尔维娅将这桩神圣事业以及"潘克赫斯特"这个同样神圣的名字，活生生地拽入如此荒谬、如此陌生的境地，这究竟是什么意思呢？而且最重要的是，为什么？究竟是为什么，西尔维娅要确立自己的殉道者形象呢？

然而，西尔维娅依然故我。不管怎么说，一个纯然实际的问题最终还是缓慢且悄无声息地潜入了好战派那充溢着高贵和迷幻氛围的伊甸园当中。英格兰女工阶层将何去何从呢？这个问题如此直截且又如此地无可避免，但妇女社会和政治联合会一直就那么轻而易举地将其搁置一旁。说白了，妇女社会和政治联合会对英格兰女工问题根本就没有关切可言，至少在这个阶段是这样的。西尔维娅·潘克赫斯特的性情中当然不乏浪漫和幻想，但她仍然凭

207

借她那清明本能，洞察到这个国家最为深层的躁动不安的源泉。于是，她便扛起好战派的紫色、白色和绿色旗帜，进入了一场伟大运动。其实，这场运动也正依托工团主义策略以及颇为怪异的本土策略，针对组织化资本的堡垒铺展开来。西尔维娅是否将这个问题看得十分清楚，这就很难说了。此时的英格兰劳工阶级对投票权并没有太大关切；原因很简单，投票权并没有给他们带来太大好处，相形之下，他们以特有的愤怒姿态，转而求助更为实用的组织问题和团结问题，反而能有更大获益。西尔维娅此时的主要关切似乎还在投票权身上。实际上，她从来都是那股巨大的无意识力量支配之下的木偶，因此，她肯定仍然相信，投票箱会施展神奇魔力，这魔力将大大有助于将血汗女工从老板的暴政当中解救出来。投票箱当然是会有效果的，是会带来些许改变的，这也就令西尔维娅的那种标志性的迷幻姿态，出人意料地同经济上的诉求多多少少融合起来。这场好战派运动已然走过了漫长十日，而且也经历了一番严重内斗，到了这个时候，便也分化为两个阵营。其中一个阵营就如同一块色彩鲜艳的软木一般，已然在无产阶级的幽暗怒潮之上，肆意飘摇起来。

妇女社会和政治联合会竟然以《马赛曲》作为自己的战歌，这是何等反讽的预感啊！时光推移，但西尔维娅不曾真正脱离母亲的这个组织。不过，她也有自己的同盟组织，就在东区的幽暗之地，无论男人还是女人，她都愿意接纳为自己的支持者。码头劳工尤其钟情于她。人们时不时地会看到她在频繁出入监牢的间隙，时而召唤特拉法加广场的庞大人群前往阿斯奎斯先生府邸周围展开劫掠，时而藏在威利·兰斯伯利的柴火车里面躲避警察。她已经离开那间面包房，在弓街福特路一个鞋匠的家中暂住，这里可以看到圣斯蒂芬教堂已经满是煤烟的肮脏尖顶。多少个夜晚，她就那么点着蜡烛，不能入眠，因为墙壁之上爬满了虫子，这让她一直都处在紧张和疲惫当中。不过，到了早上，早先生活的那种静谧氛围便又流淌回来了；这个时候，她会透过窗户，看着下面的庭院，那庭院的白灰墙壁之上，悬挂着几个种了深红色天竺葵的盆子，"一个小姑娘，一头黑发，很是顺滑，一袭白色连衣裙，总会来到庭院里面帮妈妈洗衣服，这场景真是赏心悦目"（《妇女选举权运动》，第 478 页）。一方面是对家族事业的忠诚，一方面是对身边苦难劳工的巨大热忱，二者一直都在纠结、冲撞，这令她的生活一直都是暗潮涌动，乱象纷呈，也令她的容颜随之改变。昔日里的温柔脸庞，如今已然苍白、憔悴，却也激荡着诡异的昂扬和兴奋之气，令人不免联想起法国大革命先锋队里面某个喊叫着的无名妇女。

整个这一年，母亲和姐姐颇费了番力气，才克制住了向她伸出的惩罚之手。但最终，西尔维娅走得未免太远了。11 月 1 日，阿尔伯特厅组织了一场大规模集会，要求释放那个居住在利物浦的爱尔兰人詹姆斯·拉金。此人曾以数场罢工运动，将都柏林搅闹得腥风血雨。集会的讲坛之上，群集了各色改革派和激进派，现场震荡着老资格煽动家们的热烈言辞，西尔维娅·潘克赫斯特竟然也在这讲坛之上！《每日先驱报》（*Daily Herald*）评论说，"工业造反派和选举权造反派日益靠拢在一起了"，此一评论也算是给一种已然没有可能的情况画上了最后一笔。此时的西尔维娅也许还能记起潘克赫斯特夫人曾跟佩提克·劳伦斯夫妇说过的一席话："倘若你们不接受克莉丝塔蓓儿的政策，那我们就会打击你们！"于是，克莉丝塔蓓儿的愤怒如同乌云一般，从巴黎的神龛滚滚而来：必须给西尔维娅一个教训。

此番教训会有怎样的效果，此时尚且无从料定。不过，有一点是无可否认的：有那么一尊木偶已然从这舞台逃逸而出，并以一种特殊的好运，转入一个更为宏阔、更为切近也更合乎理智的舞台。

第四章

工人运动

一

1913年11月1日晚,在阿尔伯特大厅举行的那次会议向我们非常直观地展示了英国的处境,演讲台上充斥着各类团体对英格兰一致的不满。这是史无前例也是后无来者的一次,爱尔兰民族主义者、激进参政者和劳工暴动者汇聚一堂。他们所为何事?仅仅是为了要求释放一个救世主般的罢工领袖——而客气点说,这位领袖的理智还有些许失衡,且他的行动绝对没有得到工会领导层的批准?抑或是,工会领导层都已经自顾不暇,声名狼藉?至少有一件事是肯定的,在阿尔伯特大厅的穹顶之下,那踔厉骏发和激情四射的滔滔雄辩,那不断攀高的嘶吼声噪,那形形色色的各地口音,并非如某些人的天真臆想,仅仅是向改革主义者的激愤发难。它们更似从波涛汹涌的大海中聚集翻滚而出的一团浓云,它的力量来自纵横遍布英国的每一家工厂、每一个车间、矿山、码头和贫民窟。

但是,如果你认为,1913年的工人阶级作为一个整体,已经能有意识

第四章　工人运动

地衡量工会领导层并对其有所不满,那就未免想得太多了。那么,是议会的工党点燃了他们的盛怒和阿尔伯特大厅内的激烈演讲吗?毫无疑问,工党与"议会之母"① 幕后执政者的联系是如此紧密,它形同虚设,已然沦为自由党政府默默无闻、惴惴不安的一个盟友。英国工人们对此感到失望是理所当然的,但这就是他们发动骚乱的原因吗?抑或是自由党政府本身也开始招致一些反应了?他们是如此精明练达,如此虚与委蛇,如此乐此不疲地将政绩表现推向高潮。又或者是因为,在表面的繁荣光景之下,实际工资却在下降所导致?这些问题,连同黄金的神秘流动、资本的绝对集中、社会学家的各色学说,以及经济思想家们各种针锋相对的理论一起,几乎不可能得到确切的答案。它们似乎拖着我们穿越了一个迷宫,回到英国生活越来越阴暗的各个角落,直至最后,在那疑雾重重的黑暗中,我们终于迷失。

英国的工人们既没有在政治上团结起来,也没有因怨愤团结起来。他们没有基于同一目标的同声共气,却策划了一场运动,走上了革命的道路,并由此可能取得了革命性的成果,这又从何解释呢?战前的英国工人并非教条主义者。他们对博大精深的理论和高瞻远瞩的先知是无动于衷的。在他们的自我意识中,他们是受人尊敬的,遵纪守法的,甚至是政治保守的。而相关的法律法规就这样进入了他们的世界,对此他们是并不情愿的。每周九便士的差异就意味着布衣疏食和忍饥挨饿之间的差异。于是,对自由主义的抨击出现了,这让早前的两次运动相形见绌。

对自由主义的抨击!倘若有人敢于从直觉的角度而不是理论来研究无产阶级运动,这里会有答案。毕竟,自由主义不仅仅意味着一种政治信条或一

---

① 英国是世界上第一个建立议会制的国家,美、法等国在资产阶级革命或改良后,都效法英国建立起各具特色的议会,因而,英国议会素有"议会之母"之称。——译者注

种经济哲学，它是一种深受良心束缚的心理状态。它是一切正派可敬的、虔诚的和可敬畏的事物的终极呈现。自由主义说，穷人总是与我们在一起，我们必须要为他们做些什么。当然，也无法做得太多，那是绝对不行的，但须得做些什么。在人们合理的期待内，穷人可以就此问题形成自己的看法。事实上，在维多利亚时代的某些时期，他们曾以最令人恐慌的方式表达过这些意见。而人们竟也被这样的方式"感染"，以彼之道，还施彼身。

"大家举办了数次宴会"（70年代，在阿尔伯特纪念碑漫长的建筑工期中，一位工人晚宴观察员这样记录道），"许多工人侃侃而谈，几乎所有人都是这样开头的——'感谢上帝保佑他们身体健康'；有人暗示他们的群体中流行戒酒，还有人注意到大家的言谈措辞大都很文明；而所有人都异口同声地说，能参与如此伟大的事业是何等高兴和自豪"（见《维多利亚女王》，利顿·斯特雷奇著，第324页）。

"诚实的劳动者招人喜爱。[①] 在神所喜悦的召我来到的人生状态中，履行好我的职责。"难道英国工人最终奋起反抗的是这些自命不凡的词句和意义吗？诚实劳动、尽忠职守、精益求精——所有这一切，都是某种安全感的条件，对于独立思考的人也有着致命的吸引力。而除了猎获一部分独立精神之外，自由主义本身又是什么呢？自由主义一方面提供必要的最低限度的改革和抗议，此外还有契约的神圣性——一位工人有权利在他中意的地方出售其劳动，并获得任意形式的劳资？在维多利亚时代的英国，在最底层的贫民窟和收入最低的地区，安全和独立的信条都已经生根发芽并日益壮大，它们的种子随风而散——被何等无情的风吹走！——进入了工会这片土壤，工会尚未成熟，难以孕育新生。工人们太过独立，他们不相信团结才是唯一的希望，

[①] 德克尔（T. Dekker）作品《快乐的心》（*The Happy Heart*）中的诗句。——译者注

但他们又认为集体谈判是一种有尊严的又几乎可谓是谦卑的、提出更好待遇的诉求方式。这种矛盾无法永远压抑下去,一个人不可能在趾高气扬的同时又卑躬屈膝:维多利亚时代的工人阶级的体面正是建立在这种矛盾之上的。

尊重……毕竟,它不是安全的吗?一个人怎能如此轻嘴薄舌地就坚称能给予每个人生活保障——当然,带着浓厚的乐观主义色彩,而乐观主义自身就是轻嘴薄舌的!一个工人如能做到诚实守信、冷静持重、敬畏上帝、孜孜不倦,那么,国家就能通过某种神秘的谨慎干预确保他永远有饭吃——这个承诺不清不楚,你也摸不清究竟是什么门道。这是自由主义的主要信条之一,尽管它并未规约成文,只是潜伏在人们的内心深处低声密语着。随着1910年到1914年劳工大骚乱浪潮的逐渐铺开,人们不会将它视为一种对尊严无意识的严重侵犯,对精神世界的一场重大革命吗?

当然,经济学对这样的概述是感到极度不适的。尽管劳工骚乱的整体状况——突如其来的阶级仇恨、意想不到的暴力冲突、非理性的情绪宣泄——使其成为战前心理重要的、血色的一部分,但导致战争的直接原因不在这里。云迷雾罩而风雨如晦,它们指引我们走向的不是生存,而是毁灭——走向自由民主黯然神伤、颓丧破败的灭亡。

二

按照普遍的说法,劳工大骚乱起始于1910年1月。导致动乱的最表层原因是实际工资的持续下降。

我们将时间推回到1890年。当时,随着南非新地域的开发,世界黄金储备开始以惊人的速度不断攀升,至1909年,它的黄金储备量已经大大超过了此前欧洲、美洲和殖民地金条和金币储备的总量，超过全球所有形式的黄金总量的一半。这股神秘的黄金潮年复一年地流入英国，甚至渗透进了最贫穷的家庭。然而，它所到之处总是一片黯然，这就是它的本性。一磅茶涨了半便士，一双靴子涨了三便士，物价在普遍上涨。英镑的购买力经持续下降，到1910年，之前的1英镑已经贬为16先令11便士。

这就是廉价黄金对英国工人的影响，而且是不可避免的影响。但是应该有补偿。因为物价上涨就意味着生产力的提高，而生产力的提高就意味着工资的提高。然而，工资虽然涨了一点，却并不是相应地增加。1910年的英国工人比十年前更穷了。原因在哪里？商人们盲目自信，把国家的资源过多地投资在毫无价值的事业上？他们变得麻痹大意了？在经济不算繁荣的时期，经营不善的企业主会把自己的企业卖给同行业更加冷酷无情的竞争对手？这其中的任何一条都会导致生产率的下降，继而导致实际工资的下降。

或者，资本方面发现了比英国工业更有吸引力的投资领域？布尔战争和日俄战争消耗了他们的国家资源，甚至超过了他们的份额。而且，到1910年，15亿美元的私人资本流入了北美和南美，此外，大约有20亿美元投入世界各地，并获得了利润。所以，对本地劳动力的资本投入减少了吗？

这些问题把我们引入更深的投资思维的悲哀迷宫，每走一步，就变得更粗心、更贪婪、更有报复心、更软弱无力。资本回报率明显上升了，但这些资本投资到哪里去了呢？在世界上某些偏僻的角落里，有多少粗鄙的劳工正在汗流浃背、饥肠辘辘，只为能给上流社会某个坐享其成的住在图庭上城区的小户主带来他那百分之五的愉快利润？这个过着舒坦日子的小户主可能问过这个问题——不过，不是问他的良心，而是问他的招股说明书和资产负债表，这些东西总能给出最令人放心的答案。此外，他还能用积蓄做什么呢？

它们并不在他的掌控之中。自由经济学的梦想——独立的小企业家已经从地球上消失了；中产阶级的伟大幻想破灭了；财富掌握在其他更少、更强大的人手里。

的确，从南非滚滚而来的黄金潮，在英国的董事会会议室、会客厅和宫殿里倚叠如山，成为荒诞而沉重的浮游物，它们像海藻一样鱼贯而入，又像藤壶一样凭着天生的机敏占据了一席之地。新的金融家，新的财阀，几乎毫无从前那种约束英格兰地主阶级权力的责任感。他们已然是纯粹的国际人物了，至少看上去是这样。金钱就是他们的语言，像一种响亮而闪光的世界语。而且，这是一种英格兰上层阶级似乎无法抗拒的语言。钱是从哪里来的呢？似乎没有人在意。钱就在那儿花着，而且要尽其所能地挥金如土，因为它们的新主人开创了新风潮，而他们开创的风潮不可能是沉寂的。在战前的最后几年里，社会的暴富程度与日俱增，中产阶级变得更加自鸣得意和依赖他人，似乎只有工人被剥夺了繁荣中的那杯羹。

这个画面本已令人不快，而由于附加了恐怖的色彩，它显得更加让人却步。英国实业家无疑感到害怕。无数瓜葛相连、相互作用的信贷脉络，似乎把世界编织成了一个巨大的有机体，给人一种看似真切的和平与合作的希望，一种光彩熠熠的希望。世界金融版图上充斥着不可避免的资本集中，它确实光彩照人，但那是"痤疮"的光彩。这是一种易蔓延的疾病，它的第一个受害者是英国的工业霸权。各项非人道的条款已经宣布：外国关税政策，外国奖励政策，外国政府的限制性商业政策。这个自由贸易的旧世界帝国早已摇摇欲坠，走向衰落。美国的信托和德国的卡特尔掌控着自己的国内市场，在不受保护的国家倾销他们的产品。虽然英国对这种影响还没有多少切身感受，但这种战术存在本身就已制造了潜在的恐怖。英国实业家无论看向何方，都发现美国人和德国人无处不在。技术发明现在是他们的专长，他们有条不紊，运用自如，他们在自己的境内发掘了大量的铁、煤和石油资源。1895年，英格兰还是最主要的产煤大国，现在，它已经远远落后于美国，仅领先于德国。在铁矿石、生铁和钢铁的相对产量方面，它面上无光地位列第三。这一切的终结在哪里？

诚然，在国内产品的出口方面，英国仍然处于世界领先地位，但它的优势小得令人担忧，而且，后者与它的差距还在逐年缩小。英国也几乎依旧垄断着全球的海上贸易。日本航船正从它在中国海域和太平洋岛屿上的特殊猎场，慢慢地向南美洲的太平洋海岸移动，甚至触及印度洋的部分地区。德国正在成为一个威胁。即使是美国，也不再满足于向古巴和墨西哥出口有限的煤炭，而开始转向地中海和南美的港口运输。葛底斯堡和色当的战火刚刚平息，这场新的更加艰险的战争就开始了，它终于在七大洋那最遥远的角落发出了低鸣。它给英国带来的第一个影响是1875年和1884年的大萧条，那么现在，为什么经济学家会预言另一场大萧条将发生在1916年呢？唉，多思无益。时代如此繁荣昌盛，英国仍然是主要的工业国家。但是，有种恐惧感却持续不断地、不由自主地与日俱增。

它向下蔓延到社会的各个阶层，直到最后发泄到工人阶级身上。一位资本家可以理解，甚至可以纵容外国针对他的资本集中，但在这种情况下，他却对工人骚动的任何蛛丝马迹都感到惶恐至极，1900年至1910年间，他在工人的劳动中榨取了可观的利润。他拖欠工资，以便积累些财富以备不时之需。他自己被动地在社会上大出风头，这可实在是不幸。不过，现在的人们似乎都期望如此，一个人的声望被看成了一种宝贵的资产。至于工人们，资本家并不指望他们的意见会跟自己一致，唯一的办法就是，只要工人稍有违逆的意向，就给他们当面一拳。这就是20世纪早期的普遍情况，这项壮举得到了中产阶级的喝彩——他们自己被剥夺了经济权力，沦为各行各业的职员、销售员、官员和公务员，他们看待英国生产商的目光是有色的、恐惧的、仇恨的。

三

实际工资的下降至少在一定程度上可以被视为资本对劳工的攻击——完全可以这样理解。而在其他地方，另一起更直接的攻击来了。1901年，在南威尔士的塔甫河谷铁路公司发生了一场混乱的罢工后，该公司的总经理向英国最高法院上议院对铁路职工联合协会发起了诉讼。准确地说，这个协会究竟犯了什么罪，很难定论。他们并没有煽动罢工，罢工是在未经其授权的情况下就开始的，他们只是试图把罢工导向成功。然而，上议院的判决是，任何工会，无论注册与否，尽管被剥夺了成立的特权，但任何由（被视为）其代理人引发的伤害或损害，工会也要承担同样的法人责任。这不仅包括刑事犯罪，而且包括任何可能被宣布是可起诉的犯罪。

这一击是致命的。铁路职工联合协会被迫支付2.3万英镑的赔偿金，而且从此以后，任何合法的罢工都可能给工会带来重大损失。这还不是全部。无论大法官们在本案中对法律的解释多么细致，谁又能说他们没有严重违背工会主义的原则呢？

而工会做了什么，要受到如此惩罚呢？少之又少，太少了。自1848年宪章运动失败以来，他们一直奉行一种"机会主义"的政策，即为每个人的日劳动量争取到相应的公平报酬。如果塔甫河谷的判决是给这种温和政策本身的奖赏，工会难道不应争辩说，他们的温和也该得到同样的回报吗？这个结论自然是不可避免的。那么很好，他们必须展示自己的力量了。

在1906年的选举中，当时的劳工代表委员会有50名候选人承诺要推翻塔甫河谷的判决，最后他们中有29人当选。此外还有12名矿工，他们是正式的自由党人。在民意测验中获得空前胜利的自由党政府，似乎没有意识到一个崭新的、坚定的声音已经加入它的审议中。它提出了一项法案，基于前政府任命的皇家委员会的调查结果，希望将工会立于合法之地，只得到了律师和雇主的认可。但是，法案初次宣读刚完，众议院就有一部分人站起来解释说，他们已经发过誓了，要投票支持1871年的完全豁免。保守党和自由党都惊愕不已。看来，即使是上议院司法委员会的调查结果也无法让工会闭嘴了。这是难以置信的，是"可怕的"，但我们能做什么呢？唉，议会不再是地主豪绅们的专属财产了。一项贸易争端法案在仓促之中完成了起草和颁布。它实际上赋予了工会豁免权。

工党由此眉飞色舞。仅仅因为一次权力展示，历史上最强大的政府就被迫向工人组织的正当要求屈从。而资本的思想是隐秘和无畏的，它已准备好一个强有力的反击——它的作用是强有力的，但更具威慑的是，它没有留下任何考虑的痕迹，它步步为营，严阵以待。

"1908年7月，有个叫W.V.奥斯本的人在资本渠道的重磅资助下，对他所属的铁路职工联合协会采取了行动。他一力阻止协会将资金用于政治目的，并宣称这超出了它作为一个工会的权力范围。上议院经过一年多的商议，终于在1909年12月提出了判决，即后来的奥斯本判决。他们坚持认为，铁路职工联合协会不得将其资金用于政治目的，不得以支持工党或支持议会成员为目的向其成员征收会费。工会被宣布为合法的法人实体组织，为了支持这个

第四章　工人运动

极具争议的论点，法官们对1876年的《工会法》进行了详尽的研究。就在其中，他们轻而易举地就发现了一个定义，这个定义是包含在一个附带条款里的，当时谁也没有认真对待，当然也并非他们以法官身份所赋予的那种意义。但是，时隔三十三年之后，就是这样一条极其偶然形成的附带条款，其中陈述有限的、有争议的含义所涉及的事情，竟然在一夜之间成了全国工会的禁令！显而易见，除了偏见，这还能是什么呢？铁路职工联合协会的会长或秘书进入议会是违法的，而薪水丰厚得多的铁路公司董事长或董事进入议会却绝对合法，这是一种反常现象，任何一个正直的人都难以为之辩护。"

以上这个段落引自韦伯夫妇的《工会主义的历史》，他们的论点很有说服力。

在他们法律当局用如此复杂的诡计所编织的法律网络的中心，隐藏的是资本组织的贪婪蜘蛛，以诱捕工会为食。这种结合既可怕，又阴险。当资本与法律携起手来，人们将转向何处？凭借着奥斯本令人质疑的威严判决，雇主们开始公开说服工会成员对其工会采取行动，这些行动将限制工会成员参加市政选举，或参加教育课程，或入股劳工报纸。

议会能否提供帮助呢？

考虑到政治民主的抱负，在此问题上似乎没有必要插手。经过近一个世纪几乎革命性的改革、顽固而持久的内部斗争，通过崇高的人们的辛勤劳动，在战胜偏见和平和激情之后，议会至少可以说成了代议政制一个具有包容性的代表。至少政客们是这么认为的，但他们并不总是心口如一。于是，在南威尔士塔甫河谷审判的时候，自由党人不是毫无怨言地向五十名工会成员无足轻重的合议声让步了吗？在那之后，他们不是已经推出了一系列辉煌的社会改革吗？《工人赔偿法》《养老金法》《矿工八小时制法》《同业公会

219

法》。可是，究竟出了什么事呢？工资还是没有上涨。事实上，甚至还在继续下跌。

或许，奥斯本判决会促使他们采取行动。由于法律在细枝末节上的护航，资本对劳动力沉重、残酷、无原则的压迫就更加剧了。自由党在传统上是工党的朋友，事实上，相当多的工会成员仍然在选举时投票支持他们。不过这一切都很奇怪，奥斯本判决并没有促使自由党采取行动。相反，他们似乎在逃避——仿佛工会已然落入了小偷的圈套，而他们别无选择，只能绕道另一边。

温斯顿·丘吉尔先生跌宕起伏的政治生涯已经进入了狂热激进主义的短暂阶段，无意中发出一两句雷霆之怒；劳合·乔治先生则用雄辩家的妙语连珠，装饰着贵族、酿酒商和地主们的各色皮草。似乎就这些了吧。但税收在增加，这是事实——富人们被迫为改革买单。但是，改革本身是否尚有不足呢？倘若一个工人能够站在1910年革命的边缘向前展望，他会看到什么？一项法案，该法案赋予议会每一位议员每年400英镑的收入，富裕的乔治先生希望通过它来消除奥斯本判决的刺痛。这是在1911年。同样在1911年，还出现了《国民健康保险法》，自由党在经历了一段漫长而艰难的酝酿之后，以一种牡蛎育珠般坚韧不拔、不可思议的方式推出了这部法案。但是，这两项立法都不可能让有远见的人满意。他们的目的不在于提高工人的地位，而在于安抚他们。

自由党政府实在令人费解。它正在极不情愿而又相当巧妙地走向死亡，除非你深入调研，否则你就会认为它很健康。但是，它在周围筑起了一道高墙，上面写满了延缓和承诺，以至于你的深入调研只能止步于此。工人们只是对它感到不满，但也说不清为什么。而且，事实上，除了他们的选民之外，

第四章　工人运动

那种完美的黑格尔自由主义,即同时相信自由又不相信自由,超出了所有人的理解。干预养老金、医疗、罢工、教育、劳动环境等问题——啊,是的,这些是可以做到的;削弱上议院的绝对权力,削弱庞大的土地产业——这些行动都是广受欢迎的。但坚持雇主应该支付最低生活工资?那是对自由的严重损害。

的确如此。但是,自由本身是一个过时的命题了,它适合19世纪的生命激情和哲学视野,但在20世纪的幻灭感中多少有些错位。人们难免会这样想:政治自由主义试图通过改革来避免不可避免的后果,可总有一天,改革会走到尽头。而改革究竟是什么呢?巧妙地调和矛盾?巧妙地表达中产阶级哲学,既要立即抵制富人的侵略压迫,也要同时阻止穷人的虚荣自负? 1910年的中产阶级还能很好地继续坚持那含混不清的自由主义吗?事实上,如果自由主义是能够解决问题的答案,那么工人们就可以从保守党那里得到一个漂亮的印花。保守党如今忽然摇身一变成为一个革新的政党,只要工人阶级承认自己是长期封建主义经济的娇贵农奴,那么保守党也就很可能会被说服,同意工人阶级的某些要求。

独立工党是议会最后的希望,它也在不知不觉中成为所有工人的希望——无论他们秉持的是什么样的政治信念。独立工党至少有一个与工会相对应的政治组织。1906年,它第一次步入议会时,就成功地推翻了对塔甫河谷的判决。那么在此之后,还有什么呢?

工党已经变成了某种训诫政府的左翼组织,他们以暴躁的护士般的忠诚支持着其病态的政策。即使它有一个计划,也不会有信念地提出来——比如说,爱尔兰党曾经在帕内尔领导下所表现出来的那种喧嚣而顽固的信念。但是,若对其成员身份有所研究,就会明白其中的原因:除了极少数所谓的工党下院议员外,其他人本质上都是自由党。至于他们的领导人拉姆齐·麦克唐纳(Ramsay MacDonald)先生,这位英俊而活跃的苏格兰年轻人似乎很满足于在四分之三的时间里做一个自由党人,他只在某些情况下才成为社会主义者,且此类情况似乎很少出现。麦克唐纳先生是个魅力十足、强大有力的人,他已经显露出某种议会式的精明。他不会让自己的"左膀"知道"右臂"在做什么。他用左手撰写了一些小册子,其中交织着对集体主义国家的要求和流光溢彩的文学技巧。他又挥舞着右手,腼腆、亲切、坚持不懈地召唤着徘徊在眼前的名誉和财富。而这并非由于麦克唐纳先生是个表里不一的两面派。他是个有原则的人。但是,除了对战争的强烈反对之外,他做不到对任何地方的任何好处视若无睹——这引导他走向了独特的职业生涯,在一个激进的保守党政府中担任同样重要的社会主义首相一职。

至于工党中的社会主义人士——凯尔·哈迪(Keir Hardie)是其中之一,但他已经年迈,且个性浪漫。斯诺登(Snowden)先生是另外一个,还有奥格雷迪(O'Grady)先生、索恩(Thorne)先生和乔维特(Jowett)先生,也许还有两三个吧。英国工人只是满腔愤懑,但似乎谁也无法将它们抚慰。他们是否能自觉地全然接受政治社会主义的光辉,这是非常值得怀疑的;如果可能的话,他们是否能接受在工党中赫然存在的社会主义,这就更不好说了。因为工党的社会主义源于费边主义人士——他们曾经是90年代改革洪流的希望,但现在有点不合时宜了。他们谨小慎微,暗自期望在狭隘的官僚体制上最终筑就一座幸福之城。

这就是工党的性质和体系,而英国工人的工资就是一张政治晴雨表。到1910年,他们已经对工资不感兴趣了。这个政党看来是费边主义和工会不幸联姻的产物,它也不打算成为什么救世主。

第四章　工人运动

工会！它也许是解开劳资纠纷问题之锁的钥匙。只是，当门被打开，当你向里窥视时，你会看到云雾缭绕，远景飘摇！实际工资的下降、资本主义的野蛮攻击、议会的无能，这些都还只是初期浮现的景象。正是围绕着工会，最深切的和最强烈的欲望最终聚集于此。

他们就此聚集，像一群蜜蜂不请自来，团团歇在一个心烦意乱的老绅士的秃头上。1906 年，当工会的存在受到威胁时，他们已经展示过自己的权力，但他们的领导层不准备在议会之外解决问题。他们的领导人只是老"自由－工党"（即自由党－工党）的管理人员。而且，无论他们各自的组织可能是什么，作为一个整体，他们的结合过于松散了。他们没有共同的政策；他们每年召开一次大会，尽管成员众多，却只关心政治问题。他们的联合会是唯一可见的核心机构，由实力较弱的工会组成，并因此财政拮据；最后，他们之间还存在分歧，且嫌隙不小。19 世纪，随着机械化及陆海交通的巨大发展，负重前行的后来人继承了越来越多的非熟练和半熟练工人。很明显，工会不能再是"手工艺"工会——熟练技工的工会了；它们必须转变成"工业"工会，也即所有劳动者都从事一种职业的工会。然而，一个在铁路公司工作的非熟练工人又该属于什么工会呢？联合工程师协会？铁路职工协会？或者成立新的总工会？没有人能说出确切的答案。但仅仅为了团结，他就必须属于其中某一个吗？他入会之路似乎是漫长而痛苦的，那些特殊的"手工艺"工会可能对此表现出贵族般的嗤之以鼻——如锅炉制造工、蒸汽机工、联合机械工等等。形势极为不妙。如果工党最强劲的工会突然陷入一场复杂的内部战争，在这个历史关键时刻，工党还能有什么机会呢？

事实上，如果工党公认的领导人在这件事上有主导力的话，工党可能会长期游走在嫉妒乃至势利的分裂状态中，直到战争的爆发；他们会被奥斯本判决削弱力量,并被自由主义承诺和自由妥协的光辉迷雾所迷惑。但实际情况并非如此。还有其他力量在起作用——来自法国的、美国的,以及来自英国人的灵魂深处的。尽管这些力量变幻莫测,彼此陌生,有时说不清楚,甚至是无意识的,但它们却把英国工会变成了反叛力量的一个令人震惊的象征。而这个符号,一旦被破译,就意味着自由党的灭亡。

四

工团主义学说具体是在什么时候越过英吉利海峡,由法国悄悄传来的?这已经无从确定。但人们普遍认为,它是在1905年至1910年之间的某个时间完成这段旅程的,爱尔兰工党领袖詹姆斯·康诺利被认为是其主要传道者。旅程很短,但很艰难。虽然工团主义在法语中只含有"工会主义"的意思,但它指向一种相当奇特的工会主义。在英国工人看来,它也并不"法式"。它主张工会的绝对权威和至上地位,主张工会在地方和中央团结起来,建立地方当局的地方工会联合会,并由全国工会代表组成全国当局的常设会议。换句话说,由生产者掌控所有工业和所有服务,他们通过一系列持续的暴力罢工获得控制权,最终以"全面大罢工"告终。当然,这与西德尼·韦伯夫妇、"费边"们和独立工党的集体理论最是对立,后者曾经精研覃思,步步深入,通过"韦伯们"或多或少犹如神授一般的理论,预见国家逐渐演变成一个庞大的消费者组织。而且,他们自然还在预见中。

自1902年以来,工团主义在法国已经成为一种成熟的信仰,并在美国的移民中生根发芽。法国有总工会,美国有世界产业工人联盟,两者的地位与1834年英国工会的地位大致相当。那一年,阿诺德博士(Dr. Arnold)称

第四章　工人运动

他们为"一个噩梦的可怕引擎",他们"随时准备暴乱或开展暗杀行动"。事实上,工团主义者们和世界产业工人联盟确实引发了极大的恐惧,但是,不应该认为他们发展的学说都会像恐怖主义一样具有建设性。至于工团主义的哲学,它植根于尼采(Nietzsche)的无政府主义,并延展到柏格森(Bergson)的《创造进化论》,最后在索雷尔(Sorel)的《暴力论》中开出花来。

这种奇怪的哲学发展——作为一种哲学来说——对英国工人根本没有吸引力。首先,他们可能从来没有听说过尼采或柏格森,至于索雷尔先生的《暴力论》,他们根本无法理解。其次,他们对于任何理性的革命制度从来都没满意过。然而,在1910年至1914年间,他们违背了自己党派领导层的意愿,发动了一系列激烈的罢工。如果不是战争的爆发,罢工行动最终会在1914年9月达到高潮,形成一场异乎寻常的暴力大罢工。这就是工团主义革命的确切处方。

怎么会这样呢?本土思想家是否可以给予一些帮助,用激情洋溢又能为人所知的盎格鲁-撒克逊语(Anglo-Saxon)重新阐述索雷尔先生的主张呢?只消看一眼当时的新闻,就能明白事实不然。《每日先驱报》是一只智力上的鸵鸟,它会一股脑吞下所有疯狂的理念,然后再把它们全都吐出来,不经消化,毫无吸引力。《新时代》对一切非劳动理论被逐出工团主义世界表示震惊,它试图以工会社会主义来弥合鸿沟,工会社会主义是消费者和生产者的一种神秘结合,编辑奥雷奇(A. R. Orage)先生可能已经理解了这一点。而《每日公民报》仍然呼吁老式的机会主义策略。工团主义者们慷慨激昂,但又晦涩难懂。《新政治家》宣扬悉尼·韦伯的自满宿命论,在当时的环境下,此等热情是值得高度赞扬的。报业的这些作为很可能还是产生了值得注意的影响——年轻的知识分子们是受用的,但是他们完全无法触及广大的工人。

也许这就是汤姆·曼（Tom Mann）先生决定先实践、再传道的激情所在吧？这位狂热的工会主义者已经意识到英国工人对思想并不十分敏感。汤姆·曼先生是英国工党史上最成功和最聪明的宣道者之一，但他的存在可以说是四年半罢工大潮的结果，而非原因。

或者，空气里本身就充满了激荡人心的耳语、回声和暗示吗？美国和法国对政治民主的猛烈攻击，像钟声一样从海上传来。有消息从那珍稀、凉薄的上层经济投机领域幽幽飘下来，说资本主义世界的状况永远无法改善，而且必然会变得更糟。这消息像雪花一样轻盈，让人捉摸不透。还有一个看似虚无缥缈却又始终存在的问题来到了人们思想的边缘：对于劳动和生活条件更健康的改善，实现科学与改革的结合，难道不应该让更多的工人在身体上更好地"适应"更长时间的生存吗？结果怎么会导致他们在劳动力市场上变得越来越廉价？尽管在一般活动中还并不常见，但已经有越来越多的临时工、失业者和无业者开始在全国游荡了。

这些理由是足够有力的，但它们并没有回答主要的问题——这些年的罢工是如何在战术上完全按照工团主义的路线开展的？

大多数英国工人都参与了罢工，虽然不算积极，但也是怀有同情心的。这是毋庸置疑的。但在1910年的两次选举中，大多数英国工人都顺从地投票给自由党或者保守党，在他们的政治意识里，对于议会的运作机制抱有像对神学般的敬畏，一旦提及"革命"这个词，就会感到莫名沮丧。他们怎么能这样去表达日益增长的、前所未有的阶级矛盾呢？他们怎么能这样去企图动摇议会统治的根本基础呢？他们怎么可能既是工团主义者又不是工团主义者，既是革命的又不是革命的呢？答案可以从保守派作家费边·威尔（Fabian Ware）先生的一句话中找到，他在《工人和他的国家》一书中断言，工团主

第四章　工人运动

义是"一种违背理性的本能的主张"——换句话说，是一种新力量的简便表述。妇女选举权也是一种新力量的简便表述，口号"阿尔斯特将战斗，阿尔斯特将是正确的"同样如此。

1910 年，英国工人的本能意识非常活跃。这种本能警告他，他的收入过低，如果任由议会这样下去，他的收入翻不了身；它告诉他，端正的品行已经没有任何意义了；它宣称，必须不惜一切代价团结起来，而唯一可见的团结的象征就是工会，因此，他向工会发出了求助。

于是工会不太情愿地沦为了一个储物箱，收纳本能、情绪和一种至关重要的非理性。

五

迈入动荡的第一步似乎是足够直接的——对实际工资下降的愤怒，对资本主义侵略的愤怒，对议会拖泥带水的愤怒，还有被鼓动家们煽动的愤怒，由莫名恐惧点燃的愤怒，它们最后走向了团结。再向前走一步，我们就抵达工会了。突然间，在黑暗和困惑中，一条道路横在眼前，是一个自相矛盾的迷宫。革命的方法有了，但革命的意图还不清楚。对政治民主既不信任，又显出尊重，二者绝望地纠缠在一起；政府一方面受到一些人的攻击，同时又受到同一群人的保护；理智与本能的博弈。在穿过那复杂的迷宫，走出那段黑暗旅程之后，人们最终能分辨出是要部署一场大战吗？在这场战争中，通过冷漠而权威的法律的运作，资本已经组织起来，它是要对抗工会吗？对抗人类这支不靠谱的军队？

人们难免这样想。尽管这场战争早在 19 世纪就开始了，尽管它在每一次罢工运动和每一个平台上都一再证明自己,但它还是携着一身愤怒来到了战后世界。在两支军队之间,洋洋自得的自由党政府挥舞着一根腐朽的橄榄枝,同时把议会的权威、改革的诱惑和宪法的尊严之重捆绑于上。那么,在迷宫的中心地带,我们找到的真的是一场经济战争吗?或者,当我们再转一个弯,再绕过一个转角,会发现一个更深刻、更人性化的冲突?

出于保守党对议会发起的猛击,女性和工人们有了深刻的相通之处。在两个群体之中,某种有意识的安全感都陷入了迷失。对于工人们来说,他们必须记住,在1910年,他们的生活根本没有被绝望感所笼罩,也不会如此确定战后世界无从恢复得更好。那时候,大多数人的思维方式不是经济的,而是政治的。在1910年,一个兢兢业业的人可能仍然相信,随着岁月的流逝,他有机会实现晋升,他的子孙后裔能够步步高升,而不是一代不如一代。然而,这句话中所隐含的那种窒息般的保障——"一日的工作应得一日的报酬"——却只能坍塌了。这是维多利亚时代可敬的本质所在,其最终表现形式是议会调解。工人们不再寻求安全感,他们想要活下去,想要冒些险,想要不再墨守成规:他们被压抑得太久了。因此,推动1910年到1914年大罢工运动的是来自最深层的动力,它是一种无意识的、从灵魂深处喷涌而出的巨大能量,连议会在它的面前也要颤抖,在它的冲击下,自由英格兰死去了。

就这样,工团主义者们的本能策略和工人们的本能欲望结合在一起,但这并不是工团主义者的目的。表面上看,这场运动不是革命性的,而只是反叛的。它并不像一些人所说的那样,是有意识地以推翻工资制度和破坏议会统治为目标;我们能从中发现的唯一革命是心理上的革命。的确,这样的革命有着奇特的收场。而且,如果1914年9月的总罢工真的发生了,那谁也说

第四章　工人运动

不好结果究竟如何……

　　工人的反叛自然地表现为经济上的需要，这种需要使它显得比另外两类反叛现实和高尚一些。然而，尽管在这一过程中，贫穷、疾病和压迫等可怕的问题就像民主组织中的一颗毒瘤一样显现出来，它的外表却远比其他两类反叛更为绚丽多彩。英国的工人不像他们的前人那样遭受压迫。即使是在维多利亚中期最为单调乏味的时代，他们也始终保有着天性与本色——他们浪漫、幽默、纯真，同时又寡言冷峻、头脑清晰。甚至在这漫长的灰暗岁月里，唯一能听到的笑声似乎便来自他们。而现在，他们斩钉截铁地抛却了自己的体面，在他们最深切的愤懑中，在他们最坚定的阶级仇恨的声明中，你可能偶尔会想——只是偶尔——他们其实曾经过得挺愉快的。也许这就是拉姆齐·麦克唐纳先生在1913年所写的："劳工界响应罢工，就像大自然响应春天一样，热切而自发。人们好像被某种魔法般的诱惑吸引住了。"（引自《社会动荡》，第96页）在这位社会主义领导人的沉思录中，似乎别有一种愚昧。然而，令人惶恐的是，麦克唐纳先生可能是对的。

六

　　1910年1月1日，1908年的《煤矿管理法》将在诺森伯兰开始正式实施。矿工领袖最终与矿主就该法适用的条件达成一致意见，此前一晚，条件中的两班制改为三班制。问题来自家庭原因——如果一个家庭的三名男性成员分别上三个不同的班次，那么房子的卫生清洁、婴儿的合理喂养，以及家庭物资的采买，都不会好。于是，在诺森伯兰和达勒姆地区，超过三分之一的矿工参与了罢工。他们无视上级的威胁，不在乎被称为叛徒和骗子，不理会英国矿工联合会的利诱；而面对他们自己的委员会，直到4月中旬，有少数的顽固派都没有同意复工。

菲利普·斯诺登（Philip Snowden）反对称，罢工行为公然违反了工会纪律，而也有其他人反思了更为中肯的问题。诺森伯兰和达勒姆的矿工属于矿业内的"贵族"，他们是最后一个加入矿工联盟的，他们是傲慢且冷漠的。他们的行为如此无理，如此激烈，简直令人难以置信。难道在这一切的背后，还有什么被忽视了吗？

此外，在7月初，东北铁路雇佣了一万名颇有人气的铁路工人（他们提供的薪资特别高，甚至屈尊承认了工人们的工会）。但突然间，工人们因为某件微不足道的小事就闹了罢工，全部交通因此停滞了三天，而他们又平静地回去工作，道歉之类的话只字未提。

这类事件在当时看来是微不足道的，它们就像是"工业和平"表面上的涟漪。这种平静从1893年一直持续到1910年，其中只爆发过两三次大的动乱。这些涟漪虽小，但却形成了一种奇特的、冲动的、不负责任的格局。就好像水下潜伏着什么生物，懂得深思冥想的生物……

在这两起事件之间发生的罢工，包括诺丁汉、唐卡斯特和雷克斯汉姆的矿工罢工、格拉斯哥的螺纹工人罢工、布拉德福德的羊毛和精纺工人罢工；南威尔士骤然骚乱，当时只有同业公会的乔治·阿斯克维斯（George Askwith）先生的工人阻止了大罢工；兰开夏郡棉花产业罢工初见端倪——这一切都表现出同样奇怪的盛怒，以及同样无视工会权威的倾向。

但直到9月，麻烦才真正开始。当月9日，棉纺雇主联合会决定，如果兰开夏郡肖镇费恩制造厂的争端未能妥善解决，便从10月开始全面闭厂。一个名为乔治·豪（George Howe）的人根据制卡和吹风室操作工协会的指示，

第四章　工人运动

拒绝清理制造厂内的平台，表示这不是他作为磨工工作的一部分，因而被解雇了。于是，工厂全员开始罢工。非正式会谈毫无进展。工人协会和雇主联合会之间的纷争是极为棘手的，问题集中在1907年《布鲁克兰兹协定》的两个条款上，这两个条款涉及大部分棉花产业。而不幸的是，这个协定是路边旅馆的通宵会议后匆忙拟定的，它总是只在不必要的时候起作用。现在是雇主的责任，还是工人的责任？《协定》第6条直指雇主，第7条又归责于工人。阿斯克维斯先生得到双方的一致认可，担任仲裁人。他坦言《协定》所指很好，但需要给他一段时间才能做出裁决。与此同时，正如他所说，两个协会之间的情绪冲突是"强烈而痛苦的"，他为双方在9月30日于曼彻斯特准备了一次会面，希望能有所收获。但事与愿违。雇主们坚持要求自6月7日以来就停工的费恩工厂立即开工，他们并非与乔治·豪过不去；其后，他们才会同意撤销全面闭厂令；而如果仲裁结果不支持他们，他们也会支付乔治·豪的全部欠薪。但工人们毫不退让。他们要求立即恢复乔治·豪的职位，或者关闭费恩工厂，如此方能满意。10月3日，十万二千名工人被关在门外。

凭借所掌握的同业公会的全部情报，阿斯克维斯先生非常清楚，这次全面闭厂将很快影响到整个行业。他从伦敦风尘仆仆地赶来，尽可能巧妙地将此事从乔治·豪身上引开，并请求重新审视《布鲁克兰兹协定》——在双方看来，它那草率的措辞并不乏崇高美，它需要被重新审视了。阿斯克维斯先生果然别具手眼，他成功了。会议接连不断地召开，但每到关节点，就在阿斯克维斯先生似乎胸有成竹要做出决定的时候，乔治·豪名字不经意的出现就会让一切都付诸东流。乔治·豪先生的问题是绕不开的。

无望之下，雇主们同意将肖镇的下一个职位空缺分配给乔治·豪。他们甚至承诺立即帮他谋得一职。他们于是挨家挨户地恳求那些老板，希望他们的厂里换一个磨工,录用乔治·豪,但是纷纷遭到拒绝。因为这个人物已经被神话了,成为制卡和吹风室操作工协会不可小觑的权力的象征。直到最后,正在走投无路之时,杜克纺织公司同意收留他。男人们又回去工作了。紧接着,阿斯克维斯发现了《布鲁克兰兹协定》中的一个漏洞,用一条多少是利于工人的条款了结了此事。第一场战役胜利了,但要打的战役还有很多。

同年9月,英格兰北部发生了另一起罢工事件,联邦造船厂和修船场发生了几次断断续续的罢工,由此激怒了雇主,他们宣称锅炉工人们违反了1909年3月达成的协议。锅炉工们有着不同的看法,但他们没有与自己的雇主交流,因为雇主们太急于和解了。9月21日在纽卡斯尔达成的临时协议,以及10月11日在爱丁堡达成的临时协议,都被他们以前所未有的怒气推翻了——事实上,这真是前所未有的,因为锅炉工素来被认为是行业内最和平的群体。阿斯克维斯先生又一次受邀而来。经过调查,1909年的协定条款和限定条件都太详尽了,若是期望依靠它解决争议,很可能要拖到世界末日了。锅炉工人协会的代表们被召集到同业公会;为防锅炉工人们的耐心超出忍耐极限,协商的修订和推动都加快了。12月7日和8日,爱丁堡的雇主们收到了一份报告,他们同意接受。12月15日,他们不再全面闭厂。

但是,1910年的真正大戏是在别处上演的,虽然它的结局既不简单也不算成功,但其影响是深远的。在南威尔士朗达山谷,假使海军煤矿公司的老板们能预见到这些影响,他们当初可能会采取截然不同的行动。但后来,这家海军煤矿公司的所有者恰好成了寒武纪联合公司。后者通过寒武纪信托成为控股公司。该公司持有控股权后,一切均以股东利益为中心。海军煤矿公司生产的煤向来质量最好、价格最高,供应给海军部,但公司一直不怎么繁荣。而寒武纪联合公司决定让他们付出代价。他们寻找着可能的机会,最终把目光落在了伊利矿上。如果按计件工资核算,把矿坑上面五英尺的煤层挖开,那一定还能赚些钱。但是,可行吗?寒武纪联合公司认为,每吨煤 1 先令 9 便士的薪酬便能令各方满意;但矿工的要求是 2 先令 6 便士。

9 月 1 日,伊利煤矿关闭,九百名矿工失去了工作。

9 月 5 日,另外两个海军矿井——潘迪和南特温矿井的矿工进行了支援罢工;9 月 19 日,寒武纪联合公司的所有煤矿——包括克莱达赫耶鲁的寒武纪煤矿、伊尔维尼皮亚的格拉摩根煤矿、吉尔法赫戈赫的不列颠煤矿,都一一罢工了。这就是试图剥削忍饥挨饿的工人工资的结果。

然而,问题的症结并不在于贪婪,也不在于寒武纪联合公司。迫在眉睫的问题是,南威尔士所有的煤田都处于骚动状态。毫无疑问,伊利坑的五英尺煤表层项目有些地方是"非常规的"——对于按计件工资工作的人来说,很难得到公平的日工资。因此,这就轻而易举成为触发大骚动的一个焦点。因为南威尔士矿工联合会本身就是意见不一的。一方面,一些管理层要求在非常规工作领域为所有工人设立最低工资,在 1910 年,这个要求是具有革命性的;但另一方面,又有群体声称自己对当时的工资协议是满意的。这场争论从年初就开始了,且日渐激烈,一些煤矿已经威胁要脱离南威尔士矿工联合会。

总体来说,温和的建议似乎存在优势;众所周知,英国矿工联合会一直在为解决问题而努力。10 月 22 日,在南威尔士矿工调解委员会的协调下,矿主和工人通过会谈解决了分歧,就伊利坑的五英尺煤表层项目薪酬达成一致,定为每吨 2 先令 1.3 便士,此外,超过 12 英寸的额度,采石工还将获得每英寸 0.25 便士的补贴。在平时,这些精密的数字是能令矿工们满意的,但今时不同往日。两天前，阿伯戴尔山谷的鲍威尔·达夫林煤矿爆发了一场激烈的罢工，罢工的主要原因是工人们有权不付工钱就把破碎的支柱带走当柴火。总经理汉恩（Hann）先生和矿工代理人斯坦顿（Stanton）先生最后通了一通电话，结束了谈判。斯坦顿先生在电话中说："此外，我还想说，如果这件事上有什么黑手，那就是谋杀了。天哪，我可是认真的！"很明显，对于电话那头汗流浃背的汉恩先生来说，对于所有与南威尔士地区有着丝丝联系的人来说，一种新的精神正在蔓延：鲍威尔·达夫林煤矿和海军煤矿的工人并不是受了一样的委屈——他们只是同样对英国矿工联合会怀有一种不信任，对自己的管理层报以一种蔑视，对最低工资标准日益喜爱。

调解委员会的调查结果提交至海军罢工委员会，但遭到了驳回，这也就不足为奇了。南威尔士矿工联合会代表团在伊尔维尼皮亚的蓟特尔酒店集会，向委员会提请重新审定工资标准，也未能成功，这同样不足为奇。那天是 10 月 29 日。就在两天后，这股热浪就蔓延到了位于伊林菲谷的诺斯航运公司。11 月 1 日，朗达谷的所有人进行罢工。有那么一段时间，罢工运动似乎势不可挡地蠕行着，穿梭在威尔士南部陡峭的黑色山丘中——但是为了什么呢？为了伊利矿坑 2 先令 1.3 便士每吨大煤的薪资？还是因为南威尔士矿工联合会的管理层表现出的懦弱无能？管理层无法掩耳盗铃了。11 月 2 日，三位主要领导梅塞尔·威廉姆斯（Messrs Williams）、奥尼恩斯（Onions）和理查兹（Richards），发表了一份宣言，警告所有相关人士，所有这种"突发而违宪的行为"必将不得善终。此举达到了预期的效果。诚然，斯坦顿先生以充满个性的破口大骂来欢迎这份文件，但整个南威尔士似乎都愿意倾听。只有阿伯代尔谷和朗达谷的人们充耳不闻。在这两个地方，一种高度紧张的气氛正在逐日升温。

第四章　工人运动

与此同时，11月8日，在伦敦，内政部召开了一次精英会议。当天上午10时，会议收到格拉摩根警长林赛上尉（Captain Lindsay）的电报，称朗达谷发生严重骚乱，请求两个步兵连和200名骑兵立即予以支援。温斯顿·丘吉尔先生随后主持了内政部，他很快就与哥廷根大学毕业的战争部长R.B.霍尔丹（R. B. Haldane）先生、副官长埃沃特（Ewart）将军和C.F.N.麦克雷迪（C.F.N.Macready）少将进行了密谈。经过他们的商议，通过了林赛上尉的骑兵支援请求，此外还将增援270名伦敦警察（这支部队很快就扩编到820人），麦克雷迪将军亲自挂帅。步兵们驻扎在斯温顿，随时待命出发下山。两天后，他们行动了。

随后，在内政部和各个山谷之间，电报和信件往来不绝，几个有意思的事实浮出水面，可以说为有兴趣的读者保留了一份政府报告。虽然雇主控制着当地警察和媒体，但他们处于极度惊惧的状态，对内政大臣既感激涕零，又百般诘难。英国矿工联合会很聪明，对矿工的暴力行为和军队的镇压都表示强烈抗议。此外，丘吉尔先生在他天生的军国主义、维稳意愿和他对威尔士矿主的本能厌恶之间摇摆不定，在派兵问题上犹豫不决。在这种激情和利益的混乱交杂中，麦克雷迪将军带着一小队骑兵在山谷里摸爬滚打，他在第一封信中表示，事态的严重性被高估了。当他的骑兵队在当地引起民众的不快时，他就赶忙撤军了。

从11月12日到11月21日，暴乱加剧，寒意降临，山顶上下起了雪，人们开始打冷颤了——但并非因为气候寒冷。林赛上尉宣称："这次罢工与我以前经历过的所有罢工都完全不同。"空中弥漫着恐怖的气息，这在以前似乎从来没有过。漫天的谣言此起彼伏。罢工的工人们端着左轮手枪，抢劫了大量烈性炸药，他们计划炸毁矿区管理人在吉尔法赫·戈赫的房子——也许还包括多少其他房子？至少这一个吧。矿主们请求允许用通电电线保护私有财产；士兵们和罢工者们踢了场球赛；谁也不知道事情的真相如何。麦克雷迪将军会见了阿伯代尔人的一个代表团，并给出了最优条件。这个代表团是由强悍的斯坦顿先生带领的。作为军人，麦克雷迪将军对劳工界的是非曲直不甚了解，但如果他不得不在斯坦顿先生和任何一个矿主之间作出选择，他的选择几乎是毫无疑问的了。

因为矿主们的行为是极其讨人嫌的了。他们命令当地媒体将最骇人的暴行和恐怖事件刊登出来。他们不断要求军队的增援。1400名警察在他们的催促下来回奔波在险峻的山路上，他们的理由五花八门——例如，11月11日，大约90名警察被召集到埃文谷高处的一个峡谷里，不是为了阻止暴乱，也不是为了保护财产，而只是让他们去监督一项高度可疑的扣薪行为！矿主及其羽翼似乎将这些人视为他们的财产，只要他们高兴，无论何时、何地，以何种方式，都要任凭差遣。栋杜煤矿的管理人珀西·雅各布（Percy Jacob）对伦敦警察局的独立行动感到愤怒，他抱怨说："这些人在格拉默郡是宣誓就职的，我是以特殊的方式征用他们的服务。但凡我要，他们就得成为我的雇工。"矿主协会厚着脸皮把这一投诉转呈至内政部，并收到了一封回信，是丘吉尔先生以他最精辟的冷嘲热讽写成的。

但是，并非内政部的讽刺、伦敦警察局的独立，或者他们自己的恐惧，阻止了矿主们的反对路线。矿井有被洪水淹没的危险，有些矿井地下还滞留着小马驹。"啊，"矿主叫嚷道，"多么可怜的事儿啊！我们能怎么办哪？"罢工委员会当然提供了足够的人手来预防洪灾，并把小马驹拉上来。不过，这些举措没有得到认可。黑劳工是唯一的解决办法，黑劳工也一直有被雇佣。最后，11月21日，11名黑劳工经由铁路从加的夫引入，此事在庞蒂布里德

第四章 工人运动

和伊尔维尼皮亚之间的铁道线上引发了骚乱。当晚，伊利坑的所在地潘尼克雷格，以及托尼帕迪发生了血战。在托尼帕迪，绝望的警察们被楔上钉子的轴柄杆子、铁片和燧石一个个击倒（他们痛嚎着："也弄点边缘锋利的东西——"），唯有弗里斯（Lancashire Fusiliers）少校和兰开夏郡的炮兵救了他们。安德森探长（Inspector Anderson）、林赛上尉和伦敦警察冲上潘尼克雷格悬崖般陡峭的小街巷，头顶的窗户里纷纷袭来燧石、砖块、陶器和夜壶。午夜时分，在托尼帕迪到彭克雷格的冰霜道路上，一个轻骑兵中队郑重其事地行过，交战已经落幕。虽然警察个个都受伤了，但只有七个人情况严重，而且这些人后来都恢复了；但罢工一方的伤亡情况从未见有公布。

第二天，大雨倾盆而下，吞没了山谷。从那时开始，暴乱逐渐减少。到了12月的第一个星期，驻兵全都不见了，谢天谢地，将军也不见踪影，据说，麻烦终于结束了。但果真如此吗？阿伯代尔和朗达山谷的人们拒绝回去工作。无论英国矿工联合会如何劝说，阿斯克维斯先生如何努力，矿主们如何承诺，现在，除了答应熟练工8先令和非熟练工5先令的最低工资条件，他们不可能点头。在这一要求下，他们得到了自己联合会的支持，这个联合会的精神变化之快，不可思议。1911年2月，英国矿工联合会的阿什顿（Ashton）和哈维（Harvey）——他们不情不愿地向罢工工人提供了每周3000英镑的支持——到山谷里去调研情况。在托尼帕迪，他们遇到了一群饿得半死的暴民，朝着他们吼道："没有选票；回英国去吧；收回你的3000英镑；我们要第二十条法则。"第二十条法则即意味着大罢工。阿什顿先生和哈维先生惶惑不安地回英国去了。他们实在难以理解了。

1911年5月15日，英国矿工联合会的耐心耗尽了，他们同意让寒武纪工人于去年10月提出的薪酬先落实一年试试看——换句话说，寒武纪的工人应该不顾一切地罢工。当年6月，他们领取了每周3000英镑的补贴。威尔士联邦没有另外补贴，罢工仍在继续。直到8月1日，饥寒交迫的矿工们终于不得已接受了这一要求。

在南威尔士的每一个角落，他们奋不顾身的英勇奋战已经取得了成果。一切都改变了。英国矿工联合会庄严谨慎的精神消散于风中，从这一刻开始，最低工资的福音散播在了威尔士乃至英国的每一个煤矿。这场自发的、冲动的罢工由少数威尔士人开始，他们反对领导人的建议，无视调解委员会的调查结果，也不顾全国联合会的反对意见，就此，他们最终划破沉寂，在行业中拉响了警报。

在贸易委员会，阿斯克维斯先生想起了总工会秘书长阿普尔顿（Appleton）先生在1909年说过的话："对未来的纠纷防患于未然，这是总工会的本职。"阿普尔顿先生的思想倾向于自由派，是一位文雅的老绅士。阿斯克维斯先生意识到，工人们现在进行着双线战斗——一条线反矿主，另一条线反旧式的领导。这意味着什么呢？他不得其解，摇了摇头。这是前所未有的——崭新的，相当崭新。他预见到，1911年的局势发展恐怕云谲波诡。

七

在最近的威尔士问题中，J.F. 莫兰（J. F. Moylan）先生担任贸易委员会的调查员，他和麦克雷迪将军一样，设法保持清醒的大脑。也正是他，发现了寒武纪工人的行动受到了一小群青年工团主义者的怂恿，具体都是哪些人，至今尚不得而知。这一事实在1911年年初时就已经广为人知了，对这些人来说，此事意义很大。而正因为受到工团主义的影响，威尔士才坚定了自己的立场，一些年长的领导人——下议院议员布雷斯（Brace）先生、下议院议员理查兹（Richards）先生、奥尼恩斯（Onions）先生，甚至尊贵的枢密院议员亚伯拉罕（Abrahams）阁下，他们的地位受到了来自下层的威胁。1911年1月，矿工大会（包括了英国所有的工会，无论其是不是英国矿工联合会成员）宣布，对于在非常规地点或非常规条件下工作的工人，所有地区都应该颁发最低工资标准。

在当时看来，这些事情并没有表现为特别的"凶兆"。在威尔士和苏格兰部分地区，工会主义是在预料之中的，因为这些地区的工人（不是盎格鲁-撒克逊人）极其容易受到欧洲人神思奇想的感染。真的，没有人会担心的。至于矿工大会的决定，一直被搁浅在模糊不清的讨论区域之中：谁都还没提及总罢工的事儿。

然而，贸易委员会的商业、劳动和统计部门的总审计长却越来越不安起来——也就是乔治·R. 阿斯克维斯（George R. Askwith）先生。从1月到6月间罢工的兴起和退潮，他一一在目。没有出现什么麻烦事，但那是为什么？因为这些罢工的自发性吗？或者空气中的某种气氛？他有一种奇怪的预感，暴风雨就要来了。

6月14日，它来了。

当天早上，南安普顿的海员和消防员宣布大罢工。随后，作为榜样，它们有了追随者：16日在古尔，20日在赫尔。英国的其他港口似乎也会加入罢工队伍。英国只能腾出点时间安慰自己说，海员和消防员真是痴心妄想了。加冕典礼本身也没放两天假。但是，海员和消防员对威斯敏斯特大教堂那些悦人的仪式毫不在意，对其他事儿也漠不关心；他们在突然间发现了一个全国性的项目。从实行最低工资到改善船舱居住条件，这个项目都包括在内，他们对此无比满意，并决定立即予以支持。赫尔码头的工人们也激情四射，尽管他们自己并没有非常明确的计划，但他们还是把工作交给了某个人。

海员和消防员联合会的组织做得很好，它们的主张明晰简洁。但是码头工人呢？不幸的是，码头工人不是组织涣散，就是根本没有组织起来，他们的要求和条件各不相同，难以定论他们到底想要什么。然而，他们不满情绪的根本在于，在利润不断增加、物价不断上涨的时期，他们的工资却无人问津，他们的愤怒日积月累，现在是为钱而罢工。（为钱罢工与为工资罢工是截然不同的。为工资罢工的要求是，明确的加薪或一定幅度的减薪；但关乎金钱的罢工则源于一种不公平感，它不是具体的，而是不讲逻辑的，这不是个好兆头。它是荒野中的呐喊，呼唤着认可、团结和力量。）因此，如同1910年一样，这也是一场自发的运动，且就此开启了1911年的大罢工。阿斯克维斯先生的担忧是不无道理的。

再看远一点，在这一关键时期，罢工潮一直持续到1914年。若说人们对于在此期间发生的几个暴力事件毫不讶异，那是不可能的——1912年，只有威尔士的几个人丧生；1913年，都柏林有两三人丧生，英格兰没有死亡事件。这是革命方法所导致的吗？如果是的话，这些方法值得称道吗？或者说，英国人的祖先在过去经历过五花八门的革命，他们幸存下来，发展得繁荣昌盛，他们是否在精神上接种了预防恐怖主义和突发愤怒的疫苗呢？他们的革命方法可以称得上是和平的吗？也许如此。或者，正如一些人认为的那样，对于英国国教和宪法而言，这一至为珍贵的中庸之道是英国国民性的本质体现。抑或，在某种具有讽刺意味的宿命的指引下，心理革命作为罢工运动的基础，为1914年至1918年之间的流血冲突和暴力破坏发挥着作用。无论情况如何，在欲退还来的罢工热危机中，当激情达到顶峰、情绪异常恶劣，肯定是有什

第四章　工人运动

么东西显现了，特别英式的东西。是什么呢？亲切友善和幽默感？天生尊重对手的意见？还是缺乏进取心和坚韧？很难说。这就是英国人性格之中的矛盾之处。就像在这些罢工时期所表现的一样，即使在经历了一系列惊心动魄的精神死亡和涅槃重生，让提问者感到迷惑，这是一贯的英国方式。

还有一个问题需要考虑。英国人总是能培养出一个合适的人来度过每一次危机，这是他们的天分。如果保守党的反对派在内战的恐怖中验证到了合乎逻辑的结论，那么局势可能如何发展呢？F. E. 史密斯会以其愤世嫉俗的机敏，引导国家重归和平的道路上。不幸的是，他才华横溢却命运多舛，职业生涯并不顺遂。然后，在妇女参政权主张者们的队伍中，很可能有个聪明女人从"潘克赫斯特"们（Pankhursts）的铁腕中夺取了权力。这些事件已经胎死在历史的腹中，未及分娩，我们永远无法得到确切的答案了。但至少在罢工运动中，每当局面特别糟糕的时候，当资本的贪婪和工人的愤怒不可避免地引发暴力流血或更严重的问题时，乔治·R. 阿斯克维斯先生就会现身，他从一个阵营悄悄地潜入另一个阵营，以某种方式维持着和平。他不是一个英雄人物。阿斯克维斯先生的性格和才干并非惊天动地、令人称奇。事实上，在我们今天以不同的视野看来，在这样一场冲突中，仲裁员的地位是吃力不讨好的。但阿斯克维斯先生是如此平静，如此机智，如此公正，他以一种特殊的方式体现了妥协精神，这是一种非常英式的精神。有人也许会问，他不是自由主义的化身吗？自由主义不是最具说服力的吗？在他处理当前形势的过程中，至少有三点是明确的。(1) 政府的工作，他处理得比政府本身好得多。(2) 三年多来，他几乎是以一己之力维持着和平。(3) 到了1914年中，他再也维持不动了，战局已然控制不住了。

现在，他到赫尔来了。"一位船主来找我讨论这件事。他说这是一场革命，事实也确实如此。"（引自 *Industrial problems and Disputos* by Lord Askwith, P.149）阿斯克维斯先生意识到，古尔和赫尔码头的工人们找到了新的领导人了，这些人以前都是名不见经传的；雇主不知所措；这附近唯一的军事力量是一队地方自卫兵，这无疑只会帮倒忙。与此同时，火灾、抢劫和暴乱事件接二连三地发生，"我曾听一位市议会议员说，他在公社起义期间到过巴黎，也从来没有见过这样的场景，赫尔城竟然还有这样的人——女人们披头散发、半裸着身子，蹒跚在大街小巷上四处打砸、破坏"。

说实在的，这对于一个市议会议员来说，的确有点难以理解。正如一位工党老领袖对阿斯克维斯先生所说的"这个国家发生的事是说不清的，似乎人人都丧失了理智"。然而，阿斯克维斯先生并未迷失。他本就不愿意到赫尔来。根据 1896 年《调解法》的定义，他代表的是贸易委员会的权威，如果罢工工人们不听他的意见，事情只会变得更糟。但阿斯克维斯先生以特有的冷静着手解决问题。显然，作为唯一明确的要求，海员们的主张必须得到解决。经过数小时的激烈辩论，问题终于得以解决，不管怎样，船主和工人领导人也都感到满意。结果如何呢？

"和解已经达成。这应该向人们广为宣告，工人领导人们四处宣扬。据估计，当领导人们开始发表声明时，围观人群达到了 15000 人。他们慷慨陈词，宣读声明。在轮到我之前，一个声音激愤地吼道：'不！''让我们向码头开火！'人们向市郊纷涌而出。人群涌向旅馆前的一块平台空间。来看演讲的妇女们惊恐地尖叫起来。

"我急忙叫他们安静，值得赞扬的是，他们真静下来了。这时候必须立刻采取行动，我举起手臂站了起来。现场一片死寂。在一个刮着风的露天会议上，要让所有人都听到你的声音是不可能的，一个声音只覆盖一定的区域。

但如果这些听众能保持平静,其行为影响就会扩散开来。我尽可能清晰地对人群说,会议休会了;雇主和他们的代表将继续进行谈判。大家必须先回家。我们穿过人群,平静地回到酒店,走在前面的是两名警察……"(*Industrial Problems and Disputes*, P.150)

《完美的和平》:"但内心并不平静。阿斯克维斯先生在旅馆里很安全,离开大厅里焦躁不安的雇主和官员们,他兀自哀伤。他告诉自己,他到那儿并不是为了平息骚乱的。但他不是一个轻易言弃的人。海员们固执的真正原因是什么?他此前两次到过赫尔来解决争端,他认识这些人,他越想,事情就越清楚,码头工人是幕后主导者——码头工人们有着无数不明确的要求和不满,他们还有无限的能力来召唤'该隐'。他知道,他必须马上行动。他打电话给码头工人的领导人,让他们召集会议,他会亲自在会上详细阐述谈判的价值;其后,在周日的进一步私人会议上,工人们必须指引他们的领导人。他本以为这是一个相当无望的计划,但竟然奇迹般地成功了。"

当码头工人们被安抚好了以后,海员们也全然接受了协议:作为运输人员的码头工人每小时增加半便士的工资——装卸工,带缆工,以及所有搬运工(直接从船到码头或码头到另一个码头的搬运工人)。这在以前,他们必定义愤填膺,是不可能接受的。一小时半便士,泰然自若,这完全符合吉卜林诗歌的最为纯正传统——有了这些微薄的福音,赫尔的骚乱就此平息了。它们总是能如此奏效吗?阿斯克维斯先生回到了伦敦。

他刚打开大门,一封信就塞到了他手里。信上说,曼彻斯特的市长大人给贸易委员会主席巴克斯顿(Buxton)先生打了好些电话。看来,市长大人几近发疯了。他要求巴克斯顿先生立即委派仲裁员。6月27日,运河码头的工人们罢工;7月3日,死了一个车夫。交通网络全部关停,市长担心其他行业的暴动很快就会接踵而至。阿斯克维斯先生又连忙北行。

在曼彻斯特市政厅没有尽头的长廊里,他将度过接下来五天五夜的大部分时间,沉着地来回踱步。十八个工会坚持不回去;在十八个房间里,雇主和工人们骂骂咧咧,相互指责,争论不休。有时候,阿斯克维斯先生正在某个楼层,在一场复杂的辩论中展现他的平静力量,忽而就有消息传来,楼上或楼下的另一伙人快要谈崩了,怒气冲冲地准备分道扬镳。他知道,无论如何,他必须在市政厅组织完这十八次谈判;他要加紧点;他会说服他们再坚持谈一会儿,多谈一会儿。这么多意见和反对意见,他是怎么分别记住的?或者,他是如何保持理智的——面对这些满身汗味、烟味和陈词滥调的人?到第五天,市政厅已经变成了一个臭气熏天的疯人院——在他的《工业问题和争端》一书中,他对此并未详谈,是非常典型的谦逊了。但到了星期日,7月9日,协商开始奇迹般地达成。只有车夫和海员们尚未满意。晚上10点,海员们也达成了和解。但是,唉,必须告诉车夫们,能为他们做的事情微乎其微,因为即使经过了五天的讨论,他们的主张仍然是云里雾里的,而且,他们脾气暴躁,非常强势。阿斯克维斯和领导们去和他们协商。两个小时之间,领导们使尽浑身解数,软硬兼施,乃至张口咒骂车夫们。"我参加的会议够多了,"一位领导喊得嗓子都哑了,对着阿斯克维斯的耳朵低声说,"还从来没有参加过这样的。我该怎么办?"阿斯克维斯回答说,他打算待到第二天早上10点。

凌晨2:30,他站起身来,作总结发言。他也知道,几乎没有什么可说的:他已经心力交瘁。他说,东北铁路无法满足车夫们的需求。车夫的工作是根据签订的合同进行的,他们必须保持诚信。他会去见总经理,设法使情况缓和下来。他肯定会向内政大臣进言,对某些因暴乱而被监禁的同志给予

第四章　工人运动

免刑。这样的陈词没有什么说服力可言，但他刚一落座，就有一个车夫站了起来。"上帝啊，"他说，"给阿斯克维斯先生一个机会吧。举手投票吧。"只有三个人投了反对票。这就是阿斯克维斯先生稳如泰山的感染力，毋庸置疑，他在年底获得爵士头衔是理所应当的。

当日早上7:30，他被旅馆窗外的声音吵醒了。一辆卡车在楼下慢慢开着，旁边有个便衣侦探走着。他告诉自己，协商终究失败了，便又痛苦万分地回到床上。9:30，他再次被惊醒了，这次的轰鸣犹如殷雷滚滚。他冲到窗台边。在市政厅对面的大广场上，一侧是驻扎在索尔福德的苏格兰灰骑兵；另一侧是伦敦警察和伯明翰警察正在向车站进发。"在大街上，不计其数的卡车排着长队，满载着从码头运来的货物，正在运往城市和棉纺厂。"

这是仲裁方法取得的重大胜利。随后，军队和警察撤走了，食物进来了……这幅画面有什么问题吗？如果没有武器和警棍作为背景，仅仅表现仲裁的方式，不是会更令人印象深刻吗？阿斯克维斯先生肯定会赞同的。他一定对自己说过，本案仲裁的成功结案，并不在于付出－获得对等原则的合理使用——尽管他在书中没有如此表述。人格是决定因素，而人格的影响是不会持久的。

但是全国上下都松了一口气，各大报纸向读者们道贺称，"罢工热"已经退去，人人都在期待着一个和平的假期。8月1日，有传言说伦敦码头发生了纠纷。没有人来请阿斯克维斯先生出面；场面上活跃的都是更为呆板而闪耀的人物。阿斯奎斯先生已经准备好进入与贵族院博弈的最后阶段，欧洲的皇室成员正前往考兹。而到了8月8日，伦敦这才意识到事情的严重性。

交通大瘫痪背后的原因是理不清的。媒体的缄默、阿斯克维斯的谨慎、政府报告中乏味而机械的海量统计数据，以及本·蒂利特（Ben Tillett）《伦敦

245

运输工人罢工史》一书中的漫不经心，这些都是人们不得不面对的问题。它的起源可以追溯到1910年，当时德克斯的工会同时要求成立全国运输工人联合会，以及建立最低工资标准。联盟成立了，而由于联盟成员和官员们的莫名懒散，最低工资标准没有落实，它开始在码头工人的脑子里挥之不去，嘤嘤作响——一个已亡的思想留下了一颗干瘪的种子。人们经常把这个问题挂在嘴边，但谁也没有真认为它会有什么意义。随后，1911年6月，赫尔和古尔的运输工人罢工，激发了英国每个港口的虚弱心跳。到月底，码头工人工会向伦敦港务局及其主席德文波特勋爵（Lord Devonport）提交了一份来势汹汹的要求清单。清单上有八项具体要求，有一项特别突出，而后来爆发的冲突就是以此为中心的——码头工人要求日最低工资为8便士每小时，而加班工资每小时1先令。

7月初，双方都集结了战队。码头工人鼓舞了运输工人联合会里的工会，他们此前是心灰意冷的；伦敦港务局则召集了航运联合会、制造商、海上短线贸易商、粮仓管理员和驳船主相助。初步会议没有商讨出结果。德文波特勋爵主持了这次会议，但这位新近受封的茶叶进口商无论如何也不能被称为时代风云人物。然后，航运联合会和驳船主们以若隐若现的固执，拒绝承认海员和驳船工人工会。

7月25日、26日和27日，小规模战斗停止了，号角吹响，双方的战队都向前推进。他们的第一次正面交手是很具有骑士风度的，一招一式都具有一种老式的礼貌；而严酷的死神横扫田野，脸上却挂着愈加和蔼的微笑。但是，冲突依然是一个关乎生死存亡的问题。四个初步问题得到了讨论。(1) 生活成本。(2) 联盟票——也就是说，航运联合会坚持其所有雇员也都属于雇主工会。(3) 装卸工和码头工人的区别。(4) 就餐时间的薪酬问题。关于(3)，

第四章 工人运动

运输工人联合会的哈里·戈斯林（Harry Gosling）先生解释说，装卸工人装载的是出口船只，理应比码头工人得到的报酬更多。所有雇主都表示赞同。如果果真给他们涨工资，他们就不会伤害装卸工人的感情了。他们打算的是仍然按目前的水平支付工人工资，并将码头工人的工资降低一点。这可简单了。他们和善地笑着，他们的对手也报以笑容。

很明显，事情不会一直保持如此。当27日休战协议被宣布时，最重要的最低工资问题甚至还没有涉及。当天晚上，哈里·戈斯林先生和同事们给他们的追随者们带了一份苍白无力的和解协议，但被异口同声地拒绝了。8月1日，全国运输工人联合会在伦敦码头举行罢工。

运输工人联合会的罢工并不像听起来那么严重；该联合会只控制了一小部分码头工人，他们大多是临时性的、杂务类的、无组织的工人，根本不关心工会和团结问题。两三天来，工作一如既往地进行着。后来，人们注意到，那些没有工会关系的人也开始有了自我主张和不满情绪，并开始崭露头角。接着，泰晤士河上飘来一团迷幻莫测的低雾，逐渐蚕食，开始淹没岸边平常的热闹光景，起初几乎难以察觉。

到底怎么了？发生了什么事呢？在坎农街的伦敦商会金碧辉煌的大门后，阿尔伯特·罗利特爵士（Sir Albert Rollit）正在为争议问题进行仲裁。当然，他们是可以等的，直到他宣布授予工人们他们主张的权利。在人们的记忆中，这样的热潮是前所未有的吗？在热潮之下，人们的神经很容易紧绷起来，尤其是必须在狭窄的街道和破败的屋子里过夜的人，仿佛住在令人窒息的迷宫里。这就是答案吗？如果不是的话，那是一个安慰。这种无领导的骚乱，这种没有恐怖感的思想，是否像滚烫的热血一样，从伦敦贫民窟那跳动的晦暗心脏中喷涌而出？

247

在维多利亚时代中期，人们可以信誓旦旦地说，住在贫民窟的人只能怪自己。这当然是可悲的，但这是命中注定的，谁能质疑上帝的神妙安排呢？事实上，贫民窟居民自己也是这么想的，且得到了英国国教教义和社会普遍观念的支持。但是，到了本世纪末，尊敬的查尔斯·布斯（Charles Booth）先生写下了《伦敦的生活与劳动》（1889年）；紧接着是西伯姆·朗特里（B.Seebohm Rowntree）的《贫困》（1901年）；1907年，莫娜·威尔逊（Mona Wilson）和E.G.豪沃思（E.G.Howarth）的《西汉姆联》——这些书都详细地介绍了伦敦贫民窟脏乱不堪的生活条件，这让全国人民印象深刻。倒不是说他们做了很多事情：人们总是为自己留下的动人印象感到自豪。而不幸的是，贫民窟的居民也被打动了。

伦敦人天生聪慧机敏，不少人读过布斯先生、朗特里先生、威尔逊女士和豪沃思先生的著作。虱子、破墙烂壁、肮脏的下水道和贪婪的地主，这些经过文字的修饰一新，变得既神秘又真实。只要稍稍读一点书，整个地区迟早就会传遍，被散播的种子不是争论，而是愤怒。此外，还存在更深刻、更有力的理由，并具有其自身的说服力——特别是在1911年的背景下，这时的伦敦正走向纸醉金迷的顶峰时期，舞厅和温室里的传说倚叠如山，香槟如潮水般流淌，女人们华衣美服，珠围翠绕，一掷千金，会在现实的驱动下，舞动浪漫幻想的翅膀，飞出西区，飞到东区的天空来。

毫无疑问，1911年8月，伦敦东区民怨沸腾，人心不稳。犹如横扫过阿拉伯沙漠的红色起义的旗帜一样，最低1小时8便士的日工资和1小时1先令的加班工资的要求现在成为共识，横扫过那影影绰绰、虚幻如梦、人口过剩的街区和废墟——在它的背后，聚集着的是难以言表、烈火中烧的人民的怨懑。

第四章　工人运动

8月6日，阿尔伯特·罗利特爵士终于从伦敦商会的大楼中走了出来，他授予了运输工人联合会主张的主要权利。协商结果在特拉法加广场的一次大会上公布。"我不想让你再忧心片刻了，"哈里·戈斯林说，"我要先宣布结果，稍后只要你同意，咱们再详谈。8便士和1先令，你赢了。"

但是，权利的授予来得太迟了。戈斯林先生等待着听众安静下来之后才提醒大家，尽管码头工人也许会对协商结果感到满意，但在所有其他要求得到满足之前，没有人能回去复工。这是一个开始，而不是结束。没有领导人的指挥，也没有具体的形式，各色要求自然而然地涌向伦敦港管理局和雇主们。驳船工人要求日工资为每小时10便士，拖船工人、轮机员、起重搬运工以及煤仓加油工、帆船驳船工人都参加了罢工。缓缓地，伦敦那虚幻的安息日般的宁静被打破了——

当海港大市场迅速休市的时候，

一切都开始消亡——煤炭和水供应、煤气和电力服务，还有铁路、公路和水路运输。蔬菜和面粉越来越少了，码头上的水果堆积如山，腐烂发臭。至于黄油，丹麦的黄油被灌在木桶里，也没有冷藏措施：温度越来越高，它们也慢慢变质。由于冷藏设施的缺乏，阿根廷、美国和新西兰的冷冻肉也正在变质，而且冷藏船在没有煤的情况下也只能搁浅在河里，而这些肉正是这座城市赖以生活的主要食物。饥荒一步步地逼近，罢工潮已经蔓延到布伦特福德和梅德韦了。整个泰晤士河流域似乎很快就会被波及。

很快，有人私下议论说，内政部和战争部正在认真考虑让军队进城。"否则的话，食物怎么供应出来呢？"有人问。是啊，怎么办呢？如果伦敦医院需要补给，或者需要汽油来维持基础的公交运营，没有人会想到向内政部提出申请，也没有人会考虑向由哈里·戈斯林、威尔·戈弗雷（Will Godfrey）

和本·蒂利特领导的罢工委员会提出申请，要求给予必要的许可。四天来，戈斯林、戈弗雷和蒂利特先生管理着伦敦，他们的自我感觉相当不错。

他们要面对的唯一对手是面带神秘微笑的温斯顿·丘吉尔先生——丘吉尔先生曾经领导过恩图曼战役[①]，对他来说，派兵穿越东区九英里街道，来一次艰难远征，是很有诱惑力的行动。当然，这会导致流血牺牲，如果用暴力镇压罢工委员会的独裁统治，事情会变得非常尴尬。战士丘吉尔和行政长官丘吉尔展开了一番沉默的斗争，后者最终赢得了胜利。就在这场胜利之后，本·蒂利特先生不请自来，拜访了下议院，拜访了内政大臣，请求不要派军到码头上。他和他的同事们已经把丘吉尔先生视为现代尼禄，对流血有着可怕的欲望，然而并非如此——"这个嗜血的人看上去像只羔羊，亲切得像世界上最温和的牧羊人。如果耐心、礼貌、焦急的努力和真诚值得称颂，那么温斯顿·丘吉尔当之无愧应该得到尊重。"（《伦敦运输工人罢工史》，第35页）看来，蒂利特先生愚钝了，他根本没见识到丘吉尔先生的另一面——不那么急切和真诚的一面。在"那些灵活的特征，随时展现的孩子气的乐趣"中，在那"丰满的额头上"，在那双"闪烁着近乎甜蜜的希冀"的目光里，也许可以看到另一种神色——一个天才的业余战略家，脸上略带深沉的思辨。除了蒂利特先生，还有其他人也一样愚钝，特别是一个商人，他恳求丘吉尔先生将他的一批肉从码头强行运走。这批货价值10万英镑，正在变绿发霉。他打算用它做什么？哦，他打算卖给政府。政府会用它们来做什么呢？当然是供应给士兵。"是啊，"一个平静的声音说道，商人竟未注意，"那些为保全你的货物、你的建议而豁出性命的人，就给他们吃发霉的、绿色的肉？当然，

[①] 实际上，当时年仅二十三岁的丘吉尔作为战地记者，跟随第21骑兵团的行动。——译者注

第四章 工人运动

你不会希望我对国家就这么说吧,也不希望部长要在议会上为这笔交易作出解释吧。"这个声音来自阿斯克维斯先生。

阿斯克维斯先生又一次不可避免、低调地插手了。阿尔伯特·罗利特爵士的仲裁没有产生任何效果:工人的要求不断增加,整个城市濒临饥荒。罢工的人们也越来越危险了,在码头紧闭的黑色巨门上,热浪蒸腾,警察和纠察队整天闷闷不乐,面面相觑。在塔山,罢工委员会在泰晤士河流域的1000万居民中建立了一个虚拟政府,每晚都召开会议,召集大家团结起来。"上帝啊!"有一次,蒂利特先生嚷嚷道,"收了德文波特勋爵吧!"德文波特勋爵如果在场的话,也许还会殷勤地献上一句"阿门",因为事情也不可能更难堪了。不过,从8号到11号,四天的时间里,阿斯克维斯先生都在默默地收集、分列和重新梳理着那些千丝万缕、纠缠不清的线头。到了8月11日,大部分和解已经达成,除了两人以外,罢工工人其余的要求都有了实质性的收获。当晚,罢工就结束了。

然而,在接续的七天时间里,阿斯克维斯先生此前近乎神迹的工作功亏一篑了。有时是因为船主忽而背弃了之前的承诺,拒绝让他们的工人复职;更多则是因为整个码头区开始流行了一种崭新的独立感——骚乱一次又一次地爆发。公众和新闻界开始关注了,嘟囔着要用军队和炮艇解决问题。而后,约翰·伯恩斯(John Burns)先生在此事上出面,87年的时候,当码头工人四面楚歌,他曾是他们的希望;现在他作为一名自由党内阁部长,努力安抚和满足工人们的要求。时移世易,尽管这份努力听来有些讽刺,但终究取得了成功。18日,在内政部,罢工委员会、雇主、约翰·伯恩斯先生、温斯顿·丘吉尔先生和阿斯克维斯先生共同签署了最终解决方案。

伦敦运输大罢工终于落下了帷幕。

回首望去，运输工人们完全可以说，他们赢得了一场伟大的胜利。工会得到了承认，工资提高了，工时减少了。伦敦港管理局和航运联合会——这些在通往自由之门道路上坚不可摧的大人物，已经被迫退席。更重要的是，运输联合会在数量和重要性上都得到了不可估量的提升。这个提升并不是通过审慎的机会主义策略实现的；联合会行政人员里比较温和的那一派已经在掌控之下；它的力量彰显出来了，实际上，彰显出了比它实际拥有的还要强大的力量。而且，它仿佛是某种磁铁似的，立即将大港口所有的怨怼情绪都聚集起来。

不仅仅是港口。如有读者翻阅过玛丽·阿格尼斯·汉密尔顿（Mary Agnes Hamilton）的《玛丽·麦克阿瑟》一书，就能以一个更为奇特的视角来看待此次罢工运动。伯蒙西妇女罢工的过程似乎与整个运动的精神是相对独立的——其中掺杂着非理性的、必要性的、狂欢性的和愤怒性的元素。在8月某个透不过气的早晨，罢工运动达到了高潮，位于伦敦"黑区"的伯蒙西市中心，一家大型糖果厂的女工突然罢工了。她们在街上喊着，唱着，其他的女工也纷纷离开工厂和车间，跑出来加入她们的行列。她们也说不清为什么要这样做，但后来，她们又发誓说，有个胖女人跑东跑西，把女孩们一个个叫出去，或者向雇主发出威胁。没有人真的见过她，但人人都相信她真的存在：她像某种集体神话一样，穿过那个陌生的早晨，然后消失得无影无踪。

顷刻之间，街上就挤满了女人，她们身上散发着果酱、胶水、腌菜和肉类的异味。就在这一刻，当她们聚在一起的时候，她们才发现自己跑出来的目的。她们的平均工资是每周7先令到9先令，小女孩是3先令，她们希望提高工资。

全国女工联合会主席玛丽·麦克阿瑟在百慕大学院成立了一个罢工总会。

大家的热情与日俱增。游行队伍拿着集票箱穿过街道。一万五千名妇女满腔热血,慷慨激昂,在南沃克公园的一次会议上为本·蒂利特欢呼。在一个星期内,就有四千人新加入了全国女工联合会;在二十天之内,在玛丽·麦克阿瑟主持的二十次罢工中,有十八次雇主选择了投降。每年的总收入超过了7000英镑,工资的增幅从每周1先令上升到了4先令。

总会的场景,玛丽·麦克阿瑟永难忘怀。在那里,她承担了食物和组织的双重问题。在炎炎烈日下,人们排着长队等待着面包和牛奶,总会里到处都是害虫和腐烂的果酱,臭气熏天。但为什么不继续呢?这些妇女拿着低廉的工资,在拥挤不堪的房间工作。她抑制住了自己的恶心。而她们的心情还出奇地轻松。许多人穿着华丽的衣服,戴上羽毛围巾,身披毛皮披肩,顶着异常的高温,仿佛她们的罢工是一个灵魂假日,只嫌姗姗来迟了。

八

本·蒂利特在伦敦工作时期,另一位推动者已经在北方把他的工团主义思想付诸实践,并取得了巨大的成功,那是唯一一个真正了解索雷尔先生理论的领导人。总体来看,他在这场运动中的作用是难以衡量的。在他的《回忆录》中,他对此也并未自视过高。他既发挥了鼓动家的力量,也发扬了一个学生的严谨、热情、真诚、善良、自我牺牲的精神——在罢工潮的那些岁月里,他以一种非凡的方式成为时代红人。有些人本来对他的长远观点持反对意见,比如开办社会主义周末学校,或者必须将军队转化为阶级斗争力量,但当他一上台,大家竟然都本能地为他鼓起了掌。后来人们才发现,这正是他组织罢工的天赋所在。他们不仅仅是被说服参与罢工,而且完全有机会梦想成真。

关于他的强大能力，这里有一个最典型的案例。8月5日，利物浦东北部铁路公司的上千名司机罢工。他们要求公正，他们宣称增加工资和缩短工时的要求没有得到满足。到8月7日，铁路工人们也大量罢工了。信仰天主教的爱尔兰人和信仰新教的爱尔兰人之间发生了骚乱，他们的关系在利物浦一直是极端紧张的，市长大人向内政部呈信，请求军事援助。

内政部在伦敦遇到的麻烦已经够多的了，他们可能都没有自问过，是何种精神在英国运输工人之间散播开去的——一种如此敏捷、捉摸不透的精神。而在这个案例里，答案是很简单的。于是，汤姆·曼到利物浦来了。

令他非常满意的是，铁路工人的主管全然没有料到他们会罢工；在这种情况下，他开展工作是最有利的。到8月14日，尽管警察、苏格兰灰骑兵、沃里克郡兵团和工党的一个小委员会都已经竭尽所能，但骚乱仍然频繁地发生，城市的交通也十分混乱，利物浦船主宣布货运工人相关的所有业务停业。为了取得胜利，该市所有运输工人都举行了大罢工。

但是，还有一件事正在发生。汤姆·曼以其奇特的先见之明，似乎预料到了。在整个英格兰，一群群铁路工人从四面八方涌了出来。到8月15日，事态已经很明显，除了全面停工，他们决不罢休。这让各铁路工会的主管们措手不及，只能摆出一副乐观的面孔。他们在利物浦进行了匆忙会晤，然后向各公司发出了最后通牒，抗议道，除非公司承认工会，否则工人们不会善罢甘休。他们给各公司24小时，要求对方制定出一个令人满意的答复。

从15日到18日，谈判经历了七个不同的阶段。在第一次会议，乔治·阿斯克维斯先生带着公司和工会的双方代表来到伦敦。第二次会议，公司方同意通过交换备忘录与工会进行沟通。第三次会议，内阁决定提供皇家委员会

第四章　工人运动

的服务支援。第四次会议，会议仓促地改变了对三人委员会的提议。第五次会议，公司和工会仍在交换意见，双方在委员会的结构上存在分歧。第六次会议，双方就委员会的结构达成了基本一致，但在承认工会问题上陷入僵局。第七次会议，公司拒绝承认工会，谈判破裂。

正是在第四次会议阶段，阿斯奎斯先生介入了双方之间的协商。毫无疑问，这位首相已经饱受折磨，疲惫不堪。过去两个月的连续罢工沉重地打击了他，而这次紧随伦敦罢工之后的又一次罢工，让他感到愤怒和困惑。他弄不明白到底是怎么回事，而这种迷惑更让他感到怒火中烧。但是，他已经意识到，他的政府正在受到新的严重威胁。他选择了亲自干预，而干预的结果将使情况变得更糟。

8月17日上午，在唐宁街召开的内阁会议决定，由皇家委员会来解决铁路工人问题。而现在，皇家委员会的速度慢得出奇；众所周知，他们的审议要持续个两三年，而他们的调查结果虽然只是个大概，但通常会拖延很久，往往已经过了需要的时候。因此，内阁没有想出更好的办法去安抚一批急于解决问题的人。在阿斯克维斯先生的陪同下，首相匆匆赶到贸易委员会，向工会主管们通报了这一正大光明的解决办法。也许，不幸的是，他的语言从一开始就太咄咄逼人了，他似乎在通知他们，要么接受皇家委员会，要么就会立即被报复。下午3点，对方带着答案回来了。他们报以简单粗暴的拒绝。唉，阿斯奎斯先生啊！他没等听他们说完，就大摇大摆地走出房间，自言自语道："那你就要撞破头了。"这让阿斯克维斯先生无比失望。

这是首相与人民的第一次面对面会晤。在接下来的半小时，大约有两千封电报飞向全国各地。他们在电报里写道："你的自由岌岌可危。所有铁路工人必须立即罢工。每一个人的忠诚就意味着所有人的胜利。"尽管他们在贸易

255

委员会又逗留了一天，但工会的主管们不再假装什么条件都好谈了，现在他们要求工会必须得到认可。到8月18日，铁路陷入实质停滞状态。

"那你就要撞破头了。"首相这话是意欲何为？他在虚张声势吗？如果没有，他的话又有什么所指呢？不幸的是，这话又让人回想起了温斯顿·丘吉尔先生兴奋的样子。

从16日起，委员会便一直承诺提供"有限但有效的服务"，一改曾经尤为触动蒂利特先生的温和的行政政策，丘吉尔先生开始以雷霆之势向四处派兵。军队出现在二十七个不同的中心，有时是为了处理严重的骚乱，有时是为了预防发生骚乱。8月19日，内政部发来电报指示说："指挥各军区的将领们可自行决定是否派遣部队出去和到哪儿去。从民间征兵的军队条例被暂停……"仅仅是军队不得不平定的暴乱？或者是他们还被用来保护了黑劳工？官方文件证明，如果这些公司没有尝试"有限但有效"的服务，就不会发生骚乱。它证实了其他东西。在内政部通信保密的语言背后，隐藏着一种日益增长的铁路军事化管理的愿望——很难不作此想。国外谣言四起，甚至在《泰晤士报》上也出现了传闻，说政府打算用皇家工程师来运营铁道……

总的来说，军队本身比派遣他们的自由党部长要温和得多。例如，在切斯特菲尔德，米德兰车站部分被毁，"血迹斑斑"，正如市长所说，就在后来宣读《防爆法》的市政大街街尾的大厅里，伫立着西约克郡的一个半连队。《防爆法》读到一半的时候，市长竟然躲到围栏后面去了？他蹲在那里下令说："指挥官听我命令，向暴徒开火！"不过，库珀·金（Cooper King）上尉明智地没有执行。

而阿斯奎斯先生17日发出的威胁第二天就在拉内利成为现实，他太威势逼人了，甚至连严谨的官方语言都没法帮他掩饰住。18日下午，卡马森郡警

第四章　工人运动

的电报报道：

"经过拉内利站的火车尽管有军队的保护，还是在车站附近的路堑倾斜的高坡上遭到袭击。斯图亚特少校（Major Stuart）带领部队火速赶到现场，随后赶来的还有三名治安官。堤上的人群向两边的军队投掷石块和其他硬物。一个头部受伤的士兵刚被抬走，另一个又受伤了。斯图亚特少校登上堤去，竭力平息暴民。人群还在投掷石块，并向军队大喊抗议。军队鸣枪警告。（后来的调查证明，最后这句话并不属实，是一支枪误射了。）"没有任何效果，人群依然狂躁，声声威胁，坚定不移。枪声响了起来，两名男子死亡，一人受伤，人群四散开去。"

卡马森郡警长就这样牺牲了。也许有人会问，火车既然受军事保护，本身是否容易成为被攻击的目标；或者，斯图尔特少校在撤军或上刺刀方面是否可以做得更好。即便是最疯狂的投石人，面对上刺刀，多少也会安分一点——这一事实可以从那些乏味的官方文件里找到印证。同时，警长的牺牲还不是最后的收场，这场小面积暴乱的结果依旧是暴乱。在下午两点时分——

"在火车站上方的铁轨上，车厢遭到抢劫，起火了。财产等损失巨大。装有两筒雷管的车厢引起了剧烈爆炸，造成四人死亡，多人受伤。"

此前，阿斯奎斯担任内政大臣时，有两人在一次罢工中丧生。此案中，阿斯奎斯先生是不应受到责备的，但诘难者常常提醒他。"是你在1892年杀害了那些人。"有人在一次政治会议上对他吼道。他的回答后来成为一个常被引用的趣谈，来说明这位首相的机智和惊人的准确记忆力——"我没有在1892年杀害他们，那是1893年。"他还记得是当年的8月18日吗？当然，他是没有责任的。然而，他是首相，是政府首脑，在面上要致力于和平和改革事业。全国上下的士兵，指挥铁路交通的将军，枪击、爆炸，温斯顿·丘吉尔莫名其妙的言行不一……可怜的阿斯克维斯先生！温和的阿斯奎斯先生！在这样的处境下，魔鬼又会怎么做呢？

到8月19日，只有几列火车运行起来了，它们艰难地从一地龟行到另一地。整个国家都心胆俱碎，传来的消息让人担惊受怕。伦敦几乎成了一个武装营地，在英格兰的所有军团已全员动员起来，各单位均已武装待命。很明显，政府已经决定了一项镇压政策，谁知道接下来几天会发生什么呢？就在那天早上，乔治·阿斯克维斯先生就三人委员会的结构达成了协议。但是，无论他如何苦口婆心，都无法说服公司方承认工会。不——他们既然不同意，那就迎接最坏的情况吧。工会代理人还需要参加未来所有的调解委员会会议吗？不可能的！如果政府不是为了表明对此事不作要求的决心，那么召集军队所为何事呢？在绝望中，阿斯克维斯先生将目光转向了财政大臣。

劳合·乔治先生能做点什么吗？他当然可以。阿加迪尔危机的形势正处于最严峻的时候，乔治先生在危机初期发挥了作用，这既是极其偶然的，同时也是非常重要的。现在这事也落到了他的头上。他找到铁路公司。难道他们没有意识到，铁路的停运会严重影响政府与德国的交易吗？公司方承认，他们以前没有考虑到这一点（劳合·乔治先生自己也没有想到）。不知为何，这在当时听起来是非常言之有理的。他们勉强同意会见工会代表，恢复罢工人员的职务，允许工会高层"在特殊情况下"参加下一次的调解委员会，并愿意向特别调查委员会提供一切协助，此前他们还同意通过了该委员会的架构。这算是一种"承认"了，足以让领导们满意，他们对此事的惊人大转折暗自心惊肉跳。这能让那些工人满意吗？目前，无论怎么看，似乎都是可以的。停止罢工的宣言得到了广泛的响应，截止到第二天，大多数铁路已经恢复了全线运输。

第四章　工人运动

而对于劳合·乔治先生来说，这次成功的干预成为他年度辉煌成就的丰碑。整个世界和联合王国，似乎都匍匐在他的脚下。

九

1911年8月19日，他大概正处于战前政治生涯的巅峰时期。在他身后的山坡上，由他一力承担的立法胜利屹立如巨石。那么在他面前呢？胜利和耻辱都被仁慈地隐藏起来了。

然而，那些巨石并不是不腐不朽的。经过时间和舆论的风吹雨打，它们今天已摇摇欲坠。乔治先生也许会为《国会议案》对自己褒奖一番。他的预算和雄辩无疑把上议院逼疯了；毫无疑问，正是他策划了他们的垮台。但是，果真如此吗？不知怎的，宪法这个神秘而强大的幽灵，却以某种方式夺走了所有的功劳——用其不可思议的手从他的头上窃走了桂冠。根据《国会议案》，议会的每一位议员每年可得400英镑的收入；这是乔治先生的杰作，也是他个人的功绩，在今天看来，这是一个非常巧妙而及时的双面交易。喔，还有一项胜利，那就是《国民健康保险法》，这是一座不朽的纪念碑，乔治先生的英名在很大程度上有赖于此。

《国民健康保险法》于1911年颁布，并在1920年的最后一个月显现出意义，当时只是因为它的附录——或者说第二部分——最初是作为失业保险的试验性计划出现的，只适用于某些行业。劳合·乔治先生在1911年其实还未对失业保险产生兴趣，他认为这是一项铤而走险的革新；而且他是在丘吉尔的主张下才将其放入法案的。丘吉尔在担任商务大臣的时候，以其特有的洞察力预见到了失业保险的必要性。但劳合·乔治这时也仍然认为自己是一个

259

激进分子。劳合·乔治先生引以为豪的是该法案的第一部分，即 1912 年 7 月开始实施的第一部分，它迫使每个工人交纳每周 4 便士的保险金，接受有条件的医疗、疾病、残疾、生育和疗养保障。

这一切背后的理论是德国人的，而情感则是劳合·乔治先生的，两者都是值得高度赞赏的。如果今天有人想指责其中任一方面，那便多少有些刻薄了。而不幸的是，理论必须以结果来判断，但情感——我们又该用什么准绳来衡量情感呢？自由党政府已经离经叛道，步入了新的景况；但步入了什么景况呢？一场无与伦比的健康的盛宴？劳合·乔治先生的信念是如此坚定，但今天的答案会让人觉得他有些乐观了。哈里·罗伯茨博士（Dr. Harry Roberts）写道：（《民族与雅典娜姆》，1935 年 6 月 1 日）

"当劳合·乔治先生发布他的计划时，我正在贫民窟开展实践，从数量上来看，是巨大的……我很幸运，因为我还年轻，我是自愿去贫民窟的，我对人有兴趣，而且怀有强烈的社会主义同情心。但是……如果要求我的同行从业者们也都像我一样热情地投入工作，这是不公平的，他们在生理和心理上都不具备像我一样的条件。首先，在我所在的地区执业的大多数人并不是出于自愿选择，而是迫不得已——沉迷威士忌或其他消解世俗困扰的药物，使得他们不可能从事报酬更高的工作……然而，劳合·乔治先生的新法案（医生继续说）在经过多番争论和博弈后，终于开始实施了。它身负宏大而非凡的使命。从此以后，每一个穷人都能享受到医疗和外科技术，而迄今为止，这所有的技术本只为富人服务。每个公寓的壁炉架上都会摆着一瓶'真药'……当《保险法》出台时，这瓶药即将安顿下来，而后在此奉献一生。这项法案使它焕发了生机，今天，在这片土地上，工人阶级的每个家庭几乎都有一瓶 8 盎司或 10 盎司的或苦或甜的，或棕或粉的混合物；而对于其中成

第四章　工人运动

分的功效,在 50 个医生里,没有一个会抱有丝毫信心……"

罗伯茨博士补充道,医疗界强烈反对新法案,克里斯托弗·艾迪生博士(Dr. Christopher Addison)在其《内部政治学》(*Politics from Within*)中也证实了这一点;它效命于埃斯科拉庇俄斯[①](Aesculapius)的仆人,而不是劳合·乔治先生。它被无数的规章制度所限制,它认为议会法案规定的新职责"是那么多无用的苦差事",于是尽可能少做这些差事。"健康的盛宴"确实已经准备就绪,人们不得不入席;但是当他们落座时,是否发现,在那些华美的立法会议桌上,除了一排排粉红色的药瓶之外,没有什么更为实质性的东西了?

对外行的普通人来说,这些因素太复杂了,实难考虑进去。劳合·乔治先生很难预料到医学界的反应,如在此问题上苛责于他,是不公平的。此外,这些因素与 1911 年的情况毫不相关。在 1911 年,工人们关心的是工资,而不是健康;无论是赞成还是反对《保险法》,它都没有提高任何人的工资。事实上,除了 1908 年的《商务法》——该法的制定是为了保障体力劳动行业的工资,但又不超过标准(时或有这种情况)——自由派的立法何曾将任何人的工资提高过一分钱?

但劳合·乔治先生是人民的朋友。这话到现在还在流传,而且没有人比劳合·乔治先生本人更相信这一点了。他是一位多么出色的演说家!不管有没有工资,不管有没有立法,他似乎都是进步的化身。这里有一位富足的先知。他的语言充满了民族的本能音乐性,在最诱人的想象中迸发出笑靥,燃作炽焰,忽而又上演一出默剧,尽显日光风雨的神秘——就像阳光下的细雨,孕育出彩虹。在每一道彩虹的尽头,都藏着一罐金子,但谁抵达了彩虹的尽

---

① 埃斯科拉庇俄斯(Aesculapius),古希腊医神,太阳神阿波罗之子。——译者注

头呢？它总是横立眼前，在一片旷野之外，在道藩篱的对面；也许追虹者和它之间只是隔了不超过十码的青草皮……劳合·乔治先生的承诺便是这样了。

难道工人们已经发现了这一点，并敬而远之了吗？当然，他们对劳合·乔治先生的《保险法》并不十分欢迎，但这样的声音传播得很慢，他无从知晓。他对自己的承诺坚定不移，没有人比他更为兴致勃勃、更为不屈不挠、满心热忱地跟随着诺言——只是差了一步而已。他确信，总有一天，大家会得到那罐金子。

与此同时，在他的这个光辉熠熠的世界里，有一艘德国炮艇悄悄地潜入了进来，它叫"黑豹"号。实际上，它已经悄无声息地潜入了摩洛哥南部阿加迪尔的沙湾，这是一个空旷而贫瘠的海湾，唯有几棵棕榈树沐浴着7月的明媚阳光，它似乎在无声地宣示自己的独特兴趣。然而不妙的是，德国曼内斯海姆兄弟公司（German Brothers Mannesheim）对阿加迪尔及其腹地也表达了兴趣。对于一个垂涎着摩洛哥、嫉妒着法国在那儿的发展的国家来说，要上演一出好戏，这是一个极好的借口，或许还能从中有所收获。但德国到底为什么要派一艘炮艇去那里呢？这是果真愚蠢还是蓄意威胁？英国和法国都难下定论，但它们也都知道，无论何时、无论何事，都可能把整个欧洲卷入战争。从7月5日到7月21日，剑拔弩张般紧张的寂静像廉价玻璃的脆弱穹顶一样，笼罩着那条水带上的H.I.M.S.黑豹号，它保护着曼内斯海姆兄弟的利益——有时是一艘孤艇，有时还伴有另一艘精干的黑色战舰。

7月21日，沉默被打破了，打破沉默的正是劳合·乔治先生。他在市政厅的一次演讲中舌灿莲花，借机以其最为澎湃激昂之辞说道，如果发生战争，英国会参战，并与法国并肩作战。这样的话从这样一个和平主义者的口中说出来，是不容忽视的。面对乔治先生的挑战，德国会不会退让？她会抗议

第四章 工人运动

吗？她会要求他辞职吗？一旦她这样做了，那么英国是否也会让步呢？四天后，德国的抗议书抵达；但它的措辞太过失礼，以至于外交部不屑一复。而渐渐地，紧张的气氛松弛下来了。难道是乔治先生的演讲发挥作用了？或者说，在他发表演讲前，已经作出了外交上的谨慎努力？无论如何，这个国家是不容置喙的。他是一位至高意义上的政治家，因为他为了拯救欧洲免于灾难，放弃了他视若珍宝的思维习惯。

这是关键的四天。德国舰队集结在挪威海岸，准备随时突袭。麦肯纳先生向英国舰队发出了警告——或者说，正如丘吉尔先生在《世界危机》中以个性的笔法描述那样，"海军部的无线电横越苍穹，向舰艇危耸的桅杆传递着密语"。

但是，另一个信息纷传开来，在同样浪漫的环境下穿越了苍穹。有些迹象不断向乔治先生彰显，他是一个天生的外交家；他的话已经在首相府中激起回响，并使帝国主义的德国恢复了神智。他以前从来没有想到自己会有这样的一天——自由派的政府大臣们历来对外交事务都是漠不关心的。如果他能和德国打交道，就一定能和东北铁路公司的那伙人打交道；他将沿着工党尘土飞扬的动乱之路，追索他在市政厅演说的荣耀。

但是，劳工界的外交不如国际事务有魅力，敢于冒险应对这一类事务的政治家必须尤为谨慎。乔治先生突然发现，铁路如继续停运，可能会引发另一场欧洲危机，这以一种奇怪的方式反弹到他的头上。目前看来，他是站在罢工工人的一方入手干预的，是他迫使各公司采取行动的。但是工人们并不买账，不知何故，他们虽然回去工作了，但却明明白白地感到自己被骗了，这相当矛盾。要是他们能把罢工继续下去，无论丘吉尔先生军事策略中隐含着怎样的流血和死亡等一切后果——要是他们能再坚持罢工三天，他们可能就会赢得一个明确无误的胜利！现在，他们必须等待，他们必须等待的原因，是劳合·乔治先生在8月19日这个关键时刻进行了干预。

他们的领袖多少让他们失望了，或者说，一位政府大臣对广大公众负有一定责任，但这并没有影响他们的感情。当政治民主本身受到质疑的时候——也许是盲目地、本能地，当大卫·劳合·乔治这样一位非凡的人物置身于论战的时候，一个简单的难题也许会引人遐思。什么时候人民的朋友不再是人民的朋友？答案似乎是：当他担任内阁大臣的时候。

这样的结论无可辩驳：此时此刻，劳合·乔治先生正值辉煌事业的鼎盛时期，却开始失去公众里一部分人的信任了。迄今为止，他一直保持自己和同僚之间微妙的区别，现在却在事态的重压下，被迫回到他们的行列中去了。他会再次一跃而出的，首先是以联合政府首相的身份，其次是以声名狼藉的集团领袖的身份；但他永远、永远不会再以工人阶级的救世主朋友的身份出现了。错不在他。牌面是对他不利的。1911年8月19日，就在他说服铁路公司记住阿加迪尔的那一刻，牌面终于转而不利了。

十

8月23日，利物浦7万名码头工人威胁要无限期罢工，因为公司拒绝恢复250名电车工人的工作，此时的乔治·阿斯克维斯先生再度使用了阿加迪尔问题的措辞。但这一次，说来奇怪，阿加迪尔问题没对公司产生任何影响。重要的是，汤姆·曼仍停留在利物浦，他要求所有运输工人举行全国性罢工，而这一切都是伴随着骚乱和对军队的袭击而来的。因此，阿斯克维斯先生采用了他自己更具说服力的策略，电车司机们复工了——"在总经理满意的情

第四章　工人运动

况下"——这一句话抚平了公司方的情绪,并没有过于耽误电车司机的时间。7万名码头工人也重返工作岗位。汤姆·曼很快就消失了,他因煽动叛乱的罪名而锒铛入狱。大罢工的几个月过去了。

新闻界告诉公众,所有真正重要的罢工都是由异常炎热的天气引发的,公众也附和起来。阿斯克维斯先生本可以驳一驳的,但他秉持着一个公务员特有的沉默寡言,没有开口。在南威尔士矿工联合会10月份的选举中,奥尼恩斯、布雷斯和理查兹三位先生退休,三位年轻的工团主义者新当选,即便如此,人们的普遍信心也没有动摇。南威尔士是一张工业晴雨表,但怎么能指望公众去理解呢?明年的天气正如那些选举所昭示的,将是"狂风暴雨",他们又能如何理解呢?而且,为什么要自言自语地去说,南威尔士地区的任何新运动都不是出于1911年的炎热——而是出于1910年那些寒潮呢?当时麦克里迪将军正驰骋在朗达山谷,而奥尼恩斯、布雷斯和理查兹先生拒绝召集总罢工。这样的想法太晦涩难懂了,不可能出现在报纸上。

又是一个10月,特别委员会提出了他们的调查结果,这份结果本质上糊里糊涂,铁路公司立即表示接受,而矿工们则毫不迟疑地提出要再次罢工。一旦他们再次罢工,南威尔士的矿工们会不会站出来声援,因而把全国最低工资的问题推到铁路业内的复杂争论里去呢?议会彻底惊慌失措了,他们一致通过了一项决议,坚定地要求各公司与铁路工人面谈。经过漫长而激烈的谈判,直至12月11日,公司方最终同意承认工会。夏天的炎热与这次事件有什么关系呢?或者,与船运联合会和敦提码头工人之间的激烈争端有什么关系呢(这场争端直到12月24日冬至日才得以解决)?还是,与始于12月28日的兰开夏织工罢工有什么关系?

毫无疑问,高温为1911年的激情添了柴火,给人们带来了阴暗与窒闷的力量；但是，若要问起这种激情的起源，仅仅检索气象局的记录是远远不够的。统计数据本身也助益不大。从1月到12月，共有961800名工人参与罢工，这一数字创下了历史新高，同比超出了30万人。损失的工作日总数为10319591天，即在全部工业人口中，每人大约损失一天；但这个总数，如果扣除1910年以来罢工损失的工作日数，就甚至比1910年的数目还要少得多了。这些数字来来回回地被争论着，谁愿意拿它们做一些不近人情的辩证法文章，谁都能如愿获得适合自己的胜利。但后来我们发现，在1911年，工会会员人数激增60万，这个数字说明什么？这是否意味着工会本身对团结有了全新的渴望？他们是不是像经济学上的圣彼得那样出去寻觅灵魂了？抑或，这个过程被逆转了——是那些灵魂在寻觅工会？

如果能找到这些问题真正的答案，那么这些答案对于真正了解1911年所发生的事情就至关重要了。而真正的答案，其实很容易就能找到。大罢工几乎无一例外，都是从海港开始，从非工会成员的劳工里兴起，一旦加入战斗，他们就向工会奔涌而去，像士兵涌向闲置的防御工事一样——并迫使他们昏昏欲睡的指挥官听从他们的命令。工会领袖们为了自己的权力战战兢兢，急忙屈从。足够敏捷的人推搡着走到了最前面，似乎他们一直就是先锋；其他人站在一旁，茫然、羞愧、无助，而不知名的领导人虚有其表，名存实亡。最后，不可避免地，一场由"无名""无能"的人们冲动点燃的运动，突然迸发出它无限的希望：这里有权力。这里有一种此前所有高超的外交手段都无法实现的东西——那就是权力。在当年的工会代表大会上，一位迄今都算温和派的老领导突然提出："让那些从未罢工过的人罢工吧，让那些一直都在罢工的人更多地去罢工吧。"工会并没有去改变那些无组织和低工资的人们，是那些无组织和低工资的人们改造了他们。

第四章 工人运动

十一

工团主义的福音,在南威尔士矿区的非熟练工人中宣扬,在寒武纪矿坑的熟练矿工中燃起,在远播中越来越温和。到1911年年底,它的影响已经遍及全国每一个矿工工会,以至于所有的工会都认识到,组织和团结至关重要。但是,工团主义突如其来的、革命性的要求,已经简单地变成了要求在非常规地点工作的所有工人都能获得最低工资保障。这本身在理论上是相当合理的,于是业主们只能以事实的复杂性为由作进一步的反抗。

1911年9月29日,英国矿工联合会和煤矿主协会召开了全国联席会议。这是费了很大的劲才达成的,因为英国矿工联合会第一次在全国范围内进行谈判,还没有找到与自己一致的煤主协会或协会联合会。例如,英国矿业协会说,它与工资无关,如果非要召开会议,那就必须与各地区的煤矿主召开会议。会议最后确实召开了,工人们坚持认为,无论在哪个地区,都应该向在非常规作业点工作的人支付一个商定的、明确的日薪;然而,煤主们带着质疑意味深长地回答说——他们不仅愿意考虑地方的特点,还愿意考虑**那儿工人们的工作能力**。这样的回答,让他们捅了马蜂窝。

在英国所有其他行业中,"同工同酬"早已确立,即从事同一种工作的人应得到相同的报酬,它是工会政策的基石。但是,在煤炭工业中,这一规则却从未建立。为什么会这样呢?是矿工工会的责任,还是煤矿老板太过固执、回避问题?又或者,在煤炭行业,没有两个人可以说是做相同工作的?这个问题错综复杂,直到1912年,在其他国家解决了这个问题许多年之后,"同工同酬"才成为英国煤矿业的一件大事。

的确,在矿井的深处,仅靠着一盏油灯微弱的灯火,矿工独自一人在永远的午夜工作,与我们这个星球上所有神秘莫测的事物在一起——这样的工作环境绝无仅有。我们有些人曾在噩梦中隐约经历过死亡,而他就在面对这种死亡,除了自己的技术、经验以及好运气,他无可依凭。几根木头支柱支撑着未知地层的巨大重量;当探灯燃烧起蓝色的火焰,这是在警告他,一些古老的禁锢气体逃逸了,它们致命而没有气味;咸潮的湿气威胁着他的健康,干燥的空气里充斥了万千灰尘和石头颗粒。没有任何预防措施,没有任何规章制度,没有任何人类已知的装置,可以给他提供保护,使他免受这些不可预知的危险。他的工作,并不在一个可视的、文明的、历史的世界里,而是在永恒宇宙某个愤怒的碎片里;与之相对,他只有自己那微薄的力量。

当然,在1912年,矿工的工作是极其个人化的。当两个人在相邻的点位上工作时,可能会发现在同一煤层中等待他们的是不同的问题,那么"同工同酬"如何落实呢?如果某一人技术稍高就会获得不同的日薪,"同工同酬"如何落实呢?或者,两人技术相同而煤并不一样容易获得时,只有经过衡量、调整和议价,建立一套复杂的制度,才能使某一人的薪酬与另一人持平时,"同工同酬"又如何落实呢?

必须先对矿工的薪资制度和"非常规"作业点的性质加以研究,然后才能理解1912年大罢工的原因——小摩擦、人道与非人道的影响、偏见、习俗和信仰,这是一系列日积月累的奇怪因子。

1910年的寒武纪罢工是一个非常典型的例子,它充分体现了矿场因"工酬表"问题可能引发的苦痛。"工酬表"听起来很悦耳,甚至那些停下来唏嘘矿工生活是何等接近残酷边缘的人们,也会对它在当时点燃的愤怒和绝望感到奇怪。但是他们忘记了,或者说,他们并不知道,它是既有经济意义,也有社会意义的。简而言之，它是一份计件工作单或薪酬清单（工人总是按件计酬的）。除了削价，或者说按面上"采煤"量支付的标准（以每吨计）工资，还有无数"死工作"的薪酬——包括所有的工作在内，也就是说，这些工作并不是实际的采掘，而是从清理工作点位到铺设采矿车线路等，都不尽相同。

每个煤矿都有一份工酬表，且没有两份工酬表是一模一样的，因为每张工酬表到最后都成了议价的问题，议价可能会持续几个月。新矿井开工后的第一步是开展多点试采，矿工拿的是日薪。他们的想法是，这数周内的平均产量将能相当准确地显示出矿井或煤层的生产力；但是，在几周甚至几个月之后，这样的想法就自然会受到一系列的限制。

矿工们认为，煤矿管理层只开设了轻松好采的试点——而管理层则回答称，矿工没有尽到最大努力。矿场经理迟早会到下一趟矿井去盯上一天的活儿，他的目标是要让平均产量翻上一番。他达成了目标，矿工则说他故意选择了一个高产的试点，一旦换一个采掘点，矿工就要拼了命干活儿才能达到这样的产量。争论和反驳，诘难和反诘，都是游戏的一部分。最后，工酬表就变成了一个讨价还价的技巧问题，矿工地区代理人要与整个董事会斗智斗勇。一旦工酬表列定，就几乎不可能再变更了。它成为某一方的宪章，要么是矿工的，要么是矿主的，谁赢得了这场斗智斗勇的战争，谁就不会允许它被改变，除非经过殊死搏斗。众所周知，南威尔士的矿主们宁愿卖掉他们的煤矿，也不愿面对工酬表变动后必然要面对的斗争，新买家会将罢工的消耗和收购价一起进行核算。1910年，科里兄弟（Cory Brothers）关闭了他们的盖利矿坑，因为工人拒不接受修改后的工酬表，这个矿场一直关闭到战争爆发，因为没有一个南威尔士矿工联合会的工人会去这个矿场干活儿。

而这是有充足的理由的。每次制定或修改工酬表,都可能会上演一出异常肮脏的戏剧。如果矿工没有与管理层达成一致,如果一个新矿的工资很低,而邻矿之间同一矿层的差异高达20%——那么,一种特殊的劳动力就会被吸引过去。高薪带来了稳定而熟练的工人,低薪则带来了游牧民和工业内的浪荡子,一个人口数目在五六千人的小镇,其命运取决于矿工的素质。例如,在南威尔士,几乎不可能有外国矿工、从英格兰北部老矿坑漂流而来的移民,或者从德文郡和萨默塞特郡牧场和耕地来的非技术工人。而在正常就业的年份,一张低廉的工酬表则意味着那样的外国劳工,意味着村舍里的临时房客、无家可归的人们,意味着群居、酗酒和肮脏。工酬表不仅仅是关乎便士和先令的问题,它可能是整个社区的死刑执行令。

由此,我们或许可以理解,当寒武纪联合公司试图以不甚合理的低报酬开辟伊利矿坑的上五英尺煤层时,它所要面对的是什么……并非出于反常,也并非如某些人想象的那样是出于缺乏自制力,矿工——骄傲而独立的矿工们,用成百上千次小而痛苦的罢工不时地标点着工业史。

议会实施的一系列举措大大增加了生产成本——《煤矿法》(1896年)、《工人赔偿法》(1897年)、《煤炭出口税》(1901年)和内政部出台的新的《安全条例》(1902年)。现在,煤炭工业的工资付出占到了生产成本的60%到70%,因此,业主们想方设法地削减工资成本。然而他们要怎么做呢?工酬表的建立是以一个标准为基础的,在这个标准上再加上一个灵活可变的百分比。在20世纪,基于这种浮动工酬模式,工资是随着煤价的变化而自动变化的,以煤的售价来确定标准工资。这个制度是很残酷的,造成了工资的大幅波动,可是矿主们不能随意篡改标准,制定方的力量在他们掌控之外。那么他们是否可以降低加在标准工资之上的百分比呢?他们尝试过,但随着调解委员会

第四章　工人运动

的运作，他们发现矿工们有足够的力量来作出抵制。不过，有一个方面，无论是标准工资还是调解委员会都没有给矿工提供到任何帮助：在非常规地点工作的工人仍然单独与管理层议价。于是，围绕着非常规作业点，业矿主们开展了集中攻击。

所谓非常规的作业地点，是指在超出人力控制的环境情况下，那儿的采掘者无法获得基本维持生计的工资。煤层可能很薄，或被压成了小煤块（在南威尔士，小煤块根本无法获得报酬，而在其他地方，小煤块的报酬很低）；或者可能需要过多的木材支撑屋顶，以防止坠物和坍塌；或者煤中可能出现石块，需要浪费过多时间进行挑拣；或者采掘地点可能太过潮湿或干燥。即使在"常规"的地方，管理部门也不一定会给采煤工人提供固定数量的"矿车"或煤桶来装煤，也不一定会提供足够的木材作为支撑和枕木。

多年以来，这些问题都是通过一套"照顾政策"或津贴制度来解决的：比方说，软顶的津贴为每吨3先令，开裂的碎顶津贴为每码2便士，还有"结块"（煤中或煤上方的松散石头）的额外津贴为几便士。这些津贴日均在6便士到4先令不等，而议会在出台各项法案后，生产成本提高了，这些津贴就令人不满意了——因为唯有津贴能为矿主提供真正缩减开支的机会。至少可以说，他们的方法是有问题的。他们开始对矿区的每个区域进行详细的成本核算，并让副经理们互相竞争，看谁制定的日均津贴和停工成本的开支是最低的。有时候，管理层甚至被限制只能一次性支付这些津贴，而并不理会矿工们的实际要求。管理层也没有落后于人。"计量"队伍每隔两周就会下到矿井中穿行，准备听取矿工们的要求：很快，英格兰和威尔士一半的矿井里都在抱怨说，大家要保持高度的注意，否则"计量"队伍就会悄悄溜过他的采掘点。而即使某个工人真的吸引到队伍的注意，议价的过程也可能比以

271

前艰难得多。如果在达成协议后，文员将它落到了纸上，一切可能还都好办；但有时文员并不写下来，矿工就只好以口头承诺来进行自我安慰了，而这种承诺也不一定能兑现。这就是议会调解和矿主贪婪的结果。有什么办法呢？除了矿工自己，还有谁能帮助他呢？除了他自己之外，谁也没有足够的专业知识来提出要求。也许，法律能将它的触角延伸到那昏暗的探灯之下，到那神话般的地下世界——就是在那儿，"计量"队伍和矿工们达成协议。这是值得一试的。1907 年，伊尼斯布一位名叫沃尔特斯（Walters）的熟练矿工以不支付津贴为由把海洋煤炭公司告上了法庭，他表示，这种津贴是惯例。郡法院法官判决沃尔特斯败诉，称工酬表中没有特别规定津贴（说得好像他们规定过似的！），因此，法律不能支持他收回酬金。

此后，各煤矿公司将津贴减少到极限，以法律不为矿工进行干涉维权为界。而在非常规作业的情况下，工人所能做的就是通过比以往更长时间、更卖力的工作来多挣些钱。后来《八小时法》又出台了，从 1909 年 7 月起，比如，威尔士矿工的工作时长由 10—10.5 小时被限制为 8.5 小时。尽管以往的制度很糟糕，但在当时，一个人在常规的采掘点可以干得较为轻松，只有在非常规地点工作他才需要拼命地干——这对健康会造成极大的破坏。新法案出台后，只要能用有轨电车清煤，一个工人在常规采掘点的工作速度就会有所提高；而在非常规采掘点，无论他如何竭尽所能，都挣不到钱。

这就是 1911 年 9 月矿工和矿主开会时的情况。很明显，除了为非常规地点作业的工人规定最低工资外，没有任何其他办法能让矿工满意；而矿主的回应实际上是在宣布保留旧的个人谈判制度，那么这场斗争就迫在眉睫了。矿主们可能会争辩说，当各区和各矿井的条件千差万别时，当个别作业点所需要特别关注时，当各矿工的技能差异成为至关重要的问题时，"同工同酬"

的规则就都不适用了：他们的辩论可能会无止无休，直到连墙壁都"厌倦了回响"，但他们已经深陷泥潭，他们自己对此也心知肚明。他们能否再次奋力走出困境？1912年将会给出答案。

十二

1911年圣诞节前，乔治·阿斯克维斯先生的苦心经营得到了回报，他获得了一枚骑士勋章。1912年的第一个月，他在兰开夏郡解决了16万名纺织工人的罢工问题，当时的大罢工几乎让全国为之震荡，他还解决了克莱德河上严重的码头纠纷。他指出，这两次危机都涉及工会问题。当年2月，他和他的部门将注意力集中在煤矿业的纠纷上。

1911年9月与矿主举行的会议成为竹篮打水，此后，矿工们火速地行动起来。一个月后，英国矿工联合会在南港召开会议，通过了对男工和男童工在个别地区实行最低工资的规定，但没有提到非常规作业点的问题。11月14日的另一次会议报告说，问题依然没有解决。矿主们显然对地区最低工资不感兴趣；他们也丝毫没有察觉，在矿工们的脑海里，全国性解决方案的梦想已经变得无比清晰。全国性的解决方案——全国性的最低工资……在1911年，这样的事情太异想天开了，甚至连想都不用想；矿主们和公众集体都懒得费这个脑筋。

12月20日和21日，矿工们就这个问题进行了投票。"你是否赞成发出通知，为在大不列颠矿井下工作的每个男工和男童工设立最低工资标准？"回答：赞成——445800票；反对——115271票。

难道这是动真格儿的？公众仍然不肯相信。但矿主们当然是敏锐的，他们对非常规作业点问题从矿工争论中消失的速度产生了警觉,他们开始将信将疑了。全国性的煤矿业大罢工是难以想象的,原因很简单,因为以前从未发生过。然而……通知已经下达到各个地区,截止于1912年2月底。随后,在2月2日,他们收到了矿工们的要求,在大量错综复杂的情况下,矿工提出,所有在地下作业的男工的报酬每班不少于5先令,男童工每班不少于2先令——这就是后来很快被大家所熟知的"五和二"。不能再有所迟疑了,除非在本月底之前采取行动,否则英国的矿坑上都只能看到三轮车作业了。

在2月与矿工的某次会议上,矿主们做了最后一次尝试,试图驱除全国最低标准工资这个幽灵。他们又回到9月份的争论中,说他们现在准备讨论非常规点作业的特殊条款了。准备啊——他们应该事先做好准备啊!矿工们则回答说,他们只讨论最低工资问题,于是双方再一次分道扬镳,不欢而散。联邦区也许能达成和解——包括北威尔士和除诺森伯兰、达勒姆以外的所有英格兰地区,但在2月20日,这种可能性也消失了。要求采取行动的呼声从南威尔士逐渐高涨起来。距离总罢工只有六天时间了。

正是在这个时候,首相进行了干预。

在随后的谈判中,阿斯奎斯先生用他奇特而不幸的旅程证明,在战前世界,以政治权力插手经济斗争是极不明智的。煤矿业内对阿斯奎斯先生一无所知,而且,更为致命的是,阿斯奎斯先生对煤炭工业也一无所知。也就是说,他在2月20日决定邀请双方在外交部召开会议之前,眼前是一片空白。两天后,会议就举行了。阿斯奎斯先生、爱德华·格雷爵士、劳埃德-乔治先生和巴克斯顿先生怀抱着一种天真朴实的热忱,聆听着其他人早已听腻、听烦的论点,而很显然,这些论点他们目前还不熟悉。矿主代表、矿工代表和乔治·阿斯克维斯爵士花了几个小时，一丝不苟地向部长们解释这个全国性的问题。最后，部长们似乎终于明白了。他们建议召开地区会议，每次会议由一名政府代表主持。如果在一定合理的时间内未能达成协议，政府代表应对有争议的突出问题作出自行处理。换句话说，政府现在已经不是作为裁判，而是作为第三名战士加入了这场战斗——虽然阿斯奎斯先生还没有意识到这一点。

2月28日，矿工和矿主们带着他们对此提议的答复回来了。除了苏格兰、南威尔士和诺森伯兰矿主，其他人似乎都准备接受这一建议了。矿工们则坦率地表示反对。他们称，除了就所有矿工的最低工资这一问题进行直接谈判外，他们不接受任何其他谈判；但他们同意与矿主们会面，以讨论手头的一张复杂图表，表上列出了各地区的最低工资标准。这是很合理的要求。政府和各地都表示，至少可以就地区最低工资标准进行协商。但就在阿斯奎斯先生握住看似和解的那只手时，他发现，握得太早了。他问道，那保障措施呢？保障措施？矿工们压根没想过这个概念。什么保障措施，防止工人滥用最低工资赋予他们的特权吗？这是想都不敢想的，已经浪费了太多时间在毫无意义的谈判上了。突然间，阿斯奎斯先生意识到，矿工们对地区最低工资或任何形式的谈判其实都丝毫没有兴趣。他们为什么要感兴趣呢？怎么能就"五和二"这样一个到达底线的最低限度进行谈判呢？然后，阿斯奎斯意识到另一件事。矿工们完全拒绝考虑保障措施的问题，这是一个最后通牒——这个最后通牒不是发给矿主的，而是发给政府的。

当他发现自己的错误，却为时已晚。在英国历史上，政府而不是雇主第一次直接受到了攻击：正是他把政府置之于那种如坐针毡、前所未有的境地。他现在不能退出了。罢工通知的日子已经来临；一个小时接续一个小时、一个矿井接续一个矿井、一个地区接续一个地区，到处都萧瑟起来；到3月1日，大约有100万人罢工。

经过四天令人绝望的会议，阿斯奎斯先生不得不承认，他已经无能为力。矿工们固执地坚持他们的"五和二"，矿主们则固执地表示反对。而双方似乎都认为是政府把事情搞得无比糟糕——不知是出于固执已见，还是因为最后水落石出了？与此同时，全国各地的工业开始跛行，开始犹豫观望、休业歇业。毛铁、钢材、锡铁、陶、砖、玻璃——这些行业到3月底几乎都处于歇业状态。铁路工人被迫休起了年假，或被安排零碎的工作，或干脆被辞退了。海员、煤工和茶工、码头工人、煤炭出口商以及各种形式的临时工都感受到了日益严重的行业瘫痪。渔业受到严重冲击，特别是在赫尔和格里姆斯比，几乎所有拖网渔船都停运了，只有几艘除外。而国家的开支——谁敢算一算呢？

公众既愤怒又惶恐，如果他们有幸听过爱尔兰政治家约翰·狄龙（John Dillon）对威尔弗雷德·斯卡温·布朗特（Wilfred Scawen Blunt）所说的话，他们会更表赞同。"这个国家，"神谕者狄龙先生说，"正在面临着革命的威胁。"也许这话有些言过其实了；但事实上，要让稀里糊涂维持和平的矿工们对这场突如其来的混乱负上责任，所有人都是难以接受的，除了异常清醒、冷峻理性的人士以外。"我当然是封建的，"弗兰科太太（Mrs. Frankau）对阿诺德·贝内特（Arnold Bennett）说，"我会钉牢他们。我会让他们工作的。他们**就应该**工作。我会迫使他们工作。"贝内特先生把这些话记录在了日记里，他没有附上评论，而这位女士的封建倾向和这些话，正是英国所有会客室谈话的典型缩影。

假若这些话是对阿斯奎斯先生说的，而不是对贝内特先生说的，他会在私心里暗暗地表示赞许吗？他能感受到公众突然生发出来的恨意吗？谁也没有借口：矿工们只是暂停了公众正常的煤炭供应，暂停了公众交通设施的运营，扰乱了公众的安宁——但他们却剥夺了矿工们的自尊。这是难以容忍的，但又不得不容忍下去。在3月的头几个星期里，他一直在竭力用他擅长的唯一手段——谈判讨论——来结束罢工。言语艺术是他的特长，他展现得不遗余力，但令人沮丧的是——矿工代表似乎认为他不够真诚。最后，他终于意识到了，议会必须向矿工们低头，而议会也是这样想的。他们匆匆忙忙地准备了一项法案，"为受雇于地下的工人及其相关工作规定最低工资"。考虑到起草的时间过于紧张，该法案也算是相当值得称赞的杰作了，只有一个细节除外——它没有提及矿工们心心念念的"五和二"。在二次宣读时，该法案得到绝大多数赞成票通过，而罢工仍在继续。

一项专门将"五和二"写进法案的修正案以326票对83票被否决，这份奇奇怪怪、含糊其词的文件于3月29日正式成为法律。它能让矿工们满意吗？他们会不会就止步于看到议会低头，因为议会从来没有低过头？他们会不会认为，虽然他们的核心要求被拒绝了，但该要求所涉及的原则现在却体现在一部法律中，这也就足够了？谁也说不好。

当该法案进行第三次宣读时，奇特的一幕出现了，阿斯奎斯先生是主角。他站起身来发表讲话，与其说是对着面前和周围忧心忡忡的面孔，不如说是对着矿工们。他恳求他们暂缓让国家面临浩劫的活动；他再次回顾了已经做出的努力，希望是如何升起的，希望又是如何破灭的。"我们曾兢兢业业地工作。"他说。他把头转向挤满了工人的长椅。如果他们提出"五和二"要求的理由足够充分，他们为什么不愿意相信地区委员会能够应允这个要求呢？一定要让国家遭受更多的苦难吗？"我是在强压着激烈的感情说的。"他接着说。他在言语之间支吾不决——他那么一个清醒、冷漠的人,现在恳求议会通过法案。"我们已经用尽了我们所有的说服力、论证力和谈判力,"他用低沉厚重的停顿语气总结道,"然而,我们也宣称,我们已经秉持着绝对的公平和公正,为公共利益尽了最大努力。"他站在那里,仿佛挣扎着要说话,却说不出来。议院上下集体注视着他,既为之着迷,又为之惊骇:眼前正在发生的事情,是任何一个人都没有预料到的。

首相流下了泪水。

十三

这出奇异的戏剧真值得进一步体味。阿斯奎斯先生泪洒议院,正如蒂姆·希利先生(Mr. Tim Healy)曾经在全然不同的另一场合所说的那样——毕竟是"摩西击石出水以来最大的奇迹"。这种奇举是出于惭愧吗?是出于疲倦吗?或者是遭遇了一个压倒性的现实?另一个同样出乎意料的遭遇能让我们看出些端倪,证明唐宁街10号的气氛已经消沉多日了。

罗伯特·斯米利(Robert Smillie)先生时任英国矿工联合会的副主席,斯米利先生在他的自传《生为劳工》中记录了一个小喜剧,大约是那些罢工年代里最令人啼笑皆非的了。他当时住在伦敦的威斯敏斯特宫酒店,联合会的总部设立于此,3月15日,他与乔治·阿斯克维斯爵士共进午餐。他是个大忙人,但和大多数工党领袖一样,他非常喜欢乔治爵士。午饭前,他被介绍给两位女士,两位女士的名字没太听清,其中一位"很快就握住了我的手……并开始侃侃而谈",他说。过了好几分钟,他才发现她就是玛戈特·阿斯奎斯(Margot Asquith)。

第四章 工人运动

午饭时,阿斯奎斯夫人也坐在他旁边。她向他提出了一些关于罢工和社会状况的问题,他大多以"是"和"不是"来作答。阿斯奎斯夫人并没有被唬住。她能再见到斯米利先生吗?斯米利先生非常繁忙,但如果她方便的话,两天后可以在威斯敏斯特宫酒店再会。饭后不久,阿斯奎斯夫人和她的朋友一道离开了。"当时,"斯米利先生评论说,"我们与主人夫妇进行了愉快的谈话。"

第二天,他收到了如下一封信:

> 唐宁街10号
>
> 白厅,S.W.
>
> 1912年3月16日

亲爱的斯米利先生:

昨天很高兴见到你。你要信守承诺,明天3点半到威斯敏斯特宫酒店,我将在那里与你会面。我很想问一个大问题:像你这样一位有能力、有同情心、百炼成钢的人,还有什么期盼之物呢?

当然,我指的不是你自己,因为我确信你和我一样坦诚直率、正直无私。我是站在比这高出许多的层面上发起的问题。

你希望人人在物质财富上都是平等的吗?如果我们拥有平等的财富,你认为大脑的质量就能平等吗?如果尝试甚或成功地让人性在物质上实现了平等,你认为他们在上帝和人类的眼中也会平等吗?在发心上、在无私的品性上、在人格禀赋上,都是平等的?

我是一个社会主义者,但可能与你的想法不甚相同……那些以他人的巨大痛苦为代价为自己谋得利益的人,我希望能对他们有更完善的了解。

刚才，我不再进行判断了，因为我没有真正理解。我并不在乎一个人秉持着什么样的信条。但他秉持的信条的基石应该是爱，甚至去爱敌人，而这是很难付诸实践的。

你自己吃尽了苦头，我想你不愿看到别人受苦，这就是你成为社会主义者的原因吧。这也是我的观点，但我只是一个女人。我不愿意看到我的丈夫在这场悲剧性的争吵中备受折磨，他只是渴望对双方都能做到公正和善良。

我知道你说的是真的。七年来，甚至更久以来，你和最优秀、最崇高的朋友们都预见到了这场矿业罢工，毫无疑问，这场罢工本来是可以由沉默的矿主们阻止下来的。

不过，让你的血液温热地流淌吧。别让它变得冷漠。用你的强大力量来促成一个体面的和解。可悲啊，要建设，就须得毁灭。帮帮我的丈夫吧。他和你一样，是个白手起家的人。他彬彬有礼、善解人意，怀抱着无限的同情心，还有勇敢的耐心。而且，他也很坦率。

毫无疑问，对手一定会竭力从中捞取政治资本。他们为他的政策苦闷已久。他们狭隘而又无知，就在此时此刻，很可能就在尽其所能地惹些麻烦出来。我在明天谈话之前致信与你，只是作为对一位素昧之人的公正呼吁，以支持一个如你一般开明自由、希望所有人都能获得公平的人——只是他正好也是我丈夫。

你拥有着强大的力量。你要好好利用。除了在报纸上看到的信息，我对那项法案一无所知。与你会面之后，我还没有见过我丈夫（我和小女儿打完高尔夫回来时，他已经去乡下了）。明天早上我会与他相聚。我今天独自一人，就深切地想到了你和罢工的事，想一想什么才是要做的

第四章　工人运动

切实、正确的事情。你不必费心作出回答。我们明天下午3点半见，期待着与你进行一次宁谧的详谈。

你的，

玛戈特·阿斯奎斯

在这些句子里，高傲、真诚、无知和勇气交杂在一起，无论怎么看，都是缺乏些明智的。在众目睽睽的关键时刻，罢工领袖在矿工联合会的临时总部会见政府首脑的夫人，不能说是谨慎之举。毋庸置疑，正是后一种观念促使斯米利先生给出了答复：他将无法遵守与阿斯奎斯夫人的约定了。然而，阿斯奎斯夫人认为，应该再为她丈夫发起一击；这一击也许会像一把不幸的镐头，不可避免地扩大她和斯米利先生等人之间已经出现的裂痕。

我想并非所有人都需要知道我们见过面（她在3月18日写道）。恐怕我在信中给你添麻烦了，我写得非常随意。（也许你没有收到我的信？）矿主和矿工们和你住在同一家酒店里吗？请让我们再见一见吧。我无意去谈罢工的事，只是为了和性情、观点都很吸引我的人讨论些形而上的想法。

我很遗憾你没有答应见我。我一生中从来没有害怕过任何个人、任何情况、谣言传闻，或者流言蜚语。我可以向你保证，我会在3点半在安妮女王门3号——爱德华·格雷爵士的府上与你会面。连他也不需要知道具体情况。我只需问他是否允许我和一位朋友私下谈上十五分钟。他会说"好啊"，甚至连问都不会问，我也不会告诉任何人。如果这样的会面你也不愿意，那么请给我复信。

你的，
玛戈特·阿斯奎斯

"我没有再与阿斯奎斯太太会面。"斯米利先生只能这样说。

十四

这封既可悲又荒诞的信件，让我们对阿斯奎斯先生的心态有了一些了解——他一定是临到绝境了，为了争取支援，才将自己的妻子逼迫到如此特殊的境地。这与整个局势也脱不开干系。毕竟在与矿工打交道的过程中，部长们是否比阿斯奎斯夫人更茫然不知所从呢？他们当然没有表现出像她那样的勇气，也没有把自己的想法阐释得易于理解。斯米利先生就抱怨说，在他与首相的所有谈话中，始终未能理解首相的确切意思。阿斯奎斯先生也许是可以回敬他的：在斯米利先生和他的同僚们身上，他看到的是国民生活中完全令人费解的一面。他在下议院流下的那些眼泪，似乎越来越像是一个悲剧性的忏悔，它不仅象征着个人的失败，而且是自由主义本身的失败。

至于矿工们，他们已经赢得了一场道义上的胜利，如果这不是个决绝的时代，获此道义上的胜利，他们也许已经满足了。但是，铁路工人在1911年赢得了道义上的胜利，而众所周知，他们并未满足。与此同时，罢工者们心不甘情不愿地又回到岗位上工作了。4月6日，他们居然又投票反对复工；所幸他们的领导人决定，必须超过三分之二的多数人投票才能延长罢工，这才使国家免于无限期罢工。到4月中旬,煤矿业的生产恢复了正常。

《最低工资法》的影响有三个方面:(1)非熟练井下矿工的日薪有了实质性的提高,虽然很少能达到工人们此前要求的5先令。(2)在该法规定的地区性谈判,为熟练矿工在非常规作业点工作时争取到了最低日薪。(3)一年前,全国最低工资的规定还仿佛是个天方夜谭,现在已由议会通过法案确立了。这样的成果是值得争取的。然而,不可否认的是——一旦情况对自己有利,矿主和矿工们就都渴望重新开始战斗。此外,曾经受到双方尊重的议会,现在也已无力阻止他们为所欲为、带来浩劫了。

而自由主义……自由主义出于对妥协的致命信任,再一次回避了这个问题。但是,尽管它东歪西扭,却也难逃厄运。资本和劳工的磨石,就像上层和下层的磨石,虽然磨得缓慢,却是精工细磨,而自由主义便被夹在它们之间的磨台上。它也许会推迟噩梦的来临,这可怜圆滑的古老信仰,但终将被粉碎。

十五

矿工们又开始工作了。当然,煤的产量立即回涨了。因为,当矿井在闲置的时候,没有人力在工作的时候,土质的巨大重量却没有停止运动。矿层中的煤不断松动,所以,煤在一段时间内会变得更加容易"采取"。煤场忙得热火朝天。和平降临到了工业化的英国。它能持续多久呢?

空气中聚集着不满的情绪,它能持续多久呢?5月,新的麻烦又来了,而且,伦敦的运输工人再一次涉身其中。5月21日,水手、驳船船员和货船工协会举行了罢工,规模约在6000人左右。毫无疑问,一旦发起,整个港口很快就会受到影响，因为停工显然是为了加强运输工人联合会的力量。船主们持以一种令人厌恶的彬彬有礼，很是被动，他们拒不考虑工会和非工会工人们的差异。他们说，这不关他们的事。以他们目前的眼光来看，像1911年那样的运输工人罢工可能永远不会再发生了。

联合会在等待时机，最后，它在商业驳运公司发现了一位年迈的巡夜人，名叫詹姆斯·托马斯（James Thomas）。托马斯先生曾是一名工头，他是驳船工头协会的最初创始人之一。这是一个奇怪的工会，其部分目标是"保护我们雇主的财产"，它拥有250名成员。当托马斯先生的事迹被哈里·戈斯林注意到时，他仍然是驳船工头协会的一员——而戈斯林是泰晤士河水手、驳船工和巡夜人联合会的总书记。戈斯林先生察觉到，上天已经把托马斯先生扔到了他的腿上。

他邀请托马斯先生加入泰晤士河水手、驳船工和巡夜人联合会，然而被拒绝了。也许，他至少在精神上想继续当他的工头；也许，更大的可能性是，他并不赞同戈斯林先生这样的工会。他已然年迈，但受人敬重，这种对他私生活造成的侵扰不仅给他带来了一点哀怨——也不仅仅是一点害怕，因为在前一年的码头大罢工中，他曾受到过一次威胁。但他依然坚持自己的立场。因此，4月30日，联合会的一名成员拒绝与他合作下去，并向商业驳运公司提出上诉，该公司对两个工会之间的争吵则全然漠不关心。5月16日，船主和驳船工人协会决定与驳运公司搏一搏，开除了拒不服从的工会成员——他们是按照所谓的信念作出的决策，否则"他们将一个一个地人头落地"。5月21日，所有的驳船工人参与罢工。

两天后，全国运输工人联合会执行委员会对所有运输工人发出呼吁"今晚罢工"，这个号令只在伦敦和梅德韦河上实践成功了，两地的工作逐渐陷入

第四章　工人运动

了停滞。

正是在这个时候，以劳合·乔治先生为首的某些内阁成员产生了一个致命的念头。乔治先生自己对他曾经处理过的铁路罢工难以忘怀，其他人可能对阿斯奎斯先生在最近矿业罢工中的举措感到不满，而阿斯奎斯先生本人正好在地中海巡航。当时的情况有利于政府进行大规模干预，内阁大臣们个个不甘落后。他们将给阿斯奎斯先生一个教训；他们将试着在没有上级干涉的情况下管理国家；他们将光复其受挫的政党的命运；他们将在头条新闻中被赞誉为救世主；而且，总体而言，他们将享受一段美好时光。如果说要从政府最近对矿业罢工的干预中吸取了些什么教训，那么阿斯奎斯先生的同僚们显然做得不如人意。

这些业余仲裁员〔劳合·乔治先生、鲁弗斯·艾萨克斯爵士（Sir Rufus Isaacs）、雷金纳德·麦肯纳（Reginald McKenna）先生、约翰·布姆斯（John Bums）先生〕的悲哀，差不多开始于他们选择爱德华·克拉克爵士（Sir Edward Clarke）作为整个事件的调查人选。爱德华爵士用两天时间听取了一系列诉求，这些诉求就像码头罢工的情况一样，似乎是魔术师凭空变出来的。事情从一开始就很清楚，不仅仅是驳船工人，连短途海商、码头管理员和车夫们都没有遵守上一年的协议；还有一件事也很清楚，就所有工人是否都应该加入工会这一问题，爱德华爵士被要求作出决定。他竭尽全力将调查框定在具体的协议上，但是，工会化的可怕幽灵不断显现，令他不堪其扰。他连续好几个小时长篇大论，尖刻地细数菲奇船长（Captain Fitch）的过失。这位船长在1911年码头罢工期间，拒不开船去救援臭名昭著的工贼船"约塞林夫人"号，因而在为公司服务了50年之后遭到了解雇。接着，托马斯先生在名为里基（Reekie）的朋友的支持下，坚持要抱怨上几句。就这样，从始至终，爱德华爵士都没有提出任何建议。他只是发现，伦敦港的船东和雇主实在让人捉摸不透：他们中有些人是团结起来的，有些不是；有些是归属于贸易委员会的，有些则不是。爱德华爵士认为，唯一能迫使他们遵守协议的方法就是议会法案。

这些结论是不可能把雇主安抚下来的。至于工人们，他们称这未能满足他们的主要诉求。可他们的主要诉求是什么呢？在调查期间，爱德华爵士留下了一个明显的印象，而这个印象恰好也是正确的，即所有码头工人都必须要持有工会会员证，这是至关重要的问题。但是，码头罢工有一个特点，它不是恒定不变的，而是每天都会呈现新面貌。菲奇船长的遭遇、托马斯先生和里奇先生的哀叹成了过眼云烟，仿佛从未发生过。伦敦码头庞大而复杂的工程停滞不前，现在看来，都是某位比塞尔（Bissell）先生和他两个马车夫的顽固行径导致的。经调查发现，比塞尔先生曾经是车夫承包人协会的成员，他以低于1911年薪资水平的价格雇用了两名车夫，由此违反了1911年的协议。不幸的是，比塞尔先生后来离开了协会；更不幸的是，他的两名手下竟然还一直支持他。只有通过一项议会法案，才能迫使比塞尔先生及其手下屈服。

在这位遥远而冷漠的雇主周围，控诉和反诉的战斗打得激烈，而十万人正在罢着工。与此同时，劳合·乔治先生和他的同僚们正在仔细研究爱德华·克拉克爵士的报告，他们理解了他的观点：雇主们太个性、太多样化了，不能作为一个整体来处理。这其中的含义是显而易见的。如果存在一个雇主联合会，罢工就不会发生。因此，大臣们把注意力转向了组建雇主联合会。他们的第一次努力没有成功；船东们最后轻蔑地强调，倘若他们要为某一个承包人的纠纷负责，他们就不得不照顾到港口每个角落，以及同每个承

第四章　工人运动

包人签订的每份合同。船东们说，他们没打算这么做。然而，大臣们是不容易打退堂鼓的。他们的解决方案显然出自灵感，并且，他们思维简单，行动敏捷——这种非洲传教士的套路功不可没——他们广为宣讲，发掘每一位愿意倾听的雇主，然后向他们提要求。最后，他们终于说服了这些绅士中极具代表性的一个团体，对方作出了回复。

"(a) 在目前的情况下，这种计划是不切实际的。

"(b) 雇主们明确表示，尽管他们愿意随时与国王陛下的大臣们讨论他们提出的任何建议，但在整个港口恢复正常工作之前，无论这些建议在各方面多么友好，都不会被采纳。这一点，他们希望能得到理解。此外，在任何情况下，他们都不会承认工会，不会承认运输工人联合会会员证，也不会就会员证一事进行任何讨论……"

这就是最后的决定，也是不甚光彩的结果。的确，雇主们等于是给大臣们来了一记精明的耳光。但是，乔治先生垂头丧气，他和他的朋友们意识到，他们已经泥足深陷，难以停下脚步。他们在脑海里搜索着自己的建议。难道不能按照布鲁克兰兹协议的思路来制订一些方案吗？雇主们充耳不闻。很好，那么——为什么不成立一个上诉法庭呢？对，当然是上诉法庭，由双方代表组成，并有权对违反协议的行为进行处罚。雇主们沉默不语。

但工人们就不一样了。内阁的干预再一次给他们留下了双重印象，政府是无知的，它也是可以被骑在头上的。哈里·戈斯林先生对上诉法庭很有兴致，他说，如果雇主们在二十四小时内还不同意的话，他将宣布全国性大罢工。他说这话是在6月7日。雇主们提出了三天的宽限期，也就是6月10日——他们断然拒绝了。一封电报立即发往各个港口——"雇主们明确拒绝接受和解的建议。建议全国立即全面停工。"

287

那个热心的小内阁团体难以从中找到值得庆贺的理由。它没有如早前期盼的那样，通过微妙的行政智慧来解决问题，而只是给一个疲惫不堪的国家带来了另一次大罢工。但就在最后一刻，由于各港口拒绝参加罢工，国家终于幸免于难。他们的资金已经耗尽了，而且还没有从1911年的战斗中缓过气来。在伦敦以外，只有两万名码头工人参加罢工。劳合·乔治先生和他的同侪松了一口气，做足了准备打算神不知鬼不觉地全身而退。

是得这么做。因为阿斯奎斯先生正在赶回来，虽然他很少大发雷霆，但他的怒火可不好对付。他一回来就立即召见了乔治·阿斯克维斯爵士，要求他给出一个完整的解释。乔治爵士知无不言，坦诚相告：他没有提出任何批评，但随着大臣们干预的故事节节深入，以及自我宣传和阴谋的赤裸暗示，首相听得越来越气愤。最后，他怒不可遏地脱口而出——"你所说的每一句话都证实了我的看法。这是政府的堕落。"他在房间里踱来踱去，双手插在口袋里。"你就不能提出点什么建议吗？"他终于又开口了。乔治爵士认为，除非雇主们宣布遵守所有协议，否则别无他法。然而，雇主们却不是这样想的。他们说，在工人们全部复工之前，他们不会作出任何承诺，整个6月到7月中旬，他们的态度一直没有改变。

伦敦港引进了19000名黑劳工，在他们的低效协助下勉强维持着运转。当然，也发生了暴动，但不知什么原因，1911年的精神并没有延续到1912年的罢工中来。医院报告说，罢工者中只有七十八例轻伤……受伤的警察不超过六人……一位名叫艾达·莫莱斯利（Ada Molesley）的小姐因被列车投掷的石块砸伤了颈骨而不得不接受治疗……不，若是从医院的统计数字来看，1911年的好战精神绝对是丧失了，联合会还没有强大到在两年内可以连续进行两次罢工。

第四章 工人运动

然而，罢工从 6 月持续到 7 月，雇主们却仍然顽固地拒不考虑任何建议，除非工人们无条件复工。饥荒正在迫近码头工人们的家庭。工业委员会敦促开展新的调查——那个可敬但无用的老式劳工领袖和老年资本家的集合体——但一切都是徒劳。雇主们油盐不进，就让工人们饥肠辘辘地回去。其他人则更有同情心一些：一位主教开设了一个救济基金，另外三位主教也尝试了各自的调解技巧，毫无疑问，是红衣主教曼宁为他们树立了榜样，他几乎是单枪匹马地解决了 1887 年的码头罢工。但遗憾的是，这些主教们不是红衣主教曼宁。他们不可能像那位深沉而有力的老人那样，站立在一群码头工人面前，恳求他们想想自己的妻儿。

一片明光闪耀，隐约游弋——是光的把戏呢，是他听众的情绪呢，还是别的？——是红衣主教们身后圣母与圣婴的形象？但是，英国国教的主教们是不能在这样的形象面前张嘴的。那么如果他们张嘴了呢？这明光会为**他们**游动吗？这是值得怀疑的。他们曾经"插嘴了"——这句话是乔治·阿斯克维斯爵士说的——这将成为他们的纪念。罢工者家属的支援到来了，正撞上一个非常特别的节点。德文波特勋爵突然承诺，今后所有的协议都会得到遵守。他会亲自去见那些领导人吗？他会的。那么他是否一定不会提到联合会会员证——这是一个不定时炸弹，随时会引爆的问题吗？——德文波特勋爵无比希望再也不要听到关于这个证的消息，更别说谈论它了。

于是，一天清晨，乔治爵士和两位领导人出现在德文波特勋爵的门前，乔治爵士等了很久，才看到他们被接待进去。随后的谈话似乎展开得很顺畅，德文波特勋爵在 7 月 18 日的报刊上发表了对一切违反协议行为的具体谴责。7 月 27 日，罢工被喊停。然后，在最后一刻，经过两个月的罢工，工人们却又拒绝复工；乔治爵士使尽了浑身解数，才使得港口在 8 月 6 日之前重新开放。

事实上，罢工的结束——那最后的反抗之火——比其他任何一部分都更加典型地成了那个动乱年代的缩影。因为当领袖们开始做点事的时候，当一场运动不是自下而上强压给他们的时候，当要为工会的事业作出合理尝试的时候（在这个案例中），成功总是不可能如约而至的。骚乱是非理性的，它是无意识的，它是从人民的灵魂中迸发出来的。除非涉及人民的灵魂，否则哈里·戈斯林先生和他的同事们就会扯些最重要的常识，讲到声嘶力竭，这些呐喊却将一无所获。对于那些想要从中学到点东西的人来说，这就是从1912年伦敦罢工事件中需要学到的教训。

阿斯奎斯先生也上了一课，他决定让内阁也从中吸取点教训。他发布了一项行政命令，规定任何内阁大臣都不得再插手劳资纠纷，这项命令得到了遵守。

8月6日复工时，没有人是真正欢欣鼓舞的。没有任何一方得到了确切的收获。但大家都知道，当全国运输工人联合会再次行动起来的时候，它将会有更多的目标。此刻，工人们在经历了1911年的艰难和斗争，以及1912年的失望之后，已经疲惫不堪：但是，只要他们稍作休息，稍微恢复精神……别去想那时会发生什么吧，这样就会舒服点。

1912年的纠纷总数为857起，直接涉及的工人人数为1233016人，总的工作日损失为38142101天。在战前世界，这样的数字是惊人的。但是，当人们停下来，发现大多数罢工都与工会主义有关，且其中最大规模罢工的发动旨在确立起一个规则的时候，这些数字就更为惊人了。然而，当我们回顾那些遥远的岁月，最发人深省的是，我们意识到，只有通过集聚一种无与伦比、难以名状、非理性的能量，工会主义原则和最低工资标准原则才能如此迅速地从公式转变为现实。

第四章　工人运动

十六

　　1911年和1912年的争端以一种奇特的忠诚遵循了工会主义者所制定的策略：它们是很痛苦的、高频率的，它们使国家动摇，它们让议会屈服，它们正以令人惶恐的速度和直接的目标感——走向总罢工的最后进攻。运输工人、矿工和铁路工人接二连三地涌现、一拨接一拨地罢工，他们不仅仅是胸怀着一种不满，而是胸怀着一种权力感：他们联合起来只是一个时间问题。

　　时间确实以另一种方式决定了这个问题，但历史最狡黠的魅力在于那些无法书写的部分，在那儿，它只给出了前提，人们可以随心所欲地装扮其中的含义。

　　在一位漫不经心的观察者看来，1913年的冬、春、夏三季一定是工业世界的和平时期。拉姆齐·麦克唐纳先生的《社会动荡》出版了，这是一本小书，既暗示着未来崭新的发展，也巧妙地暗示烦恼已经过去了：人们只能假设梦想已然成真。铁路、港口、煤矿看起来生机勃勃，井然有序。一切都那么繁荣昌盛。斯文的世界沉溺于一场消费的狂欢，庸俗、歇斯底里和日益增长的红利密不可分地拥抱在一起。谁能告诉我们，现在发生的罢工比贸易委员会的记录要多呢？有很多小罢工，有时只有不到一千人。然而，他们的狂热在整个英国飞来扑去，激起了一股阶级仇恨，如果贸易委员会对这种仇恨也保有统计记录，那数据可能是所有记录之最了。

　　可是，公众感兴趣的是其他事情，它从来不愿意以不必要的猜测来吓唬自己。关于工业纠纷将何时结束的问题，在大多数情况下，它寄希望于所谓的"工人阶级的良好感觉"，这种信念着实感人肺腑。巴尔干半岛的乱局、威廉二世的雄心壮志、德裔服务员是否在从事间谍活动、阿尔斯特、后印象派、潘克赫斯特夫人、俄国芭蕾舞团——诸如此类的事儿占据了公众的注意力。然后，它为一场半政治性的小纠纷咂了咂嘴，这场小纠纷后来被称为"马可尼丑闻"。

事件的细节经常被人挂在嘴边，在此就不再赘述了。但是，如果能迅速简要地介绍一下这些细节，那么，政客们何以一步步把事业拖垮，走上人皆厌弃的道路，也就不言自明了。也不得不补充一句，在工人阶级的普遍思想和心态下，在已经信誉扫地的议会里，也没有比这更难为情的纠纷了。

1912年年初，马可尼公司应邀参加英国境内一系列国有无线台站建设的招标。它中标了，但须经议会批准方能生效，于是，不堪入耳的传言立刻传遍了全国。该公司的常务董事恰好是戈弗雷·艾萨克斯（Godfrey Isaacs）先生，他也是总检察长鲁弗斯·艾萨克斯爵士（Sir Rufus Isaacs）的弟弟。塞西尔·切斯特顿（Cecil Chesterton）先生开始在《新证人》（他是该报的编辑）上指责某些大臣——具体地说，指的是劳合·乔治先生、鲁弗斯爵士（Sir Rufus）和艾利班克（Elibank）——他们一直从马可尼公司的股票中牟利。切斯特顿先生的动机从来都不是很明确，似乎是反犹太的，因为他集中攻击的是鲁弗斯·艾萨克斯爵士，刊登出最触目惊心的海报打击这位不幸的先生，这些海报成了全民茶余饭后的谈资，连总检察长出国的时候也阴魂不散。自18世纪以来，在英国，对内阁大臣腐败的指控是少有耳闻的，所以阿斯奎斯别无选择，只能任命15人组成了一个专事委员会，以调查此事。与此同时，在10月11日下议院举行的一次正式辩论中，内阁大臣们断然否认与英国马可尼公司的股票存在任何交易。人们似乎都对此感到满意了，但到了1913年2月，这桩丑闻再次铺天盖地地传开。当月，《晨报》发表了一篇文章，重申了这些指控，并将鲁弗斯·艾萨克斯爵士和邮政部长赫伯特·塞缪尔（Herbert Samuel）先生列为主要责任人。两位大臣提请了诽谤诉讼，在诉讼会上，鲁

第四章 工人运动

弗斯爵士作出了慷慨悲歌般的陈词。他没有涉足英国的股票，但他曾依靠兄弟哈里的关系，购买了这家美国公司的10000股股票，其中一些已转售给劳合·乔治先生和艾利班克——哈里正好是美国该市的船舶和水果经营商。现在，可以看到，美国马可尼公司与英国公司没有关系，也就不能从最近的交易中获益；不过同样清晰可见的是，鲁弗斯爵士和劳合·乔治先生在这段时间日子很不好过。

首先，在10月份的辩论中，他们显然是想表现得坦诚，并没有透露购股的这些事儿；其次，现在也不是给保守党一丁点机会的时候，否则只会让自己闹心。保守党现在就紧盯着劳合·乔治先生，正开始将满腔仇恨喷射向他。有人放出了一些最不光彩的影子话——说他在萨里和威尔士有豪宅，在法国南部有别墅；如果只依靠每年5000英镑的薪水，实在不可能实现这样的生活。任谁也不可能实现的。乔治先生向专事委员会解释说，他在威尔士是有一栋房子；他在沃尔顿的豪宅是别人的财产，还在妇女参政运动中被部分炸毁了，他只是拥有租赁权；他在法国南部从未拥有过别墅；他的储蓄投资总额每年差不多有400英镑。

但是，专事委员会的党派性质比较强，这个由罗伯特·塞西尔勋爵（Lord Robert Cecil）领导的保守党集团设法传达出这样一种印象：财政大臣一直沉溺于一种高度可疑的悸动之中。他们注意到，这位被调查者的头发明显变白了，他还被迫第一次戴上了眼镜；这一幕于他们而言是赏心悦目的。当然，多数派的报告为两位大臣开脱了罪名，6月18日的一次谴责投票以346票对268票被否决。尽管阿斯奎斯先生以其特有的忠诚不断烦扰着他的同僚们，并破天荒地说他们违反了"一条谨慎原则"，尽管贝尔福先生和伯纳尔·劳先生温和地指责他们的行为不甚恰当，缺乏道德勇气，但很明显，议会已经对整个

293

事件洗耳恭听过了。保守党意识到，他们已经让乔治先生声名狼藉，也就没必要让他变成"烈士"了。

但不幸，那句"无风不起浪"继续困扰乔治先生。尽管他是无辜的，那些神话般的别墅和豪宅却对他不利。人们开始怀疑他是否暗地里是个资本家，尽管他很有同情心。他尽可能地打起精神。在7月3日的一次演讲中，他说自己是一只穿行在暴风雨中的海燕；他还把自己比作参孙（Samson），比作塞巴斯蒂安（Sebastian），双手被缚在背后，箭弩从四面八方向他射去。为了进一步贴近这些神圣的比喻，他还宣布他的《国民健康保险法》是正在"做拿撒勒人的工作"。但说来奇怪，即使是这般崇高的类比，对他也没有帮助。他声誉受损，威望动摇，他自己也清楚这一点。他也有点茫然，不知该往哪里走。他的医疗保险法受到了整个医疗界的严厉抨击，而穷人自己又对他漠不关心，这于他恢复名誉毫无助益。他最近对伦敦码头罢工的干涉，已经带有纯粹闹剧的色彩。对于拥有一支强大的新教徒追随队伍的人来说，地方自治问题带来了太多的危险。他**能**向哪里寻求转机呢？

一段时间以来，他一直在斟酌土地改革，现在他认真地采纳了这个想法。但他提出的是什么样的改革呢？修改土地法和土地税，同时进一步改革住房，以及国家对铁路的控制？劳合·乔治没有说。事实证明，他在贝德福德的开场白不过是对野生动物法的攻击。"我们听到全国各地农民的怨声载道，"他说，"他们的庄稼被野生动物破坏了。有一个农民正在播种，那是一片甜菜地。他向我保证，这一片甜菜里，没有一棵能幸免于野鸡的啄食。本该有三十五吨的产量，却连十吨都达不到。"

当然，唯一的回答是，世界上没有任何东西会促使野鸡去啄食甜菜的，对于这种很倒胃口的蔬菜，它们本就是厌恶的。但是，无论如何，乔治先生

第四章　工人运动

的土地运动对他没有帮助。农民们不是对土地改革不感兴趣,就是顽固地支持地主和野生动物法;而城市工人们只是好奇,他们曾经的领袖到底怎么了。真的,到底怎么了?当你认真审视,你会好奇,他那著名的三寸不烂之舌用在哪儿了呢? 1912年5月,在就《威尔士解体法案》进行辩论的过程中,他曾有一段精彩绝伦的演讲。

"德文郡公爵发布通告,呼吁筹款以反对这项法案,他指控我们抢劫上帝。他知不知道——他当然知道——他财富的基础是深埋在亵渎中的,财富是由荒废的神龛和被掠夺的祭坛建立起来的……他们的故事是什么样的呢?看看整个宗教改革的掠夺史吧。他们掠夺了天主教会,掠夺了修道院,掠夺了祭坛,掠夺了救济院,掠夺了穷人,掠夺了死者。然后,他们出现在了这儿,就在我们试图为穷人们追回一部分被掠夺的财产时,而这些财产原本属于穷人,他们却恬不知耻地用肮脏油腻的罪恶之手,指责我们在抢劫上帝。"

这段话是令人钦佩的。但是在1912年,威尔士教会的解体不是重要问题。而且,乔治先生的大部分精力似乎越来越集中在攻击大人物和细枝末节上,而并没有瞄准经济罪恶的根源。对公爵发起抨击是好事,但他也抨击财政外流问题了吗?他是否也同样强烈地要求过压制权贵、清除贫民窟呢?那个铿锵有力的声音,曾经为"五和二"发过声吗,哪怕是一个音节?这些答案并不是为了安抚那些仍然信任他的工人。这个火种,这个自由党的希望,这个穷困者和被压迫者们坚定不移的朋友,现在似乎正从政治舞台上消失——带着他的白发、他的眼镜,和他伤痕累累的名誉。毫无疑问,在工业极度动荡之际,马可尼丑闻对自由主义者生活所造成的影响,是最具讽刺意味、最为不合时宜的。

然而,还有一件事更具讽刺意味,那就是公众对骚乱本身的态度。8月1

日，《泰晤士报》发表评论说："人们对这个问题的普遍兴趣已经消失了，罢工吊不起他们的胃口了。除非人们对6000英里外的兰德群岛上发生的事件漠不关心。"仅仅一个月后，又出现了以下简讯："都柏林。9月1日。有1人死亡，460人受伤，210人被捕。"另一场罢工正如火如荼地铺开，而这次罢工是有史以来最为严峻的。

十七

在都柏林交通大罢工的肮脏和略带血腥的复杂情况中，两个人物跃然而出——威廉·马丁·墨菲（William Martin Murphy）和詹姆斯·拉金（James Larkin）。墨菲先生是颇有事业心的。他的经济版图已经非常辽阔了，因为他很早就接管了父亲的承包业务：他在都柏林、贝尔法斯特、科克、拉姆斯盖特、马盖特、苏格兰和西非都开展了大量铁路和电车工程。无疑，当他回首人生，其中有一项成就是让他最为满意的，那就是修建了从沃克斯豪尔到诺伍德的电车轨道，这条轨道几近荒废，后来卖给了公共当局，由此获得了丰厚利润。他还拥有《独立报》和一大批爱尔兰报纸，甚至拒绝过爱德华七世赐予的一个封号。也许，只需再补充一点，画面就会更加完整了，他在一家大型窗帘企业也有分红。看起来就像个老派的律师——高大、清癯、驼着背、银发浓密，他的平易近人的外表偶尔会被那双深邃、透彻、冷峻的灰色眼睛所淹没。这就是詹姆斯·拉金先生经常描述的那个人，虽然夸张，却也合理，他被称为"工业章鱼""电车暴君"以及"灵魂纯粹的金融杂技演员"。

至于拉金先生，他的语言天赋远没有他的身世背景那么讳莫如深，甚至连他的对手都搞不清楚他的出身。他来自利物浦是肯定的，但他是否真的是一位

第四章　工人运动

凤凰公园告密者的私生子,谁能保证呢?这倒也不是很重要,因为大家了解此人的个性就足够了,除非有极为特殊的情况。关于拉金的**事实**已经够用了。

正是这种个性,而不是墨菲先生的个性,在 1913 年的最后几个月里主宰着都柏林。荒谬而强悍,一半是天才,一半是疯子,他拥有纯粹的勇气和天真的骄傲、粗鲁、罪恶、温柔和欢欣鼓舞——詹姆斯·拉金既不会尽为千夫所指,也不会被全然遗忘。那些曾经和他打过交道的人,当然是不可能忘记的。"你是不能与先知以赛亚争论的",一位都柏林的雇主在与拉金先生进行了一次徒劳无功的交流后说。拉金先生对自己的看法也不太一样。"我有一个神圣的使命,我相信,"他说,"那就是让男人们和女人们心不满、意不足。"他对于谩骂相当欢迎,杰出人物的仇恨对他来就说是肉和酒。"我在斯莱戈大教堂里跪了下来,"他有一次对听众说,"就跪在一位主教的脚下,那时他正说道:'反基督的人到城里来了:是拉金。'"人们不禁会想,他大概觉得这个比喻是一种恭维吧。然而——高大、瘦削、健实、蓝黑色的头发和灼热的眼睛——他给某些人留下的印象却是别样的。"他是一个伟大的人。"威廉·奥彭(William Orpen)说。

拉金从《新时代》中吸取了他的社会学说,他对《新时代》的编辑 A.R. 奥拉吉(A. R. Orage)满怀敬意,奥拉吉的说服力是很强的。他是否真的理解了奥拉吉那混杂而神秘的行会社会主义,这是另一个问题。不过,工会主义的策略他已经摸得很清楚了,这些都被奥拉吉的辩证法赋予了格外的魅力。作为工会主义手法的实践场所,哪儿还有比都柏林更好的选择呢——都柏林除了具备各项特点外,还拥有世界上最糟糕的贫民窟、相当一部分依旧停留在 18 世纪的工人,他们大约是宁愿战斗也不愿工作的?

而且,说实话,正是和那些从来没有工作过也从来没有打算工作的人在一起，拉金先生的本性才会发挥到极致。当他对他们说话时，他的眼睛会闪烁出逐渐辉煌的预言之光，他的身形似乎显著地高大起来，他的声音——像非洲象牙号角般的巨大轰鸣——似乎以一个扭曲力量的鲜活形象生活在常规的世界。

他的人生抱负是把爱尔兰运输工人工会提升到一个卓越的地位，他的方法有些非传统。例如，《国民健康保险法》要求所有工人都应属于某个被认可的社团，方可领取福利，这就把大量疾病福利的处置权交给了拉金先生及其工会。有一日——那是1913年2月8日——一则广告刊登在《爱尔兰工人报》上，以感喟工会发放这些福利的慷慨，并附上了几句丁尼生的诗句，其中描述了一个病号代表是如何冲上工会总部自由厅台阶的。

《那些病人回家了》(《百名病号的冲锋》最后一节)
用来支付房租的钱
是劳合·乔治好心借给我的。
快乐的一百个病号啊！
虽然他们被欺压得惨兮兮。
进了酒吧，他们冲啊。
后来，满脸通红啊，
他们可算回了家。

这些方法是有说服力的，但很难想象它们能得到当局或英国工会的支持。然而，拉金先生的活动并没有因为处理福利事务而停下脚步。他开始向出于同情心的支援型罢工实践灌输一些合乎逻辑的技巧，这给他带来了一些帮助。

第四章　工人运动

在1911年和1912年的英国运输大罢工中，支援型罢工曾以初阶的形式出现过。但在拉金先生的掌控下，它变成了一件异常灵活的武器。

例如，如果他抵制某一家航运公司，他会要求所有公司都与其停止往来，否则后果自负。现在，运载着各色货物的轮船络绎不绝，很明显，抵制的影响是不可估量的：事实上，如果拉金先生拥有一笔可观的资金，并得到英国工会的支持，那么事情会发展到什么程度就不得而知了。不过，拉金先生并没有享受到这些优势，能在周围环境中操控一种正在迅速壮大、无与伦比的力量，他就满足了。他对都柏林工人的影响是如此之大，对运输工会的影响是如此之大，以至于到了8月中旬，建筑业和航运业都不愿意得罪他，他正风驰电掣地、不可避免地进入与都柏林电车公司的最后较量。都柏林电车公司的负责人正是威廉·马丁·墨菲先生。

双方一直都在期待着这场交锋——与之相比，周边的其他争斗似乎只是初步的小打小闹——他们斗志昂扬，持续了好几个星期。这是巨人与巨人的对决，是古老石像与野蛮印第安人的对决，是佩克斯列夫[①]（Pecksniff）与——有人说是奎尔普[②]（Quilp）的对决。

自7月以来，电车工人一直在要求加薪。很好，墨菲先生说，任何戴着"红手"徽章（这是运输工人工会的悦目徽章）的人，今后都休想在电车公司找到工作。这是个剽悍的挑战，只能以彼之道还之彼身。拉金决定等到召开马展的那周再举行罢工，公司750名员工中有150人是工会会员，其余的要么是同情支援者，要么很容易就被吓倒了。因此，8月26日上午9点45分，

[①]　佩克斯列夫，英国作家狄更斯小说《马丁·朱述尔维特》中的人物，已成为伪君子的代名词。——译者注
[②]　奎尔普，英国作家狄更斯小说《老古玩店》中的人物，其人是一个贪得无厌的高利贷暴发户。——译者注

电车车厢里的列车员和司机罢工了。墨菲先生是不会轻易认输的。他命令文职人员启动紧急服务，他们就这样工作了一整天，身处狂风暴雨般的谩骂的危险之中。当天晚上，拉金先生宣布，工人们应该武装起来保护自己，对爱德华·卡尔森爵士（Sir Edward Carson）和北爱尔兰人合法的东西，对他们来说也应该是合法的。"我给你们的建议是，"他呼喊道，"无论在门口还是在角落，只要你们有一个人被射击，就回击他们的两个人。"

两天后，他被悄悄逮捕，后又被保释出狱凯旋，从警察法庭回到自由厅。第二天，贝雷斯福德广场集结了一万名工人召开大会，一份禁止聚众开会的政府公告被公开烧毁。"我关心国王，"拉金在这场会议上说，"就像我关心斯威夫特（Swifte）法官一样。人民可以拥立国王，也可以废黜国王……如果他们想要一场革命，那么，上帝与他们同在。"当然，逮捕拉金是愚不可及的行为，后来禁止与他会面的限制令也是愚蠢之举，这些事要怪罪爱尔兰首席秘书奥古斯丁·比雷尔先生（Augustine Birrell）——这是一位彬彬有礼的小绅士，颇有文人气息，对待爱尔兰问题极为轻率，以至于在岛上被称为"西方世界的花花公子"。

很明显，黑云压城的一天离我们不远了。29日晚8点，一大群人聚集在贝雷斯福德广场，凝视着黑暗而沉寂的自由大厅，人们期待着拉金先生在此发表讲话。然而，没有拉金先生的踪迹，自由厅也没有一丝亮光。人群似乎也很平静。过了一会儿，警长解散了队伍，只留下了十名警察。

就在此时，自由大厅的一扇窗户推开了，一个瓶子掉落在那毫无防备的十人中间。人群蜂拥而上。警察挥舞起警棍。几分钟的时间，贝雷斯福德广场就被控制住了，自由大厅再一次恢复了神秘的寂静。

但现在，一大群暴徒出现在阿比大街，手里拎着酒瓶，似乎中了什么魔

第四章　工人运动

咒似的。他们受伤了；他们像鸟兽四散；他们又现身于商店街上，投掷玻璃和砖块；他们沿着马博特街撤退；最后，他们在那里站住了。一支警察大队接二连三地冲锋进去，却被打成重伤。最后，街道终于恢复了宁谧。大约数百人受伤，两个分别名为诺兰（Nolan）和伯恩（Byrne）的暴徒死于头骨骨折。

与此同时，拉金也不见了踪影。警方整晚都在追捕他，但无论是在自由厅还是他惯常出现的地方，都寻不到人。可是，他曾答应了第二天早上会在市中心的奥康奈尔街发表演讲，他不是一个会食言的人。第二天早上，也就是星期天，天色破晓，日光和煦。到了中午，奥康奈尔大街上熙熙攘攘，满是闲散的人群，他们尽情品味着这美好的辰光，对警察的意外出现显然感到激奋。路人中有大约五百人戴着"红手"徽章，而接近1点钟的时候，他们开始向帝国酒店对面的有利位置聚拢过去。警察们不知道会发生什么，但也没指望是什么好事，他们从邮政局到奥康奈尔纪念碑，排成了一条长龙。围观的人群越来越密集，越来越放纵浪荡。

到了1点半整，旅馆二楼的一扇窗户推开了，阳台上走出一位身着礼服、头戴洁净高丝帽、贴着假黑胡子的壮丽人物。他顿了顿，戏剧性地注视着人群；人群则报以凝望。这个神奇的幽灵——不可能！但那是——那就是拉金！一声欢呼雀跃，雷鸣巨响震彻奥康奈尔街。拉金走上前去——"我今天来到这儿，"他低声说，"遵守我的诺言，在奥康奈尔街向你们讲话。在被捕之前，我是不会离开大家的。"

他得不到更多的回应了。警察队伍游弋推进，稍作停顿，猛扑向前。人群惊慌失措地一散而去，围观者和拉金主义者们都一样。警棍在光辉的苍穹之下毫不留情地起起落落。一部分逃跑的人群被堵截在王子大街上，预备队

301

正在那儿行进,把他们甩向追兵。几分钟后,一切结束——在噼噼啪啪的棍棒声、惊怖痛苦的呼喊声以及悲戚的哭声中。在奥康奈尔街上,伤痕累累的男人和女人扭动和匍匐着,他们的脸上满是血渍。

从情节剧走向悲剧,如此反反复复,这次罢工是顺理成章的。也没有出现预兆。9月2日,对局势及其行动者的某些可怕预判评论应验了,教堂街的两栋公寓倒塌,7具尸体被从腐烂的垃圾堆里拖了出来;伤者不计其数。看着那堆肮脏不堪的砖头和灰泥,上面沾满了陈旧的污垢和废渍,这时候的都柏林,恰如乔纳森·斯威夫特(Jonathan Swift)在写下《德拉皮尔的信》并狂喜地押下了"利菲的臭潮"的韵脚时的都柏林。但是,自18世纪以来,这个城市贫民窟的饥饿、野蛮、一塌糊涂的情况,难道发生过改变吗?不到二十五平方米的小房间里住着九口之家;一百零九个人挤在一间臭虫满地的屋子里,共用两个抽水马桶——这就是他们的生活条件。在5322套公寓中,只有1516套结构完好,适合居住;2288套处于不适合居住的边界线上;1518套完全无法居住。至于教堂街上那些骇人的废墟,它们已经在8月通过了"检查"!拉金的追随者常常是从这种摇摇欲坠的可怕居所里跑出来闹事的,他们的责任很小。

房屋坍塌几小时后,诺兰的尸体被抬到格拉斯内文公墓举行"烈士葬礼"。自由大厅披上了黑色的帘幕,从正面高耸的标语牌上可以看到:"纪念我们被谋杀的兄弟"。葬礼的气氛浓烈而悲伤。一大伙参加罢工的电车司机缠着绷带,他们被打得体无完肤;市长大人也来了,因为公司方对警察表示谴责;还有劳工领袖们,与凯尔·哈迪(Keir Hardie)先生一起;以及成千上万的市民,还有两支乐队。当送葬队伍曲曲折折地进入奥康奈尔街时,有个消息如闪电般传播开来,说警察要发动袭击——这就是他们最近野蛮行径所激起的悲惨和恐怖，哀悼者们闻讯立刻四散而逃，灵车被孤零零地丢弃在街道中央。在公墓前，在拉金因被囚禁而缺席的情况下，凯尔·哈迪发表了葬礼演讲。

哈迪先生此次出席葬礼，是因为英国工会大会最终决定插手干预。大会领导人本是不情愿的，但他们清楚，他们的追随者全心全意支持的是拉金。如果拉金真的成为英国全民的先知英雄——他是有可能的……领导们想到此事就瑟瑟发抖。

然而，对于工会大会的代表来说，压制拉金是一件非常困难的事情。他们试图自己与雇主达成协议，但雇主要求由拉金来担保协议一定会得到遵守，代表们不得不承认自己被羞辱了。什么事只要牵扯到拉金，就没有什么确定可言。"认识吉姆的人，"哈迪先生谨慎地评价，"都喜欢吉姆。但你知道那句老话：'从不说傻话的人也永远做不了明智的事'。这话说吉姆这种性情的人特别合适。"9月15日，代表们回到了英格兰。

拉金早在三天前就先一步抵达了，事实上，就是他出狱的那一天。都柏林的情况非常好，煤炭商协会和饼干制造商雅各布斯（Messrs. Jacobs）先生各自发动了一场闭厂活动，市长下令封锁了港口——他觉得自己可以花点时间来煽动英国人的舆论了。在两天半的时间里，他从一个城镇飞驰到另一个城镇，把脑海里忽然呈现的幻想都喷涌了出来。"我宁愿去但丁的第七重地狱，"他对曼彻斯特的工人们说，"也不愿和威廉·马丁·墨菲一起上天堂。和但丁、德维特一起下地狱，总比和卡尔森、墨菲一起上天堂好。"他说，爱尔兰问题不是自治的问题。不，"这是一个经济问题——一个面包和黄油的问题"。工会领袖惊恐地注意到，他在所有听众中都极受欢迎。

他发动了支援型罢工，威胁要关闭利物浦大港一整天。

在都柏林，建筑商协会宣布闭厂。农协紧随其后。拉金又一次匆匆忙忙地过了海，当都柏林再次发生了骚乱的消息传来，格拉斯哥的工人们兴奋的呼声震天动地。这一次，约有三千人的罢工游行队伍与骑警发生了冲突：马、警棍与混凝土、铁螺母、瓶子和砖块（主要是砖块）狭路相逢。36 名骑警受伤。在格拉斯哥，拉金发出了最后的诅咒——"都柏林哥萨克，"他疯狂地吼道，"穿着蓝色衣服的肮脏畜生。"

饥荒不断侵蚀着都柏林的公寓。9 月 27 日，当工会大会的食品船"野兔"号载着价值 5000 英镑的给养物驶入利菲河，拉金胜利地嘶吼道："饥饿的时代终结了！"但果真如此吗？他能从工会大会那里得到多少帮助呢？事实上，工会大会一直专注于自己的问题，其领导人私底下并不支持拉金，他们甚至宁愿等待由乔治·阿斯克维斯爵士主持调查法庭，直至他们宣布结果。如果有人能对付拉金的话——人们的看法似乎是——那就是乔治爵士了。

但是，乔治爵士想尽一切办法，也无法应付这样的局面：在这张充满同情的罢工网中，即使是最优秀的仲裁也注定要失败。10 月 1 日，威廉·墨菲最亲密的一个朋友蒂姆·希利（Tim Healy）代表雇主出现了，他描绘了一幅受罢工影响的世景图。"如果你到乡下去走上十英里，"希利先生说，"你就会发现，连一个正在从业的工人都看不见。本该收割的庄稼正在腐烂，农民们拿着左轮手枪四处游荡，这就是'以制造不满为神圣使命'的杰作。"他把"以制造不满为神圣使命"说得惟妙惟肖，连拉金都不禁咧起了嘴。10 月 3 日，拉金亲自与雇主方对话。不过，希利先生被称为"黄蜂"也不是没有原因的。他经常直截了当地打断对话，而且总透露出精明律师才能把控住的那种不公平。最后，拉金再也不堪忍受了："我不会屈服于你，或是任何其他人对我的强压。"他终于爆发出来。"我只是一个工钱的奴隶啊。""黄蜂"回答

第四章 工人运动

道,依旧温顺地蜇着人。

拉金在 10 月 4 日的总结中宣布,基督不会再被雇主们钉在都柏林的十字架上了,他还补充说,无政府状态是爱的最高形式,仿佛是为了巩固这个有趣的论调。正是在这样的气氛中,调查法庭休庭了两个星期。观察家们就是再怎么乐观,也不会去指望它的审议会有什么结果。

至于工会大会的代表,他们在 10 月 6 日也发布了报告,报告中赞扬拉金的工会"大幅提高了它所组织的各行业的工资水平",并谴责雇主们消灭工会主义的痴心妄想。这些都是形式上的套话——代表们可以没完没了地说,问题是,工会大会将采取什么行动呢?工会大会似乎认为,在十周之内每周发放 5000 英镑的补助金就足够了,而且,在给予了这笔微薄的补助金之后,似乎就要对整个事件金盆洗手了。拉金赶到了伦敦。10 月 10 日,在法林顿街的纪念馆,他对全国铁路工人联合会进行了激烈抨击,因为该联合会对支援型罢工不太认同。联合会则不屑地回答说,此时此刻,它正在整合其力量和资金,准备对这些公司进行第二次攻击,它不可能卷入英格兰的每一场争端,它负担不起。然而,拉金却制造出了一个可怕的敌人。他和工会大会之间再也不能假装有志同道合的情谊了。

然后,还有另一个敌人,比墨菲先生更冷酷,比工会大会更顽梗不化,一个从未被认为会成为干扰的敌人,它出现并阻碍了罢工的进展。拉金先生惹怒了天主教堂。一群虔诚的修女管理着一家洗衣店,她们认为没有必要参加支援型罢工,于是双方发生了纠纷。拉金把每一个在讲坛上曾反对他的牧师都狠狠地骂了一遍,麻烦越惹越大。不过,这些小纠纷教会是可以承受的。直到拉金提出了一个奇思妙想,要把罢工工人的孩子们送到英国工匠家中寄养,教会的怒火终于泼向了他。沃尔什大主教给媒体写了一封信,他义愤填

305

膺地问道，有哪位天主教母亲会赞成詹姆斯·拉金的计划？她怎么能确定她的孩子会被送到天主教家庭呢？怎么能保证？拉金连忙回应，这真是一个可怜的宗教，"不能忍受在英国两周的假期"。但大主教的疑问显然是无法给出确切答案的。媒体界出手了，不到一天，最诡诞不经的报道就在信徒们之间传开了。

第一批孩子将于10月22日启程。当时，一位机敏的英国妇女蒙特菲奥尔夫人（Mrs. Montefiore）正在公司浴室里为孩子们洗礼，这时候，一群牧师走了过来，抓住了所有儿童，只有十九个孩子留了下来。他们匆忙离开，蒙特菲奥尔夫人没敢移动分毫。随后，蒙特菲奥尔夫人带着其他人出发前往金斯敦。半路上又被抓了十个孩子，剩余的九人在包船的甲板上被抓获。受挫的拉金只能在当天晚上抗议说，大家都知道，牧师在电车公司是有股份的。

在接下来的两天里，码头被牧师们里三层外三层地围了起来，每一个登上过海峡轮船的孩子都必须首先接受彻头彻尾的检查。迪莉娅·拉金（Delia Larkin）小姐试图用火车把这些"人类违禁品"偷渡到贝尔法斯特，但在车站遇到了一群火冒三丈的神职人员，她于是被迫回到自由大厅。那天晚上，也就是10月24日的晚上，两方对峙起来，一方是罢工工人，另一方是牧师及其信徒们，只是由于警察介入，双方才没有大打出手。

这样的战争只能有一个结局。拉金的追随者中，除了最斗志昂扬的一些人外，大家都不愿与天主教群体作对，大多数人甘拜下风。就在这时——在这个特别合适的时刻——奥古斯丁·比雷尔先生再次出山了。"在这个国家，"希利先生在三周前曾经说过，"任何煽动者遇到麻烦时——无论是工党还是政界人士——政府总是先把他逮捕起来，由此来给与帮助。"这正是比雷尔先生所奉行的方针。拉金突然因煽动叛乱罪被捕入狱，被判处7个月的监禁。他被迅速押往乔伊山监狱,他还隐晦地抗议说,他对"由犹太人和外邦人组成的陪审团作出的裁决"不屑一顾。其余的抗议则更加直白易懂。都柏林码头工人全体出动;整个英国媒体都在呐喊,这样的监禁既不合法又不明智。于是,阿尔伯特大厅里举行了那场声势浩大的会议,西尔维娅·潘克赫斯特(Sylvia Pankhurst)小姐因参加此次会议而与她母亲断绝了往来。政府对这突如其来的大爆发感到惊愕,这种无力处理好的劳工问题周而复始地产生,让他们深感困惑。11月13日,拉金获释了。

他意气风发地从乔伊山步入贝尔斯福德广场。"政府把我送进监狱是个错误,"他谴责道,"他们把我放出来则是一个更大的错误。"《标准报》持以相同的观点。"这是对仁慈特权的无耻卖淫",它写道。拉金已经迫不及待地要把一些东西带往英国了,他自己称之为"炽热的十字架"。在曼彻斯特的自由贸易大厅里,他发挥全力,竭尽所能地口吐金珠,讽一劝百。听众满堂,他们呻吟着,咒骂着,泪流满面。在其他地方,他的努力也同样大获成功,只有工会领导人对此反应冷淡。11月17日,在斯温顿,J.H.托马斯(J. H. Thomas)先生发动了一次小罢工。11月18日,工会大会议会委员会抗议说,此事不可能与支援型罢工有关。不过,拉金还身在英格兰,还在继续向热情的听众宣传他的反抗原则。必须再做些事情,12月3日,另一个工会大会代表团越过爱尔兰海峡,与都柏林的雇主们进行了再一次协商。协商的希望不大,他们对雇主和拉金都同样反对。乔治·阿斯克维斯爵士也有同感,他不是应该机智地抽身出来吗?至于拉金,他甚至不屑于回到英格兰;他把自己对代表团的意见一一录下,寄给了《爱尔兰工人报》。"某些好心的先生们,"他写道,"准备不择手段地解决这一困难——主要是不择手段。他们的目的是让吸血鬼们撤销对我们工会的禁令,然后他们就可以为所欲为了。"不久之后，好心的先生们果真"为所欲为"，却什么问题也没有解决。

因为确实，威廉·马丁·墨菲先生和他的伙伴还有一位拥护者，他的论据比工会大会更有说服力。这位拥护者名唤"饥饿"。工人们精神萎靡，形容枯槁，开始步履蹒跚地妥协了。仁慈的墨菲先生准备了一份小文件，那是一种对依赖的声明："我在此承诺，执行我的雇主或雇主的代表向我发出的所有指示，并且，我同意立即辞去在爱尔兰运输和总工会的会员资格（如果是会员）。此外，我进一步承诺，我不会加入或以任何方式支持这个工会。"工人们逐一签署文件。

拉金终于意识到自己脚下的土地被掠夺了，于是作了最后一搏。在12月9日的一次工会特别会议上，他谴责了"工会运动中我们那些假朋友的策略"，他被嘘下了台。一切都结束了。他回到了都柏林的家中，发现他的追随者们也一拨接着一拨地游荡回来。他们还能做什么呢？工会大会的补助金已经过期，自由大厅没有更多的救济金了，而很多家庭等着养活。一切惨淡收场，这样的结局和墨菲先生的大凯旋让他蒙羞，工会再次派了一个代表团去见雇主：拉金绝望而又无畏，带着自始至终不曾失去的贵族气概，大步走进会议室，给这次会面大喝倒彩。

但是工会大会的行动并不像表面上那么三心二意。回顾9月1日的大会，你会发现，当时发生了一件比詹姆斯·拉金的成败更为重要的事情。在那次大会上，大家一致通过，由新成立的全国铁路工人联合会、英国矿工联合会和全国运输工人联合会组成一个三方联盟，这个联盟的每一方都各自积蓄了不满情绪。铁路工人受到无情的公司的极度苛待；运输工人没有忘记1912年的伦敦大罢工，他们正在奋力报复；矿工们对他们的"五和二"感到失望，也对矿主们依旧拒绝遵守议会法案规定的安全条例感到怒火中烧。只要有一

第四章 工人运动

丁点借口，三方联盟就准备采取行动，宣布举行总罢工，只为争取合理的国民生活工资。显然，工会大会不能因为放任詹姆斯·拉金对支援型罢工的渴望而打乱原本的计划。如果这样的话，资金和精力就会浪费在一系列无处不在、无休无止的小纠纷里面，甚至更糟糕的是——都柏林将会占领主导权。在它自己的领导层和詹姆斯·拉金的领导层之间，不存在任何选择，拉金被扔下了船。不过，他可能会有所反抗，也许他会自己爬回来的。有人在分析1913年的统计数字时深表怀疑，也许总罢工也不一定是这项事业的终点。

当然，随着三方联盟的缔结，工会已经全然放弃了素来推崇的机会主义政策，该政策已经妨碍他们处理资本问题了。但是，这个国家还有另外一种东西——一种无名的能量，一种崭新的生命——与工会的领导关系不大。数据显示，年内有不少于1497宗独立纠纷，这些纠纷没有任何起因，突然、本能地开始了，而且同样突然地结束。这些纠纷意味着什么？在就业人数不断扩大、工资终于呈现上升趋势的时候，它们为何会出现呢？为什么詹姆斯·拉金遭到总会的强烈反对，却受到了普通民众的热情欢迎？

在这些问题的迷雾中，未来似乎成形了——高阔宏大，咫尺之遥，令人畏惧而又晦暗模糊。事实证明，政府无力抵抗来自下层的任何压力。那么如果压力来自另一个层面呢？如果爱德华·卡尔森爵士、奥兰治党人[1]和保守党的努力导致了一场内战？会仅仅是一场内战吗？在拉金和爱尔兰民族主义者之间还存在一个联系，那就是詹姆斯·康诺利（James Connolly），他的工会主义思想湮没在他爱尔兰志愿军的崇高事业中了。如果阿尔斯特和南爱尔兰发生冲突，而拉金加入其中，这场国内流血事件就会点缀上更为深刻的革命色彩，这绝非不可想象。而如果拉金加入，英国工人又会怎么做呢？有一点

---

[1] 奥兰治党人，主张北爱尔兰继续隶属联合王国的新教政治组织成员。——译者注

是肯定的——都柏林跨港罢工已经完成了一个致命的循环：保守党的叛乱和工人的叛乱不再是相互独立的。对那些思考过这些的少数人来说，1914年的前景可不乐观。"在相对较短的时间内，"乔治·阿斯克维斯爵士对布里斯托尔卡文迪什俱乐部的成员说，"这个国家可能会有一些运动带来危机，使得最近发生的事件显得只是一个小小的预兆。"乔治爵士从来不会言过其实。

第三篇

危机

(1914年1月—8月)

第一章

库拉富兵变

一

乔治·阿斯克维斯爵士对卡文迪什俱乐部所说的话，再次把我们领入自由政治的多重困惑之中。这些话里面包含了一个更为可怖的预言，而乔治爵士和他的听众都不可能意识到：在1914年年初，外交视野是异常开阔、没有遮蔽的。然而国内的前景呢？尽管上流社会的纵情喜悦、中产阶级的骄傲自满以及1月初突如其来的和平，给怒气冲天的工业带来了意想不到的安慰剂，但其实却是多事之秋。金灿灿的阳光普照大地，然而，在遥远而低矮的天际，一个污点越来越大，就像枯叶的虫洞；潮湿凝结了清净的空气；已经有——不再是悄声的耳语了——哀伤而神秘的轻风吹拂着人们的面庞。有人可能会说，在1914年1月，自由英国的情况就是如此。资产阶级备受尊崇的漫长时期接近尾声，但风暴已经呼啸而过，光辉的艳阳高照着世界。她选择闭目养神，对即将到来的烦乱景象和声音充耳不闻，英国最后一次享受着平静。

与此同时，在克雷加文，爱德华·卡尔森爵士被一群自以为是的手下簇拥着，他依旧保持着皇家姿态。大家停止了笑声。那张冗长的、不善言辞的脸，日复一日，僵硬成了一张毫无幽默感的权威面具——它有效地击退了笑声。"虚张声势的王者"正在成为——什么？大家都懒得去想。此刻他什么也没做，而且在2月份议会重新开会之前，依旧什么也不会做，知道这些就足够了。在战争办公室里，亨利·威尔逊爵士（Sir Henry Wilson）勤勤恳恳地编织着他的阴谋之网。可是，究竟有谁会去关心军事行动主任办公室的不忠活动呢？就连战争部长本人对他眼皮子底下发生的事情都视而不见。

至于阿斯奎斯先生，他就像一个画中人，在这片虚幻宁静的景象里慵懒而闲适。他似乎感到了一种非凡的宁静。目前的状况，倘若只是无关紧要的人，还可能保持平和，也不会于时事造成多少损害；但若是一个政治家，尤其是当他碰巧是政府首脑的时候，情况就不同了。阿斯奎斯先生一向不太自信，但他对自己的工作却越来越漠不关心。他是怎么了？即便内阁因丘吉尔提出的海军预算问题而面临分裂的威胁时，他好像也无动于衷。人们总说他看着疲倦，这并不稀奇，但这可不仅仅是普通的疲倦。难道过去三年所经受的精神鞭挞让他变得麻木了吗？看到他最为珍视的改革、最真诚的努力付出却被报以嘲弄、傲慢和质疑，他觉得自己无能为力了吗？他是这日积月累的幻灭之象的受害者吗？

情况很可能就是如此。纵观整个历史，很少有首相在如此短的时间内遭遇过这么多灾难。对于他这种性格的人来说，唯一的安慰也是唯一的避难所，在于认真遵守议会的规定，并严格履行这个高位所要求的一切公务职责。在这方面，阿斯奎斯先生没有失败。支撑他的不是内在的精神，而是外在的传统。在他最不希望看见什么重大活动、什么狂热的终极一搏时，他向这个世

第一章　库拉富兵变

界展现了一种虚空而可敬的平静。

因为在 2 月份，这场危机终于自英格兰和爱尔兰的穹顶投下了它那高耸的、逼近的阴影，这场危机是人们早有预料却也曾屡次避免的。《自治法案》坚持认为，阿尔斯特和爱尔兰其他地区都应以其约束进行自治。保守党和奥兰治党人坚持认为，只有英、爱彻底的统一才能让他们满意；除非爱尔兰通过《议会法案》分裂为两个国家，否则必将发生内战。这是"绝望与沮丧之人"的虚张声势吗？是"战败之人试图掩护自己的撤退"吗？约翰·雷德蒙先生是很乐意相信的，这两句话也确实出自他。但从爱德华·卡尔森爵士和伯纳尔·劳先生的角度看，没有任何迹象表明这些话是正确的。在 2 月 10 日的议会开幕式上，爱德华爵士和劳先生以及整个保守党反对派都表现出一种毫不掩饰的胜利气焰。这意味着什么？因为他们知道丘吉尔 5100 万英镑的海军预算有可能把自由党一分为二？以劳合·乔治为首的一部分内阁成员要提出辞职？还是有其他原因，更险恶、更不可信的原因？

无论如何，沉着冷静的阿斯奎斯先生是不会担心这些的。按照他对雷德蒙先生所说的，他所担心的是，当陆军年度法案在下议院提呈时，保守党会制造骚乱，以至于搞得什么事也做不成。现在，陆军年度法案纯粹是个形式，它每年都是闭着眼睛被通过的——如果它未被通过，那么陆军就根本不存在了。没有军队，政府怎么能指望在爱尔兰维持和平呢？这就是阿斯奎斯先生的猜测，人们也期望了解到更多信息，但我们永不会知道了。阿斯奎斯先生是否知悉，这个不可思议的阴谋是爱德华·卡尔森爵士、伯纳尔先生和亨利·威尔逊爵士三人有趣联盟的成果呢？事实上，战争办公室开始公然与反对派勾连了？如果他知道，为什么不要求亨利爵士辞职呢？

不管怎么说，毋庸置疑的是，阿斯奎斯先生打算通过向阿尔斯特做出让步来阻止这一阴谋。他告诉雷德蒙先生,他准备提供:(1)邮政局。(2)地方行政控制权。(3)爱尔兰议会中的多数阿尔斯特议员可以向帝国议会提出上诉,反对将某些"拟定和既定"的立法用于阿尔斯特。当还未来得及修正的《地方自治法案》在他的眼前逐渐消失,在阿斯奎斯作出妥协的这片云雾中,雷德蒙先生变得相当焦躁了。他抗议说,这样的做法只会引发破坏性的批评,因为让步是任何一方都不会同意的。阿斯奎斯先生不为所动。在他看来,现在,这条走向"同意通过"的法案之路是畅通的。"我将在星期四再去面见国王。"他补充道。

这实在让人揪心,因为相较于保守党的阴谋、自由党的让步和阿斯奎斯先生特有的被动,雷德蒙先生更担心的正是乔治国王。围绕着这位兢兢业业的君主,满是非凡离奇的各色传闻。据说,他可能会行使宪法所赋予的权力,或者解散议会,坚持举行全民公决,或者把他的大臣撤职;国内有些最称得上靠谱的意见也在敦促他这样做。阿斯奎斯先生自己也对此问题有过疑虑,雷德蒙先生是怎么知道,此时此刻的乔治国王比首相更值得信赖呢?鲜少有人了解国王的情况,雷德蒙先生并非其中之一。乔治国王——这是千真万确的——一直受到某些大人物的强压,但他绝不屈服:五年来,他尽职尽责,非比寻常。后来,全世界都承认他卓越的表现。但是,在1914年他遭遇到最艰巨的挑战的时候,还没有人认识到这些。

深受恐惧的困扰,可怜的雷德蒙先生没有时间来下定决心。《自治法案》——两次在下议院通过,又两次被上议院否决——它将在3月进行第三次二读。他要么同意让步,要么……他必须把阿斯奎斯先生驱逐下去。这是一个讨人厌的两难困境。他和主要同事狄龙先生、德夫林先生匆忙开了个会。

第一章　库拉富兵变

二

不过，人人都知道，让步是迟早的，做出让步即是两害相权取其轻。在议会上，反对党领袖们改变了语气，他们知道自己的地位相较以前强大了许多，有一段时间甚至变得友好起来。爱德华爵士不是称呼雷德蒙先生为"我的同胞"吗？爱德华爵士同时也观察到，雷德蒙先生在阿尔斯特除了税收之外别无他求，但对于这位光辉熠熠的奥兰治党人领袖来说，如此屈尊可亲，已经被认为是一个奇迹。也许——是期望太高了吗？如果这些让步足够好的话，也许反对派真的会接受。

但是，邮局、地方管理或任何其他不会破坏雷德蒙先生的单一要求——建立一个爱尔兰议会，由一个执行委员会对其负责，维护爱尔兰的完整统一——的提议，阿斯奎斯先生早在2月9日就向内阁坦言，他已经"厌倦"了这种拙劣的权宜之计。显然，只有统一才能让爱德华爵士心满意足，只有找到一种统一的合理形式（即自治）才能让雷德蒙先生心满意足。最后，劳合·乔治先生灵光乍现。让阿尔斯特每个郡都有权根据法案签订一个五年期的合同呢？这就意味着在下次大选中，如果北爱尔兰统一党重新当选，议会无疑会将它永远排除在外。起初，雷德蒙先生、狄龙先生和德夫林先生根本没有意识到这一点。一个个会议接连不断地召开。然后，民族主义领导人谨小慎微起来，开始步步后退。他们可以接受阿尔斯特各郡三年的独立。他们可以接受五年。最后被吞下的苦药是，他们居然同意接受六年。最后的协议是在3月7日达成的。"这是让步的极限了。"雷德蒙先生说。只不过，大家是不是能接受，还有待观察。比如，民族主义者是怎么想的呢？比较极端的民族主义者似乎有些不安。"当上帝创造这个国家时，"新芬党人说，"他把它的边界固定下来,当海面起伏时,人无力改变……只要英格兰强大而爱尔兰弱小,英格兰就可能继续压迫这个国家,但她不会四分五裂。""阿尔斯特是爱尔兰的,"这是爱尔兰自由组织的评论,"而且将永远是爱尔兰的。如果他们(即北爱尔兰统一党)要打,我们就和他们打,但我们绝不会放过他们,绝不会。"詹姆斯·康纳利在《爱尔兰工人报》上呼吁展开"最激烈的反抗"。而至于红衣主教罗格,这位全爱尔兰的主教在他的教城阿尔马表示,很难考虑变成一个外国人,哪怕是暂时性的——说来奇怪,阿尔马是阿尔斯特的城市。总而言之,由于爱尔兰爱国人士的骚动以及地理上的障碍,雷德蒙先生目前遇到了一点麻烦。

尽管如此,雷德蒙先生依然很单纯——他相信他能管理好南爱尔兰。他担心的是爱德华·卡尔森爵士和反对派的态度。他们会否接受他"最大限度的让步"呢?对方没有给他留下太久疑虑的空间。3月9日,在二读辩论期间,爱德华爵士将整个事情定性为"判处死刑,缓期六年执行";他绝对与此无关。后来,内阁大臣们形成了一个强烈的印象,实际上,早在一年前,这个印象本就应该形成了。无论在议会中发生了什么,无论多么果断的决议,也无论提出了什么计划,无论计划多么微妙——奥兰治党人和民族主义党人都不打算付与一点关心了。这场争吵已经超出了英国选民控制的范畴,也超出了雷德蒙先生的控制范畴——虽然他自己还没有意识到。

阿斯奎斯先生可能要重复他曾经对乔治·阿斯克爵士说过的那句话——"这是政府的堕落"。议会现在陷入了无奈,除非……在这最后一刻,是否可以用武力向那些顽固的阿尔斯特人证明,自由党内阁是不容忽视的?还有什么其他权宜之计呢?阿尔斯特志愿军的姿态越来越傲慢,邮件和电报遭到了篡改,沿海一带都在走私武器,还有人说要突袭军需店。更糟糕的是,在泰

第一章　库拉富兵变

隆和弗马纳这两个天主教的阿尔斯特郡,民族主义志愿军的规模每天都在扩大。至于反对派,先是鼓动了这场叛乱,然后又发现自己都无力阻止了,于是就坐视不理,带着半得意、半迷茫而全然气愤的微笑,看着阿斯奎斯先生下一步要怎么处理。阿斯奎斯先生已经决定采取行动,但如今连他的决定都是优柔寡断的。

他的命令下达至爱尔兰军队总司令帕吉特将军(General Paget),要求将部队进驻到阿尔马、奥尔马、恩尼斯基林和卡里克弗格斯这四个战略要点,以封锁阿尔斯特。但这命令的措辞是如此含糊不清,以至于给帕吉特将军造成了误解,他没有调动部队,而是只移走了军需商店。此前,他已经呈上了一封信,解释说任何其他演习"都会在阿尔斯特造成强烈的刺激,并可能引发危机",随后匆匆赶往伦敦。陆军部随即给弗里德将军(General Friend)发去了电报,要求他继续执行帕吉特将军搞砸的命令。弗里德将军则回答说,恐怕北方铁路部门不会允许他的部队向北移动。显然,陆军根本不愿意参与阿尔斯特忠诚派所描述的"恐怖密谋"。

所以,如何消解弗里德将军和北方铁路部门的疑虑呢?如果只凭自己,阿斯奎斯先生可能会束手无策。但在他的内阁中有一位成员,只要有一丝军事行动的影子,就仿佛对他产生了强大的魔力。温斯顿·丘吉尔先生之前有一阵静默无为,这时突然站了出来。他真是一鸣惊人:命令两艘巡洋舰前往金斯敦(于是弗里德将军和北方铁路公司都乖乖听话了);派遣第三战斗中队和第四舰队的八艘驱逐舰前往拉姆拉什;并派遣 H.M.S. 开拓者号和 H.M.S. 殷勤号前往贝尔法斯特湖,命令"用一切手段"坚守卡里克弗格斯。这些极富暗示性的策略还不是他的全部。在布拉德福德,丘吉尔发表了无疑是自由党十年来最精彩绝伦的一次演讲。

"如果阿尔斯特人伸出友谊之手，"丘吉尔先生说，"自由党人和他们的民族主义同胞将诚心诚意地紧握住这只手。但是，倘若没有和平的愿望，倘若我们所作出的每一个让步都被拒绝和利用，倘若我们为满足他们意见的每一次努力，都沦为打破地方自治和阻止通往爱尔兰其他地区的手段，倘若阿尔斯特成为党派算计的工具，倘若我们和祖辈们长久以来的公民和议会制度要受到武力的残酷挑战，倘若这个伟大的国家政府、议会和君主要受到威胁与残暴的苛待，倘若我们被迫听了这么多个月肆无忌惮、不计后果的闲言碎语，最终只是暴露出一个阴险的、革命的目的，那么，我只能对你们说：'让我们一起大步向前，让这些重大的事情经受考验。'"

必须承认，丘吉尔先生的推进办法是足够有力的。部队和舰艇的行动已经表明，这无异于一场严肃的战役。或者，它们是某些巧妙计划刻意营造的效果？丘吉尔先生曾指责阿尔斯特人"宁可开枪也不投票，宁可用子弹也不用选票"。他现在是否正希望激怒他们，逼迫他们发动第一次进攻，而如此一来，肯定会使他们在英格兰的民众好感和支持度受损呢？不管他的希望和计划究竟如何，显然，事情还得取决于军队的绝对服从。军队呢？如果帕吉特将军的情绪是个指标的话，可以看到，军队的情绪是并不可靠的。整个3月18日，将军都在战争办公室与战争部长西利上校（Colonel Seely）争论着：对于那些难以违背忠诚的志愿军将士，不能作一些让步吗？这个问题，至少可以说是太不合常规。除了西利之外，任何其他人可能都会觉得，回答这个问题，只有严厉的斥责，并请这位将军做好本职。但是，西利心地善良、性格温和，在战争部长中也是小有名气地不适合其职务。最后，他向帕吉特提供了一个保证，即所有实际居住在阿尔斯特的军官都允许"消失"。在当时的情况下，这大约是可能作出的最疯狂的让步了。

第一章　库拉富兵变

当战争办公室在上演这一幕的时候,一个全然不同的场景正在下议院铺展开来。爱德华·卡尔森爵士对丘吉尔先生在布拉德福德的演讲发起了攻击,称他不应该现身威斯敏斯特,而应该在贝尔法斯特。他指责政府在阿尔斯特煽动暴动。"你们当然不再是懦夫,"他说,给每一个字都定义了残酷的价值,"你们会成为好男儿。懦弱会被抛弃。你们将在军队后面站稳脚跟。但在你们的指示下,他们却将变成杀手。"接着,他阴郁地大步走出会议室,忠实的克雷格紧随其后。

当天晚上,帕吉特将军就动身前往都柏林。至于给他的指令的性质,并不是很清楚;但他口袋里揣着西利的保证,最好的办法似乎是立即去开会。他就是这样做的。这次会议的结果给整个问题披上了崭新的灾难色彩。

三

帕吉特将军笨嘴拙舌,因而处境变得更不容易。3月19日下午,在与将军们的会谈中,他给那些绅士们留下了一个明显的印象,即要让他们在"对阿尔斯特展开积极行动"和"撤职且没有养老金"之间作出选择。现在,跃入将军们脑海的画面,正是众多奥兰治演说家们长时间以来想要灌输给公众的:在舞动的英国国旗下,英格兰士兵正奋勇歼灭着一支向他们挺进的公民军,一路高歌唱着《上帝保佑国王》。这幅夸张的幻想画,兼具滑稽与悲剧、低质与写实的特点,它不仅荒唐可笑,并且令人困惑、深不讨喜。将军们走向了自己的军官。在19日午夜之前,佩吉特将军给战争办公室发了两封电报。

"第 5 蓝旗军的指挥军官发出声明",第一个人跑过来说道,"他们所有军官只有两位接受命令,还有一位在犹豫,其余人今天正在辞去职务。我非常担心第 16 蓝旗军也是同样的情况。我想大家会拒绝行动。"

"遗憾地向您报告",第二个人跑了过来,"如果必须接受命令北上,第三骑兵旅的旅长和五十七名军官宁愿接受解雇。"

这就是兵变。在库拉富指挥第三骑兵旅的高夫将军(General Gough)明白,这是叛变。在战争之后,他解释道,他认为命令是要么展开积极行动,要么离开军队;而为了服从军令,他选择离开。这个解释很巧妙,但人们不禁要问,一位军官是否可以奉命违抗军令呢?无论如何,政府的责任是不亚于高夫将军和库拉富军官的。政府期望帕吉特将军传达的信息是:骑兵进驻阿尔斯特只是一种"防御措施"。在沿海地区集结军舰,在内陆的四个战略据点集结部队,是否可以说是"防御措施",这一点至少是有些争论的。无论如何,对军官们来说,这似乎是集中战役的开场白,他们也据此作出了决定。

可是,这些决定都是十足的叛变。没有人比约翰·雷德蒙先生受到的打击更沉重。他一直认为,议会是至高无上的。他一直相信,几百名不同信仰、不同阶级、不同种族的绅士们坐在一起商议,最终会——通过行使某种神秘的权威——给予爱尔兰几个世纪以来不曾获取的自由。当库拉富的消息传来时,他终于知道,不能寄希望于宪法行动。自 1688 年革命以来,国王陛下的政府第一次丢失了军队的忠诚,而它无能为力。"阿尔斯特奥兰治党人的阴谋现在完全暴露了。"他给他在澳大利亚的支持者们发了电报,"……计划就是摆出一副开战的架子,然后通过各协会的影响,拉拢军队军官,从而挫败民

第一章　库拉富兵变

众的意志……问题甚至比地方自治更大。关键是政府会否被伦敦的客厅所恫吓和支配。"

在战争办公室里，只剩下惊慌失措和阴谋诡计：西利上校下令让高夫将军和三个已经辞去军职的上校秘密地、颜面尽失地返回伦敦。亨利·威尔逊爵士被越来越多的高级军官团团围住，他们发出抗议，说军队一致决定不与阿尔斯特作战，他们不停地问，现在究竟该怎么办。亨利爵士的建议是，现在应该将螺丝钉楔准"阿斯奎斯和他的那帮人"——他以特有的细腻如此形容。3月22日，星期天，高夫和上校们一抵达伦敦，就直奔威尔逊的宅邸，不少北爱尔兰统一党人在此进进出出，其中最引人注目的就是伯纳尔·劳先生了，他本来是可以有礼貌地回避的。周一，高夫将军与威尔逊共进早餐。当天上午稍晚些时候，两人在战争办公室再次会面。他们不是以主客的身份，而是作为叛变者和审查者的身份会面。由于战争部长显得激动而低效，这次会面反倒显得得体了。

由于西利上校和内阁其他成员之间完全的误解，混乱的局势每况愈下。"阿斯奎斯和他的那帮人"下定决心，高夫至少要承诺协助维持阿尔斯特的法律和秩序，否则休想轻易抽身。他们本来很想再做点什么，但把这位将军撤职，就无异于让军队里的所有高级军官都辞职。3月24日，星期二，他们准备了一份文件，列出了各项条件。西利当时没有在场，他正在向国王解释当前的情况。当西利从白金汉宫回来的时候，内阁会议已经结束了，文件中没有一项承诺是高夫和威尔逊在战争办公室向他约定好的——当时他们对这位将军承诺，他永远不必调动骑兵出征阿尔斯特，而西利并没有将此事知会于阿斯奎斯先生。于是，他在文件中又补充了两段，这完全成为兵变正当性的辩护，让弗伦奇（French）将军和埃沃特（Ewart）将军首签，并把全部文件

323

都交给了高夫，高夫这就得意洋洋地奔向了库拉富。

祸难临头。周三，在下议院一场充满极端敌意的辩论中，反对党喊道："别咬人，别咬人。""乐意之至，乐意之至，"丘吉尔先生呻吟着说，"我愿意为此负责。"——阿斯奎斯先生宣布弗伦奇将军、埃沃特将军和西利上校辞职的消息：他本人将担任战争大臣一职，并将离开众议院，直到选民再选举其上任。

他在欢呼声中退场，颇有些自鸣得意，这在当时的情况下是没有道理的。螺丝钉得到了恰如其分的、真正的使用，军队现在已经被控制了。至于反对派，在鼓励和支持了兵变之后，它开始认识到自己是——明显是宪法和王室的叛徒。剩下的就是F.E.史密斯先生，这位才华横溢而又不拘小节的年轻政治家，他在转瞬之间就披上了一件他深谙其道的外衣——庄重与睿智，不过遗憾的是，他觉得穿上这件外衣很是乏味。

史密斯先生说："在众议院这边，没有人能够说服我们，让我们相信，我们所做的事情是没有道理的。但同样也没有人能说服对面尊贵的先生们，让他们相信他们所做的事情是没有道理的。这些事将由历史学家来决定，他不会在意我们高声抱怨说这一切的磨难仅仅是出于你对爱尔兰民族主义政党的征服欲。他不会在意你说，主要责任在于那些灌输和宣扬暴动理论的人。他要说的是：'整个下议院——你们所有人——你们本应该是民众的托付者，你们所做的不应是为了哪一个政党，而是为了整个国家。你们从过去继承的那笔伟大而辉煌的财产，现在又在哪里呢？'"

过了一会儿，史密斯先生抖了抖他那庄严的外衣，转入更为舒适的话语领地。他开始描述政府最近要占领阿尔斯特所有战略要地的事情。"这个计划是拿破仑式的，"他说，待沉思片刻后，又温和地加了一句，"但却没有拿破仑了。"

亨利·威尔逊爵士亲自赶往巴黎，试图向一位心存怀疑的卡斯特诺将军（General de Castlnau）保证，英国军队最近对政府的反抗并不意味着在战争时也会这么不可靠。可惜的是，由于与法国的交往，他在柏林无法作出同样的保证，在柏林，库拉富传来的每一则消息都被当作一种非同寻常的乐趣。看来，亨利爵士不会重蹈弗伦奇将军和埃沃特将军的覆辙：他不会失去军事行动指挥之舰。为什么会这样呢？是因为——恰如阿斯奎斯先生后来暗示的那样（《回忆与反思》，第二卷，第154页）——他是个太过出类拔萃的士兵吗？或者是因为内阁现在非常忌惮他？"阿斯奎斯和他的那帮人"乖乖地忍受了这最后一次痛苦的"螺丝钉之旋"？

政府和威尔逊将军之间的浓情蜜意没有丢失。在阿斯奎斯先生的《回忆与反思》中，却出现了这样一段对威尔逊的辛辣描述："他总是滔滔不绝、心浮气躁，搞起阴谋来顽固执拗。正如他在日记里充分展示的那样，他天生嘴巴不严，下笔更不牢靠。"（第二卷，第185页）这本回忆录是以其回忆之善意和反思之优雅而著称的。这难道不算是对这位将军的纪念吗？又或者是1922年爱尔兰内战时的子弹横飞，让他倒在自己伦敦家门口的台阶上了？

四

当人们想到这个世界很快将遭受的恐怖血战，爱尔兰发生的那点流血事件似乎就不重要了，而这正是阴谋所带来的。在过去和即将到来的灾难的阴影之下，库拉富兵变的故事逐渐落幕。但是，尽管它确实被削弱了，却没有被摧毁。因为其意义不在于军事，而在于宪法。自1688年詹姆斯二世① 失去王位后，军队还从未像现在这样违抗过军令；自1688年以来，军队也不再控制这个国家了。这是自那一年的战役以来，反对派第一次发动叛乱，也是有史以来自由党政府首次实际上被迫停止执政。在英国宪法史上，1914年3月发生的事件有其独特的地位，有着非常重要的一席之地。事实上，如果明天哪一场战争将毁灭大英帝国，如果这个国家能去探索《尘与影》②、雅典的尘埃、罗马的灰暗，那么高夫将军叛变的故事也会成为一个永远的提醒，它不仅提醒着人类微小的背叛和愚蠢，更提醒我们，一种伟大的政治哲学可能出人意料地带来灾难，一个伟大国家的政府也会蒙受羞辱。

---

① 詹姆斯二世（James II，1633—1701），1685年至1688年间担任英格兰、苏格兰和爱尔兰国王，亦是最后一位笃信天主教的英国国王。其臣民因不信任他的宗教政策，反对他的专权，在1688年发动"光荣革命"剥夺他的王位。由于害怕像父亲查理一世那样上断头台，他将王位送给了其新教徒女儿玛丽二世（Mary II，1662—1694）和女婿威廉三世（William III，1650—1702），从此长期流亡法国。——译者注
② 罗伯特·路易斯·史蒂文森（Robert Louis Stevenson）的作品。——译者注

第二章

拉恩的枪

一

温斯顿·丘吉尔的豪言壮语和舰队的兴师动众，都没有了下文；再也没人提什么"包围"阿尔斯特了。但是，政府不得不作出履行职责的样子。阿斯奎斯先生的当务之急，是无为而治。

因此，在新的战争部长办公室，首相任命个人服务部主任内维尔·麦克雷迪少将（Sir Nevil Macready）担任阿尔斯特的指挥。这项任命是走运的，甚至可以说是明智的。只是在当时，军队里其他将领都会直截了当地拒绝这一任务。为什么不呢？高夫的叛变非常成功。辞职的选择现在被赋予了殉道的高尚荣耀。

但是，麦克雷迪的职责观念远没有亨利·威尔逊爵士和他的朋友们那么讲究。奇怪的是，这位个人服务部主任坚持认为政治和军事是两码事：他愿意被派往任何地方，但他对阿尔斯特人行为的价值判断，并不像他对寒武纪矿工罢工道德规范的判断那样明确。

当这位从容而高效的官员来到阿尔斯特，他不得不承认，此地的事务状况令所有人头疼。他不是很明确自己的任务，阿斯奎斯先生会统筹全局。他能做到最好的——也是他所希望做到最好的——就是努力维持和平。但后来他发现，政府几乎不可能实现和平；百分之九十的阿尔斯特人，认为他们的志愿军恐吓了阿斯奎斯先生的内阁，战斗情绪越来越高涨；而爱尔兰皇家警察部队还躺在毫无防御力的兵营里，他们要么是懒得无可救药，要么就是暴力支持卡尔森。他还觉察到，如果真打起来，流血的场面会很骇人。局势太明显了，如果军队奉命推翻卡尔森的临时政府，志愿军会毫不犹豫地与之作战，而阿尔斯特志愿军的人数大大超过政府军。训练有素的政府军会因寡不敌众而惨遭屠戮……

这些沉思令人沮丧。但另一种念头出现了。军队有没有可能拒绝开战？麦克雷迪并不是高看高夫的队伍，但当他自己的参谋部不断受到来自战争办公室的煽动性压力时，他意识到，他不幸低估了亨利·威尔逊爵士及其集团的毅力。如果出了麻烦会怎样？以麦克雷迪军人的原则，他认为军令如山，会很容易得到服从；他想，如果打起仗来，他可以给自己一个很好的交代。不过，他自己也不能肯定。

阿尔斯特阴霾、凄冷的空气丝毫没有削弱这些预感。在难得的一些喜剧性时刻，将军才从令人沮丧的气候和狂欢的相互作用中得到了庇护。他一抵达就礼节性地前往爱德华·卡尔森爵士的总部克雷加文进行拜访。他驱车前来，阿尔斯特志愿军的哨兵献上了武器，一小撮摄影师给他拍了快照。一位类似于詹姆斯·克雷格（James Craig）上尉的人物把他带进一个小前厅，他告诉将军，爱德华爵士会"马上"会见他。从来没有人指摘过爱德华爵士具有不适宜的幽默——而现在，他那沉重的面容构成了一种威严的神色，这位阿

第二章 拉恩的枪

尔斯特临时政府的首脑显然对他的崇高地位是有认识的。事实上，麦克雷迪将军看着高高衣领上的那副尊容若有所思，而谈话却越来越陷入尴尬的琐事之中，他不禁想起了西藏大喇嘛，只能艰难地尽量面不改色。

阿尔斯特媒体把他描述为"地方统治者"和"罗马天主教徒"；他自己的司机下班后会在晚上走私军火，表示如果实行自治，他认为教皇会离开罗马，在爱尔兰首都安家落户——对于这些，他还觉得挺有趣的。将军建议他花点积蓄去趟意大利，这样他就会意识到，教皇陛下不太可能离开梵蒂冈，而去"都柏林这样一个被上帝遗弃的地方"。至于名声大振的卡尔森派特勤局，它一直保持着荒诞的监视。麦克雷迪饭店的窗外就是铁路站台，将军和参谋们坐在靠窗的桌子旁用餐，一个衣衫褴褛的人正将目光锁定在他们身上，此人经过认真的观察之后，显然认为自己埋伏得挺好，然后，这个神秘的身影又会突然钻进电话亭。麦克雷迪终于忍无可忍了。一天早上，他派了一个副官带着一张清单出去，还有一条信息：如果想让工作更轻松的话，欢迎间谍每天把清单直接发给他。

4月24日，发生了著名的"拉恩枪支走私事件"，"范尼号"的登陆带来了一批重武器，提供给阿尔斯特使用。

4月24日晚，由志愿军组成的三重警戒线将这个沿海城镇拉恩层层围住；警察和海岸警卫队被封锁在各自的兵营，他们戒备森严，睡得正香；通往贝尔法斯特的道路上到处都是志愿军，摩托车来来往往，轰鸣声不绝于耳。不难察觉，一场阴谋正在酝酿。不过，政府乐意被打个措手不及。这些枪支分别被派往拉恩、多纳加迪和班戈。阿尔斯特的欢呼声震耳欲聋，南爱尔兰的愤怒声同样震耳欲聋。

此时此刻，爱德华·卡尔森爵士的感知更加惝恍迷离了。相比于当初发

329

起人向他提出此事时的热情,他现在的态度冷淡下来了吗?

难道作为一名杰出的律师和未来某个保守党政府的高级荣誉候选人,他宁愿让自己置身于威胁之中,而用毛瑟枪保护自己吗?那著名的"虚张声势"毕竟只是虚张声势?不管答案是什么,现在都不可能回头了。高层对枪支时间报以热烈欢迎,与其说是曲意奉承,倒不如说是势在必行。25日早上,卡尔森刚收到代号"狮子"的电报,就看到坎大哈的陆军元帅厄尔·罗伯茨(Earl Roberts)登门来祝贺!伯纳尔·劳先生、F.E.史密斯先生、奥斯汀·张伯伦先生都显得不太高兴。这让人悬心,最后的责任——这些枪是否应该被使用——落在他的肩上。他的未来要掂量掂量,而不是他们的未来。但后来他开始意识到,阿斯奎斯先生和他的内阁是非常温和的,这些枪可能是用不上的。当天下午在下议院,首相谴责这一枪支走私行为是"严重的、前所未有的暴行",并威胁要采取"适当的措施"。两天后,内阁在呈给国王的一份照会里承诺"立即采取有效行动"。但实际没看见任何行动。

政府被军队全然抛弃了,现在政府甚至对麦克雷迪控制部队的能力产生了怀疑,很无助。此时此刻,也许迅速而直接的行动能挽回局面,并重新掌控对爱尔兰的控制权。但阿斯奎斯先生已经决定让步。他将在后续阶段通过《地方自治法案》,甚至还将同步提出修正法案,以实现"协议解决"这一艰难目标。他在5月12日宣布了这一消息。伯纳尔·劳先生发出了紧急邀请,但也未能从他那里打探到关于第二项法案的任何信息,不过,所有人都明白,阿尔斯特赢得了排他要求。保守党提出要调查库拉富兵变,丘吉尔先生将此动议称为"胆大妄为""厚颜无耻""就像犯罪阶级对警察的谴责投票一样",这是没有意义的——口水仗的时代早已过去。政府已经被打得屈下了膝盖。

现在,当反对党为其叛国活动的小有所成喜上眉梢,当阿斯奎斯先生向

第二章　拉恩的枪

国王通报，"更好的政治气氛"风头正在，此时，爱尔兰的精神——那被世人遗忘已久、与英国政客们的竞争格格不入的精神——再次崛起，它让爱德华·卡尔森爵士的希望和阿斯奎斯先生的计划都变得虚无缥缈了。阿尔斯特民族主义者终于开始行动了。

二

拉斐尔的奥唐纳主教（O'Donnell）在 5 月 9 日写给雷德蒙的信中预言，7 月 12 日在阿尔斯特泰隆郡和弗玛纳郡的莫纳汉和多尼戈尔，将发生可怕事件（当天，奥兰治党人鼓声雷动，他们还辱骂教皇）。主教说，阿尔斯特新教徒和阿尔斯特天主教徒之间的敌对情绪高度激化了。至于民族主义志愿军，人数已经从 1 万增加到 10 万，其中三分之一在阿尔斯特。如何防止两支志愿军发生冲突？

事实上，库拉富兵变和枪支走私都完成得"太好"了。现在不管发生了什么，不管阿尔斯特是归于自治还是统一，都会使爱尔兰陷入内战。在这一点上，爱德华爵士和雷德蒙先生一样，都是输家。对于爱德华爵士而言，只要他唯一可见的对手是自由党政府，他就会自鸣得意地以为掌控了局面。但是，从各方面意义上来说，自由政府已经瓦解了，如今取而代之的对手是阿尔斯特边境那股难以预测的、怒目相视的天主教力量。他一定能击败这些人吗？他不得不承认：他不能。目前，无论如何，奥兰治阵营的主导力量是恐惧而不是愤怒。贝尔法斯特市长几近抓狂，宣布战斗可能在市里一触即发。就连沉默寡言的麦克雷迪也是这么想的，他赶紧去往伦敦寻求新的指示。

然而，阿斯奎斯先生对这些新的发展却不以为意。他告诉这位将军，如

331

果统一党和民族主义阵营之间爆发战斗,就不能要求政府部队进行干预:部队所应做的只是在增援部队到达之前,将战斗区域隔离出来。如果卡尔森宣布成立政府,唯一的办法是"保持防守,不做其他"。如果市长呼吁阿尔斯特志愿军守卫贝尔法斯特,那就是市长的责任。如果阿尔斯特志愿军的特种连队被全副武装地派往边远地区,阿斯奎斯先生作为首相和战争大臣给出的建议是——没有任何权力能阻止他们。麦克雷迪的评论是:"我把记录这些英雄般的指示的笔记本装在口袋里,回到了阿尔斯特。"

至于雷德蒙先生,民族志愿军的士气其实让他充满了恐惧和厌恶。起初,他并不承认这一点。他又一次像鸵鸟一样把头埋进议会事务的沙漠里,在这个太虚幻境的避难所里,他宣称自己所担心的不过是阿尔斯特发生孤立的骚乱——"当地不负责任的爆发"。他便是这样告诉毕雷尔先生的,毕雷尔先生也欣然赞许。但最后,耳边关于叛乱的嘀咕此起彼伏,他再也不能置若罔闻了。这并不只是因为民族志愿军像某个行事拖拉的将军一样,敦促他参加一场他不喜欢的运动。这本来已经够让人厌烦的了。而可悲的事实是,他还丝毫不能确定志愿军想把他驱往何地;相当一部分人似乎只会乐意像丢弃不必要的行李一样把他丢在道上。责任和野心,良心与私利——它们都在警告他,机不可失,他现在必须全力以赴。关于政党纪律和议会领导的观点和言论,都必须让位给更强有力的论点;简而言之,他必须先成为一个领袖。他的心呻吟着,对那些在威斯敏斯特相对平和的环境里作决策的快乐时光,他只能伤怀地回望一眼了。然后,他安下心来审视着自己的前景。他看得越清楚,就越是忧虑。就好像身处一片温带的大地,道路和田野都很熟悉,甚至观看这片土地上的裂痕都能让人欢乐,突然间,却出现了一片热带丛林,它们开始在这里扎根、繁衍、翻腾。这条小径固然是很清晰的,但路边却缀满了令

第二章　拉恩的枪

人望而生畏的花枝，这狂野的花朵突兀地绽放在暮色中，到处充满了未知生命的低语，他要奋起全部的勇气才能走完这段路。

民族志愿军的组成人员是哪些人？他不能肯定。拉金市民军的遗留下来的士兵似乎也加入了进来，他们不讲军纪，不惧抢劫，发动暴乱。爱尔兰工党领袖詹姆斯·康纳利又是如何融入这幅图景的呢？他是民族主义者还是工团主义者？他是在招募志愿军吗——目前，志愿军以每周1.5万人的速度增加——抑或还在梦想着缔造一支革命军？如果这个不可思议的梦想真的实现了，如果爱尔兰打起内战，如果阿尔斯特战败——康纳利先生会接受自治这一调和的结果吗？还有那些惹事生非的年轻人——伊恩·麦克尼尔教授、帕德雷克·皮尔斯和劳伦斯·凯特尔（Lawrence Kettle）。皮尔斯是一名共和党人，尽管麦克尼尔和凯特尔是坚定的立宪主义者，但事实上，麦克尼尔当前与罗杰·凯斯门特爵士关系密切。罗杰爵士年轻时在安特里姆峡谷培养了对自由的信仰，后来他作为英国领事馆的一员在刚果和普图马约进行了两次骇人的调查，其自由的信仰因而更为热烈。他现在对英国满怀仇恨。对于卡尔森，他还是怀有一种强烈的敬佩之情——尽管卡尔森站在了错误的一边。难道这位奥兰治领袖没有拿起武器为自己的事业奋战吗？如果一个北方爱尔兰人能做到这一点，为什么南方爱尔兰人就不能呢？这些论据同样深深吸引了麦克尼尔教授，唯一的问题是，它们没有引起雷德蒙先生的兴趣。

它们也没有吸引新芬党的创始人阿瑟·格里菲斯（Arthur Griffith），不过，在志愿军队伍里存在一股强大的新芬党力量。格里菲斯本人的态度比较冷淡。他的运动一部分建立在对消极抵抗的信仰上，一部分建立在对1782年爱尔兰宪法的崇敬上，一部分建立在李斯特的经济学理论上——在1908年草草地参加了一次选举之后，他现在已经安于做一个远离尘嚣的孤独的隐士。雷德蒙先生把这股力量描述为"孤独怪人的暂时凝聚",他代表的是大部分爱尔兰人的看法。然而,1910年,它突然分裂为二,且坦率地说,新的那一半成了共和党人。随着希根·麦克迪亚尔马达(Seaghan MacDiarmada)的《爱尔兰自由》的出版(一本八页的杂志,双周刊),格里菲斯先生对爱尔兰国王、上议院和下议院那些有悖常理的、托利党式的高要求,被秉持新芬党其他原则的人,以及不承认英国权威、法律、正义或立法机构的人公然否决了。在格里菲斯看来,这些人唯一的错误就是(除了他们对1782年宪法莫名其妙的排斥之外):他们是革命者,想通过武力达成目的。正是这些年轻的革命者——像帕德雷克·皮尔斯和托马斯·麦克唐纳(Thomas Macdonagh)这样的人,把新芬党的名字带进了志愿军的行列,带进了爱尔兰人的生活。

雷德蒙先生不得不处理这些矛盾的力量。另一方面,现在信任他的志愿军还有50%——在可敬的古爱尔兰修道会的支持下。他还得到了整个舆论界的支持。格里菲斯可能会把他的政策称为"一半是虚张声势,一半是牢骚满腹";康纳利可能会把他的《地方自治法案》说成是"天然气和水的法案",目的是把爱尔兰议会降低到地方自治议会的地位;皮尔斯大概会拉扯上革命;凯斯门特则暗示友好的爱尔兰港口在对德国战术方面存在优势——但最终,他们还是不得不屈服于雷德蒙先生的权威。他们不敢总是嚷嚷着要建立一个统一的爱尔兰,由此把志愿军一分为二。

然而,尽管有这些保障,他依旧日复一日地忧心忡忡。不仅仅是由于皮尔斯、康纳利和麦克尼尔,使他不得不面对他不愿意了解的爱尔兰的另一面,志愿军的现实情况更令他苦恼。志愿军是未经他同意的情况下成立的。对此他无法原谅。这也不是全部——因为只有在他同意作战的条件下,他们才效命于他,他们的意见才是一致的。但在为什么而战的问题上,他们也许就存

第二章　拉恩的枪

在分歧了。例如，皮尔斯称他像热爱兄弟一样热爱阿尔斯特志愿军，并怀着与他们相同的对自由党人的愤恨，这完全是一种感情用事；而雷德蒙的追随者们则宣称憎恶阿尔斯特，并发誓他们是在为自由党的原则而战，反对保守党的阴谋。这些动机确实令人困惑，但事实仍然是，所有人都染上了阿尔斯特边境的狂躁。

内战已经不远了。看来，雷德蒙要么在民族主义先锋中占据一席之地，要么就永远放弃成为爱尔兰领导人的追求。他自言自语，念叨着奥康奈尔和帕内尔和平信条的名存实亡，也无法聊以自慰。从5月中旬开始，他就开始计划控制志愿军，仿佛用颤抖的手指一片一片地穿上了不仁不义的盔甲。

三

5月21日，自治法案进行三读，遭到反对党的强烈反对。"我相信，"乌尔斯瓦特（Ullswater）勋爵写道，"反对是上个星期天的《观察者》提议的。"（《一位演讲者的评论》，第151页）但这项法案几乎不值得为之努力，它已经完全失去了意义。5月25日，它再次尝试三读并取得了成功，威廉·奥布莱恩先生作出了最恰如其分的评论。奥布莱恩先生拒绝与民族主义人士一起投票，理由是阿斯奎斯先生的修正法案将使任何投票都变得毫无价值。奥布莱恩先生说："政府决心通过这项法案。是的，但他们同样下定决心，在最关键的问题上，让它落不到实处。总理几分钟前才承认，这项法案只是第一部分，而第二部分将使第一部分无效……沃特福德议员（即雷德蒙先生）发言时，似乎这项法案的技术性通过将让爱尔兰举国欢庆。但恰恰相反，这将是对忠贞不贰的人民所犯下的最严重的欺诈之一。这简直是一个残酷的恶作剧，以牺牲他们的智慧和自由为代价。"奥布莱恩先生总是与雷德蒙先生意见相左，但其理由像这次这么合理的情况，很罕见——非常、非常罕见。

时光荏苒，但这些声音的回响，仍然听上去像是一种交杂着讽刺、徒劳而愤怒的混响。只要有历史，人们就能听到，不管它变得多么微弱，听者总是会首先报以惊恐，又或者是笑声。在一张无望的议会图景中，有一些东西很可怕，也有一些东西很有趣；它就像一场南美足球赛，因为观众开始烧毁看台而散场。1914年5月的议会，就是如此无望。自由党和保守党集中火力彼此怒视着，他们忽然发现一直以来的争斗不知所谓——但为时已晚。愚蠢地装出一副责任感，在狭小的会议室里喋喋不休，忙碌地穿行于各部门大厅，结果却只带来了仇恨。在他们的围墙之外，英国仿佛对一切充耳不闻，只尽其所能解决自己的事情：墙外的暴力现实映照了墙内的罪恶虚梦。这两个政党已不愿再对话了。双方的领导人仅通过联络官进行沟通。保守党的叛国和自由党的软弱终于让自己筋疲力尽。

这场战争在伦敦打响，人们在宴席中以最致命的方式互相对峙，在客厅和客厅之间进行殊死搏斗。随着季节的推进，伴随着刀叉的撞击声和酒瓶塞的爆裂声，这场奇特的战争愈演愈烈。在似锦的鲜花和长长的桌布幕后，女主人们各自施展本事；对手的管弦乐队夜夜笙歌，丝竹绵绵；在中立的场合，双方不断以相互间的冷落、对峙和直击交着手。伦敦德里的侯爵夫人们若没有事先打听好主家是否有自治党客人在，是不会跨进屋子一步的。寇松（Curzon）勋爵也带着一种特有的自负投入了这场争斗。5月，他举办了一场盛大的舞会，由于国王和王后都同意参加，因此不具有任何政治意义。然而，伦敦方面很快就了解到，首相阿斯奎斯夫人和伊丽莎白·阿斯奎斯（Elizabeth Asquith）小姐没有收到邀请。

第二章　拉恩的枪

当乔治·基佩尔（George Keppel）夫人把这个消息带到唐宁街10号时，阿斯奎斯夫人简直不敢相信：但是，她们确实没有收到邀请函。现在，在议长席上保守党女士们的脸上，她看到了"冷若冰霜般含糊"的表情。她将要受到排挤了，一位"灵魂挚友"般亲密的人竟然将她排挤出去！另一位灵魂挚友贝尔福先生，仍然邀请她参加晚宴；但是贝尔福先生是哲人风范，对保守党的这种幽默反应迟钝，因此也没发挥任何安慰作用。寇松那边的舞会结束后，阿斯奎斯夫人给她这位故友写了一封抗议信。寇松回答说，"邀请政府首脑的妻子和女儿参加哪怕是一般的聚会都不太明智，因为我的大多数朋友都坚决反对"。他补充说，她们的加入可能会让场面变得难看。阿斯奎斯夫人抓起她的钢笔写道，她无法想象伊丽莎白和自己走进任何一个房间，会让场面变得难看。她热切地期待着有一天，她和女儿不会被视为炸弹。（《又一些回忆》，作者为玛戈特，牛津和阿斯奎斯伯爵夫人，179—183页。）

当然，阿斯奎斯夫人还含泪轻描淡写地补充说，被邀请参加寇松勋爵舞会的妇女参政论者可能会反对她到场。但这种可能性果真是如此微小吗？在1914年5月，有什么地方——无论多么排外的地方——是看不到潘克赫斯特夫人和她女儿们的支持者的？

第三章

潘克赫斯特人提供的线索

一

"这些东西,这些东西就在这里,但却是旁观者的……"

6月18日晚,一辆满载妇女的汽车停在议会广场理查德一世雕像附近。车里悲戚地抬出一个年轻女子,如果说她还活着的话,也显然已经走到了生命的极限。她被抬到了下议院的访客入口处。"我就站在她身边,无助极了,"这起奇怪事件的少数目击者之一写道,"她躺在台阶上,显然已经奄奄一息,警察也许是出于同情,犹豫之下没有把她赶走。"这位目击者名为H.W.内文森(H. W. Nevinson),而这位年轻的女士是西尔维娅·潘克赫斯特(Miss Sylvia Pankhurst)。

如果不是乔治·兰斯伯里(George Lansbury)和凯尔·哈迪(Keir Hardie)跑出来传了口信,警察可能会去给西尔维娅小姐搭把手,因为她的第二次绝食罢工让他们甚感怜悯。首相已经同意在将来某一天,接见由六名劳动妇女

第三章　潘克赫斯特人提供的线索

组成的妇女参政代表团。大家纷纷挥舞起手帕，欢呼声如雀儿般吱吱呀呀。"我们胜利了，我们胜利了！"就连地上那个无助的身影也转过头来，透露出一些理解的意思，甚至也许是热情。

这一幕应该被描摹在画布上，并悬挂在市政厅、市政画廊或者它应得的其他归属地。这是英国历史上较为重要的时刻之一。只消一位有专业造诣、一丝不苟的艺术家用油画的形式（通常情况下）展现出来，就会相当精彩。无论如何，它将与德雷克的碗或者维多利亚女王面前跪着的大主教一样好。它甚至可能看起来更出彩……夏末的黄昏从议会广场飘过来，把它慵懒而高远的欢愉蓝调投影在人间万物，仿佛——

> 弥漫着些温柔的
> 清淡的，高高飞扬
> 芬芳的气息

那一小群人弯下腰来，带着关切、激动和胜利的表情，俯伏在躺着的西尔维娅身上，也许这一幕能闪现一星半点的微光。如果不严格地追求真实，艺术家还可能会在警察的脸上描绘出一种兼具钦佩与羞耻的神态：为了必要的历史讽刺感，他可以在背景中再加上一尊暮色中的奥利弗·克伦威尔的雕像。

哦，是的，这场景实为重要。"我们要胜利了！"议会广场上那尖锐的呼喊声有着深刻的意义。其意义不仅仅等同于激进参政者们发起的每一次运动；这种意义，更在于妇女灵魂中迸发的新生命。让人好奇的是，整个英国的微弱声音，恰恰在战前最后一年发出。人们要探究的唯一问题是，是否有人真正听到了它。

二

一段时间以来，欧洲一直认为英国的民主正在迅速衰落。1914年，人们普遍认为这种衰落已经演变成一种急速的消耗。尽管军队拒不对阿尔斯特采取行动，但政府仍固执己见，继续修订《地方自治法案》，制定一些毫无意义的条款，将英国的法典搅得一团糟。这种情况本身就够滑稽的了，一些知名人士还要为此呐喊助威、振臂高呼，就更为滑稽了。现在，也是时候回顾一下另一些人的铿锵声音了，他们的荣耀正是因此被剥夺。比如，克劳福少校（Major Crawford）就曾对班戈的市民说道："如果我们不属于英联邦，那我很乐意效忠于德皇。"出类拔萃的忠义之士詹姆斯·克雷格上尉早就预言说："依我个人之见，国外都流传着一种观点，即认为德国和德皇的治国会比约翰·雷德蒙、帕特里克·福特（Patrick Ford）和莫利·马奎尔［(Molly Maguires）这些老旧的爱尔兰人的治理］更为可取。"也许这些话在事实上起不了什么波澜，但它们难道只是空穴来风吗？一个自由民主的国家，如果其议会实际上已经停止运作，其政府形同虚设，其反对党的指手画脚就能给卑微之人冠以叛国罪之名、将他推上被告席，还能指望什么呢？美国驻柏林大使杰拉德（Gerard）先生可能会反对说，卡尔森"巨大的政治噱头……在政治或革命意义上，还不如我们一次总统竞选期间的火炬游行"。但德国的法尔肯海恩（Falkenhayn）或奥地利的康拉德（Conrad）的意见（*Aus Meiner Dienstzeit*, P.676）可并非如此。这些先生们对保守党叛乱关切得越多，就越觉得英国的时代已然终结了。

从我们占据的历史有利位置来看，我们当然能拍着胸脯说他们错了。但是，他们错在哪里？其实并不那么明了。当战争来临，是由于对自身历史活

第三章　潘克赫斯特人提供的线索

力的某种宏伟、奇迹般的确信，使得英国团结起来，回应了战争的号角吗？还是有另一个原因，同样是奇迹般的，但却没有那么宏伟？在1914年最初的几个月内，世界认知里的英国，是在维多利亚和爱德华的坚实形象后的英国，是已经在世界上建立并艰难地保持了某种优势的英国。尽管她看似傲慢自大、狡黠不仁，也有纵情欢愉、漫不经心和浪漫多情的迷惘时刻，她依旧在所有民族中享有着至高无上的地位，名副其实地享有着"可敬"的称号。在欧洲潮湿的绿色角落里，在她那坚不可摧的风雨屏障之后，她表现出了独一无二、超凡脱俗的能力。可现在……再看看她！如果要为1913年和1914年的事件求得合理的结论，那么除了一个伟大民主国家的疲惫和颓废之外，人们还能发现什么呢？当然，也许有人会说，从1913年和1914年的事件中无法看到显而易见的结论：它们就像迷宫中令人困惑的小径一样，曲曲折折，自相矛盾。但是，持反对意见的观察人士一定认为，在政治中潜伏有一条线索，如果谨慎地遵循这条线索，就会走向中心，他将在那里欣然发现——就像一个人终于抵达一片野草丛生、愁思遍野的空地——这里同样生长着颓废和疲倦的因素。或者，假使政治的领域还不足够，他可以沿着商业的线索走下去，而终点是一样的。

不过，还有一条线索——也许因为它过于一目了然、过于猩红醒目，也许因为它似乎在错误的转角处骤然而去——被完全忽略了。然而，如果某个洞幽察微的人跟随它前行，很可能会在旅程结束时，惊异于自己身处的地方。事实上，他将会发现，在死亡之中还残喘着安稳的生活，来自那些幻想英国与战争擦肩而过的人们。至于线索本身，我们可以随时捡起，根据想象的指示，沿着它向前或向后：例如，在这一处——当阿斯奎斯夫人向寇松勋爵抱怨说，只有参政妇女们才会让她不方便参加他举办的舞会的时候……

341

在1914年前七个月，参政妇女们的纵火记录令人印象深刻——至少有一百零七座建筑遭到纵火，彻底被烧毁的有东洛锡安的怀特柯克教堂（连同它的无价之宝《圣经》），还有沃格雷夫和布劳德索尔那迷人的古老教堂。潘克赫斯特夫人（Mrs. Pankhurst）身上的记录同样令人印象深刻。在3月9日至7月18日期间，她被监禁了四次，并四次以绝食抗议，还挺了过来。她的罢工记录增加到了十次，她的健康状况急剧下降，如果换作其他大多数女人，会更愿意早早辞世，脱离苦海。但潘克赫斯特夫人没有。她瘦弱的身体像鬼魂一样敏捷，在两次监禁之间，还风尘仆仆地参加了一个个集会。她的样子看起来有些骇人，似乎心中的想法燃烧成了一团火焰，烧尽了她的骨与肉。事实上，可以说，在她事业生涯的这一刻，她已经是形销骨立了。

不幸的是，这对克莉丝塔蓓儿·潘克赫斯特小姐来说太过分了。在巴黎，这位健康的年轻女士榨干了追随者们的最后一滴钦慕之情，还有一些无下限的安慰：她以越来越高傲的姿态注视着她的女性帝国，她的帝国里没有任何对手——除了一个人以外。那个人就是她自己的妹妹。自从她登上拉金会议的讲台以来，西尔维娅·潘克赫斯特就被禁止进入妇女社会和政治联合会这个让人如痴如醉的保守党高层世界。1914年1月，一项强制令下达，要求西尔维娅立即到巴黎报到。她遵从了命令，在克莉丝塔蓓儿的公寓里，她们三人见了最后一次面。

三人坐下开会的时候，必然定格成了一幅不可思议的画面——潘克赫斯特夫人是如此脆弱，如此疲倦，已经几乎坐不直了；西尔维娅的脸上挂满了失眠和监禁的痕迹；而克莉丝塔蓓儿身材苗条而结实，双颊宽展、丰满而红润。克莉丝塔蓓儿宣布西尔维娅的组织——东伦敦联合会——必须退出妇女社会和政治联合会。她随随便便地把这句准备已久的话说了出来，好像正和

第三章　潘克赫斯特人提供的线索

她养的那只小波美拉尼亚狗说话呢。但这是最终决定。西尔维娅向姐姐追问原因——尽管她其实很清楚。而克莉丝塔蓓儿给出的理由是,她在拉金会议上的讲话违反了妇女社会与政治联合会的政策。难道忠实的乔治·兰斯伯里不在场吗?"我们不希望和他混在一起。"克莉丝塔蓓儿说。当时,东伦敦联合会的章程是民主的——"我们不希望这样。"它比民主还要糟糕,它几乎完全是由劳动妇女组成的。"我们只想要被挑选出来的女人。"然后是最终、致命的指责:"你有你自己的想法。但我们的想法不一样。我们希望我们的女人能听从指示,像军队一样齐步前进。"我们要,我们不要;我们不要,我们要。西尔维娅精疲力竭,无力争辩。谈话被冗长的互相指责消磨,每个姐妹都在指责对方私吞了不属于她的财产。"以你的简单方式,你不需要太多东西的。"克莉丝塔蓓儿傲慢地说。最后,潘克赫斯特太太终于出面干涉。她对西尔维娅的爱不如对克莉丝塔蓓儿那样多,她甚至认为西尔维娅背叛了她,但她也是她的女儿。"假如我说,我们会允许你做一些事情,"她温和地说,"你会……?""哦,不!我们不能答应她。"克莉丝塔蓓儿嚷嚷道,"一定要坚决果断。"

当消息传到英国,新闻界和内政部都认为这场运动已经瓦解。然而,在5月,从阿斯奎斯夫人的信中可以明显看出,事实与他们的认识大有出入。新闻界和内政部的妄下结论也情有可原——他们有一个共同观点,即认为激进的妇女参政运动是一种为达到政治目的的疯狂尝试。他们并不认为它在妇女的进化中如此重要,如此充满活力,以至于家庭的情感联系都可以让位——这怎么可能嘛?潘克赫斯特母女们不再是一个和谐团结的家庭,但妇女们不会因此就停止进化,相反,她们很可能会以更快的速度继续这一进程。促使潘克赫斯特一家分道扬镳的能量比她们本身更为强大,比激进的参政主义更

343

伟大,它来自英国的所有妇女。

体面的世界不知不觉地就转向了——被一种力量推动着——它将战前英国扭曲成了一个冲突四伏的暴力迷宫。就妇女而言,这种力量宏大的、本质的、鲜活的表达就是激进的妇女参政运动:这就是通向迷宫中心的线索。如果某人能接受爱德华·卡尔森爵士是位女性这般令人瞠目结舌的假设,他很可能会像艾米琳·潘克赫斯特(Emmeline Pankhurst)一样,在教堂肆无忌惮地纵火、扔砖头,呵斥大臣。所幸,伦敦警察局和霍洛威的女监都很平静,爱德华爵士是个男人。但是,他不是已经丢弃了那份成为杰出大律师的克制吗?工会大会不是已经丢弃了它的传统礼仪吗?军队不是在过度违抗中丧失了其职业自豪感吗?这些事件可能被认为是英国民主制度疲倦和消颓的迹象,唯有激进的妇女参政运动成为一点振奋之音。

诚然,那些忠诚的女人们像风中的稻草一样旋转舞动。但她们不是忧郁的晚风,像夜幕的涟漪一样吹拂;而是一股晨风,拂过朝阳。这是生,而不是死。维多利亚和爱德华的英格兰,这个可歌可颂的英格兰,她怎么样了?欧洲的观察人士正殷勤关切着她的病情呢。也许她已经痊愈了,也许她已经死去。从1910年到1913年,她历经沧桑,就像一个人吞食了过多士的宁(原本小剂量的服食是有益的)。她突然受袭,重击的能量太强了:由于那能量是由内生成的,人们称她自杀也没什么问题。既然人们都喜欢给这样的剧情安排一个恰当的结局,那么我们可以说,高夫的兵变就是自由英国死亡的确切时刻,是战前历史的终结,在这个时刻,一个全新的、可怕的英国突然地、悄悄地、不为自己所知地取代了旧的英国。何其可怕!如果时间允许,她可能会在内战、革命和殉道的狂欢中毁灭自己。但她没有时间了。战争来临,成为一切的焦点:政治上的愤恨、性别间的忌恨、阶级间的仇恨都被抛

第三章　潘克赫斯特人提供的线索

诸脑后；在爱国热情的全民鼓舞之下，英国聚合起所有的力量将矛头指向德国。回首过去，难道英国应该感谢高夫将军和库拉富的军士们？把他们的叛变当作国庆日一般来纪念？这场由声名狼藉的反对党保守党策划的愚蠢修宪行为，难道实际上是国家健康的标志？历史充满了悖论，再多一个也无妨。

然而，对于眼前所看到的一切，当代观察人士心怀感激，乐于知足。风继续吹着，稻草在风中旋转起舞——如果他认为，风和它的掌中之物是在吹向过去，而不是吹向未来，其实也不能责怪他。

三

西尔维娅回到了弓街和她的精神安慰——东伦敦联合会，《每日新闻》发文称："对一场激进运动的最严厉的谴责，莫过于它被所有人都正式抛弃，却独留某一位发起者孤守阵地。"克莉丝塔蓓儿勃然大怒。难道西尔维娅做得太过分了，以至于只有她一个人被认为是激进分子吗？随后，内政部在发给新闻界的官方备忘录中宣布，这场运动现在已经消解了。但是，正如前文所见，纵火的记录和潘克赫斯特夫人的活动表明，这场运动并没有瓦解。相反，她们的进攻似乎要以最野蛮的方式重新开始了。而在这一点上，大失所望的当局也没有落后。又一场绝食抵抗开始了，喂食管在牢房之间不断流转。例如在埃塞尔·莫尔海德（Ethel Moorhead）小姐身上，它的使用尤其引人注目。莫尔海德小姐因纵火罪而被押入爱丁堡卡尔顿监狱，随后在狱内绝食。监狱当局没有亲自管理喂食管，这样微妙的态度仿佛很见关切之情。他们从珀斯的刑事精神病院请来了一位专家，专家把热电线插入她的耳朵，再辅以其他一两个线管排列技巧，由此劝说莫尔海德小姐接受营养。这样的手段一直持

345

续到某一日，食物终于流入了这位小姐的肺部，她不得不因双肺感染而被释放。不过，总体来说，喂食管的实施与普通的病痛和恐惧基本相当。从政府的角度来看，像莫尔海德小姐这样的案例是非常有损形象的。尽管如此，错误依然时有发生。玛丽·理查森（Mary Richardson）小姐因破坏《洛克比的维纳斯》①，于3月10日被押入霍洛威监狱，4月6日和5月20日又根据"猫鼠法案"②被两度释放。理查森小姐对喂食管接受度很低。她的身体状况有些不对劲，但没人能够完全确定问题出在哪里。最后，在她第三次被捕后，又迫不得已从霍洛威监狱放出来，并被匆匆送往医院，她查出了严重的阑尾炎，以及其他反复感染发炎的病症。这还不是全部。因为负责为她检查的弗洛拉·穆雷（Flora Murray）医生表示，她的嘴巴被狱警的指甲划得伤痕累累，浑身上下也布满了伤口和抓痕，阑尾上则有一块大瘀伤。理查森小姐康复了。在经历了这次磨难之后，她竟然陷入了一些胡思乱想，这倒也不奇怪。而且，最后一次听到关于她的消息是，她应该在考虑建立一个共产主义修女院，专门为社会和宗教服务。

潘克赫斯特夫人并没有被吓倒。事实上，追随者们所承受的苦难反而鼓舞了她。她竭尽全力，调动自己的一切力量和警察的资源。她经常出现在伦敦私人住宅的阳台上——一个由亚马逊妇女组成的保镖组织保护她免遭逮

---

① 即《镜前的维纳斯》，西班牙画家迭戈·罗德里格斯·德·席尔瓦·委拉斯凯兹于1656年创作的油画作品。此画于1813年被人带到英国约克郡，挂在洛克比厅的墙上，因此又被称为《洛克比的维纳斯》。1906年，伦敦国家美术馆通过国家艺术收藏基金购入了此画。——译者注

② 1913年，英国议会为了对付在狱中绝食的女权运动者，通过了一项《病囚暂释法》，绝食的囚犯可以获批暂时释放，但是等囚犯恢复健康之后，就会被抓回去继续坐牢。时评认为这是在玩"猫抓老鼠"的把戏，还把《病囚暂释法》戏称为 The Cat And Mouse Act，即"猫鼠法案"。——译者注

第三章　潘克赫斯特人提供的线索

捕——她设法做了一两次极有说服力的演讲。当然,她还是被判三年徒刑,并且随时可能遭到又一次逮捕。最后,在格拉斯哥,她碰了钉子。3月9日,她计划在圣安德鲁大厅进行演讲,登上讲台,她发现前排挤着一大群守株待兔的警察,他们迫不及待,以抓捕她为荣。她春风得意地从格拉斯哥出发,因为有一大群便衣陪她坐火车前往伦敦,还有另一大群——一支正规军——守卫着通往霍洛威监狱的每一条通道,直到她安全入狱。然后,她又服了三年刑期中的五天:她的服刑方式是趴在牢房地板上,衣着整齐,拒不起身,也不进食。不过,霍洛威监狱的狱警们已经用尽了花招:因为在她出狱后,医生的报告显示,她的身体上有"各种各样的瘀伤和擦伤,都证明她遭受过相当程度的暴力"。

四

整个运动的能量不断以挑衅的方式高涨——其中,克莉丝塔蓓儿和西尔维娅之间的分裂是深刻的,而其他活动较为流于表面。国家现在对激进深恶痛绝。然而,匪夷所思的是——这些激进分子越是肆意妄为,他们的事业得到的支持就越多。也许,妇女社会和政治联合会被视为一个疯魔的组织,令人难以容忍;但妇女参政联合会(United Suffragists)却很难被认为是这样。诚然,妇女社会和政治联合会对后者是充满蔑视与厌弃的,但是她们的主张得到了乔治·兰斯伯里(最终转变为非激进主义者)、杰拉尔德(Gerald)和芭芭拉·古尔德(Barbara Gould)、劳伦斯·霍斯曼(Laurence Housman)、伊芙琳·夏普(Evelyn Sharp)和 H.W. 内文森等人的支持——她们的主张和纵火、搞破坏一样有力。除了这些理性的声音之外,还有塞尔伯恩

347

(Selborne)勋爵和伦敦主教。难道说——尽管有些"潘克赫斯特们"——妇女选举权终归会实现吗？大多数谦虚的女士和可敬的绅士茫然不知所措，摇了摇头。要让妇女再长期处于从属地位可能是困难的——是非常困难的。

五

然而，妇女社会和政治联合会沉浸于性别战斗的狂热中，几乎失去了政治目标。无论它朝哪个方向看，都会轻而易举地发现一个新的劲敌。现在，它把注意力转向了爱德华·卡尔森爵士。1913年，当他对盟友的需求非常迫切的时候，曾经模棱两可地对所有阿尔斯特女性许下选举权的承诺。然而，到了1914年，爱德华爵士遭遇到联盟的尴尬，他发现他的事业——或与此相关的任何事业——都不可能因为支持妇女社会和政治联合会而得到提升了。联合会敦促他重申承诺，爱德华爵士则沉默不语。最后，他被一群意志坚定的妇女围困在家中，这位奥兰治领袖轻描淡写地否认说自己从未以什么方式许过诺。当时是在3月初，于是短短几天之内，"土制"炸弹开始在阿尔斯特神秘地爆炸，建筑物莫名起火，为内战准备的志愿军医院也突发大火。战斗还打到了伦敦，4月4日，激进分子聚集在海德公园进行示威，试图对卡尔森与其信众的会议进行搅局。一支未经审批的游行队伍——妇女参政集会仍然是被政府禁止的——由坚韧不拔的德拉蒙德夫人（Mrs. Drummond）领导，她坐在一辆狗拖车里进入了公园。但是，德拉蒙德"将军"命令性的嗓音过于高亢了，引起了警察的注意。狗拖车和演讲人被推到了一个侧门出口处，在随后进行的激烈游行中，"将军"被她的支持者们高高举起，她就这样坚持不懈，以令人钦佩的姿态演说了十五分钟之久。接下来的星期一，她在马尔伯勒街警

第三章　潘克赫斯特人提供的线索

察法庭上继续采取这些策略。她不断发问：为什么站在被告席上的是她，而不是爱德华·卡尔森爵士和激进的联合会？她规律、尖刻的声音单调地重复这个问题，法官的回答没有记录在案（如果回应了的话）。她三次被逐出法庭，最后，检察官马斯克特（Muskett）先生表示，他的声音是真压不过她，证据于是在她缺席的情况下被采纳。她于星期三又被带了回来。她已经绝食两天了。然而，她的声音并没有失去力量，她的臂膀也不失狡猾：她与看守的警察展开了一场肉搏战，抢过一个口哨向治安官扔了过去，马斯克特先生咆哮着跳下了台，"四十先令还是一个月！"——判决的声音完全被淹没了。罚款是通过匿名支付的，"将军"则凯旋地荣休了。然而，多年来这个问题却一直没有人回答：为什么站在被告席上的是她，而不是爱德华·卡尔森爵士和联合会？

　　妇女社会和政治联合会现在已经向任何男性主义发出宣战——自由党人、工党人和保守党人——他们都是敌人。也许只有一个地方还没有被波及，那就是白金汉宫。能拿国王怎么办呢？克莉丝塔蓓儿已经宣称过，说皇室之名及其地位都"不光彩"。1913年12月，《贞德》在科文特花园演出时，三位年轻的女士通过扩音器向国王陛下讲话，她们还采取了自我保护措施，把包厢门反锁了。她们讲话的内容在观众们的宣誓声、肩膀撞击包厢门的重击声音中难以分辨，她们说，妇女们的战斗就像圣女贞德在几个世纪前的战斗一样，她们正因国王和教会之名受到百般折磨，走向死亡。妇女社会和政治联合会痛心疾首地指出，乔治国王没有丝毫动容。也许是他没听清楚。因此，在国王剧院的一次日场演出上，一位年轻女士把自己牢牢拴在座位上，又朝他叫嚷了好一段时间："你这个俄国沙皇！"然而，即便是这样的话也没有起到任何作用。

　　女人们又开始把自己锁在白金汉宫的栏杆上。苏格兰皇家学院的一幅国王肖像遭到严重破坏。1914 年，在一间客厅里，梅·布隆菲尔德（May Blomfield）小姐跪在国王和王后面前，痛哭流涕地说："看在上帝的分上，陛下，停止这种暴力的强行喂食吧。"她立刻被抬了出去，我们被告知，"她很平静"。可以允许事态就这样发展下去吗？潘克赫斯特夫人是绝对不会允许的。她已经在 2 月份向国王请愿，要求会见，并收到了内政部的答复，称请愿书已经提交给国王陛下，但内政大臣也无法左右国王陛下是否会如其所愿。这就是与君主立宪制度打交道的麻烦之处。看来，绕过内政部的唯一办法是率领一个代表团到皇宫去，而这也正是潘克赫斯特夫人眼下提议采取的方针。她确定的日期是 5 月 21 日，当天下午，一大群人聚集到了皇宫周围，乐呵呵地期待着一场热闹的战斗；一队妇女走上宪法山大街，她们神情肃穆，气宇轩昂，向骑警和步警组成的坚固屏障挤过去。除了几根印第安人的棍子、一条马鞭、几包红红绿绿的火药，女士们没有携带其他武器，她们使用的唯一武器是身体的压力。不幸的是，警察挥起了警棍。不仅仅是街道上的人群，还有皇宫屋顶和窗口的那些兴致勃勃的观众，都亲眼目睹了那残忍的场面。

另一支队伍试图从海军拱门靠过来，但中途遇到了一群年轻人，他们每个人的手杖上都挂着一位妇女参政主张人士的肖像。这些英勇的青年高喊着："你们应该被烧死。"他们用挑剔的目光把一些比较丰满的女士们分拣出来，然后把她们的衣服从背上撕下来。也许，最发人深省的一幕是：一位年轻女子背对着墙，直面折磨她的人，一名皇宫哨兵正向她挥舞着拳头。

潘克赫斯特夫人兀自徘徊着，没有引起注意。为了增加警力，惠灵顿的大门打开了。于是，她和一些围观者趁机溜了过去，走到了皇宫的大门口，但在最后一刻被一个魁梧的督察抓住了，并被抬进了一辆出租车。在霍洛威监狱，她进行了第八次绝食抗议。

第三章　潘克赫斯特人提供的线索

第二天，六十六名被捕的妇女参政主张人士在弓街出庭。她们效仿德拉蒙德"将军"，不停地高声呼喊。有些人拒绝站起身，有些人背对治安官，有两三个人把火药扔来扔去，还有一位女士脱下靴子，朝首席治安官约翰·迪金森爵士（Sir John Dickinson）丢了过去，他则灵敏地接住了。这些被告最后几乎都被释放了——人们普遍认为，是国王要求作此宽大处理的。只有一两名重犯被关押。两三天后，伦敦开庭，庭上的场景也如出一辙，只有一点不同——因为处在绝食抗议期间，被告只能用极其微弱的声音来表达抗议。她们被判刑，被转移到霍洛威监狱；她们拒不脱衣，拒不接受医生检查；她们开始绝食；她们在几天之内获释了。这场大运动就此结束。

六

安妮·肯尼（Annie Kenney）小姐是少数几位没有参加此次奇特英勇的示威游行的杰出女权人士之一，她根据巴黎的命令，酝酿着一个更为出其不意的策略。教堂才是肯尼小姐的目标。5月22日，她将出现在兰贝斯宫，寻求坎特伯雷大主教的庇护，并在她的避难所一直待到赢得选举权。大主教是否拥有扩大庇护的权力，和国王是否拥有改变内政部政策的权力一样，是值得质疑的。肯尼小姐毫不畏惧。她从克莉丝塔蓓儿那里拿到了"圣旨"，要她去见大主教，她正要遵从旨意。她还带了随身行李。不明所以的仆人把她领进了戴维森（Davidson）医生的书房。戴维森医生听了她的请求，看着那双歇斯底里的、凸起的蓝色眼睛和躁动不安的双手，急忙派人去请他的牧师和戴维森夫人过来。他们三人请求她离开，但肯尼小姐丝毫没有理会。后来，在教会历史这一问题上，肯尼小姐与国王不同的观点倒是讨了主人的欢心，他

351

们给她提供了午餐、茶水。她注意到大主教逐渐变得"暴躁易怒",感到很是满意,时间一点点过去。直至夜色深沉,门终于打开,"是我在苏格兰场[①]和霍洛威的老朋友们"。肯尼小姐六天都在绝食,终于把健康状况降到准许出狱的地步:她就是如此固执。她一有力气能够走路,就对伦敦的主教故技重施,不过,这位主教只是以自己未婚为由把她从富勒姆宫请了出去。聪明的主教说,如果肯尼小姐和他同住在一个屋檐下,人们可能会觉得奇怪的。

七

很快,联合会目前的所作所为以不幸的方式得到了回应和"强化"。就在她们"突袭"白金汉宫的同时,警方突袭了梅达耶尔劳德代尔大厦的一个公寓,并逮捕了两名年轻的妇女参政主义者格蕾丝·罗(Grace Roe)和内莉·霍尔(Nellie Hall)——罗和霍尔小姐被指控为"放荡闲散、游手好闲和没规没矩的人,涉嫌犯有或即将犯有重罪、轻罪或破坏治安罪",她们最终被判共谋恶意破坏财产罪。审判断断续续地进行了七个星期——归功于两位女士的阻挠手段,例如摔倒在地上,试图从被告席上跳下来,大声喊叫,向法官扔东西等。而在审判之前,有一件事让一切都变得不同寻常。罗小姐在走私"毒品"时被逮住了。实际上,这种药只不过是一种较强功效的催吐剂,走私者也不过是一位律师的办事员,但这个国家宁可相信最坏的结果。如果罗小姐抗议说,她要这个催吐剂是为了在接受强行喂食时进行催吐,那么,妇女参政运动人士们那万众瞩目的绝食痛苦,竟是来自药物,而非饥饿或暴行吗?假如有一种药物能走私进来,那怎么会没有第二种呢?谁能说整

[①] 英国人对伦敦警察厅总部的称呼。——译者注

第三章　潘克赫斯特人提供的线索

个激进运动不是充满了"瘾君子"呢？的确，考虑到最近的荒唐、暴力的示威，又还能得出什么其他结论呢？国家就是这么认为的。这些流言蜚语的传播（对于这一点，妇女社会和政治联合会只能以清白作为反击——那是最无效的武器了）没有减少，即便年轻的激进分子琼·拉文德·贝利·古思里（Joan Lavender Baillie Guthrie）不凑巧的自杀也于事无补，她此前一直恶名在外。她自杀的原因从未被揭示，但凡读过薇拉·布里坦（Vera Brittain）《青春之约》一书的人——即使是当时最普通的年轻女士，脑子里也会闪现出一些奇思幻想，那么，一个受到费边主义、激进的参政主义和新时代这三重诱惑的人选择豪掷生命，也就不会让人惊讶了。在很大程度上，古思里小姐是她所处时代的牺牲品，但她是一名激进分子，她的死本可以同样公正地归于西德尼·韦伯的学说和奥拉奇先生的观点——现在，却横尸于妇女社会和政治联合会的门前。研究人员发现，在公众的想象中，不仅存在大量的习惯性瘾君子，而且还有更多的潜在自杀者。

在这样的情况下，联合会主张加倍扩大活动也就不足为奇了。事实上，它被那些法外之徒和殉道者的末日狂欢迷惑住了。它的成员以一种可怕的热情烧、砸、砍、诘问、呼号、绝食。情况实际上变得相当糟糕，以至于在6月11日，下议院提出了第二项动议，要求将内政部的投票额减少100英镑。在辩论过程中，麦肯纳（McKenna）先生对公众的思想状况作了一个有趣的陈述。他说，他收到所有关于处理妇女参政权的建议，可以大概地归纳为四类：

(1) 处死囚犯。

(2) 将她们驱逐出境。

(3) 把她们当成疯子。

(4) 给予她们选举权。

353

他认为，最后一类不是正确的解决方案。他提出的补救办法是采取"耐心而坚定的行动"。从威斯敏斯特教堂方向发出一声闷响，这奇特的爆炸声突然打断了他的话。一枚炸弹在加冕典礼的椅子下面爆炸，对那件珍贵的老古董造成了轻微损坏，并在忏悔者爱德华教堂①的墙壁上留下了一些凹痕——炸弹正是来自妇女参政示威人士。

这一声闷雷再合适不过了，正是"耐心而坚定的行动"——如此熟悉、如此致命的自由之铃，上天也许已经发出了声响。事态已经远远超出了麦肯纳先生的可控范围。伦敦被路障围住的美术馆（《洛克比的维纳斯》被破坏之后，萨金特②的亨利·詹姆斯肖像也遭到肢解），教堂和城堡废墟如山，不亚于霍洛威监狱的牢房，它们见证了妇女参政者们日益增长的气焰。然后——就在这个国家的愤怒和厌恶达到最高音的时候，就在麦肯纳先生的第一个建议似乎已经最俘获人心的时候——令人窒息的意外降临了，象征屈服于象征，过往向崭新臣服。

阿斯奎斯先生和他的内阁放弃了战斗。

八

在妇女参政运动史或其幸存者的心目中，这一事件的重要性没有得到强调。西尔维娅·潘克赫斯特在其中扮演了主要角色，甚至直到今天，她的名

---

① 忏悔者爱德华（约1001年—1066年1月5日），英国的盎格鲁－撒克逊王朝君主（1042年至1066年在位），因为对基督教信仰无比虔诚，被称为"忏悔者"，或称"圣爱德华"。——译者注

② 即约翰·辛格·萨金特（John Singer Sargent，1856—1925），美国画家，受印象派影响，为第26任美国总统罗斯福、"石油大王"洛克菲勒等画过肖像。——译者注

第三章　潘克赫斯特人提供的线索

字周围还依稀残留着嫉妒和偏见。6月18日，首相同意接待她的代表团。正是她——一个"猫鼠法案"治下的囚犯，一个名誉扫地的女人，被政府禁止进入议会的女人——她躺在下议院访客入口的台阶上，从政府首脑那里夺取了这一重要让步。

两天后，劳动妇女代表团前来拜访阿斯奎斯先生。妇女社会和政治联合会拒不参与。"至于我的女儿，"西尔维娅还在狱中时，潘克赫斯特夫人在写给诺拉·斯迈思（Norah Smyth）的信中说，"告诉她，我建议她出来后……就回家，让她的朋友照顾她。"这句话的意思很明显——西尔维娅必须放弃去当代表的想法。但西尔维娅坚持自己的路。她自己不能亲自和她们一道去，就在6月20日早上送走了六位女士。她们由萨沃伊（Savoy）太太领队，她是一位制刷匠，患有水肿、心悸，还有一个古怪老丈夫的怨声载道——尽管如此，我们听说，她仍然是一个保持快乐的女人。面对阿斯奎斯先生和劳合·乔治先生，这六名女工提出了她们的主张——"我们不是为了生活，而是为了生存。"——她们的谈判技巧只是在一开始出现了一点小故障。萨沃伊太太为了让她的开场白更有力，突然从手提袋里拿出一个棕色的纸包。两位大臣毫不迟疑，慌忙朝门口走去。萨沃伊太太咯咯地笑着说："这不是炸弹。"她一边说，一边把它拆开，那是刷子的一部分。里面满是洞眼子，也许绅士们也会关心，想看看有多少个洞眼，她必须要放多少猪鬃进去。这样一套工程下来，她才能赚得几便士。大臣们放下了心，他们回到谈判席，以确凿的注意力，再来体验与体力劳动的第一次零距离接触。其他几位代表也同样令人信服。未婚妈妈、妓女、白奴贩子，还有伤痕累累的寡妇和被抛弃的妻子——这些就是她们的生存现实，她们以深刻的了解和令人心碎的朴素谈论着这些问题。她们是妇女参政主张人士，却用下层阶级的真实声音说着话。阿斯奎斯先生曾在1912年和1913年的罢工中和下层阶级打过交道，不甚愉快；但这些谦逊勇敢、富有吸引力和自强自豪的妇女，给人留下了截然不同的印象。他觉得能理解她们，他不再胆怯迟疑。他这样回答她们：在他看来，妇女选举权不能拖延太久。阿斯奎斯先生过去也经常这样说。但他并不是那种会违背真诚诺言的人，他的声音里带着确切不移的真诚——在他与妇女参政人士充满疑惑的交往中，这还是第一次。第二天，自由党媒体以最积极的方式回应了他的保证，西尔维娅·潘克赫斯特也从床上直起了身子，与劳合·乔治先生和其他内阁成员进行访谈。毫无疑问，政府现在准备支持一项妇女选举权法案。

这场胜利来得如此迅速，如此出人意料，其背后要考虑两三个相当矛盾的因素。政府已经受到过于沉重的打击，它可能认为再多让一次步也没什么。它可能只是再妥协一次罢了。或者，它也可能是被这样一个事实所说服：劳动妇女正在加入参政运动，而她们是它所要依靠或希望依靠的力量。激进分子的声音也许打动了政府，又或者知道工党放弃了早前的中立态度，现在决定将成年男性和女性参选问题定为下次选举的主要议题。上述任何一个理由都已经足够。但是，好奇的探询者很难忽略另外一个原因。政府——甚至是民主政府，是否不仅要对所执政国家人民的意见作出反馈，同时还要回应好这个国家中最深刻、最隐秘的人民情感？那些在历史上令我们感到讶异的、突如其来的决定，是否并非出于大臣们的神机妙算，而是出于全体人民无意识的、不可思议的推动？代议制政府真的能做好代议吗？以最为微妙和神秘的方式实行代议？在这种特殊情况下，阿斯奎斯内阁的决定可能是漠然的结果，也可能是智慧的结果。但是，它的迅速、它的突然和难以预料的降临，就像一缕阳光穿过公众不满的重重乌云，引导我们得出另一个结论。

激进——无论被冠以何种罪名，都不能忽略它的重要性。激进是重申伟大女性原则的生动符号。激进现在已经攀上了顶峰。它要么在愤怒和痛苦的轮回中疲乏地消耗其能量，要么将这能量回归其源头。两者之间，第一种选择与历史上的一切案例都背道而驰；而第二种选择对1914年英国妇女的隐秘生活又会产生何种影响？也许，它卷入了它的那些傀儡——潘克赫斯特夫人与妇女社会和政治联合会的运动；也许，它最深切的本能是向选举权伸出手，它不仅关乎女性非个体的人生目标，也涉及自然且合法地拥有孩子的权利，这是很有必要的。如果情况是这样的，那么阿斯奎斯先生及其幕僚的决定就呈现出了迥然不同的面貌。有人会说，妇女又一次拉开了弦。在小舞台的一角，激进分子大步跨着胡作非为的步子；而另一角则被一个傀儡集团占据，这个傀儡集团正是自由党内阁，庄严而无奈地点着头表示默许。

在这一点上，即使是传记作者（传记作者都是历史艺术家）也可能失败，而史学家必须退回到牢靠的事实上来。劳合·乔治曾警示过西尔维娅，如果现在放弃激进战术，将能更快地实现胜利。她自己也倾向于同意这一点。她想召集更为强大有力的支持者，以巩固她所赢得的地位；为此，她需要和平。她在写给克莉丝塔蓓儿的信中也如是说，她还补充说，希望很快能到巴黎来汇报进展。这封信写得友好而圆滑，因为她在信中仍将克莉丝塔蓓儿尊为这场运动的领袖，以及东伦敦联合会的荣誉女神。但是，她等到的回复，却是一封给诺拉·斯迈思的电报："让你的朋友别来。"

在《妇女参政》一书中，克莉丝塔蓓儿的态度更加坚决。"妇女社会和政治联合会，"她写道，"不希望收到来自政府或任何政府成员的私人通信。"很明显，联合会已经收到了这一接近胜利的消息，而它有点儿懊恼。当然，这是在嫉妒西尔维娅和她向来被鄙视的劳动妇女联合会，是她们的代表团发动了最后一击。但是，更重要的是，她们对西尔维娅建议放弃激进策略感到愤怒。什么？在迎接胜利的那一刻放下武器？这简直太荒谬了。人们可能会说，像内文森、芭芭拉·古尔德和伊芙琳·夏普这样的和平人士支持妇女参政事业，是产生了一些积极影响；实际上，塞尔伯恩（Selborne）勋爵和伦敦主教在上议院支持妇女选举权的声音也不是没有效果。但是，哪一个更有说服力呢——是伦敦主教和勋爵的演讲，还是圣保罗王位宝座下的炸弹呢？妇女社会和政治联合会对此是不存在疑问的。不过，值得思考的是，沉迷于一场性别战争、正打得眼红的联合会，真的在乎赢得对内阁压倒性的胜利吗——仅仅为了选举权这等小事？"当胜利来临时，激进分子将会欢欣鼓舞，"克莉丝塔蓓儿在《妇女参政》中写道，"但是，伴随着她们喜悦的还有遗憾，遗憾妇女历史上最辉煌的篇章已经终结，激进分子的战斗已经终结——终结了，就在那么多人还来不及感受战斗的那份崇高和迷狂的时候……"

这些话很能说明问题。克莉丝塔蓓儿的激进行动同样能说明问题。整个7月份，她们的暴行层出不穷，好像实际上是在藐视内阁给予她们的选举权。警察满世界地追捕她们，从林肯旅馆到托希尔街的新总部，从托希尔街到坎贝尔广场。在珀斯，珍妮特·阿瑟（Janet Arthur）小姐受到直肠喂食最后的侮辱。在伦敦，潘克赫斯特太太突然宣布她打算回林肯饭店，她就在门口被捕，被带进监狱，而后被脱衣搜查——格蕾丝·罗的事件给了当局机会。潘克赫斯特夫人在第九次绝食之后获释，但到了15日，她又再次被捕——这是她自1913年4月被判处三年徒刑以来的第十次被捕——后又经历了第十次绝食。"他们必须给我们选举权，否则就给予我们死亡"，这是她的新口号，她的每一个字都是确凿认真的。但她似乎更钟意死亡。

然后，就在这些战斗之间，世界大战的厚重阴影压了下来。这些妇女会怎么办呢？她们将如何表现？谁才是最大的敌人——男人还是德国？8月11

第三章　潘克赫斯特人提供的线索

日，麦肯纳先生宣布，她们的所有刑罚都将得到赦免。"国王陛下很有信心，"麦肯纳先生说，"可以相信她们不会再犯罪或闹事，免得玷污她们心中的事业。"相信！当然，她们是可以信任的！他们把爱国者变成了女人。那些"无礼和傲慢的违法者"——《泰晤士报》在1914年年初如是称呼她们——她们的傲慢对于妇女利益是如此必要，而她们重如泰山、放纵不羁的工作已经完成，其成果只能在未来展现。现在，她们对自己作出了最后评论。不可避免，这个评论会很有意思。从灵魂中迸发出来的力量，本身就同时包含着悲剧和喜剧的元素。于是，那些砸碎窗户的手、点燃隐秘导火线的手、把果酱倒进信箱的手，现在正把白色的羽毛分发给青年们和伤兵。那些曾经口出大逆之言的嘴，现在正发表招兵演讲。因喂食管而颤抖的胸口，曾忍受过警察暴力折磨的胸口，现在却别上了"实习生"的标牌。9月，逍遥法外的"巴黎人"克莉丝塔蓓儿回到伦敦，以《德国的威胁》为题发表了一篇演讲。潘克赫斯特夫人以格外的热情奏响了同样的音符。于是，在碧血丹心的热忱和爱国主义的事业中，伟大的妇女反抗就此落幕。

只有西尔维娅，妇女参政领袖中唯一的现实主义者，坚持认为战争是一场灾难。只有她孤身一人继续为妇女选举权振臂呐喊，并号召妇女应该支持和平，而不是流血。但是有什么用呢？东伦敦劳动妇女联合会无法独立存在。因为即使是无产阶级运动——工人运动——也曾将它半革命性质的旗帜高举到了首都的城墙上，但现在，那面旗帜被扔到了一边，他们已经朝着一个崭新的方向，向着一个更明显的敌人，在英国国旗之下奋力前进。

第四章

三方联盟

一

除了1914年春在罗瑟汉姆发生的一次严重矿工罢工——当时有15000人因地区最低工资问题而罢工——从1月到7月，英格兰的工人表现出一种具有欺骗性的平静。在三方各自的反抗中，工人运动似乎已经进入尾声了。布里斯托尔卡文迪什俱乐部的成员们一定会满意地回忆起乔治·阿斯克维斯爵士在上一年11月对他们所说的话——"在相对较短的时间内，这个国家可能会有一些运动带来危机，使得最近发生的事件显得只是一个小小的预兆。"对于卡文迪什俱乐部的成员们来说，这些话现在明显打了说话人的脸：工业界没有发生什么运动。整个国家当然也都抱有同样的看法。它已经厌倦了"罢工"这个词，只乐于把表象当成现实。但是在某些知情部门，例如在贸易委员会统计部门，却普遍存在着与众不同的想法：人们注意到，一股小罢工的积极热潮——它们是如此之小，几乎无法察觉——正在全国蔓延。1913年也发生了同样的事情，而这一结论激起了连续的小停工——无论是都柏林运输

第四章 三方联盟

业的罢工还是三方联盟的形成——都是令人放心的。乔治爵士和他的助手们，以实战的目光注视着1914年的一系列小罢工，他们开始琢磨，风暴将在何时降临，又会从哪个方向降临。

乔治爵士没有过度的想象力，对于公职人员来说，想象力总是碍手碍脚的负担。他坚持认为，动乱可能是由于低工资造成的。不过，他还有一些想法，尽管并不愿意承认，但因为他实在太过诚实，无法自欺欺人。不可否认，普通民众存在着团结一致的愿望，然而，这是因为《八小时法案》给了工人更多的思考时间，还是因为更好的教育给了他们一些思考的机会，他不能确定。也不仅仅是如此。但凡是读过他那本有趣的著作《工业问题与争端》的人都会发现，在礼节和公正之间，夹杂着一种对自由党政府的极大蔑视，自由党政府虽然张开了友好的怀抱，并开出了改革处方，但却完全不了解劳工界的情况。他还有其他发现。乔治爵士并不很在意自己的文学成就，他不是温斯顿·丘吉尔，不会把最为沉重的事实和触目惊心的统计数字用华丽的文字呈现出来。但是，他对于1914年的简短叙述不自觉地传达出了一种困惑而神秘的气氛。有什么东西在激荡着——竭尽全力地激荡着——他的理智无法阐明，他的想象力也无法理解。这不仅仅是对减少工作时间、提高工资和改善劳动条件的简单渴望，它再一次威胁着国家的工业；这是一种狂热、一种亢奋。而究其原因，他还没有答案。

然而，他指出，"一张由相关雇主和联合工会组成的网络"正在大不列颠蔓延开来。他还注意到，雇主们出于冷漠、恐惧或贪婪（他不准备道出确切的原因）——他们不愿意在半路上妥协：上层阶级出现了一些可悲的问题。但是，为了对后一种发现进行阐述，我们必须求助于一个更偏颇的观察者。1913年，拉姆齐·麦克唐纳先生发表了《社会动乱》一文，这篇小文既

361

表达了对贵族的崇敬，又表达了对新贵的憎恨，这让人无从确定作者是一个有社会主义倾向的保守党人，还是一个有保守党想象力的社会主义者——当人们了解到他当时是工党的领袖，这种不确定感增加了，而不是减少了。"金融家的时代已经到来"，麦克唐纳先生在回顾过去几年时如此说。"……从世界的各个角落聚集起来的富人们，像寻求着美利坚共和国提供不了的虚荣的美国百万富翁，像占有着约翰内斯堡市场最底层人士的黄金的无赖——他们获得了社会上每一位显贵人士的敬意。他们进入了老贵族们的客厅、家庭，进入人民的议会，他们买通了自己的道路。"这样的有钱人"既得不到调和阶级仇恨的道德上的尊重，也得不到在社会差异巨大的政体下也能保持平等意识的智识上的尊重，甚至得不到倡导公平挣得财富的商业上的尊重"。这当然是不幸的，因为在麦克唐纳先生看来，"尊重"的情感力量"常常足以颠覆一个国家，但不能否认它遵从人类头脑中的真实本能"。(*The Social Unrest by J.Ramsay MacDonald*, PP.36-38) 麦克唐纳先生的唏嘘得到了斯蒂芬·麦肯纳先生的支持，他在《当我回忆起》(*While I Remember*) 一书中，不时提及工业百万富翁、金矿巨头，以及犹太人和美国女继承人的入侵给社会带来的悲惨影响，他们找到捷径进入了考斯、阿斯科特、考文特花园等无上神圣的围墙。还有一点不容忽视。翻阅《泼客》①杂志合订本的读者会突然发现，从1913年的杂志到1914年的杂志，他会被一种极其奇特的东西吸引。他似乎是从一个古老世界的遗迹中走来，如果能穿越回去——他又将是一个完全陌生的人。衣服、家具、谈吐无不残存着历史的印记；而当目光聚焦在相貌上，也看到了那种永恒的神情，人们无疑可以在18世纪的肖像上或沙特尔城墙梦境的可爱面容中看到这样的神情。1913年已经退回到过去。那么1914年呢？《泼客》

---

① 近代英国颇为流行的一本讽刺漫画杂志。——译者注

第四章 三方联盟

一直与已故的维多利亚女王一样，对英国中产阶级的情绪有着深刻反应，它以一种本能记录下了一些非比寻常的变化。它们不仅仅是"灯笼裤"①、连体泳衣、低狭的汽车，也不是那些诙谐小故事里让人心领神会的对白：在人们的面部表情中透露着某种东西——不可否认，是奇特的当代。你开始问自己，究竟自己置身于什么世界。它和我们自己的世界没什么不同，只是更新鲜、更幸运。最后，你对那群幽默的艺术家感激不尽，他们在无比高效的编辑体制下工作，对时代变化的感知是如此地敏锐。而你有过"智力助产"的经历——并非糟糕的经历。你是在助力一个新世界的诞生。

战争前最后几年的社会历史还无法确凿写就。当时的回忆——如它们所呈现的那样——实在是面貌迥异。你可以翻阅一下阿斯奎斯夫人、朗达夫人（Lady Rhondda）、普莱斯公主（Princess of Pless）、阿尔梅里克·菲茨罗伊（Almeric Fitzroy）爵士、布朗特先生、基布尔夫人（Lady Keeble），或成百上千故事大王、日记作家的任何一部作品，也难以得到对真相的恒定印象。当时的社会杂志也未能提供多少信息，还有那褪色老报纸的脆纸张里同样如此。历史事实是很重要的，但目前的历史印象却是游移的、虚幻的。知名人士的私密信件大部分还未公开；而大量的重要文件，也只有老天知道封存在哪个国内档案馆里，只能等待着安全解密的那一天。而当这一天到来，将是多么令人激动啊！这幕戏剧中的主要角色还会持续活跃很久，因而，社会历史学家不得不耐心等待，直到这些人失去提起诽谤诉讼的能力，或是再也无法用亲历者身份的叙述来迷惑他：那时，只有那时，他才能让他们鲜活起来。对他来说，事实不是他唯一要考虑的因素，也不是最重要的因素。社会历史，就像历史本身一样，是品味、想象力、科学和学术的结合体。它调和了各种矛盾，平

---

① 一种高尔夫球裤，因过膝下四英寸被称为"plus fours"。——译者注

衡了各种可能性，最后实现了一种虚构的现实性，这也是最高等的现实性。目前，人们只能说战前社会正在发生着显著的变化：在那些混乱的舞会、夜总会中，还有奢靡、粗鄙和放纵中，人们可以察觉一些死亡和重生的证据。

重生。一个路标指向那些尚未被发现的现实。人们习惯性地认为，那个社会是注定要灭亡的，于是按照传统的经验，召唤着"疯癫的音乐和浓烈的酒"，最后，人们连祈祷都来不及了，就一头陷入了战争的恐怖之中。这个场景甚至可以说颇有些拉斐尔前派画作的味道。天空乌云密布，最后一缕阳光热烈得刺眼，照耀出树叶和草木的每一个细节；在这缕阳光中，那些小小的人影踱步而过，如梦境般闪现。有趣的讽刺是：观众知道将要发生什么，可演员们却不知道；在噩耗来临之前，他们大概正处于俄狄浦斯和伊俄卡斯忒[①]的幸福状态。上述比拟应该很方便理解了。它很容易让人联想到大英帝国，她光彩照人，辉煌灿烂，直至在战争降临的那一刻，都生活在雄伟的盛世之中。这就是它的外表——略显颓唐的帝国，粗枝大叶的民主政体。但我想，它的社会历史将不会以此种方式呈现。正如政治家、妇女和工人的运动所表明的那样，有一种新的能量在整个社会中自上而下地发酵着。在1914年，你可以看到这种能量洋溢在中产阶级的脸上，正如《泼客》里描绘的形象；你也能听到它，在上层阶级奢靡的欢乐中，实际鸣响着不和谐的号角。而且，你也知道，战后社会对于繁文缛节和陈规陋习的无视，其实在战前就已经萌芽了。值得再次重申的是，在1914年的春夏，大英帝国呈现如此动荡的面貌，并不是因为死，而是因为生。

是时候重温一下拉姆齐·麦克唐纳先生的睿思了。他曾说，动乱"特别容易陷入愤怒的阶级冲突"，而新贵统治形式下的社会"无法抵御这种攻击"。

---

① 俄狄浦斯之母。——译者注

第四章　三方联盟

如果以此为前提，那么人们按照麦克唐纳先生的论点就会得出逻辑上的结论，即在不同的政权体系下，英国工人就绝不会有阶级仇恨这样低级的情绪——比如，劳合·乔治所厌恶的公爵体系——或者说，即便有阶级仇恨的情绪，也很快就能被抹平。这个结论可能是正确的，尽管它不大适用于1910年至1914年的社会动乱。而且，无论如何，它既然出现在了麦克唐纳先生的书中，就一定对他的追随者们的社会良知产生了一些影响。阶级仇恨是存在的，这是动乱的主要特征之一。毫无疑问，少数富人的行为形成了一种刺激；毫无疑问，导致这些富人产生的非人道制度更应承担责任。但是，在这种仇恨中，是什么因素使乔治·阿斯克维斯爵士陷入迷茫、让麦克唐纳先生无从把握呢？难道工人们——正如富人们及其集团一样——正在推翻他们世界的传统和约束吗？富人和穷人的能量不是相对的，而是平行的？在罢工时期的历史中，工人对资本主义有意识的攻击，似乎被一种对自己无意识的反叛所强化了。他们转而反对工会领袖和议会工党成员——那是他们自己的创造，他们自己法律和秩序的特殊象征。似乎通过违背"与人类头脑中真实本能相对应"的一种"尊重"，他终于又让自己活了过来。

二

当然，矿工、铁路工人和运输工人的三方联盟是弥漫于工会普通成员中的不安促成的结果。如果单靠工会大会，是制造不出如此强大的武器的。这个武器会在何时被使用，以及如何使用，也是一个问题。

如果我们能借用想象的翅膀，盘旋在1914年的头七个月里，盘旋在贸易委员会的各个部门中，我们可能会看到，那些责任人的脸上流露出了惶恐神

365

色。1月至7月，罢工事件不少于937起。它们的起因大多模糊不清，甚至是不合理的。也许——尽管我们不能肯定——这些小规模罢工的迅速开展和工团主义的策略之间存在着惊人的相似性，贸易委员会的高层官员们也许会感到震惊。不过，如果他们感受到了，他们无疑会这样安慰自己：英国工人对索雷尔先生的哲学丝毫不感兴趣。麦克唐纳先生不是评论说他们只是"暂时玩弄工团主义，不是运动，只是脾气"，就此否定了整个问题吗？说得多么正确啊！然而，"脾气"这个词是有些预兆性的。毕竟，索雷尔先生的哲学是建立在柏格森先生《创造进化论》的基础上的；而且，不管人们对1914年的罢工如何评价，他们的表现确实符合《创造进化论》中的一些判断。工人们会不会正准备举行总罢工呢？

从罢工统计数据中，也许能排除那位让人恼火的法国哲学家的阴影，但无法驱逐三方联盟的幽灵，因为数据是一个月接续一个月地出现。只要工人们的"脾气"得到充分的激发，只要稍有挑衅性，就会有什么事情要发生了。事实上，除了国内普遍的积愤之外，三方都已经有足够的理由发动罢工了。首先，内阁经过一场激烈的内部斗争制定了1913年的《工会法》，它实际上将工会置于一种游离法外的反常地位，连法律都难奈其何；与此同时，尽管他们为工会卸下了奥斯本判决的负担，但态度却是屈尊和不情愿的样子，这至少可以看作一种挑衅。然后，每个独立方都各自心存不满。矿工不能忘记，1912年大罢工的收获只是确立了一个原则：最低工资像一颗成熟的果实在枝丫上晃动，在它掉落之前，必须再摇晃一次。他们永远在提醒自己，当罢工或立法提高用煤的收费时，总是由消费者买单，而且一定会保证矿主获得成百倍的利润。诸如森格尼德矿场发生的事件，就不可能降低他们被不公正对待的感觉。1913年10月，该矿发生爆炸，439人死亡。这个矿早就有"烈火"

第四章 三方联盟

矿之称，但是，无论是《煤矿法》的规定，还是内政部的通告，都没有引起经理的重视。矿上没有任何设备来逆转气流，也没有适当处理煤尘；内政部特别坚持要求覆盖的电线，也没有覆盖。该经理因17项不同的罪名被起诉，最后竟然只被处以22英镑的罚款！当地劳工报纸宣称："每个矿工的生命只值1先令1.25便士。"确实如此。如果立法不能发挥更好的作用，政府显然需要再上一课，因为其他很多矿场也没有实施更好的保障。

铁路工人的不满主要与工会问题有关。尽管他们在1911年举行罢工，铁路工会实际上得到了"承认"，但他们的雇主却表现得报复性很强。麦克唐纳在《社会动乱》一书中写道，"我们的一条主要铁路上的工人遭遇了一系列解雇和惩罚"，把事情陈述得非常清楚：

"管理者正在惩罚那些积极参加工会的人。一名日班搬运工因为耽搁了一些行李就被永久降级，虽然事实证明他没有责任；另一名搬运工被停职，因为他无法同时完成两个独立领队交代的任务，以及他要求享有正常的晚餐时间；明明是在日常工作中受到干扰的人，却被始作俑者反咬一口，由此被解雇；因为不愿意结束罢工，在出现职位空缺时，工会成员不会被提拔，非工会成员会被优先提拔为他们的上级；有人被诬告盗窃，即便证明这是子虚乌有的，他仍然被解雇；有些人拿不到他们通常可以预支的工资，还有些人的工资比从事同样工作、具有同样资历的同事要低；还有正在发生的、无法解释的解雇和降级。在每一个案例中，政策的受害者都是他们的工会成员。谁能想到，动乱正在蔓延，铁路上下关于新运动的流言纷传？人们被鼓动着站起来反抗。"

此外，1911年的罢工使各公司因增加工资而损失了约100万英镑；于是，各公司宣布计划将商品费率提高4%，将旅客费率提高5%——进而保证自己每年有200万英镑的额外收入。

至于联盟的第三位成员——全国运输工人联合会，它仍在为因缺乏资金而未能支持1912年的伦敦罢工而感到痛心。他们正是从港口中汲取力量的，因为港口有罢工的天性，他们有越来越庞大的非熟练工、喜欢抗命的工人队伍，还有各种各样、无穷无尽的不满情绪。而詹姆斯·拉金的影响，就像一位搅乱水面的精怪，穿梭在英国的每一个港口、每一个临时工的汇集点。显然，运输工人们的心态并不平和。

这就是三方联盟的情况，在具体的不满和那场莫名骚动的推动下——这场骚动似乎正在席卷大不列颠的所有地区，使贸易委员会愕然不已——它的领导人怀抱着一种特有的不得已站在了悬崖边上。在悬崖的底部，是一次总罢工。谁会推他们一把，让他们跳下崖去，这还有待观察。

到了1914年7月，很明显，这只推手是不会缺的。伦敦建筑贸易和电气行业发生纠纷。轮机工程师联合会正处于紧张状态。造船和工程行业要求每天工作八小时。工程师和锅炉工正与大西铁路展开一场复杂的对弈。总工会正在争取缩短工作时间、增加工资和改善工作环境。乔治·阿斯克维斯爵士说，开始是一个人，后来是所有人，大家的呼声越来越强烈："等到秋天。"

乔治爵士的担忧得到了一种直接且重要的印证，在未获劳工局批准的情况下，某个政府部门举行了罢工。7月4日，伍利治兵工厂解雇了一名工人，由此引发罢工。当然，这个事件是可以调解的——而事实是，直到战争爆发时才得以调解——乔治爵士认为它发生得很不是时候。塞尔维亚也曾遇到过这样的麻烦。诚然，它可能会一事无成——也许会一事无成——不过，军工厂工人最好不要选择在这个特殊的时刻举行罢工。他回忆起在过去一年里，梅特涅亲王（Prince Metternich）和马沙尔·冯·比伯斯坦男爵（Baron Marschall von

Bieberstein）对动乱的进展表现出一种忧心忡忡的兴趣。不久前，他告诉他们，没有一次罢工是"反政府的"，但无论是男爵还是亲王，似乎都没有特别信服。事实上，当他着手进行安抚军工厂工人这一艰巨任务时，他突然想到，在所有德国外交官中，只有大使利希诺夫斯基亲王对罢工的进程漠不关心。而后来才发现，利希诺夫斯基亲王被称为"崇英主义"强力致幻剂的受害者。

现在，三方联盟的领导人站在悬崖边摇摇欲坠地保持平衡，他们开始蹒跚前行……而在背后敦促他们的力量是苏格兰煤矿主们的手。当年7月，矿主们宣布他们无法负担所在地区的7先令最低日工资了——他们会在大多数地区将其降低到6先令。对普遍的矿工阶层来说，这是最后的挑战。很明显，英国矿工联合会将对苏格兰矿主提出异议；运输工人和铁路工人也会加入进来；而且——到9月或最迟在10月——将就基本生活工资问题爆发一场震撼人心的全国性斗争。

三

1914年，萨拉热窝的几颗子弹给当年的总罢工按下了暂停键，由此滑入了未竟事业争论的幽冥之界。但是，如果我们继续追索它，关注它，就会发现它像巴里的《亲爱的布鲁图斯》[①]那样，充满了一部幻剧的魅力。工人们在1914年表现出的精神是前无古人的。过去四年，工会成员从2369067人激增到3918809人，一种能量（在《国民保险法案》无意间的协助下）引领他们走进工会，同样的能量使他们对今后的斗争充满了热情。而雇主方面也同样

---

① 取自莎翁的《恺撒大帝》："亲爱的布鲁图斯，错误并不在于我们的命运，而是在于我们自身。"——译者注

固执，他们再也听不到乔治·阿斯克维斯爵士的劝说了。和雷德蒙先生一样，他们已经触及了"让步的极限"，他们不同意接受国家最低工资，而是准备甚至愿意为之战斗到底。至于政府，它已经有心无力了——也就是说，它失去了双方的信心，除了维护秩序稳定的微薄责任之外，它也做不了什么了。

但是，它能维持好秩序吗？在这一方面，内政大臣还是幸运的；但凡有机会用兵，丘吉尔先生就会被那种诱惑带跑，而麦肯纳先生则不然。但是，用兵是迟早的事；因为说来奇怪，民主政府总是站在雇主一边。雇主对他们的财产很是关心，而且，财产被刺刀环绕起来比在铁丝网或警察后面更为安全。罢工工人们要么挨饿，要么被一个个枪杀直至投降，这是不可避免的——除了一件事，那就是他们的活动与爱尔兰内战的活动在时间上巧合。如果那样的话，枪声会更重，投降则会拖得更久。因为尽管拉金先生在1913年都柏林大罢工数月后被英国政府和警方挫败，但工人们对他仍怀有好感，就像他们对康诺利先生一样，而且——如果爱尔兰奥兰治党人和爱尔兰民族主义党人爆发冲突——拉金和康诺利的追随者将在民族主义阵营中表现得更突出。如果最低标准工资问题与自治问题纠缠在一起；如果爱尔兰海峡一面的流血事件得到革命的支持……

历史已经提供了前提语境，到最后可能才发现这些命题过于缥缈了，但它们至少在逻辑上是成立的。似乎，梅特涅亲王、马沙尔·冯·比伯斯坦男爵以及他们威廉大街的上级的想法是如此，乔治·阿斯克维斯爵士的想法也是如此。劳合·乔治先生在7月17日对银行家们的讲话中谈到了这些问题。资本和劳工之间的冲突（与之相比，1926年那场疲惫不堪的总罢工变得微不足道）已经无法避免。那么，剩下的唯一问题是——有什么办法能阻止爱尔兰内战吗？

第五章

萨拉热窝

一

自从宣战以来，苏格兰矿主撤回了降薪的要求，三方联盟也突然不再提及最低标准工资，劳资双方在狂热的爱国热情中握起了手，亲王、男爵和威廉大街由此彻底偃旗息鼓——可以看到，1914年总罢工的历史遗留问题已经消失了，那个幽冥之界就像弥尔顿的地狱一样遥远，又像教皇的地狱一般奇幻。此外，哪怕公众已经意识到工业灾难的迫近，如果当下的形势以最有力的语言、在所有的报纸上将其一切含义和影响都呈现出来，也不一定会引发大量恐慌。

公众现在已经习惯了惊险刺激——从汽车、飞机到电影、雷格泰姆音乐[①]和德国的威胁——以至于，他们非但没有为国家的停摆而烦恼，甚至连爱尔兰内战这么明显而紧迫的问题都拒绝认真对待。内战是一场游戏，是一场危险而激荡人心的游戏，坐镇在游戏里的爱德华·卡尔森，带着拉恩的3万支

[①] 20世纪初由北美黑人乐师发展而成的流行乐，把非洲音乐节奏的基本元素引入流行音乐，用散拍节奏演奏，为爵士乐的兴起创造了条件。——译者注

步枪和300万发子弹，还有他那价值100万英镑的战争宝箱，正威胁着……谁呢？爱尔兰民族主义人士？政府？还是英国公众？似乎没人在意。

事实上，1914年的动乱并不比公众的超然自若更令人好奇。最惊天动地的哭号，最哀哀欲绝的预言，都没能在它的胸怀中激起任何比快乐更为强烈的情绪。当然，"公众"是一个脆弱的表达，当我们审视它的时候，它会分裂成无数的碎片——

> 人类所做的每一件事——
> 它的祈祷、恐惧、愤怒、快乐、欢娱，
> 循环往复。①

这些就是它的组成部分——这些相互冲突的欲望和难以兼容的情感："公众"这个词在语言中是一种幻想体。也许，它只意味着一个国家放松了警惕，就像一张熟睡的人脸。然后，它奇异而混杂的元素——它的政治信条，它的各种阶级，它的不同道德——瞬间组合在一起，形成一个统一的外观。伟大的英国公众正是在某种睡梦中释放出了那些神秘的能量。到1913年年底，这些能量已经有效地摧毁了英国素来的尊崇地位，现在则有可能将它推向国内混乱的深渊。它成了欢愉和冷漠的牺牲品。现在，它愚昧不堪；现在，它无比软弱。在1914年，它就像一个神经衰弱的病人；它面向一切，除了现实。但是，当它面对现实时——面对最简单、最可怕的现实时——它又接受了现实，以坚忍的精神追求着现实，这种活力至今仍旧让人惊叹；直到今天，它依然保持着世界上其他国家所不具备的理智。这就是三方动乱的影响。

---

① 罗马诗人尤维纳利斯（Juvenal）的诗句，他是一位讽刺作家。——译者注

第五章　萨拉热窝

二

因此，不应该认为雷德蒙先生的行动招致了特别关注。整个5月，这位郁郁寡欢的绅士在狄龙先生的勉强帮助下，迫使自己逐渐地、痛苦地走向民族主义志愿军。争论的焦点问题是，由麦克尼尔和凯斯门特控制的26人临时委员会，会否接受另外25名成员的加入——这些人都是追随雷德蒙的。一个个星期过去，麦克尼尔和凯斯门特在对手的紧逼下还不松口。他们指控他挪用款项；他们信誓旦旦地说，他把武器从南爱尔兰转移到北爱尔兰人手中了；他们使尽了威胁、奉承、哄骗的招数，但都不管用。6月，他们终于败下阵来。他们不得不承认，没有雷德蒙的领导，爱尔兰志愿军就会分裂为二。然而，私下里，他们别有他想。他们已经形成了一个成熟的走私枪支计划，原则是"谁提供武器，谁就可以主宰志愿军"，而雷德蒙对此毫不知情。

如果说，只有一位天才的爱尔兰人才能写出一部令人满意的斯威夫特的传记——（否则，何以理解这位《布商的信》和《一个小小的建议》的作者呢？）——那么，也只有一位天才的爱尔兰人才能为雷德蒙先生正名了。这两部传记存在着一种非凡的、相对的魅力：一部传记中人物的神秘与另一部传记中环境的神秘形成了某种平衡。的确，雷德蒙先生不太适合传记，他是含蓄而精准的，缺乏想象力，缺乏生动性。但是，他想成为其领袖的爱尔兰！爱尔兰的各种精神——新生的、暴力的、浪漫的——嘲弄了他的努力，正如它或许曾嘲弄了帕内尔的努力！

他最后几年时光竟然在这样一个国家冒险度过，威斯敏斯特的精神流亡者竟然被迫回国，这确实令人悲哀。但志愿军毕竟是眼下这个新爱尔兰的现实，他们召唤他回来，他无力抗拒。他随后的历险如若被完整地讲述，会同时具有悲剧性和童话性：故事里会充斥着各色人物，其中有些人异常高贵，有些人异常奇特，他们都值得好好研究。

他掰着手指数着志愿军内代表政党的数目，权衡着一个政党对另一个政党的影响，权衡着所有政党对他自己的影响，但这一切都是白费苦心。谁能衡量出艾比剧院①、盖尔民族联盟和叶芝诗歌的分量呢？谁能肯定地说，像《托马斯·马史克莱》②或《舒勒的孩子们》③这样的剧作不如志愿军那般真实呢？或者说，一位非政治诗人不朽的声音没有爱尔兰板凳上的那些喧嚣重要？雷德蒙先生要面对的是爱尔兰的文艺复兴，因为爱尔兰是为数不多的这样几个国家之一——也许是最后一个——它的政治和艺术之间的界限从来都是模糊的。雷德蒙最后的日子成了"雷德蒙先生之国"的肇始，而传记作家如若重塑它们——所有那些毁灭性的、怪诞不经的、奇异的、肮脏的、激情洋溢的东西——将能写就一本伟大的著作。或许，这位核心人物也不是那么难以描述。在那冷峻严酷的外表背后，人们有时会瞥见——在一瞬间——一些神秘的激情、飞腾的野心和人性的嫉妒。

然而，他的结局也是悲惨的。他死于战争快结束时，那时他已非常清楚自治已经成为昨日旧梦。新芬党的盛怒和他以前政府盟友犯下的可怕错误加速了他的死亡：他被迫辞去志愿军的领袖职务，他曾预见自己成为爱尔兰议会领袖的高贵命运，如今却落到了和帕内尔一样的悲惨境地。他在屈辱和失败中死去，也许死于心碎吧。

---

① 爱尔兰国家剧院，位于爱尔兰的首都柏林。——译者注
② 培德莱克·科拉姆（Padraic Colum）(1881—1972)的作品，科拉姆为爱尔兰裔美国作家，其作品对爱尔兰戏剧的现实主义潮流颇有影响。——译者注
③ 修马斯·奥凯利（Seumas O'Kelly）(1881—1918)的作品，奥凯利是爱尔兰记者、小说家和剧作家。奥凯利与爱尔兰民族主义者阿瑟·格里菲斯（Arthur Griffith）交好，后者是新芬党及其报纸《民族主义》的创始人。——译者注

第五章　萨拉热窝

1914年6月，他将自己的领导威望强加于志愿军，就只落得如此结局了。起初，他在英国政界的声望要高得多。他现在和卡尔森旗鼓相当了：他只要一抬手——卡尔森主义也许就要灭亡了。但可惜的是，雷德蒙先生不能扮演一个军事家的角色。暮去朝来，很明显，他将尽可能久地掌控好那些不好惹的战士。自由党人也许会对他这种态度心存感激，但他们实则并未报以尊重。

在6月和7月的大部分时间里，奥兰治讲坛和民族主义道场上，频频出现阿斯奎斯先生曾经描述过的"不计后果的厥词"。新教主教和长老会的要员们四处为阿尔斯特旗帜祈福，奏诵着经典的圣歌；而在某些边界线上，双方军士共用操练场和靶子，也丝毫没有削弱他们在战斗中歼灭对方的渴望。6月23日，阿斯奎斯先生的《修正法案》——事实证明，几乎依旧是他3月提出的建议——提交到上议院，立即遭致米尔纳（Milner）勋爵和兰斯顿（Lansdowne）勋爵的抨击，而厄尔·罗伯茨（Earl Roberts）则借机强调，任何胁迫阿尔斯特的企图都将导致军队的彻底毁灭。但这些只是前菜。当法案进入委员会，一些保守党的"野蛮人"——例如威洛比·德·布罗克勋爵——恐怕会恶言相向，由此迫使敌方军队即刻开战。账单最多是多少？法案最多不过是螳臂当车，暂时让宪法不至于跌得粉身碎骨。还有其他的权宜之计吗？在最后一刻，会有一个强壮的臂膀把它推回到安全的地方吗？

有议长的臂膀，有以利班克的穆雷勋爵的臂膀，还有坎特伯雷大主教的臂膀。议长试图让卡尔森和雷德蒙在他的图书馆会面，但没有成功。穆雷勋爵在两个阵营之间游说，现在他开始威胁雷德蒙先生，但也徒劳无功。雷德蒙先生在他们谈话结束时说："他告诉我，《泰晤士报》的编辑诺斯克利夫（Northcliffe）勋爵、《每日邮报》的政治编辑和其他一些记者，将于今天上午

375

(6月30日)开始动身前往阿尔斯特,他感到很不安,因为他不明白这意味着什么。"现在,他带来了卡尔森和伯纳尔·劳的提议。他们要求:(1)阿尔斯特每六年进行一次表决,以决定它的不独立权;(2)爱德华爵士承诺出席第一届爱尔兰议会开幕式。但是,雷德蒙对后者的建议并不满足。至于大主教,他对卡尔森的刚硬感到无所适从,而真正让他感到痛苦的还是首相的温和作风。他向国王的秘书抱怨阿斯奎斯先生那"平静的乐观主义"和"苍白无力的态度"。但是,唉,即使是国王的一封忧愁的来信,也没能扫除唐宁街10号安安静静的疲惫。

就在这些令人绝望的会谈间隙,6月29日,星期一,萨拉热窝前一日成功谋杀案的消息传来了。被谋杀的弗朗茨·斐迪南大公(Archduke Franz Ferdinand)酷爱打猎,在他波西米亚城堡的地下室里,藏有世界上最多的圣乔治雕像。至于他的其余爱好和特点,大家知道的就不多了。"但他是德国皇帝的密友,两周前,在科诺皮施特的玫瑰丛中,他们缔结了友谊的誓言。6月的早晨,一个撒旦印刷工和一个小小学生的犯罪①剥去了外交的伪装,在全世界的注目下揭露了某些铁的事实。"[*The People's King*, by John Buchom, P.84]在全世界的注目下——除了爱德华·卡尔森爵士和雷德蒙先生,他们只把目光紧盯在彼此身上,虎视眈眈。劳合·乔治先生也没有更高的见识。直到7月17日,他还在市政厅对一群银行家说:"在外交事务方面,天空从来没有像现在这样澄澈。"银行家们对此当然不会感到不愉快。

---

① 刺杀者之一波斯尼亚–塞尔维亚激进分子加夫里洛·普林西普是被其波斯尼亚学校赶出来以后,到塞尔维亚首都贝尔格莱德去学习的,而另一人查布里诺维奇则是由于参与了印刷工人的罢工而从萨拉热窝被驱逐出去,两人因而在贝尔格莱德结识。——译者注

第五章 萨拉热窝

三

萨拉热窝事件以一种颇具讽刺意味的精准,发生在一场貌合神离的聚会之后。6月27日,星期六,基尔举行了盛大的庆祝活动,德国和英国舰队并肩而行,德意志皇帝与其同乐。当天举办了比赛,鸣响了礼炮,还有兄弟般的漫步闲话。在宴会上,大家纷纷高唱着祝酒词"现在是朋友,永远是朋友"。第二天,听说科诺皮施特玫瑰里的朋友不在了,国王也匆忙离场。不过,那天晚上,两支舰队还准备重续友谊——在这个古老而宿命的世界里。

于我们而言,那些晚宴可以不必品尝;夕阳在最后一场盛会里西下而去,剩下的日子将是黑暗、迷茫和痛苦。现在,那亲和而可怖的暮色在一分一秒之间侵吞着德国低矮的海岸,似乎踟蹰着一路西行。它穿过那波涛汹涌的浅灰色的北海;它覆盖了林迪斯法恩和班堡的岩石,它指向沃克沃斯堡、泰恩茅斯的岬角;它来到惠特比,迷人的废墟修道院;它的面前是南部世界高耸的悬崖;它已经到了艾塞克斯平原,与薄雾和黑暗交织在一起。刹那之间,它由北向南,踏遍了内陆的每一个角落。它身染大西洋的长波;它穿过爱尔兰海峡,侵入峡上的鬼蜮海域。现在,半明半暗的光线完全消失了,大英帝国的壮丽山河,终于永远地笼罩上了一片挥之不去的黑暗。

第六章

从白金汉宫到贝契乐大道①

一

和平的世界只留给他们一个月期限了,政客们想方设法把英国的内政搞得乱七八糟,连站出来假意为其正轨的人都没有了。爱尔兰人之间的纷争,一方得到政府的支持,另一方得到反对党的支持,局势云诡波谲。人们也许会认为,在天赐安乐的1914年,内阁总会伸出手来——无论是多么虚弱无力的手——以正统和常识的名义打出最后一声霹雳。确实,有那么一瞬间,云层似乎聚拢起来,闪电微微地颤动了几下;可之后,天空又放晴了,那熟悉而平静的无能再次照耀人间。

米尔纳勋爵、兰斯顿勋爵和罗伯茨勋爵的话,就像瓶子里的精灵一样,从土地运动的隐秘处召唤出了劳合·乔治先生的身影。也正如精灵一样,他的身形可大可小,这纯粹决定于他的情绪,乔治先生开始膨胀起来。他点数着担任财政大臣的日子——在那些愉快的时光中,公爵们是"意气风发的总

---

① Bachelor's Walk,都柏林的一条大街。——译者注

督",贵族家庭则"越老,越有",就像奶酪一样。他告诉 T.P. 奥康纳(T.P. O'Connor)先生,阿斯奎斯的妥协太过分了。听闻内阁反对《修正法案》的建议,奥康纳先生满心欢喜,但这欢喜只是短暂的:因为几乎就在同时,乔治先生快快地说,他不认为国王会只签署其中一项法案。这句话让劳合·乔治开始退缩,他巨大的身躯瘪了下去,然后消失在了瓶子里。没过几天,他又开始指导这个平庸的国家,宣讲着野鸡的习性和地主的恶行。

穆雷勋爵和大主教也决计不再干预。只有阿斯奎斯先生仍然微笑着,仍然掌着舵,仍然轻巧地把它打往错误的方向——而前方就是礁石。他认为,再多做几次让步就可以解决问题——比如说,阿尔斯特应该拥有不自治的永久选择权。他叹了口气,驳斥了一个简单的事实,即雷德蒙要是再让步,就会激起民族志愿军的共愤了。他们是何等骄横的一群人!还有他那可怜的《修正法案》——仍躺在上议院。可能会产生什么结果?他不能肯定——我们必须拭目以待了。

如同中欧一样,爱尔兰的上空笼罩着一片寂静。一声枪响都没听见。但是,阿尔斯特临时政府的宣告成立,以及爱德华爵士 7 月 12 日前往贝尔法斯特的行动,是如此具有挑衅性和皇家气度,以至于内阁绝望地转向了国王。在过去的六个月里,国王的名字被两党的极端分子以粗暴不堪的语言反复提及,因为他们是毫无常识的。这场运动本来就属于并不盛大的星星之火,此种情况更浇灭了它的火苗。对保守党来说,乔治国王是一种"密码";对自由党来说,乔治国王是"伯纳尔·劳的一个副官"。在库拉富兵变期间,双方都指责他偏袒对方;白金汉宫的后楼梯到处流传着将军们的煽动和民族党人的谣言;他的行动受到了议会的质疑——这就是国王陛下为维护和平不懈努力而换来的结果。

但内阁还是冲锋向前。

"7月16日。"阿斯奎斯先生在日记中写道,"我决定了,我要建议国王通过召开各方相关代表会议——英国和爱尔兰都要参加——由此进行干预,以达成和平的和解。"

"7月17日。我在花园的帐篷里遇到了国王。他对召开会议的提议很感兴趣,并提出由议长主持会议,这是个非常好的建议。"

在7月18日写给首相的一封信中,国王总结道:"我相信……一个伟大的会议将带领我们在达成友好和解方面取得重大进展,请上帝保佑我们,别让我陷入威胁联合王国,乃至威胁我整个帝国福祉的危险。"

因此,上议院推迟了对《修正法案》的辩论,并于7月21日(星期二)在白金汉宫举行了会议,与会者包括:政府代表阿斯奎斯先生和劳合·乔治先生;保守党代表伯纳尔·劳先生和兰斯顿勋爵;阿尔斯特代表爱德华·卡尔森爵士和克雷格上尉;民族党人代表人士雷德蒙先生和狄龙先生。会议在俯瞰皇宫花园的大会议室举行,国王似乎有些紧张,他作了会议的开场白:

"先生们:

"今天,我怀着满怀热望,无限憧憬,在这里接待你们,感谢大家对我的召集作出的回应……

"几个月来,我们对爱尔兰的事态发展深感忧虑。现在的趋势是,我们正在决绝而稳步地走向武力,今天,我的人民中最有责任感、最理智清醒的人都在高呼着内战的口号……你们的责任着实重大。而时间非常紧迫。我知道,你们会尽可能地利用天时地利。而考虑到爱尔兰事态的紧要性,你们要耐心、认真,以达成和解。我祈求上帝以其无穷的智慧来指导你们的讨论,愿能带来体面的和解与和平的喜悦。"

这篇演说不幸被发表，而后遭到自由党媒体的猛烈抨击。除了统一党人的嘴，哪里还有内战的呼声？那么，在国王陛下看来，统一党人就是"我的人民中最有责任感、最理智清醒的人"了。乔治国王公开倒向了保守党，否则的话，还有其他什么意思吗？基尔·哈迪先生在《工党领袖》（*Labour Leader*）一书中阐述了自己的观点，他以惊世骇俗的方式强化了这些论点。这些观点比自由党的观点更为全面，因为哈迪先生对工党未受邀出席会议感到恼火：国王现在"与反动的同僚和反叛的阿尔斯特同流合污"。在过去两年里，"皇室集团"一直在联系默瑟尔以及其他工业中心的工人，目的是"把他们的铁律锁链更牢固地铆在他们身上"。这是无法容忍的，如果乔治国王出身于工人阶级，他无疑会成为一个街头流浪汉。"但是民主，"哈迪先生悲观的结论是，"将接受挑战。"

至于这次会议，它与国王陛下"充分利用"时间的建议背道而驰。关键的问题是——阿尔斯特的不自治只是维持几年，还是永远不自治呢？雷德蒙先生不愿意当即面对这样一个问题，如果这个问题的解决方案对他不利，他将永远背负割裂爱尔兰的罪行。他于是抗议说，必须首先确定一个不自治的具体区域。他的对手表示同意。会议一直纠缠在这个有趣但次要的问题上。

有两个因素要考虑。现在的阿尔斯特是合适的区域吗？还是以新教徒为主的郡不自治？前一种选择显然对雷德蒙先生是有利的，因为整个阿尔斯特不可能永远不自治；但如果仅仅剥夺北方民族党人被《自治法案》赋予的权利，哪怕是一两年，对他来说都是不可接受的。他提出了郡级方案。他认为，根据这一方案，唐恩、德里、安特里姆和阿玛以及贝尔法斯特自治区可以投票决定是否继续留在联邦中；而卡文、多尼戈尔、费尔马纳、莫纳亨、泰隆以及德里自治区可以要求加入爱尔兰其他地区。在不自治的四个郡中，有

29.3万名天主教徒；而在自治的五个郡中，只有17.9万名新教徒。很明显，雷德蒙先生认为，爱德华爵士和工会成员能从这样的分割中获益。但迄今为止，爱德华爵士和工会成员一直没有看清郡区的划分问题——他们从未直接面对过这一问题。四个郡换五个郡？这是不可能的。他们绝不会予以考虑。

22日，会议打算散会，但议长的强硬态度将其阻挠。会议于是又延期了两天，并逐渐缩小了分歧，以至于只要在泰隆郡划出一条合适的边界线就可以开始进入或永久或暂时自治的重要议题了。但这条边界线始终没有划定，因为"新教"泰隆和"天主教"泰隆的美丽面容上都存在着斑斑点点，一方被天主教点缀，另一方被新教点缀。只有地震或普遍的信仰转变才能解决这个问题：会议的悲哀在于，它试图通过议会法案来实现老天才能达成的事情。

在这些徒劳的讨论中，唯有爱尔兰精神独树一帜。在过去四年的纷繁复杂的形势下，无论是民族党人还是奥兰治领导人，都像一头高大的雄鹿一样一路追寻着它，并最终在泰隆中部将它推向了海湾。是的，那是一头雄鹿，长着鹿角，英姿飒爽。它的四蹄踏在泰隆的土地上，俯身低头，邀请他们把它撕成碎片。

7月24日上午，会议解散。代表们逐个进去觐见国王，雷德蒙先生对他这次会面的印象特别深刻：这是他首次会见那个忧心忡忡的国王。国王以一种不容置疑的慷慨激昂说道，他对民族党人和统一党人一样心怀同情，他是一个立宪君主，爱尔兰的福祉正是他所关心的。当代表们准备离开时，雷德蒙先生最后作出了一个相当可爱的姿态。他走到卡尔森跟前，请他"为了过去打了一路的旧时光，好好握个手吧"。卡尔森无法拒绝。

现在只剩下走武力这条路了。内战还能推迟多久？是否要等到《修正法

第六章　从白金汉宫到贝契乐大道

案》得到处理之后？整个下午，内阁都呆坐在那里，审度着无望的前景。"它就要分裂了"，温斯顿·丘吉尔写道：

"当爱德华·格雷爵士读着刚从外交部带来的一份文件时，他的声音沉静而严肃……他已经读了好一阵，或者说了好一阵话了，我才把心思从刚结束的那场乏味而令人困惑的辩论中抽回来……但渐渐地，随着句子接连不断地出现，我的脑海中开始形成一种全然不同的印象……泰隆和费尔马纳的教区消失在爱尔兰的雾霭和狂风暴雨中，一道奇异的光立刻开始闪烁，它带着跳跃的渐变，落在了欧洲的地图上。"

就在 5 点钟之前，内阁成员从议长座位的后方鱼贯步入下议院。一场沉闷的辩论即将结束，讨论的是农业委员会主席朗西曼（Runciman）先生提出的一些住房法案。厅内座无虚席，但大家不是兴致勃勃地来听朗西曼先生讲述他对农业工人村舍的看法，大家热切等待的是阿斯奎斯先生对白金汉宫会议的观点，这已经是现在惯常的"场面"了。但是，阿斯奎斯先生和他的同事们脸上的表情——一种深沉凝重的表情——在那些拥挤的长椅上投射出的是相对的沉默。议长提出动议——"本院现在休会。"首相站起身来宣布，会议未能在原则上或细节上，就是否有可能确定一个地区排除在《爱尔兰政府法案》的治理之外达成一致意见，会议结束。政府的《修正法案》将于下周进行审议。

所有情况就是这些。他心不在焉似的一字一句说着，好像有更严重的心事；而他财政部的同僚们则直勾勾地盯向他的前方，仿佛能在反对党的头顶上看到那可怕现实的幽暗面貌。事实上，现实已经潜入那场争辩——在某个小房间。很快，下议院的议员们就知晓了奥地利给塞尔维亚那封照会的细节——这封照会的出现不为人知，出人意料，它迫使他们达成了和解。

383

现在，阿尔斯特的忠诚者肯定不可能高举着他们的英国国旗参加分裂的内战了！可是，果真如此吗？对阿尔斯特的忠诚者来说，还有什么是不可能的吗——也许，除了忠诚？阿斯奎斯告诉麦克雷迪将军，如果可以的话，他先回到贝尔法斯特去维持和平，多待上几天。将军于是心情沉重地回去了。他对卡尔森主义和临时政府是极为蔑视的，但他也知道爱德华爵士的游戏充满了危险，他感到惶恐不安——正如他后来所写的那样——"以免我的士兵要在与狂热分子无意义的交锋中抛洒热血。"

但是，仅仅两天后，英国士兵的另一种鲜血就将抛洒在爱尔兰。

二

1914 年 4 月的一个下午，一位蓄着胡子的绅士站在格罗夫纳路 J.R. 格林（J. R. Green）夫人家的窗边，他憔悴而英俊，凝视着泰晤士河——退潮时分，昏沉的薄雾飘压过来，混沌的河岸露出了鱼鳞般的光洁。在这样的时候，这条河就会散发出一种令人沮丧的魔力。罗杰·凯斯门特爵士从格林夫人的窗户望向河流，他的脸上也浮现出一种阴郁。在他的身后，隐约能听到伊恩·麦克尼尔和达雷尔·菲吉斯（Darrell Figgis）相互争论着什么，直到最后——"买枪就买枪吧，"菲吉斯喊道，"这样至少是在介入问题。"凯斯门特从阴沉的窗户和泰晤士河转过身来，露出些许笑意。"这才叫会说话。"他说。他忽而容光焕发了。

正如菲吉斯先生在其《爱尔兰战争回忆录》中所描绘的那样，局势并不乐观。这三位共谋者既没有资金，也没有情报来源。然而，如果雷德蒙先生无意实现对民族志愿军的彻底掌控，置枪就是必要的：至于资金和情报，麦

第六章　从白金汉宫到贝契乐大道

克尼尔当晚将前往都柏林，他希望从一位名叫奥拉希利（O'Rahilly）的绅士那里求得这两样东西。奥拉希利是一个古老氏族的首领，他颇具学者风范，理性清醒，性情浪漫，他在爱尔兰低调的生活，菲吉斯此前没有交代很多。麦克尼尔不在身边的时候，菲吉斯和凯斯门特在想办法将枪械从德国运到爱尔兰——如果有枪械可以运的话。轮船只能租用给保守党财富支持下的阿尔斯特曼人，但最后他们联系上了一位名叫厄斯金·奇尔德斯（Erskine Childers）的英国舆论家，他愿意借出他的游艇。然后，奥拉希利带着情报和资金承诺抵达伦敦——他再三发誓，称自己一路遭到了侦探的追捕。菲吉斯和奇尔德斯出发去往比利时。

利格的商人出价很高，也不可能出售。不过，奥拉希利还曾提到过汉堡的马格努斯（Magnus）兄弟，马格努斯兄弟迈克尔（Michael）和莫里茨（Moritz）证实了奥拉希利的推荐。德国政府已经禁止向爱尔兰人出售武器——拉恩事件还没过去两天。这对兄弟有着"他们的同胞圣彼得"的实际性格，菲吉斯和奇尔德斯把自己乔装成两个墨西哥人，迈克尔和莫里茨就承认他们有一些枪——总共约1500支，都藏在利格仓库里，他们也许能被说动出售这些枪支。菲吉斯于是着手租一艘拖船——这笔生意昂贵得吓人——奇尔德斯急忙赶往都柏林接应他们的安排。他带着激动人心的消息回来了——枪支将于7月26日光明正大地抵达都柏林的豪斯港。

据他回忆，6月的最后一天，菲吉斯在利格监督一群嬉皮笑脸又老套古板的男人和女人，他们在打包枪支，他们赤着膊，显出一副精干的怪异模样。7月4日，整批货物被送上了前往汉堡的铁路。7月10日，告别了激动的马格努斯兄弟（他俩的良心已经被汉堡警方的一些询问严重刺痛）之后，菲吉斯看着自己的武器被装载到拖船上。然而，在最后一刻，一项新的港口条例差

385

点毁掉他的所有计划：必须由一名海关官员检查他的货物才可以放行。菲吉斯手忙脚乱了。即使他是一个富可敌国的墨西哥人，也很难解释为什么会拥有1500支枪，还有一箱箱的达姆弹。据说，达姆弹在狙击横冲直撞的野蛮人的战斗中非常有效，但长期以来，它们的使用一直被谴责为不人道，它们实际上是一种钝的弹头，基本会把被狙击者打成碎片。最后，菲吉斯在绝望中翻阅法规时，发现了一个条款，即允许飞行员担任海关官员。他立刻找到了一名称职的飞行员，并用三张英国钞票和一支雪茄贿赂了他，而后带着枪支和子弹安心地出发前往斯凯尔特河。

7月12日中午，在一艘灯船附近，他将与厄斯金·奇尔德斯的游艇以及康纳·奥布莱恩（Conor O'Brien）的游艇会合。中午时分，拖船在金色的薄雾中孤零零地摇动着。时间一点点流逝，它在渐渐黯淡的海浪中上下浮动，直到薄雾升起，染作银色；就在银光中，奥布莱恩的黑色小游艇驶来了。当时已经5点半了。他们给奥布莱恩装上了500支枪，当他乘风破浪而去时，奇尔德斯的游艇也在黄昏中若隐若现了。奇尔德斯装上了另外1000支枪和弹药，而这批违禁品就这样轻松穿过了斯皮特黑德海峡的整个英国舰队——这也是后来才知道的。

7月25日，奥布莱恩携枪支在威克洛郡的基尔库尔安全登陆，而菲吉斯则巧妙地将泊在都柏林湾的H.M.S.前进号遣走：他向国外散布假消息，称约瑟夫·德夫林的枪械将于午夜抵达韦克斯福德附近。（德夫林是雷德蒙先生的朋友，他正在尝试运作一些老式的意大利步枪，因为没有费心为这些枪械寻找弹药，所以他大概并没有什么信心。）前进号慢慢驶远。26日，星期天，上午9点30分，在菲吉斯焦急的目光中，奇尔德斯已经在豪斯码头巡航了；到10点40分，在布尔默·霍布森（Bulmer Hobson）的带领下，一支由700名志

第六章　从白金汉宫到贝契乐大道

愿军组成的部队抵达8英里外的拉赫尼，并且全速推进。12点40分，奇尔德斯夫人身着红色球衣，驾驶着她丈夫的游艇在码头滑行；霍布森的部队跑过来，他们在游艇旁站好队，当第一支枪支曝光时，他们集体崩溃了。海岸警卫队寡不敌众，向前进号发射了一枚信号弹。但前进号已经行驶到遥远的南方，正沿着沃特福德海岸搜寻德夫林的意大利军火"遗产"呢。

无巧不成书。当豪斯的警察督察给他都柏林的上司哈雷（Harrel）先生打电话时，志愿军正昂首阔步地前往都柏林。值得一提的是，队伍中包括新芬党和平领袖阿瑟·格里菲斯先生，他似乎已经改变了主意；还有马基耶维奇伯爵夫人（Countess Markievicz）的童子军，他们还随队开有一辆跋涉车——伯爵夫人深思熟虑，贴心地带上了150根重型橡木警棍，以防警察的阻挠干预。但实际干预的不是警察。由于哈雷先生和詹姆斯·道格尔蒂（James Dougherty）爵士之间的奇怪误会（后者是都柏林城堡副秘书长），国王私人苏格兰边民团的一个营被非法派去解除志愿军的武装。于是两支部队——一支业余的和一支专业的——在马拉海德路交锋了。后来究竟发生了什么，我们是永远不得而知的，霍布森和菲吉斯虽各自都有记述，但必然都试图为自己邀功，结果因此遮蔽了一部分真相。军队可能有也可能没有上刺刀；志愿军可能有也可能没有开过枪。霍布森或菲吉斯，或者两人都与哈雷先生展开了激烈而持久的争论，以至于在他们身后——大家三三两两地穿过基督教兄弟公园，进入了都柏林。不过，有一件事是肯定的：志愿军已经都差不多跑光了。士兵们空手而归，怒火中烧，回到他们的军营。

当他们进入都柏林时，一大群人沿着码头追赶他们，他们当然被激怒了，于是用石块和砖块作为武装。刺刀架上了，后防线频繁地更换，以避免麻烦，但是，石头和砖块飞得愈加密集。最后，在贝契乐大道，黑格（Haig）少校命令他那些伤痕累累的后防兵堵住狭窄的道路,后防兵变成了无头苍蝇。他们不分青红皂白地开火。三人死亡,三十八人受伤。

在这场小范围的流血和子弹的飞溅中,内战宣告结束。保守党的愤怒,自由党的延宕,以及阿尔斯特讲坛上那些乱七八糟的演说……共同生产了——三具市民的尸体,他们蜷缩在都柏林的码头上。士兵们在没有得到命令的情况下仓促开了火,而如果说任何一次草率的杀戮都可以被称为"大屠杀",那么贝契乐大道的这场就是"大屠杀"。在拉恩,3万支奥兰治党人的枪支登陆的时候,警察、海岸警卫队和士兵们正在呼呼大睡;在豪斯,1500支民族党人的枪支登陆的时候,却只能以鲜血为代价。拒绝向阿尔斯特出征的军队,并没有表现出不愿意与民族志愿军交锋的态度。在这种情况下,是三千市民被屠杀,还是三百,还是三十,还是三个,这些都无关紧要了:贝契乐大道留下了许多污点,没有什么能将它们彻底洗干净了。

这个消息以雷电之速传遍了爱尔兰。到7月27日,星期一,民族党军队几乎吸收了南方所有预备役军人。这两股力量——民族党人和奥兰治党人,都公然向对方摇摆挑衅,手指扣在扳机上。雷德蒙先生大为震惊,但依旧彬彬有礼,议会最后要求下议院正式休会。周二,奥地利向塞尔维亚宣战。外交部感到外交的弦一根接一根地断了。丘吉尔先生的舰队已经整装待发。阿斯奎斯先生在一堆爱尔兰地图和统计数据中平静地退场,他要就已经过时的《修正法案》写一篇演讲稿。7月30日,星期四,当他正忙于这些事务时,他接到了伯纳尔·劳先生的电话。他会去劳先生在肯辛顿的府邸吗?他确实会去。看来,劳先生突然被欧洲的生死命运所打动,现在他终于想到——已经晚了大约一个月——只有一个统一的英国才能对奥地利的愤怒和德国的野心产生安抚作用。爱德华·卡尔森爵士勉强表示同意——不过,人们还是不禁

第六章　从白金汉宫到贝契乐大道

要问,对他来说,南爱尔兰的群情激愤是否比欧洲的命运更重要。而关键在于,《修正法案》要无限期推迟了——劳先生出于爱国主义的动机,爱德华爵士则出于便利的动机。于是,有人找到雷德蒙先生,他也表示同意。7月30日,就其核心人物而言,爱尔兰内战已经屈服于一场更盛大的战争。

在接下来的三天里,英国人民意识到,他们将被卷入欧洲事务的漩涡里。周末是连接过去和未来的交汇点。那些银行假日[①]的创造者们,成群结队地在邮局、电报局和火车站徘徊着,他们的往日欢愉和即将到来的恐怖预感交织在一起。8月2日,星期天,内阁的和平主义者开始倾向于战争,反对党领导人从各郡匆忙赶往伦敦,给首相写了一封联名信,表示支持他认为有必要采取的任何行动。

保守党的叛乱就这样告终。

它对爱尔兰的影响能同样轻易地避免吗?难道雷德蒙先生还自以为是地认为,他对爱尔兰舆论的潮流有着近乎行星引力般的影响吗?他在威斯敏斯特的月球上还可以随心所欲地左右舆论的走向吗?爱德华爵士大概可以肯定的是,阿尔斯特的支持活动仅仅是推迟了自治;不过,与南爱尔兰相比,阿尔斯特人的心思其实就像孩子的拼读课本一样简单易懂。

爱德华·格雷爵士似乎将信将疑。8月3日,星期一,他在向下议院解释英格兰的荣誉为何也会被不知不觉、不可挽回地卷进去时,说道:"我想说一件事:在目前糟糕透顶的局势中,唯一的亮点就是爱尔兰了。"然后,他重新回到令人痛苦的议题,第一次揭露了那项私人协议,是它使得法国北部海岸陷入了德国舰队的摆布。无论比利时是否被侵略,英国都发现要避免战争是

[①] 即银行放假不营业的日子,是区别于周六日的银行法定假日。银行家 Sir John Lubbock 提出将银行假日改为国定假期,因而使其成为全英的公众假日。——译者注

一件困难的事情：在这些堪忧的前景中，爱尔兰这个"亮点"以一种梦幻的穿透力兀自闪耀着。

三

约翰·雷德蒙不是一位女权主义者。他甚至不赞成妇女插手政治，尽管从西方有历史开始，政治向来是她们的游乐场。在这种情况下，他对玛戈特·阿斯奎斯关心甚微也就不足为奇了，因为她对政治的兴趣是一种极其私人化的兴趣。但是，不管阿斯奎斯夫人有什么不足，她倒是从来都不甘落后。星期六，她给雷德蒙先生写了一封信，信中她建议：(1)应该通过一次伟大的演讲，将他所有的士兵都献给政府，或者(2)他应该向国王呈上一封信，把他们都献给国王。说来奇怪，雷德蒙先生竟然回复说他"非常感谢"这封信。"我希望，"雷德蒙先生写道，"我能听从您的建议。"

也许，他被英国人的爱国主义精神搞得晕头转向，抑或是又一次被他的责任感和道义激发了干劲，他又一次付出了代价——在某种程度上，他确实听从了阿斯奎斯夫人的建议。3日下午，当爱德华·格雷爵士郑重其事地凭空抛出爱尔兰"亮点"论的时候，雷德蒙先生焦急地转向他的一位老同事约翰·海顿。"我也想说点什么，"他低声说，"你觉得我应该说吗？""那要看你要说什么了。""我想告诉他们，他们可以把他们的军队全部撤出爱尔兰，我们将自己保卫这个国家。""如果是那样的话，你当然应该说。"海顿先生说。

格雷站着又讲了将近一个小时，伯纳尔·劳说了几句话，然后，雷德蒙在紧张的沉默中站了起来。"在爱尔兰，"他说，"有两大志愿军，其中一支在

第六章　从白金汉宫到贝契乐大道

南方。我要对政府说，他们明天可能就会从爱尔兰撤军。我要说，爱尔兰的沿海地区将由她的儿子们来保卫，保卫她不受外敌侵犯。为此，南部的武装民族天主教徒将十分乐意与北部的武装阿尔斯特曼新教徒携起手来……我们向现政府提议，他们可以撤走他们的军队，如果允许的话，我们将与北方的兄弟们同心协力，共同保卫祖国的海岸。"

说罢，他落了座。阵阵掌声响起，逐渐震耳欲聋。挤在长椅上的保守党人纷纷挥舞起文件——那些他曾经最强劲的敌人，现在站起来为他欢呼。这位爱尔兰领导人，帕内尔的继任者，刚刚为大英帝国做出了巨大贡献，他牺牲了自己的事业。在接下来的两个月时间里，爱尔兰"亮点"变得越来越暗淡，直到消失不见：接踵而至的光亮照亮的是约翰·雷德蒙的彻底屈服。不过，约翰·雷德蒙的结局幸运地超越了这个故事的界限。他对下议院的欢呼声不以为意，并未感受到多少喜悦。后来，一位熟人——《自由人报》的P.J.胡珀（P. J. Hooper）先生——祝贺他为爱尔兰报纸提供了当天的重磅新闻，他对此的回答意味深长。"你觉得他们会怎么想？"雷德蒙先生说。

四

8月4日晚，爱德华·格雷爵士"从外交部的窗户望着暮色中涌动的灯火，他对一位朋友说：'整个欧洲的灯都熄灭了，我们有生之年都看不到它们再亮起来了。'不管发生什么事，世界都不会再是原来的样子了"（Buchan, P.98）。世界已经不一样了。一周前，英国还是——或者更确切地说，看起来是一个心神不定的国家，她被认定是一个软弱而无望的中立国；现在，她成了一个上下一心的国家。一种难以置信的活力激发并凝聚起她所有决心对战

391

的粒子。阿斯奎斯先生身上发生的变化也值得探究。他不再是主张和平的自由党政府领导人，永远不再是了；但他会在一段时间内成为国家的领导人。他的疲倦和宿命感已经消散，他的举手投足都表现出一种沉静而可靠的力量，这种力量曾经吸引过维多利亚女王，也曾经在坎贝尔－班纳曼最后的时光给过他一些抚慰。

而随着形势的变化，过去四年以来所有的冲突都汇聚成一股新的能量，有一个事情被凸显出来。它非常微小，非常老套，还被赋予了一点神秘色彩。伯纳尔·劳先生私下拜访了阿斯奎斯先生，那是8月3日还是8月4日？你对这个问题的兴趣，正如你对一瓶缠上了蜘蛛网的过期老白兰地的兴趣：上面的日期并不重要，但如果能知晓，会很解渴。想象力就是自由选择的权利，自然是选择8月4日了，它距离战争打响只有几个小时。

阿斯奎斯只是作了简单的记录，说劳先生来看他。他听完了这位前对手的话，也不掩饰讶异。所以，即使到现在，统一党人还没有放下他们的猜疑和仇恨吗？他以一贯的礼貌听劳先生讲完。是的，他回答说，他已经许下了承诺，他会信守诺言：自治将被无限期地搁置。就这些了。伯纳尔·劳先生离场，唐宁街10号的大门在他身后关上了。

他那无足轻重的保守党人的黯然身影被白厅的日光吞没了。

后记

崇高的阴影

还有英格兰越过
前方崇高的阴影。

崇高的阴影向前方,
我拿起笛子吹响:
来吧,少年人,来学跳舞,
把今朝颂唱。
明天,更多愁肠,
咱俩必须快步他方,
去将歌儿播扬,
去让我落向地上。

A. E. 豪斯曼

I

1912年9月20日，一群人坐在伦敦爱德华·马什（Edward Marsh）的家里参加午宴。列席的有威尔弗里德·吉布森（Wilfrid Gibson）、约翰·德林克沃特（John Drinkwater）、哈罗德·门罗（Harold Monro）、阿伦德尔·雷（Arundel del Re）和鲁伯特·布鲁克[①]（Rupert Brooke）。他们正在讨论《格鲁吉亚诗歌》（*Georgian Poetry*）第一卷的相关计划。

《格鲁吉亚诗歌，1911—1912》于12月出版并引发了轰动。它由一种特别的木板装订而成，很容易裂开，其中的大部分诗篇也同样难以流传久远。倘若你现在读到它，将会惊讶于它在当时掀起的阅读热浪。读者们被这群青春的或近乎青春的诗人所吸引，他们写的诗具有音乐性和浪漫性，他们开始谈论"新伊丽莎白时代"。在今天看来，这个表述似乎略显奇特。多恩（Donne）的一行句子就能抵过这整部诗集。可是，当你翻开书页，你就会被一种挥之不去的魔力所牵绊，你也不必耗费多少想象的气力，就能让自己穿越回过去，成为它的首批读者之一。毕竟，要感同身受是何等困难呢——设身处地地站在那些读者的立场上，亲眼看着他们被俘获，亲眼看着他们坚定的崇高信念崩塌在面前？当法典、宗教、思想停止前进时，失魂落魄的人类总是试图在某种光芒绚烂的幻想中寻求庇护。历史不断见证着这一点——作为对自由英国之死的终场评议，历史不仅产生了《格鲁吉亚诗歌》，还产生了《格鲁吉亚诗歌》的具体物质体现。诗可以观；它们以一种稚童般的神秘而高昂的气象，传递着最暧昧游弋却也最为普遍的情感——对那些早已不再读诗而又需要读

[①] 即鲁伯特·钱纳·布鲁克（Rupert Chawner Brooke 或 Rupert Chaucer Brooke），英国空想主义诗派诗人，被叶芝称为"英国最英俊的男人"。布鲁克的部分作品被认为反映或影响了1914年年末至1915年年末英国公众的情绪。——译者注

诗的人们而言，此举意义重大。这里面包括了鲁伯特·布鲁克的作品。

在《格鲁吉亚诗歌》中，鲁伯特·布鲁克的作品引发了别一番热议。这是在所难免的。他的一生都是如此与众不同。如果我们透过窗户或钥匙孔去一窥爱德华·马什家的午宴，那么，布鲁克应该是最引人注目的一位了。毫无疑问，其他人的脸孔也很有吸引力，但不知何故，它们终究还是和家具一起逐渐悄然沉为背景，独独衬托出那颗英隽的头颅，那一头泛着金属光泽的蓬松金发，那干净爽利的轮廓，还有那双剪水秋瞳。布鲁克的俊美面容堪比一位青春洋溢的神祇：它既纯洁、感性，而又敏感多情；它蕴含着一些既青春蓬勃而又古老深隽的东西。

据说，当他走过的时候，人们会在街上驻足停留，只是瞻望着他。在他的一生中，但凡他足履所经之处，生活的交通似乎就按下了暂停键——或者，当他伫立某地，在他身后满怀敬意地流淌？——这为他短暂的人生更增了几分传奇色彩。我们听说，当他还是一名剑桥大学本科生时，就扮演了《降福女神》①中的先知一角："身披金色、殷红和蓝色之袍，仿佛里卡尔迪教堂中的一页圣典。"我们听说他在国王学院的月光下漫游，与这个或那个朋友讨论着费边主义的神妙②。沉闷的剑桥剧院，昏黄的月光，苍寂的庭院，仰慕的面庞——在他的眼眸中，这一切是何其恭敬地向他奉祀！但也时有例外。当人们听说他访问了俄罗斯芭蕾舞团，或"去塔希提岛寻找消失的高更"时，截然不同的印象就产生了。关于芭蕾舞，他说："如果有什么能救赎我们的文明，那就是芭蕾。"而毫无疑问，他对高更很是崇拜。但是，任凭你如何努力寻找，都不会看到这位光明耀眼、旷世传奇的骄子在考文特花园或德鲁里巷

---

① 古希腊埃斯库罗斯的悲剧剧作，有时也译作《复仇女神》。——译者注
② 布鲁克曾担任费边学会（Fabian Society）分支机构的主席。——译者注

皇家剧院"观赏尼金斯基（Nijinsky）"[①]；也不会看到他的身影出现在格拉夫顿画廊，1912年10月和11月期间，后印象派作品曾在此点燃过半个伦敦城的盛怒和错愕。不知为何，这些都与他毫不相干——这又是怎么回事呢？他在这一切面前渐渐坍缩，黯淡下去，直至最后全然消失。

在1911年至1914年间，俄法艺术入侵伦敦，犹如一个新世界的先知来到了旧世界。芭蕾舞团和后印象派画家们似乎都意识到了人类灵魂中的一场无名革命，僵化的经济规则以及外交官员、政治家的尔虞我诈已经为这场革命勾勒出了清晰的轮廓。可谈的还有很多。在战前的伦敦，《尖叫》、尼金斯基、斯特拉文斯基、马蒂斯、梵高，它们似乎就是时间之翼战车迫近的声音和阴影。世界难逃一劫，它拉着一车可怖的乘客匿于这样的世界身后，虽然暂未现身，却正在急速逼近。

但在鲁伯特·布鲁克的诗歌里，既看不到那高耸的阴影，也听不到那急促的声音。在他的朋友和一些为数不多（但与日俱增）的公众看来，他是青春的英格兰的诗人：在他逝世后，更多的公众趋于认同这一结论，且抱着更大的热情。当然，那会儿，他已是陆沉了的英格兰的诗人。但无论哪种情况，他都被认为是那个时代最卓尔不群的代表，以一种奇特的方式展现了迷惘一代的精神。此言也许不虚。但这并不意味着他是一位现代诗人——即使在那个陆沉的英格兰，在那惨遭杀戮的一代。艺术是预言者。某些类型的人在小说家创造出来之前根本不存在，大自然竭力遵循着伟大画家的作品来塑造自己，而真正的"当代"诗歌则致力于揭示未来事物的形态。布鲁克的诗急于表现"新"，但它最大的影响已经被预料且被超越了；它生来就是一曲陈旧的

[①] 瓦斯拉夫·尼金斯基（Vaslav Nijinsky），20世纪芭蕾史最传奇的芭蕾男演员，创作了《春之祭》等经典作品。——译者注

后记

调子。霍普金斯（不幸的是，布鲁克没能有机会读到他的诗）比他更现代，豪斯曼也是如此，而罗伯特·布里奇斯（Robert Bridges）诗歌中的音韵运用已经暗含了我们今天才开始欣赏的一些抒情特质。在《格鲁吉亚诗歌》的读者看来，这些人似乎是过去的声音了，然而，遗憾的是，唯有《格鲁吉亚诗歌》悄无声息地沉沦在了过去，霍普金斯、豪斯曼和布里奇斯的声音却依然回响。

但对于战前英国的研究者来说，英国这最青春的诗歌意义非凡。这些诗歌是多么忠实地寻求着过去的庇护，并在浪漫主义复兴之光的残墟中找到了一个角落，在那里，20世纪侵袭而来的声音和恐惧是完全听不到也觉察不到的。没有**诗人的反叛**。直至战争爆发之前，诗人对时代的变化都是无动于衷的。他们固执、甜美、虚幻，他们是自由英国最后的受难者和最后的英雄。而在他们之间，在他们前面一点，就站着鲁伯特·布鲁克的迷人身影，仿佛众星拱月，被强有力的背景支撑着。

II

鲁伯特·布鲁克生于1887年，父亲是拉格比学校的一位舍监，祖父是巴斯教士。他曾就读于拉格比和剑桥大学，而剑桥恰恰是孕育诗人的学府。关于他在拉格比学校的最后一个学期，他写道："回顾这五年，我仿佛看到，几乎每一个小时都是金光熠熠的、光芒四射的，而且我越来越感到，这种美感与日俱增。"的确，他随即对"短暂、离别，以及许多其他的事情"有了意识，其后还在散文和诗歌中表达了这种意识；但不知为何，他关于这些的表达从来都不够有说服力。**金光熠熠的、光芒四射的、永远增色的美**——这将成为布鲁克生活的主题。这也是《格鲁吉亚诗歌》的主题,在一个思想和行为正发生着深刻变革的时代,它与形式的悲伤和幸福的绝望形成了温和的对比。

在剑桥,布鲁克不知不觉、自然而然就走上了领袖地位——他真诚、友好、羞涩,但不甚谦逊,看上去令人称奇。他本应成为一名诗意的社会主义者,他本应为西德尼·韦伯的魅力着迷,那也不足为奇——毕竟在剑桥,"那里的回廊曾被奉为诗歌的圣殿"。毫无疑问,他们铺陈论据的形式——强有力的散文,坚定活跃的思想,为推动人类进步而鞠躬尽瘁的满腹热忱——使他无法穿过这一切,看到最终那个瘠薄的结论。爱德华·马什为鲁伯特写了一篇回忆录,正如他所说,"鲁伯特的社会主义表现得与众不同"。的确如此。他认为阶级意识"不具启发性",他试图向社会主义同伴们灌输的是人性本善的信念。但有时,连他也不太确定。有时,单凭善良似乎无法实现必要的千禧年[①]。然后,他开始不断反复挣扎,思虑万千:"最盛大的希望会否并不存在于某种剧变中。"这样的猜测总是让他痛苦万分。这就是鲁伯特·布鲁克的社会主义,他曾对激进的烧炭党成员说:"世界上只有三件事。一是读诗,二是写诗,而最好的是诗意地生活。"对于这样一个年轻人要寄予再多的厚望,就不太宽厚了。

然而,他不是那种争论着效果和消遣性的演艺派社会主义者——那现在是一种时尚,游荡在梅菲尔(Mayfair)的客厅里。他拥有一颗热情的心和一份舒适的收入,他将由此所生发出来的全部诚挚的善意化为了对穷人的怜悯。他殷切渴望着改革弊端,摧毁特权。如果人人——富人和穷人,工人和资本家——都成为良善之人就好了!与此同时,人们就可以过着诗歌般的生活。

---

① 也即"千年王国",源于《新约·启示录》。——译者注

后记

当我们把这些情操与他青春舞台剧的热烈情感剥离开来,这个年轻人似乎显得有点做作了。但事实并非如此。在所有认识他的人的记忆里,充满的都是深情、爱戴和崇敬;从这些回忆中浮现出来的年轻诗人不仅是迷人的,也是坦率的。毫无疑问——他总在与现实做着斗争,并不是可怕的斗争,更像为了保持身材而做的健身运动。他从现实中逃离了出来,转而从事诗歌创作,研究伊丽莎白时代的戏剧,他走进易卜生、英国乡村、国王学院的公共活动室,他来到美国、檀香山、萨摩亚群岛、斐济和塔希提岛。现实虽然微茫黯淡,却也勇敢无畏。它紧逼着他穿上戎装,将他带往安特卫普的德军炮声中;当他最后在荷马风情的斯基罗斯岛上死于败血症时,现实本可以露出满意的微笑了。但即便到了如此地步,人们也还是不禁感到,它来得太迟了:布鲁克带着他的幻想和他的俊丽,逃进了死亡,就比死神早那么一步。

这种不真实感弥漫在《格鲁吉亚诗歌》战前的分卷中,布鲁克则是其中最典型,最终也是最受追捧的贡献者。当你再次翻阅这些诗篇,英国的景象仿佛跃然于纸间,并赋予了它们放纵殆尽的迷幻,成为经久萦绕的魔力。那是一个怎样的英国啊!——那是莎士比亚、弥尔顿、华兹华斯和霍普金斯的田园的英国,在内心深处温柔地流逝。当"星星坠入黄昏,或画眉在五月天里筑巢,或奇迹在群山之间飘移",英国人对这些奇异的时刻感到惊喜交加——那样一个英国!在这个英国,激情流淌为玫瑰,流浪的心慢慢冻结成冰淇淋般的甜蜜自得;在这个英国,时光几乎总是停留在春秋两季,或者正好是仲夏;在这个英国,"我转过路上的一个个拐角"——布鲁克在某个3月里写道——"颤颤悠悠,几乎为未知的悬念而狂";在这个英国,悲伤随夕阳西去,绝望戴上新刈的干草为冠冕。这样的描摹源于对国家深深的热爱,源于真切的民族自豪感,这是毋庸置疑的。而它也绝不是一个逐渐消亡的景象。

399

像 H. V. 莫顿（H. V. Morton）这样的作家仍然在孜孜不倦地追求着它。在号称了解这田园的人群中，几乎没有人亲身体验过田园生活。奇怪的是，在没有某种理论或哲学支持的情况下，它居然集中在一群智商超群的年轻人中间——更奇怪的是，它竟然赢得了评论界的掌声，摘取了光辉闪耀的桂冠。

难道《格鲁吉亚诗歌》在某种程度上真正代表了战前的英国吗？如果是，它们代表了什么？是否像其自诩的一样，在英国诗歌的心中唤醒了一种新的精神，一种微妙而清新的精神？或者，他们的诗歌其实是一种无甚特别的公众情感的结果，而不是其起因？人们对这些问题越是刨根问底，就越觉得这些问题在整体上实则是英国青年的一部分。他们浪漫的不真实感主要来自这一代人不成熟的灵魂，而这一代人注定毁灭。不成熟是会传染的。在当时的回忆录中，那些年轻人（如我们有幸瞥见的）似乎既害怕现实，又渴望现实，并由于某种内心的混乱而增加了外在暴力的描写——这也是此部诗集的主题。当战争来临，他们急切地展臂欢迎，仿佛从飘散着薰衣草香、噩梦般的大羽绒床的怀抱中被拯救了出来。

《格鲁吉亚诗歌》的文字为这种心态提供了佐证。有些人说，也许他们是对的，诗歌并不是什么事物的证据；那么，你该到哪里去寻找呢？乍看之下，萨基（Saki）的小说似乎志在为那个时代的青年群体刻画出一幅精细的绘画，但实际上，萨基的小说呈现给我们的是：(1) 萨基的个人肖像：他机智诙谐、残忍无情、天真稚气，能欣赏一切错误的事情；(2) 对1925年青年的奇特预想。你也许想在萧伯纳、威尔斯、康拉德、高尔斯华绥、毛姆的当代作品中寻找战前青年群体的生动写照，但只会徒劳无获。说来奇怪，重要的作品很少青睐它所处的时代，给出准确的描绘；而如果它是成功的，那么它向你展示的人类灵魂，往往是无关乎具体时代的。另一方面，极次流的文学作品则会成为灵魂的《贝台克旅游指南》①，它们引导你穿梭于那些稀奇的遗迹、坍塌的建筑、脆弱的宫殿、人造的佛塔，以及一系列扭曲、虚幻和仙灵的景象，在某个短暂的历史片段中，它们凌乱地堆砌着人类的想象力。如果认为《格鲁吉亚诗歌》中柔美而成熟的乡村风情不足以体现1910年到1914年的时代风貌，人们可能会转向康普顿·麦肯齐（Compton Mackenzie）的《险恶之街》(Sinister Street)了——在战前，这部小说被公众津津有味地咀嚼，成为享受乐读的饕餮之宴。这本书里不乏精彩的描写，人物都饱满而具有生命力，尤其是第一卷，满是当下的变化和将临灾难的基调。不过，每当有重要的场景要上演，或有特别微妙的情节要探索，教会的烛光就会亮起来，要么就是发生在夏天的果园里，月光如水，凝露欲滴——这也是很奇怪的。尽管年轻的风流人物们充满渴望，瞻望远方，但还是被硬拽了回来，并窒息在这虚幻的风景中；而既瞻前同时又顾后的故事，也岿然撕碎。《险恶之街》是一部二流作品，但它也是具有重要意义的。它以一种简单易读的形式讲述了一代人的困惑。正是从这些困惑里走来，《格鲁吉亚诗歌》为读者和作者们提供了避难所。

除了他们对虚幻的渴望，他们的浪漫，他们以张扬的个性来表达最普通情感的能力，这些战前诗人似乎也得到了祝福——抑或是诅咒？——带着一种独树一帜的纯真。（评论家可能会谨慎地指出，与其说这是纯真，不如说这是幼稚。浪漫主义的复兴现在已经垂死病中，奄奄一息，在绿色的田野上胡言乱语。但就让它过去吧。）他们的天真烂漫很容易被刺激为狂喜，也很容易被羞辱成绝望，这一点在鲁伯特·布鲁克的作品中最为明显。他的《欲望》一诗尤为醒目，诗歌的开头是"我怎么知道？"。还有《伟大的情人》中的几

---

① 德国人卡尔·贝台克在1827年出版的欧洲各国旅游指南，意喻包罗万象。——译者注

个句子也值得在此引用：

我喜爱这些：

白色的盘子和杯子擦拭一新，流光浮春，

环绕着蓝色丝线，和羽毛般的仙尘；

潮湿的屋顶，浸润于灯光；爽脆的酥皮

亲切之面包；还有一众美味珍馐；

彩虹；木头吐出苦涩的蓝调烟痕。

● ● ● ● ● ● ●

然后，簟单清凉舒适，很快

远离了苦恼；还有男人粗野地吻上

毛毯；颗粒感的木质；鲜活的发丝

闪亮而自由；蓝色的云团；灵敏的

伟大机械的无情美丽；

开水的祝福；毛皮的抚摩；

旧衣服和这些香气——

温柔手指的惬意味息，

头发的芬芳，还有无法消散的霉臭

那是枯叶和旧年的蕨……

这些诗句惹人喜爱——它安静地流淌，而不献媚。只是令人讶异的是，诗人和公众都认为它们与其标题并不矛盾，而其核心情感也广被激赏。不过，在那个时代，任何事情都有可能发生。哈罗德·门罗天赋诗才，甚至要胜过大多数人，他竟写了一些诗，谴责人类对家具和厨房用品没有心存感激之情，

后记

认为这些忠实的伙伴追随生活"不远"。大家都见怪不怪。是诗人的过错吗？还是那萦绕缠绵、茫然无措、令人费解、顾影自怜的存在——自由英国的灵魂？

《格鲁吉亚诗歌》当然很有感染力。它们是多么热切的渴望，多么颤悸的激情，多么深沉的哀意，多么悦耳的音韵！还有谁比鲁伯特·布鲁克更配得上这些形容呢？若是碰到当今人们的品味，应该会让他沦为荒谬；历史应该会将他缔造为一个悲剧，但他却逃离了嘲讽和悲剧。如果他早出生30年或晚出生30年……但是，人们只能看到他站在历史的十字路口，抱着一种极为诱人的不自知，悠然自若。

> 年轻的阿波罗，金色的发，
>
> 站在战争的边缘编织梦想，
>
> 义无反顾而毫无防备地迎来
>
> 生命的无尽微茫。

这首诗歌是弗朗西斯·康福德（Frances Cornford）的作品，写的是大学时期的布鲁克。此诗在当时得到了至高评价，这并不令人意外，我们只消读一读她的另一首诗，开头是：

> 哦，胖白的女人，无人爱怜，
>
> 你为何戴着手套穿过田野，
>
> 失却了良多，良多……

这些诗句受到了推崇。她非常地"格鲁吉亚"。不过，这篇短章描述得恰如其分，它与布鲁克的肖像相当吻合。如果一个人的命运就写在他的脸上，那么你可能会认为，布鲁克注定要成为一个传奇。他玉树临风，他创作诗篇——这样的结合是难以抗拒的。然而，总有一种东西——一种阴影，从嘴

403

巴遮向眼睛，捉摸不透，烦人心神——它使你停下来，重新思考。你看到的是嘲弄吗？或是灵感？还是挑战？或者也许——不安。"义无反顾而毫无防备"有一种致命的意味。他注定要成为一个传奇吗？还是说，他最终注定只是这样一首小诗的主题？

III

1913年5月22日，他开始了为期一年的旅行。他要先去美国，然后经由太平洋回家。他一路的行迹可以在一系列书信和诗句中找到，也即爱德华·马什编写的珍贵的《回忆录》，用以作为《鲁伯特·布鲁克诗集》的序言。这些诗篇都是零零散散的，信件中则洋溢出一种亲密无间的魅力，那种把自己毫无保留地奉献给朋友的天赋情怀，正是作者所拥有的，且在同时代人中几乎能拔得头筹。信件中还充满了惊叹号。他喜欢美国人的热情好客——"哦，亲爱的，当我想起遇到的一群年轻的哈佛人时，眼泪差点夺眶而出——在哈佛遇到的。"到了乔治湖，他赤裸裸地躺在金红色的沙滩上，"嚼着清凉的鹿心，泡上茶，还吃着，喔！蓝莓派"。夏威夷令人失望，但是萨摩亚——"就是那儿了。那儿简直是人间天堂，有理想的生活，没有工作，有载歌载舞，有酒醉饭饱，人们赤身裸体，动人无比，难以置信……你能想象我是带着怎样一颗破碎的心去的斐济和塔希提岛吗？哦，亲爱的！我担心它们会让我同样不舍。"它们是的。在斐济，他说："相较于尼金斯基，我更喜欢看《湿婆–湿婆》。"至于塔希提岛，他在那里找到了心中所渴望的一切，除了消失的高更。"它全是——全是帕皮提的风格——就像文艺复兴时期的意大利，且过滤掉了所有的歹意。""今天下午，我和一个本地姑娘在绿紫

后记

色的礁石上钓鱼。"毫无疑问,这些就是太平洋的日常,但它们也是一处逃离现实的避难所——一处比浪漫主义诗歌更为通融的避难所。在后来的《蒂阿瑞·塔比提》(*Tiare Tabiti*)中,人们不仅发现了属于真正诗歌的不朽青春,还看到了天才被扼杀于萌芽中的悲剧。然而,这样的诗歌与他的身体记忆是不可分割的,这也是他的背景。他神采英拔,26 岁,再过一年多就要永别人世了。这是否很悲惨呢?他有不朽的青春——倒也不是那么不朽,是如彼得·潘般的青春。对于布鲁克来说,当皱纹吞噬他的肉体,他那昂扬的精神又会如何呢?它是否足够敏捷,乃至能逃避这一种现实呢?

回首那一年的天涯浪迹,风物各异,人各不同——烂漫天真的美国人,斐济的食人族,波利尼西亚欢笑的孩子们——可他们不过是在鲁伯特·布鲁克这个可人儿的背后,形成的琳琅缤纷的装饰。他回到英国后,沃尔特·德拉·梅尔(Walter de la Mare)写道:

"这位朋友,平静地自天涯海角而来,似乎并没有什么变化,就像欢欢喜喜地上床睡了觉,一夜安眠后,第二天早上又欢欢喜喜地起了床。"

德拉·梅尔先生似乎被惊到了。那些充满魔力的岛屿,应该会在他多才多艺、机敏多情的年轻朋友身上留下一些印记才对啊!他不是写信说他的生活已经改变了吗?可除了金发被晒褪了色,什么印记也没有。可应该有吗?理想国中是没有地图的。布鲁克刚离开波利尼西亚的"温柔、美丽、和善",就开始想到普利茅斯——"啊,被祝福的名字,啊,美丽可爱!普利茅斯——它曾听过如此甜美而俏皮的声颂吗?德雷克[①](Drake)的普利茅斯,英国西部普利茅斯,一个轻声软语的城市……有爱,有美,有老房子……"

他于 6 月 6 日踏上了普利茅斯。那是 1914 年。

---

① 应指英国航海家弗朗西斯·德雷克(Francis Drake)。——译者注

IV

战争打响的第一则讯息让他感到震惊:"世界是如此黑暗——我隐约感到害怕。"在那不断扩张的黑暗中,潜伏着**现实**,它舔舐着嘴唇,准备好最后一扑。但突然之间,情调一改。他得到了皇家海军部的一个职位[1],现在"我生命的中心目标,上帝对我的要求,就是要擅长打败德国人。但**曾经**并非如此。曾经是什么样,我也从来不知道……我是世界上最幸福的人了"。那些歌曲、那些谈话、伊丽莎白时代的剧作家、英国的春天、社会主义和塔希提岛——它们什么也不是了。他把它们都抛诸了脑后。最后的现实终于降临——这个蜷伏的、终极的幻影,那只魔化的德国猛龙,头戴冠冕,带着毁灭,喷出奇异的火焰。

就这样,最末一件也是最令人惊讶的事情发生了:战争——这最甚嚣尘上和最难驾驭的背景——竟温顺地退隐,向鲁伯特·布鲁克的个性臣服了。在安特卫普城外,在遍地是贝壳和死亡的地方,他睡在城堡花园。"在拐角处,人们偶尔会隐约看到丘比特和维纳斯——一些疏疏落落、相当糟糕的雕像——静静地闪烁着光芒。海员们在各个玫瑰花园里挖着营地便坑……"他身处壕沟上方,发现德国人没有"认真地"进攻,有"一两次,一架闪闪发光的可爱飞机"飞过。然后就这样回故乡英国了——一个"非凡的"英国。1915年2月,他随部队前往达达尼尔海峡。

就在一个月前,另一位同具个性的格鲁吉亚诗人在寒冬死于瑞士的疗养胜地。詹姆斯·埃尔罗伊·弗莱克(James Elroy Flecker),他能从文字中挤出色彩,就像从管子中挤出颜料一样。他的一些诗歌——比如《大马士

---

[1] 得益于好友爱德华·马什的帮助,他当时在海军部工作。——译者注

后记

革的四道门》——在文学上，等同于巴斯科特[①]（Bakst）的《装饰》。他也逃离了现实，逃离了肺结核的现实，去向了东方宗教的光明面。诚然，虽然他最优秀的东方作品在本质上仍是盎格鲁-撒克逊人式的，有点业余字谜游戏的意味，只有斗筲之人才会否认他是诗人。他一生中的大部分时间都是在中东度过的，人们也许希望他的生命也在那里终结，这样的话，《舞台布位》会写得更好。不过实际情况不如人意。当他躺在瑞士奄奄一息的时候，想起了曾在贝鲁特所经历的战争。"难忘那枪炮的轰鸣声震彻金蓝的天空和大海，棕榈树气咽声嘶，在黎巴嫩天鹅般的雪空上，没有一点云在飘动。"他睁开眼，那熟悉的景象就消失了。在他的面前，只横着冰冷的山脉，山外是苍白的战场，甚至让他和朋友们绝了音讯。弗莱克已经被现实逮住了。

但现实没有逮住布鲁克。"我没想到，"就在他动身参加达达尼尔海峡战役之前，他在给阿斯奎斯小姐的信中写道，"命运之神会如此仁慈……但我充满了自信和荣耀的希望。你想，也许亚洲角的那个堡垒需要平定了？我们会登陆并从后进攻，他们就会出战，在特洛伊平原上和我们交锋？……英雄塔会被15英寸的炮火轰塌吗？海洋会不会变得油腻，色沉如酒，无法取食？我要从圣索菲亚抢些马赛克器具、土耳其软糖和地毯吗？……我想，我这辈子从未如此快乐过。快乐从未如此无所不在……"

德国猛龙好像销声匿迹了，从前的道路在他面前伸展开来，比以往任何时候都更加明亮，也更加开阔。他的军舰驶过了"陆地的美好气息，还有西班牙"；越过非洲的山脉，那里的海洋是一颗宝石，"日落和黎明的色彩犹如

[①] 画家巴斯科特，曾为尼金斯基设计舞衣和幕布。——译者注

神光";驶过了莱姆诺斯岛,"就像银尖画①的意大利小镇";穿过了泛着粼光的爱琴海。然后,就在他们准备在一个暖和而鲜绿的黎明登陆时,在杀气四伏的加利波利海滩上,在土耳其的炮火下——当他们看到海岸上"充斥着命运和不祥的寂静",有人说,"我们要回家了"。这话差点就成真了。他们撤兵到了埃及。

道路消失在闪烁的薄雾中。"我知道什么是战役,"他写道,"它是不断的跨越,从一地去到另一地,再返回来,在如梦似幻的海洋。"4月17日,他们回到了斯基罗斯岛,阿喀琉斯就是从那里踏上征途去攻打特洛伊的,忒修斯被埋葬在那里。在斯基罗斯岛,布鲁克染上了败血症,咽了最后一口气,便也被埋葬在那里。在斯基罗斯岛,"就像一座巨大的岩石花园,砌着白色、粉白色的大理石,点缀着小红罂粟和各色野花;在峡谷中,有冬青、矮冬青,偶尔还有橄榄丛;到处都是百里香的味道(或者是鼠尾草?还是野生薄荷?)"。这是准将阿瑟·阿斯奎斯(Arthur Asquith)对他妹妹的描述。背景画始终如一。他沐浴着圣乔治日的月光,下了葬:在他头顶的白色木制十字架上,一位翻译用希腊文写道:"这里长眠着上帝的仆人,一位英国海军中尉,他为从土耳其人手中解放君士坦丁堡而牺牲。""那令人挚爱的灵魂,"一位朋友在给母亲的信中写道,"那颗永远白璧无瑕的心……"人们无法改变这其中的任何一个字,它们是真实的。至于今天被深埋其中的传说——它也许还会再次闪耀?百年后,布鲁克的生活能否激起某个传记作家的好奇和贪恋呢?

不论如何,随着他的死亡,我们也看到了自由英国的消逝。站在那月光

---

① 金属银的一种细线绘制技术,通过将银棒或银丝拖过表面制成绘画。在文艺复兴时期尤受欢迎,艺术家包括凡艾克、达·芬奇、丢勒和拉斐尔等。——译者注

后记

下的坟墓旁,我们回首望去。战前世界的所有暴力都消融了,时光一年又一年地倒流回去,取而代之的是另一个辉光荧荧的英国,格兰切斯特教堂的大钟停留在两点五十分,那里拥有美、信和宁谧,那儿所有的事物都不真实。今天,我们知道了它的真相,而有一些时刻,非常人性的时刻,我们会对那些见过它却没能活着看到这个新世界的人心生羡慕。